FRANZ KUROWSKI

KAMPFFELD
MITTELMEER

Koehlers Verlagsgesellschaft mbH · Herford

Abbildungsnachweis
Die Fotos zu diesem Buch stellten Angehörige
der Kameradschaft Minenschiffsverband im Deutschen Marinebund
sowie der ehemaligen 1. Geleit-/9. Torpedoboot-Flottille
über deren Flottillenchef zur Verfügung.
Die Fotos über den Inselkampf der »Brandenburger« wurden von
Oberstleutnant a. D. R. Kugler beigesteuert.
Einzelaufnahmen stammen aus dem Archiv des Verfassers.
Wege- und Gefechtsskizzen: Fregattenkapitän a. D. F. K. Birnbaum, Münstertal.

CIP-Kurztitelaufnahme der Deutschen Bibliothek

Kurowski, Franz:
Kampffeld Mittelmeer / Franz Kurowski. –
Herford : Koehler, 1984.
    ISBN 3-7822-0231-7

ISBN 3 7822 0231 7; Warengruppe Nr. 21
© 1984 by Koehlers Verlagsgesellschaft mbH, Herford
Alle Rechte, insbesondere das der Übersetzung, vorbehalten
Schutzumschlaggestaltung: Ernst A. Eberhard, Bad Salzuflen
Produktion: Jörn Heese
Gesamtherstellung: F. L. Wagener GmbH & Co KG, Buch- und Offsetdruck, Lemgo
Printed in Germany

Inhaltsverzeichnis

Liste der wichtigsten Abkürzungen

Asto	Admiralstabsoffizier
BdU	Befehlshaber der U-Boote
aKB	Außer Kriegsbereitschaft
FS	Fernschreiben
FJR	Fallschirmjäger-Regiment
FlaMG	Fliegerabwehr-Maschinengewehr
FdZ	Führer der Zerstörer
FT	Funken-Telegraphie
FuMB	Funkmeßbeobachtungsgerät
FuMO	Funkmeßortungsgerät = »Radar«
FKpt.	Fregattenkapitän
IR	Infanterie-Regiment
Jabos	Jagdbomber
KB	Kriegsbereitschaft
KJägAbt.	Küstenjäger-Abteilung (»Brandenburg«)
KTB	Kriegstagebuch
KT	Kriegstransporter
KS	Kroatische Schnellboote (Küsten-Schnellboot)
Kümo	Küstenmotorschiff
KKpt.	Korvettenkapitän
Kptlt.	Kapitänleutnant
Kpt.z.S.	Kapitän zur See
KommAdm.	Kommandierender Admiral
LS	Leichtes Schnellboot
LwFeldDiv.	Luftwaffen-Feld-Division
LwKdo.	Luftwaffenkommando
MAL	Marine-Artillerie-Leichter
MAS	Motoscafi antisommergibili (ital.)
MGB	Motor gun boat (brit.)
MFP	Marine-Fährprahm
MOK	Marine-Oberkommando
MS	Minenschiff
MTB	Motor torpedo boat (brit.)
niD	Nicht in Dienst
SF	Siebelfähre
Skl	Seekriegsleitung
TA-Boote	Torpedoboote Ausland
UJ	U-Jäger
UMB	U-Boot-Minen

Vorwort

Der Seekrieg 1939 bis 1945 im Mittelmeer wurde bislang in einigen deutschen Einzeldarstellungen, Zusammenfassungen, Übersetzungen oder Kartenwerken der Öffentlichkeit vorgelegt (vgl. das Literaturverzeichnis).

Im folgenden soll versucht werden, den »Alltag des Seekrieges im Küstenvorfeld« (ein Ausdruck Raeders) darzustellen: den Einsatz der Über- und Unterwasserstreitkräfte gegen die alliierten überlegenen Verbände von September 1943 bis zum Kriegsende.

Der Wechsel der Kriegsschauplätze und die Befehlsorganisation veranlaßten zu einer Einteilung des Stoffes nach den beteiligten Seestreitkräften bzw. solchen Truppen- und Hilfseinheiten, die den »Kampfraum Mittelmeer« mit bestimmten. Um die Darstellung lebendiger zu gestalten, wurden Erinnerungsberichte beteiligter Soldaten eingeblendet.

Die Darstellungen entstanden bei der Sichtung und Auswertung von Kriegstagebüchern der Kriegsmarine im Bundesarchiv/Militärarchiv.

Sie mögen dazu beitragen, den gefallenen Seeleuten auf beiden Seiten des unerbittlichen Kampfes ein ehrendes Andenken zu bewahren.

Für die selbstlose Unterstützung, die der Autor aus den Kreisen der Torpedobootfahrer im Mittelmeer erhielt, sei allen ehemaligen Soldaten dieser Einheiten gedankt. Besonderer Dank gebührt den Herren Buchmann, Nose, Schäfer, Scheller, Thalberger und Wuttke.

Herr Fregattenkapitän a. D. Friedrich Karl Birnbaum hat in monatelanger Arbeit immer wieder neue Unterlagen aus dem Bundesarchiv/Militärarchiv, Freiburg, erforscht und viele KTB-Auszüge bearbeitet. Darüber hinaus hat er sich bei der Lesung des Manuskriptes um die Beseitigung von Unrichtigkeiten bemüht und so dazu beigetragen, daß dieses Werk zustande kommen konnte. Dennoch blieben Lücken, und es ließ sich nicht vermeiden, in manchen Details nur auf Augenzeugenberichte zurückzugreifen. Daß Augenzeugen im Abstand von fast 40 Jahren irren können, mußte in Kauf genommen werden.

Die sachkundigen Leser werden gebeten, mögliche Ergänzungen, Zusätze und Korrekturen an den Autor zu senden.

Franz Kurowski

Einführung

Kriegsentwicklung im Kampfraum Mittelmeer von August 1943 bis Mai 1945

Nach dem Ende des Kampfes auf Sizilien und dem Rückzug der deutschen Truppen auf das italienische Festland am 17. 8. 1943 nach 38 Tagen heftiger Kämpfe hatten die alliierten Truppen das »Tor zur Festung Europa« aufgebrochen.

Die Vorbereitungen zur Landung auf dem europäischen Festland in Italien lagen in den Händen des Oberkommandos der 15. alliierten Armeegruppe unter General Alexander. Diesem Oberkommando unterstanden die britische 8. Armee, General Montgomery, und die 5. US-Armee, GenLt. Clark.

Zur Unterstützung der Landtruppen standen starke Flottenstreitkräfte unter Admiral Cunningham (R.N.) und Luftwaffenverbände unter Luftmarschall Tedder (USAF) zur Verfügung.

Wenngleich zwischen den beiden Westalliierten der Kampfraum Mittelmeer ungleich beurteilt wurde, beschlossen Roosevelt und Churchill auf der Konferenz in Washington vom 12. bis 25. 5. 1943, daß die Landung in Süditalien nach dem Gewinn von Sizilien stattfinden sollte. (Das Unternehmen »Overlord«, die Landung an der französischen Atlantikküste, sollte erst im Jahre 1944 erfolgen.)

Man hoffte, Rom noch im Jahre 1943 durch starke Kräftekonzentration in Italien zu erobern und ganz Süditalien bis hinauf zur Linie Rimini–Pisa in Besitz nehmen zu können.

Dies sollte zum einen Vorteile politischer Art bringen und zum anderen die Möglichkeit schaffen, von den nördlichsten der in Besitz genommenen Flugplätze den Bombenkrieg nach Süddeutschland zu tragen.

Das Ausscheiden Italiens aus dem Achsenbündnis ließ vermuten, daß diese beiden Ziele erreicht werden konnten.

Ein dritter Aspekt war außerdem noch ins Spiel gekommen: Stalin verlangte kategorisch die Errichtung einer zweiten Front in Europa, und da bot sich Italien als Kriegsschauplatz gegen die deutschen Fronten förmlich an.

Auf deutscher Seite trug Generalfeldmarschall Kesselring als OB Süd die Verantwortung für die deutschen Verbände. Sein Vorschlag lautete, Italien so weit wie möglich im Süden zu verteidigen.

Im Gegensatz dazu stand Generalfeldmarschall Rommel, der seit dem 17. 8. 1943 offiziell die Führung der in Norditalien stehenden Heeresgruppe B übernommen hatte. Rommel wollte nördlich der Linie Pisa–Arezzo–Ancona verteidigen.

In der Heeresgruppe B standen das LXXXVII. AK unter General der Infanterie von Zangen mit der 74., 94. und 305. ID im Raume beiderseits Genua. Im Raume beiderseits La Spezia führte General der Gebirgstruppen Feuerstein das LI. Gebirgskorps, während das II. SS-PK unter SS-Obergruppenführer Hausser mit der 65. ID und der 24. PD im Raume Reggio–Parma–Rimini–Modena stand. In Eilmärschen wurde diesem Korps die aus dem Osten zurückgezogene 1. SS-PD »Leibstandarte Adolf Hitler« zugeführt. Mehrere Artillerieabteilungen, Werferabteilungen und zwei aus Südfrankreich herbeigeholte Reservedivisionen (die 148. und 159.) wurden ebenfalls der Heeresgruppe B unterstellt.

Im Süden standen das Generalkommando LXXVI. PzK mit der 16. PD in Apulien (diese Division war von Hitler persönlich dem OB Süd unterstellt worden, der um rasche Zuführung der 1. SS-PD »Leibstandarte Adolf Hitler« und der 24. PD gebeten hatte, was aber verweigert worden war). Die 26. PD befand sich mit ihrer Masse im Raume Catanzaro, Nordkalabrien. Die Kampfgruppe Schulz, mit Teilen der drei Fallschirmjäger-Regimenter der 1. Fallschirmjäger-Division, und die Kampfgruppe Heidrich, die aus den von Sizilien ans Festland zurückgelangten Truppen gebildet worden war, lagen in Südkalabrien.

Am 15. 8. 1943 wurde das AOK 10 aufgestellt, OB dieser neuen Armee wurde General der Panzertruppe von Vietinghoff (ab 1. 9. 1943 Generaloberst).

Dieses AOK 10 wurde vorerst noch dem in Süditalien führenden italienischen AOK 7 unterstellt.

Generaloberst von Vietinghoff erhielt einen eindeutigen Befehl:

»Bei Feindlandungen den Vormarsch des Gegners verzögern, damit für den Stellungsbau in Mittelitalien Zeit gewonnen werden kann. Alle Kräfte sind rechtzeitig und möglichst ungeschwächt in den Raum Rom zurückzuziehen.«

Am 18. 8. 1943 wurde die 16. PD vom OKW in den Raum Neapel–Salerno verlegt. Die Luftstreitkräfte der deutschen Luftflotte 2 hatten bereits vor der alliierten Landung auf Sizilien die Masse ihrer fliegenden Verbände auf das Festland verlegt. Die Einsatzhäfen befanden sich auf Korsika und Sardinien, ferner im Raume Foggia, wo eine Reihe guter Flugfelder zur Verfügung standen.

Im Ostteil Siziliens zog die britische 8. Armee das XIII. Korps (GenLt. Kirkman) zusammen. Es setzte sich aus der 1. kanadischen Division (GenMaj. Simonds) und der 5. britischen Division (GenMaj. Bucknall) zusammen. Mit diesen beiden Divisionen sollte der erste Sprung auf das italienische Festland gewagt werden. Starke Flottenverbände liefen unmittelbar vor diesem Landungsunternehmen aus den nordafrikanischen Häfen aus. Und zwar hatten die Northern Attack Force und die Southern Attack Force die Landungsflotte unmittelbar zu unterstützen, während die Force H mit schweren Seestreitkräften den südlichen Teil Italiens nach See zu abschirmen sollte. Eine Trägergruppe begleitete die Schlachtflotte.

Die beiden Divisionen des XIII. AK erhielten den Auftrag, an der kalabrischen Küste zu landen und dort einen Brückenkopf zu errichten. Dieser Brückenkopf sollte dem Schutz jener Seestreitkräfte dienen, die die Straße von Messina passieren würden.

Die Hauptlandungen jedoch sollten im Golf von Salerno erfolgen. Diese würden durch die Tatsache, daß der kalabrische Brückenkopf möglichst viele deutsche Verbände auf sich zog, erleichtert werden.

Zwischen Reggio und Villa San Giovanni wurden am frühen Morgen des 3. 9. 1943 die ersten britischen Truppen angelandet. Eine Stunde nach dem Anlandgehen war Reggio bereits in der Hand der Angreifer. San Giovanni fiel um 11.30 Uhr. Erst am 4. 9. traten die Nachhuten der 29. PGD mit britischen Voraustruppen ins Gefecht. Die beiden in der Nähe der Landungsplätze stehenden deutschen Divisionen zogen sich befehlsgemäß langsam nach Nordwesten zurück.

Am Morgen des 9. 9. 1943 begannen die Landungen der 5. US-Armee unter GenLt. Clark. Um 05.00 Uhr setzten die ersten US-Truppen den Fuß auf das europäische Festland, das sich in der Hand des Gegners befand. Am Abend dieses Tages standen insgesamt 55000 Mann alliierte Truppen auf italienischem Boden.

Die als einziger deutscher Verband im Raume Salerno liegende 16. PD (Generalmajor Sieckenius) erhielt unmittelbar nach der Landung Befehl, den Gegner ins Meer zurückzuwerfen. Gegen Mittag traten jene Verbände der Division, die nicht als Kampfgruppen in Salerno, Paestum und an der Assa-Mündung standen, zum Gegenangriff an. Doch nach anfänglichen Erfolgen blieb dieser Angriff liegen.

Generalfeldmarschall Kesselring übertrug dem Generalkommando XIV. PzK die Befehlsführung am Brückenkopf. Die 26. PD und die 29. PGD erhielten Befehl, im Eiltempo aus dem Süden heranzukommen; die ostwärts Neapel in der Auffrischung stehende PD »Hermann Göring« und die ebenfalls neuaufgefrischte 15. PGD erhielten ebenfalls Weisung, so schnell wie möglich den Kampfraum Salerno zu erreichen.

An diesem Tage jedoch hatte Generalfeldmarschall Kesselring neben dieser kritischen Situation auch noch eine Situation zu meistern, die nicht weniger kritisch war: der Abfall der Italiener vom Achsenbündnis.

Das XI. Fliegerkorps unter General der Flieger Student, der seit dem 17. 6. 1943 den Befehl über die deutschen Verbände im Großraum Rom führte, hatte seit dem 26. 7. die 2. FJD zur Verfügung, die im Raume Ostia lagerte. Mit dem Stichwort »Achse« löste General Student die deutschen Operationen in diesem Raum aus. Das II./FJR 6 unter Major Gericke landete im Sprungeinsatz auf dem Monto Rotondo, dem italienischen Hauptquartier. Zur gleichen Zeit marschierten die 3. PGD, (GenLt. Graeser) von Norden und das Gros der 2. FJD von Süden gegen Rom vor. Am 10. 9. wurde die Stazione Termini im Zentrum der Stadt erreicht.

Generalfeldmarschall Kesselring, der weiteres Blutvergießen vermeiden wollte, entsandte GenMaj. Westphal als Parlamentär zu den Italienern und ließ diese zur Übergabe auffordern. General Carboni kapitulierte um 15.30 Uhr dieses 10. 9. 1943.

Die große Entwaffnungsaktion in ganz Italien begann. Aber auch in La Spezia leisteten die Italiener Widerstand. Italienische und jugoslawische Partisanen kämpften auf dem linken Flügel der Heeresgruppe B mit Waffen, die sie von den regulären italienischen Truppen erhalten hatten, gegen die dort eingesetzte 71. ID, deren Infanterieregimenter sich den Weg in die Häfen Triest, Fiume und Pola sowie in den Raum Görz freikämpfen mußten. Bozen und Udine leisteten ebenfalls kurze Zeit Widerstand. Im Großraum Ligurien erfolgte die Entwaffnung des italienischen Heeres ohne Widerstand. Am 11. 9. meldete die Heeresgruppe B den Abschluß des Unternehmens »Achse«.

Das Auslaufen der italienischen Flotte konnte nicht verhindert werden. Die wenigen in See befindlichen deutschen leichten Seestreitkräfte waren nicht in der Lage, die riesige Flotte am Auslaufen aus ihren Haupthäfen zu hindern.

In dieser Ausgangssituation kam den leichten deutschen Seestreitkräften eine besondere Bedeutung zu. Sie hatten nach wie vor Aufklärungsvorstöße zu unternehmen und zu Angriffen gegen feindliche Kriegsschiffe auszulaufen. Darüber hinaus mußten nun vermehrt Minenoperationen durchgeführt werden.

Neu hinzu kam die Versorgung der deutschen Truppen auf den Inseln und schließlich auch die Sicherung der Durchführung der Versorgungsfahrten, als die Versorgung auf dem Landwege für die kämpfende Truppe nicht mehr sichergestellt werden konnte.

So wurden die wenigen deutschen Einheiten zum wichtigsten Helfer des Landheeres und hatten immer wieder als Geleitsicherung für Versorgungsdampfer, als Sicherung für Minenleger und zu offensiven Kampfunternehmen auszulaufen. Es galt, bei den einzelnen alliierten Landungsoperationen die massiert im Landungsvorfeld stehenden Kriegsschiffe anzugreifen und zu vernichten. Die U-Jagd gehörte ebenfalls dazu. Darüber hinaus wurden Landzielbeschießungen durchgeführt, Kommandounternehmen gestartet, Rückführungsoperationen gesichert und selbst ausgeführt.

Den ständig wachsenden Aufgaben standen zunächst nur sehr schwache Seekriegsverbände zur Verfügung. Mit dem Stichwort »Achse« befanden sich folgende Streitkräfte im Mittelmeer (Stand 8. 9. 1943):

29. U-Boot-Flottille	– Kapitänleutnant Jahn
3. Schnellboot-Flottille	– Korvettenkapitän Kemnade
7. Schnellboot-Flottille	– Korvettenkaptän Trummer
6. Räumboot-Flottille	– Kapitänleutnant Klemm
11. Räumboot-Flottille	– Kapitänleutnant Freytag

2. Landungs-Division mit	– Fregattenkapitän von Liebenstein
2. Landungs-Flottille	– Korvettenkapitän Wehrmann
10. Landungs-Flottille	– Korvettenkapitän Roth
4. Landungs-Flottille	– Korvettenkapitän Zimmermann
22. U-Jagd-Flottille	– Korvettenkapitän Wunderlich
21. U-Jagd-Flottille	– Korvettenkapitän Dr. Brandt
Pionier-Landungs-Bataillon	– Hauptmann Paul
1./Küstenjäger-Abteilung »Brandenburg«	– Hauptmann Kuhlmann

Diesen leichten Seestreitkräften stand eine gewaltige Überzahl an Schlachtschiffen, Kreuzern, Zerstörern und leichten Seestreitkräften der Alliierten gegenüber. Es galt, so rasch wie möglich kampfstärkere Einheiten zu erhalten. Dies war nur durch die Inbesitznahme und Bemannung erbeuteter italienischer Einheiten möglich.

Die italienische Flotte aber lief entsprechend den ausgehandelten Waffenstillstandsbedingungen am 11. 9. 1943 aus ihren Häfen aus. Geführt von Admiral Bergamini, waren dies aus La Spezia die Schlachtschiffe *Roma*, *Vittorio Veneto* und *Italia* der 9. Schlachtschiff-Division, die Kreuzer *Eugenio di Savoia*, mit dem DivAdm. Oliva an Bord, *Duca D'Aosta* und *Montecuccoli* der 7. Kreuzer-Division, die Zerstörer *Mitragliere*, *Fuciliere*, *Carabiniere* und *Velite* der 12. Zerstörer-Flottille sowie *Legionario*, *Oriani*, *Artigliere* und *Grecale* der 14. Zerstörer-Flottille.

Dieser Kriegsschiffsverband vereinigte sich mit den aus Genua ausgelaufenen Kreuzern *Duca degli Abruzzi*, *Garibaldi* und *Regolo* der 8. Kreuzer-Division sowie dem T-Boot *Libra*.

Am 9. 9. wurde die Richtung Malta laufende Flotte von der deutschen Luftaufklärung erfaßt und am Nachmittag dieses Tages von elf Do 217 der III./KG 100, die in Istres bei Marseille gestartet waren, westlich der Straße von San Bonifacio gestellt und mit Gleitbomben FX 1400 angegriffen. Oblt. Schmetz erzielte einen Volltreffer auf dem Schlachtschiff *Roma*. Das Schlachtschiff sank. Die *Italia* wurde durch einen Treffer beschädigt.

Die in Castellamare ausgelaufenen Zerstörer *Da Noli* und *Vivaldi* wurden in der Straße von San Bonifacio durch deutsche Küstenbatterien beschossen und gingen durch Artillerietreffer und Auflaufen auf Minen verloren.

Von Tarent aus war am selben Tage Admiral Da Zara mit den Schlachtschiffen *Andrea Doria* und *Caio Duilio* der 5. Division, den Kreuzern *Cadorna* und *Pompeo Magno* sowie dem Zerstörer *Da Recco* in See gegangen. Diese Schiffe erreichten am 10. 9. in Begleitung des britischen Schlachtschiffes *King George V.* Malta. Auch die Anfang September auf Positionen vor dem Golf von Salerno gelaufenen und nun dort bereitliegenden italienischen U-Boote, einschließlich aller noch in den Häfen fahrbereit liegenden und sofort nach Bekanntwerden des Waffenstillstandes auslaufenden U-Boote – insgesamt waren es 33 –, steuerten alliierte Häfen an. Aus den Standorten des Tyrrhenischen Meeres trafen am 12. 9. elf Torpedoboote, acht Korvetten und eine Reihe kleinerer Einheiten im Hafen Palermo auf Sizilien ein.

In den von deutschen Truppen besetzten Häfen wurden die nicht fahrbereiten italienischen Einheiten durch ihre Besatzungen versenkt. Es waren dies die Kreuzer *Bolzano* und *Taranto*, die Zerstörer *Zeno*, *Corazziere* und *Maestrale*, die T-Boote *Ghibli*, *Lira*, *Procione*, *Cascino* und *Montanari* sowie zahlreiche kleinere Fahrzeuge. Dennoch konnte eine Anzahl italienischer Kriegsschiffe von deutschen Truppen sichergestellt werden. Es galt, diese nun mit deutschem Personal zu besetzen, um der gewaltigen alliierten Übermacht im Mittelmeerraum wenigstens einige Dutzend kleiner und kleinster Fahrzeuge entgegenstellen zu können.

Der Kampf im Mittelmeer war nun von der deutschen Kriegsmarine allein zu führen, die über kein einziges Schiff von der Größe eines Zerstörers verfügte.

Daß ihr eine Reihe italienischer Torpedoboote und Torpedoboot-Zerstörer in die Hände fiel, war ein Glücksumstand, den sie sofort zu nutzen wußte.

»Wäre es uns gelungen, eine Reihe weiterer Zerstörer der Italiener und eine Reihe ihrer U-Boote in die Hand zu bekommen, dann wäre der Einsatz auf dem Kampffeld Mittelmeer nicht so einseitig gewesen«, erklärte Vizeadmiral a. D. Leo Kreisch dem Autor nach dem Kriege.

Bis Ende Oktober 1943 schoben die 5. US-Armee an der Mittelmeerfront und die 8. britische Armee an der Adriafront ihre Stellungen bis in die Linie Garigliano–Volturno–Sangro vor. Damit standen sie aber erst im Vorfeld der deutschen Winterstellung, und an eine Einnahme von Rom noch im Jahre 1943 war unter diesen Umständen nicht zu denken.

Im Hauptquartier der 15. Army Group waren inzwischen Pläne einer überholenden Landung weit im Rücken der deutschen Front entwickelt worden, die den Angriff auf Rom in Gang bringen sollten.

Es wurde eine Dreiphasenoperation vereinbart. Die erste Phase sollte ein Angriff der 8. britischen Armee gegen die deutschen Stellungen am Sangro und die Sperrung der Strada Nr. 5 sein. Zur zweiten Phase sollte die 5. US-Armee über den Rapido hinweg angreifen, mit dem Ziel, über Cassino und Frosinone nach Rom vorzustoßen. Die dritte Phase schließlich sollte das Landungsunternehmen im Raume Anzio-Nettuno sein. Churchills Devise war: »Wer Rom hat, der hat ganz Italien!«

Am 22. 1. 1944 erfolgte die Landung des VI. US-Korps (der 5. US-Armee) unter General Clark bei Anzio-Nettuno mit zunächst 70000 Mann.

Zwei Tage vorher hatte der Angriff der 5. US-Armee gegen den unteren Rapido begonnen, und am 24. 1. begann der erste Angriff auf den Monte Cassino von der 3. algerischen Division.

Bereits am 17. 1. war das britische X. Korps über den Garigliano gegangen, um ebenfalls auf Cassino vorzustoßen. Dieser Angriff wurde ebenso wie jener der 3. algerischen Division abgeschlagen.

Drei Cassino-Schlachten brachten keinen Erfolg für die Alliierten. Erst die vierte, die am 11. 5. 1944 begann, führte am Morgen des 18. 5. zur Aufgabe des »Monte« und zum Rückzug des I. Fallschirmjägerkorps unter GenLt. Heidrich, der im August 1944 im Raume Bologna an der Adriafront endete.

Bei Anzio-Nettuno brachen die US-Streikräfte am 23. 5. 1944 aus dem Landekopf aus und durchstießen die Verteidigungsstellungen der 14. deutschen Armee. Am 31. 5. fiel Velletri; am 4. 6. erreichten die Spitzengruppen der Angreifer Rom. Die Front der Heeresgruppe Südwest war zwischen der 14. Armee (Generaloberst von Mackensen) und der 10. Armee (Generaloberst von Vietinghoff) weit aufgegerissen.

Die deutschen Truppen erhielten Befehl, sich schrittweise abzusetzen.

In einer »Zentimeter-Offensive« drangen die alliierten Truppen in Richtung Bologna vor, deren Randstellungen am 13. 10. 1944 erreicht wurden.

✳

Die Landungsoperation bei Anzio-Nettuno stellte die Kriegsmarine vor schwere Aufgaben. Immer wieder versuchten die S-Boote zum Schuß auf Großkampfschiffe und Truppentransporter zu kommen und dadurch die schwer ringenden deutschen Heerestruppen zu entlasten. Die Seefront verlagerte sich weiter nach Norden, wenngleich auch noch in der Ägäis deutsche Truppen auf den Inseln und bis Oktober 1944 in Südgriechenland standen, die in vielen Einsätzen der leichten deutschen Seestreitkräfte unterstützt bzw. zurückgeschafft werden mußten.

Zur Überraschung der deutschen Seebefehlshaber unternahmen die alliierten Flottenverbände im gesamten Mittelmeerraum keine weiteren strategischen Unternehmungen. Dies ermöglichte den laufenden deutschen Schiffsverkehr zur Versorgung der Heerestruppen und der Besatzungstruppen auf den Inseln mit Ersatz, Material, Waffen, Munition und Verpflegung. Der Geleitdienst erfolgte im Bomben-, Torpedo- und Raketeneinsatz feindlicher Fliegerverbände sowie alliierter Motor-Torpedo- und Kanonenboote.

Die Räumung von einzelnen Landstützpunkten und Stützpunkten auf den Inseln wurden von den leichten Seestreitkräften im opfervollen Einsatz durchgeführt.

Die deutsche Luftwaffe, die zu Anfang beispielsweise mit dem Kampfgeschwader 1 über dem Brückenkopf Salerno im Einsatz stand, wurde aufgerieben. Das Kampfgeschwader 26 (das erste Torpedogeschwader der Luftwaffe) hatte bereits im Mai 1943 nach Südfrankreich verlegt. Das Kampfgeschwader 30 unterstützte bis zum Mai 1944 die Heeresgruppe C, (mit Kampfgeschwader 54, das allerdings im Frühjahr 1944 abgelöst wurde).

Im Oktober 1943 wurde die II. Gruppe des Schlachtgeschwaders 4 nach Mittelitalien verlegt und flog bis Mai 1944 ihre Einsätze, ehe sie nach Rußland verlegt wurde.

Ferner stand das Jagdgeschwader 77 über Italien bis zum Sommer 1944 im Abwehrkampf. Die »Helbig Flyers« (das Lehr-Geschwader 1 unter Oberstleutnant Helbig) unterstützten die Verteidiger von Cassino im Erdkampf. Dennoch wurde die Zahl deutscher Flugzeuge immer geringer, und im Februar 1944 mußte die Luftflotte 2 einen Gesamtbestand von nur 298 einsatzbereiten Flugzeugen melden. Diesen standen über 4 500 alliierte Flugzeuge gegenüber.

Im Sommer 1944, nach der alliierten Invasion an der französischen Atlantikküste, wurde das II. Fliegerkorps nach Frankreich verlegt. Nur noch Splittergruppen verschiedener Verbände blieben in Italien zurück. Damit kämpften die Heeresgruppe C und die Kriegsmarine ohne Schutz aus der Luft und ohne Luftunterstützung bis zum Kriegsende.

Zeittafel

1943

17. 8.	Abschluß des Unternehmens »Lehrgang«: Räumung Siziliens
22. 8.	General der Panzertruppen von Vietinghoff erhält Oberbefehl
8. 9.	Fall »Achse«: deutsche Gegenmaßnahmen gegen den italienisch/alliierten Waffenstillstand
9. 9.	Alliierte Landung bei Salerno (Operation »Avalanche«) der 5. US-Armee, zugleich Landung der britischen 8. Armee bei Tarent
	Auslaufen der italienischen Flotte nach Malta
bis 21. 9.	Sicherstellung von 53 italienischen Kriegsschiffen und 385 000 BRT Handelsschiffsraum durch die Kriegsmarine
3. 10.	Unternehmen »Eisbär«: Landung auf Kos und Dodekanes
	Abschluß der Räumung Korsikas
5. 10.	Kriegserklärung der italienischen Regierung Badoglio an Deutschland
12.–17. 11.	Unternehmen »Leopard«: Landung auf Leros
14.–18. 11.	Besetzung ägäischer Inseln
28. 11.	Generalfeldmarschall Kesselring Oberbefehlshaber der Heeresgruppe C
2. 12.	Kapitulation Samos und Dodekanes

1944

3. 1	Beginn der Kämpfe um die »Gustav-Linie«
15.–19. 2	Beginn der Schlachten um Monte Cassino (bis 18. 5.)
16. 2.	Gegenangriffe Landekopf Anzio-Nettuno
29. 2.–1. 3.	Zweiter Gegenangriff
12. 5.	Beginn des Großangriffs der 5. US- und britischen 8. Armee gegen 10. deutsche Armee
4. 6.	Deutsche erklären Rom zur offenen Stadt. Einzug der alliierten Truppen
17.–19. 6.	Räumung der Insel Elba
16. 6.	Aufbau der Westalpen-Front
25. 8.	Entschluß Hitlers zur Räumung Griechenlands und der Ägäis
12.–15. 9.	Räumung der Ionischen Inseln
21. 9.	Peloponnes geräumt
24. 9.	Beginn der alliierten Operationen gegen Kreta und die Ägäis
1. 10.	Räumung Athens
3. 10.	Befehl Hitlers zur Räumung von Mazedonen, Südalbanien
4. 10.	Landung britischer Truppen bei Patras
8. 10.	Landung britischer Truppen bei Korinth
12. 10.	Deutsche Nachhuten verlassen Piräus auf dem Seewege
18. 10	Räumung Lemnos
21. 10	Tito besetzt Saloniki, dort zugleich Landung britischer Truppen
2. 11.	Abschluß der Räumung Griechenlands
16. 11.	Abschluß der Räumung Mazedoniens
20.–29. 12.	Großangriff der britischen 8. Armee bei Faenza

1945

1. 1.	Bildung Marineoberkommando Süd
24.–25. 4	Aufgabe Genua
29. 4.	Aufgabe Venedig
29. 4.	Kapitulation Heeresgruppe C (zum 2. 5. 1945)
2. 5.	Kapitulation an der Tagliamento-Mündung

Befehlsgliederung der Kriegsmarine für den Mittelmeerraum ab September 1943

Oberkommando der Kriegsmarine – Seekriegsleitung –

- Marinegruppenkommando West (Paris)
  - Admiral der französischen Südküste
  - 6. Sicherungsdivision

- Deutsches Marinekommando Italien (Levico)
  - F.d.U. Mittelmeer
  - 7. Sicherungsdivision

- Marinegruppenkommando Süd (Sofia)
  - Kommandierender Admiral Ägäis (Athen)
  - Kommandierender Admiral Adria (Sofia)
  - Kommandierender Admiral Schwarzes Meer

Unterstellte Verbände und Änderungen siehe Kapitel II (Deutsches Marinekommando Italien), X (Ägäis) und XI (Adria) sowie im Text.

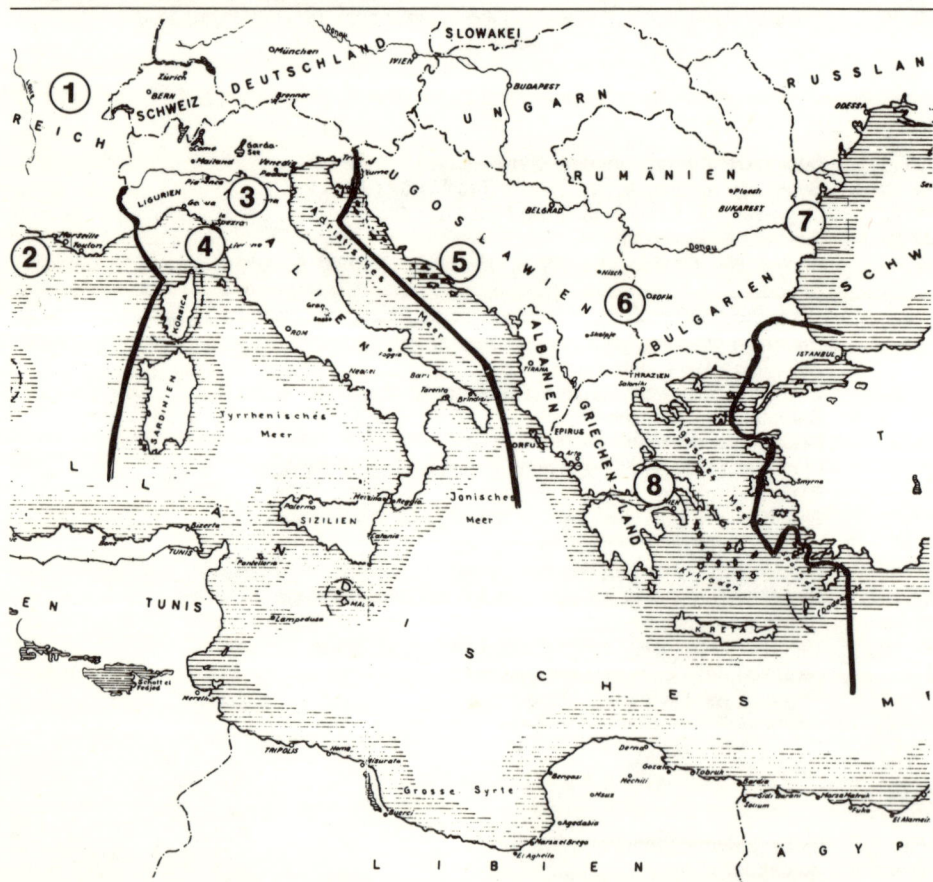

① Marinegruppen-Kommando West
② Admiral der französischen Südküste
   6. Sicherungs-Division
③ Deutsches Marinekommando Italien
④ 7. Sicherungs-Division

⑤ Kommandierender Admiral Adria
⑥ Marinegruppen-Kommando Süd
⑦ Kommandierender Admiral Schwarzes Meer
⑧ Kommandierender Admiral Ägäis

I. Räumungsoperationen
im Sommer und Herbst 1943

1. Sizilien

Am 1. 4. 1943 wurde FKpt. von Liebenstein Chef der 2. Landungs-Flottille im Mittelmeer. Mit seinen 30 Marine-Fährprähmen – von denen ein Teil noch überholt wurde – sollte er von Marsala und Trapani aus nach Afrika marschieren und den Nachschub der Truppen im Brückenkopf Tunesien sichern.

Die 2. Landungs-Flottille hatte bereits im Jahre 1942 für die Panzerarmee Afrika Nachschubgüter nach Osten transportiert. Als Liebenstein sie übernahm, wich sie nach Bizerta aus. Die schnellen MFP legten, mit Material und Nachschub beladen, die Strecke Marsala–Bizerta in 15 bis 16 Stunden zurück. Die gleichfalls in Marsala liegenden langsameren Siebelfähren benötigten für eine Überfahrt rund zwei Tage. Die MFP, mit einer 8,8-cm-Flak und 2-cm-FlaMW ausgerüstet, hatten zehn Mann Besatzung. Ihre Kommandanten waren zumeist erfahrene Reservisten aus der Handelsmarine, die es in der Kriegsmarine zum Steuermann gebracht hatten.

Ende Mai 1943 stellte Liebenstein die 2. Landungs-Division auf, deren Stammeinheit die 2. Landungs-Flottille blieb, die nun von KKpt. Wehrmann geführt wurde. Liebenstein wurde gleichzeitig »Seetransportführer Messinastraße«. Seine Aufgabe bestand darin, einen leistungsfähigen Übersetzverkehr über die Straße von Messina zu organisieren. Die 10. Landungs-Flottille, die hinzu kam, wurde von KKpt. Roth, nach dessen Erkrankung von Kptlt. Einecke geführt.

Als die seit dem 10. 7. zum Kampfgebiet gewordene Insel, in der Nacht zum 12. 8. 1943 beginnend, geräumt wurde, kam die große Bewährungsprobe der 2. Landungs-Division. Am ersten Tage wurden 900 Überfahrten geschafft, und bis zur vierten Nacht kamen die MFP auf 1 400 Überfahrten. Feindliche Luftangriffe bei Tag und Nacht galt es abzuwehren. Als Helfer in größter Not trat die am 1. 7. 1943 aufgestellte 22. Flak-Brigade (Oberst Nieper) rechtzeitig auf den Plan. Die Batterien trafen im Luftzielbeschuß wie auch im Beschuß von Seezielen genau. Sie zwangen die Feindbomber zum ungezielten Bombenwurf.

Als nach fünf Tagen und Nächten am 17. 8. 1943 gegen 07.00 Uhr die letzten MFP mit den letzten Soldaten von der Insel ablegten, hatten die sieben MFP, zehn Siebelfähren, drei Pioniersiebelfähren und 16 Pionierlandungsboote harte Tage und Nächte erlebt. KKpt. Wehrmann (Chef der 2. Landungs-Flottille), Kptlt.

Einecke (Führer der 10. Landungs-Flottille), KKpt. Zimmermann (Chef der 4. Landungs-Flottille) und Hptm. Paul (Kommandeur des Pionier-Landungs-Bataillons 771) hatten es mit ihren Booten und Soldaten geschafft: 60000 Mann, 6000 Fahrzeuge, Geschütze und Panzer, 17000 Tonnen Munition und vor allem die 4000 Verwundeten dankten es diesen Kommandeuren und der 22. Flakbrigade, die in diesen Wochen auf Sizilien und dann bei Messina 169 Feindmaschinen abschossen.

Die Kriegsmarine hatte mit dieser Aktion *die* Divisionen gerettet, die wenige Wochen später den Ansturm des Feindes auf das italienische Festland aufhielten.

Nach diesem Einsatz nahmen alle Einheiten Kurs in Richtung Neapel. Sie kamen bis auf zwei Siebelfähren, die am nächsten Morgen einem Jaboangriff erlagen, dort an.

2. Sardinien und Korsika

Zwei Tage nach Bekanntwerden des italienischen Waffenstillstandes wurden auf Sardinien die ersten Evakuierungsfahrten begonnen, Ziel Korsika. Dort durften die deutschen Soldaten nach Übereinkunft mit der italienischen Besatzung nach Bastia marschieren. Damit standen auf Korsika die noch nicht voll aufgefüllte 90. PGD (aus der 90. Leichten Afrika-Division entstanden), die Waffen-SS-Sturmbrigade »Reichsführer SS« und die Bodenorganisation des Fliegerführers Sardinien.

Nach dem Abfall Italiens wurden die auf Korsika stehenden italienischen Truppen zur Übergabe von Stadt und Hafen Bastia und der gesamten Insel aufgefordert. Die Italiener lehnten ab, und nachdem am 13. und 14. 9. französische Truppen zu ihrer Unterstützung im Süden der Insel bei Ajaccio gelandet waren, griff die Waffen-SS-Brigade am Morgen des 15. 9. 1943 an, nahm bis zum Abend Flugplatz, Stadt und Hafen von Bastia und bildete einen großen Brückenkopf, aus dem heraus verteidigt wurde. – Nunmehr sollten sowohl auf dem Luftweg als auch auf dem Seeweg etwa 27500 deutsche Soldaten mit Waffen und Gerät nach Livorno und Elba geschafft werden.

Da dies im Lufttransport nicht möglich war, erteilte das Deutsche Marinekommando Italien den Befehl zur Verbindungsaufnahme mit den Heeres- und Luftwaffenstellen zur Sicherstellung des Antransportes von Truppen und Gerät entsprechend den marineseitig klaren Transportmitteln,

Festlegung der Einschiffplätze,

Beladung der für den Rücktransport vorgesehenen Schiffe, Prähme usw. bzw. Einschiffung auf dieselben,

Steuerung der von Korsika abgehenden Geleite nach den vom Deutschen Marinekommando herausgegebenen Richtlinien und Weisungen,

Anforderung von Jagdschutz und enger Sicherung für die Geleite beim Fliegerführer Sardinien (nunmehr Korsika).

Damit erhielt der Seetransportführer Korsika, FKpt. von Liebenstein, am 17. 9. 1943 Weisungsrecht gegenüber allen auf Korsika stehenden Marine-Einheiten. Darüber hinaus fungierte er beim deutschen Wehrmachtskommandanten Korsika, Generalleutnant von Senger, als Verbindungsoffizier.

Da die Räumung Sardiniens abgeschlossen war, hatte Liebenstein einen ungefähren Anhaltspunkt über Zeiten und einzusetzende Marinemittel. Zur Durchführung seiner Aufgaben standen ihm die Marine-Seetransportstellen Bastia und Porto Vecchio zur Verfügung. Als Führungsmittel konnte er über die Marinefunkstellen Bastia und Porto Vecchio verfügen. Auch über den Fliegerführer Sardinien in Ghisonacchia konnte der Funkbetrieb aufrechterhalten werden.

Oblt. z. S. von Cossel, A 1 des Seetransportführers, fand in der Bucht von Sisco, 15 km nördlich Bastia, in der Bucht von Pietra Corbara, 18 km nördlich Bastia und in dem kleinen Hafen von Macianaccio, 40 km nördlich Bastia, Ausweichstellen, die zu Anlandungen geeignet waren. Im Hafen von Bastia selbst wurden zwei Ablaufstellen eingerichtet. An den Kaianlagen des neuen Hafens konnten sogar große Dampfer anlegen und beladen werden.

FKpt. von Liebenstein standen zum Beginn der Rückführungsaktionen am Morgen des 19. 9. 1943 folgende Fahrzeuge zur Verfügung:

35 Marinefährprähme, vier Frachtpenichen, die Dampfer *Kraft, Champagne* und *Nikolaus* sowie vier Kriegstransporter.

Die großen Dampfer mußten wegen der U-Boot-Gefahr im Geleit fahren. Die Geleitsicherung wurde von Booten der 11. Räumboot-Flottille (unter der operativen Führung durch die 7. Sicherungs-Division) übernommen.

Die Jagdschutz-Anforderung erfolgte über den Seetransportchef Mittelmeer, Kpt. z. S. Engelhardt, beim Geleitschutzführer der Luftflotte 2.

Gleichzeitig mit den anlaufenden Rückführungsoperationen zu Wasser starteten von den Flugplätzen Ghisonaccia, Borgo und Poretto deutsche Transportflugzeuge. Sie schafften auf dem Luftwege 21 107 Soldaten und 350 Tonnen Material auf das Festland.

Während dieser Überführungsaktionen transportierten die französischen U-Boote *Casabianca* (FKpt. L'Herminier), *Perle, Aréthuse,* die Zerstörer *Le Fantasque, Tempête* und *L'Alycon,* ferner ab 20. 9. auch die Kreuzer *Jeanne d'Arc* und *Montcalm* 6600 französische Soldaten und 1270 Tonnen Material nach Ajaccio, mit dem Ziel, die Rückführungsfahrten zu unterbinden und die noch auf der Insel stehenden deutschen Truppen gefangenzunehmen.

Mit den italienischen Zerstörern *Legionario* und *Oriani* kamen um den 20. 9. britische Truppen von Malta nach Korsika.

Bei einem Luftangriff am 21. 9. gingen in den Häfen und Buchten von Korsika fünf Dampfer verloren.

In der folgenden Nacht griffen abermals starke Bomberverbände an. Die noch in den Speichern am Hafen lagernde italienische Munition flog in die Luft. In der Nacht zum 23. 9. sank der Dampfer *Kraft,* und an diesem Tag gegen 18.25 Uhr wurde *MFP 420* 4 sm ostwärts Bastia durch ein feindliches U-Boot versenkt. Die Besatzung konnte gerettet werden.

Die Verluste während der Fahrten zum Festland mehrten sich. Die *Champagne* erhielt am 24. 9. 11 sm ostwärts von Bastia zwei Torpedotreffer. Der Kapitän des Schiffes führte die *Champagne* in Richtung Hafen zurück und setzte sie südlich davon leicht auf. Hier konnte der Dampfer durch Siebelfähren bis auf 20 Fahrzeuge geleichtert werden.

Am Nachmittag des 27. 9. erhielt die *Champagne,* die wieder schwimmfähig geworden war, einen weiteren Torpedotreffer, der ihr Schicksal besiegelte.

FKpt. von Liebenstein erfuhr am Abend des 27. 9., daß er zu den bekannten Mengen an Material zusätzlich noch 172 Geschütze, 86 Fla-Waffen, 1 000 Sonder-Kfz, 1 061 Lastwagen und Pkw ans Festland zu schaffen habe.

Zum Schluß sollten auf der Insel noch zwei Brückenköpfe gebildet und die letzten Truppen dann von Sisco abtransportiert werden: 1 000 Soldaten, etwa 200 Gefangene und 100 Kfz.

Nach der Landung der Marokkaner in Ajaccio verstärkte sich der Feinddruck.

Am frühen Morgen des 28. 9. befahl das Deutsche Marinekommando Italien »Schlußakkord«: Sonderfahrzeuge der Kriegsmarine und *SG 11* (dies war der ehemalige franz. Handelsdampfer *Alice Robert*) übernahmen dazu den Flankenschutz. Am folgenden Tage entschloß sich Liebenstein, sämtliche MFP-Transporte nur noch bis Marina di Campo auf Elba laufen zu lassen. Als es hier zu Schwierigkeiten kam, wurde am nächsten Tage auf Porto Ferraio ausgewichen.

Am 2. 10. stellte Liebenstein fest, daß nicht 1 000 Soldaten, sondern etwa 2 900 Mann im »Schlußakkord« zurückgeschafft werden mußten. Er ließ jeden der MFP nunmehr mit 100 Soldaten besetzen.

Für diesen letzten Schub ans Festland am 3. 10. nachmittags wurden alle einlaufenden MFP festgehalten. Schließlich standen 26 MFP für den Truppen- und Verwundetentransport bereit. Vier SF, zwei KSF (kleine Küsten-Schnellboote) und neun Leichter waren ebenfalls verfügbar. Im abschließenden Bericht von Liebenstein zu dieser Unternehmung heißt es:

»Gegen 22.45 Uhr habe ich auf *R 200* mit dem deutschen Wehrmachtskommandanten und seinem Stab an Bord und mit *R 162* die Anlegestelle Bastia-Nord in Richtung Livorno verlassen.

SG 11 mit Oblt. z. S. von Cossel blieb bis 01.00 Uhr vor Bastia stehen. Zwei weitere von ihm abgeteilte R-Boote blieben bis 04.00 Uhr dort, ohne daß sie auch nur noch einen deutschen Soldaten gefunden hätten. Dies war unsere zusätzliche Sicherheit. Wir wollten keinen der tapferen Männer zurücklassen.«

Um 05.00 Uhr am 4. 10. 1943 liefen *R 200* und *R 162* in Livorno ein. Wieder einmal hatten diese kleinen Boote eine hervorragende Leistung vollbracht. Von ihnen wurden zurückgeschafft: 6 294 deutsche Soldaten, 700 Gefangene, 3 026 Kraftfahrzeuge, 361 Geschütze, 105 Panzer und 5 414 Tonnen Material.

II. Bereich Deutsches Marinekommando Italien

Allgemeine Ereignisse

Vizeadmiral Meendsen-Bohlken Marineoberkommando Süd (ab 1. 1. 1945)
Vizeadmiral Löwisch

– Marineverbindungsoffiziere zum Oberbefehlshaber Südwest, Qu-Stab Südwest,
  Heeresgruppe C, AOK 10, AOK 14, Luftflotte 2 (LWKdo Süd)

Unterstellte Seestreitkräfte
– F.d.U. Mittelmeer mit 29. U-Boot-Flottille
– 10. Torpedoboot-Flottille
– 7. Sicherungs-Division
  – 6. Räumboot-Flottille
  – 11. Räumboot-Flottille
  – 22. U-Jagd-Flottille
  – 3. Geleit-Flottille
  – 4. Geleit-Flottille
  – 13. Sicherungs-Flottille (Führer der Minenschiffgruppe)
  – 3. und 7. Sicherungs-Flottille
  – 1. Transport-Flottille
  – 2. und 4. Landungs-Flottille

Adria

– 11. Sicherungsdivision
  – 1. Geleit- (ab 1. 3. 1945 9. T.-)Flottille
  – 2. und 3. Geleit-Flottille
  – 6. Räumboot-Flottille
  – 2. U-Jagd-Flottille
  – 6. Transport-Flottille
  – 10. Landungs-Flottille
– 1. Schnellboot-Division mit
  – 3. Schnellboot-Flottille
  – 7. Schnellboot-Flottille
  – 22. Schnellboot-Flottille
  – 24. Schnellboot-Flottille
– Seetransportchef Adria

Ligurisches Meer

– 10. Torpedoboot-Flottille
– 7. Sicherungs-Division

Po-Flottille

– Leiter der Po-Schiffahrt

Am 1. 3. 1944 genehmigte die Seekriegsleitung (Skl) den Antrag des Deutschen Marinekommandos Italien auf Bildung einer selbständigen Geleitgruppe, die aus *TA 23, TA 25, TA 26* und *SG 15* der 10. Torpedoboot-Flottille zusammengestellt werden sollte. Diese Geleitgruppe wurde der 7. Sicherungs-Division unterstellt, während die 10. Torpedoboot-Flottille – zum FdZ-Verband gehörend – dem Deutschen Marinekommando Italien unmittelbar unterstand und von diesem operativ eingesetzt wurde.

Das Unternehmen »Nußknacker« wurde in der Nacht zum 3. 3. von zwei TA-Booten erfolgreich durchgeführt. Das feindbesetzte Bastia wurde beschossen. Brände zeigten, daß wertvolle Treibstofflager getroffen worden waren.

Am 3. 3. stellte sich heraus, daß *UJ 201* von einem Feind-U-Boot torpediert worden war. Der Verbleib der 110 Mann starken Besatzung aber blieb unbekannt.

Das Deutsche Marinekommando Italien war erleichtert, als die Skl seinem Vorschlag zustimmte, eine italienische KS-Flottille (Kleine Schnellboote) aufzustellen, und daß als erste Gruppe 150 Soldaten zur Verfügung gestellt würden, die nach einer fünfwöchigen Grundausbildung an Land zum Einsatz auf Fahrzeugen mit gemischten deutsch-italienischen Besatzungen kommen würden.

Ziel dieser Maßnahme war, eine Flottille in der Westadria und zwei Flottillen in den Räumen Genua–La Spezia sowie in der Livorno-Piombino-Straße zu haben. Weiteres bereits ausgebildetes italienisches Personal sollte, laut Skl, von der 1. italienischen Marine-Division in Bordeaux im Einvernehmen mit der Gruppe Süd bereitgestellt werden.

Das Deutsche Marinekommando Italien meldete dem Marinegruppenkommando Süd am 22. 3., daß der wachsenden Bedrohung der wichtigen Häfen aus der Luft nicht allein mit der Luftwaffen-Flak zu begegnen sei. Es wurde Zuteilung schwerer Marine-Flak beantragt.

Während einer Lagebesprechung beim Oberbefehlshaber der Kriegsmarine wies dieser darauf hin, daß die Wegnahme von Lissa von großer Wichtigkeit sei. Der zuständige Sachbearbeiter der Skl erklärte dazu, daß die Durchführung dieser Aufgabe wegen Mangels an Seestreitkräften nur mit Schwerpunktbildung durch die Luftwaffe möglich sei.

Der Antrag vom 22. 3. auf Zuweisung schwerer Marine-Flak wurde von der Skl dahingehend beantwortet, daß schwere ortsfeste Flak der LW nicht verfügbar sei und die Kriegsmarine überhaupt keine schwere Flak besitze. Der Schutz der italienischen Häfen sei Sache der Luftwaffe. Das Deutsche Marinekommando Italien wurde angewiesen, an die Luftwaffe heranzutreten.

✳

Am 2. 4. richtete die Skl an das OKW und an den Führungsstab der Luftwaffe noch einmal das dringende Ersuchen, Flakschutz für die Adriahäfen zu stellen. In diesem Ersuchen heißt es zur Begründung des Antrages: »Es gingen in einer Woche praktisch allein durch feindliche Luftangriffe über 50% des vorhandenen Kleinschiffsraumes in der Adria verloren.«

Zwei Minenaufgaben wurden am 3. 4. vom Deutschen Marinekommando Italien planmäßig durchgeführt: die erste durch TA-Boote als Operation »Bumerang« nordwestlich Porto Ferraio, die zweite mit dem Minenschiff *Oldenburg* unter dem Stichwort »Herz Dame« südlich La Spezia.

Bei der Rückkehr von der Operation »Herz Dame« wurde *Oldenburg* erfolglos von Feindbombern angegriffen.

Die TA-Boote der 10. Torpedoboot-Flottille führten am 4. 4. eine Minenoperation südlich Elba durch und wurden auf dem Rückmarsch ebenfalls erfolglos aus der Luft angegriffen.

In der Nacht zum 9. 4. führten zwei TA-Boote die Minenoperation »Auster« südlich Giglio durch und wurden dabei laufend durch feindliche S-Boote und Luftaufklärer geortet, ohne angegriffen zu werden. Die Minenoperation »Rappen« in der Nacht zum 13. 4. wurde ebenfalls von zwei TA-Booten der 10. Torpedoboot-Flottille nordwestlich Elba durchgeführt.

Am 13. 4. führten *TA 20* und zwei R-Boote »Kanin West« durch.

In der Nacht zum 23. 4. beschossen drei TA-Boote Bastia mit sichtbarem Erfolg. Fünf R-Boote führten die Minenoperation »Zaun« durch.

Die Minenoperation »Kanin-Ost« wurde in der Nacht des 24. 4. von *TA 20* mit drei R-Booten durchgeführt. Drei weitere TA-Boote führten in der Nacht zum 25. 4. westlich Capraia eine Minenoperation durch. Auf dem Rückmarsch lief *TA 23* nördlich Capraia auf eine treibende Mine. Gleichzeitig wurden die Boote von feindlichen Schnellbooten und Jagdbombern angegriffen. Diese Angriffe konnten abgewehrt werden. Aber *TA 23* mußte wegen zu starken Wassereinbruchs durch die Minendetonation von der Besatzung aufgegeben und versenkt werden.

In der Nacht zum 27. 4. vernichtete ein U-Jäger vor Rapallo ein feindliches U-Boot.

Am selben Tage wurden fünf R-Boote auf dem Marsch nach Elba vor Rapallo durch britische Jabos angegriffen. Ein Flugzeug wurde abgeschossen. Ein R-Boot wurde durch Bordwaffenbeschuß in Brand geschossen; es mußte aufgesetzt werden, einige Tote und Verwundete waren zu beklagen. In der Nacht zum 15. 5. fand ein feindlicher S-Boot-Angriff auf ein nordgehendes Geleit statt, bei dem das Minenschiff *Kehrwieder* zwei Torpedolaufbahnen ausweichen konnte.

Das Deutsche Marinekommando Italien meldete in der Nacht zum 24. 5. ein Gefecht zwischen Elba und Livorno, bei dem zwei deutsche U-Jäger und eine MFP-Gruppe mit britischen MTB zusammenstießen. Einer der U-Jäger erhielt nacheinander zwei Torpedotreffer und sank. Der zweite U-Jäger erhielt einen Torpedotreffer und lief nach Livorno ein. Ein britisches MTB wurde in Brand geschossen und sank. Von der MFP-Gruppe wurden zwei Einheiten durch die Artillerie englischer MGB versenkt. Von dem gesunkenen U-Jäger konnten zunächst 45, von den MFP 20 Soldaten gerettet werden. Weitere Überlebende wurden vom Gegner aufgenommen.

Das Deutsche Marinekommando Italien beantragte zur Bekämpfung des gegnerischen Schnellboot-Stützpunktes Bastia den Einsatz von Kampfflugzeugen, da der Nachschubverkehr sonst zum Erliegen kommen würde.

Durch die schweren Luftangriffe auf Genua am Mittag des 28. 5. verlor das Deutsche Marinekommando Italien ein Minensuchboot, zwei M-Boote, zwei MFP, ein Kümo und zwei Dampfer; weitere Fahrzeuge wurden beschädigt, desgleichen eine Reihe Hafenanlagen und Magazine. Dies war bis dahin einer der größten Erfolge des Gegners durch Luftangriffe im Mittelmeerraum.

Das Deutsche Marinekommando befand sich am 10. 6. 1944 in der Verlegung von Montecatini nach Levico. In der Nacht zuvor hatte es einen schweren Verlust erlitten, als *TA 27* der 10. Torpedoboot-Flottille bei einem Bombenangriff im Hafen Porto Ferraio (Elba) infolge eines Nahtreffers beim Verholen an die Pier kenterte. *TA 30* übernahm einen Großteil der Besatzung und überführte sie nach La Spezia. Dabei stieß das Boot auf dem Marsch nordostwärts Elba auf einen Verband von zehn Feind-Schnellbooten und hatte ein kurzes Gefecht.

Die beiden T-Boote *TA 26* und *TA 30*, die am 15. 6. zu einem Einsatz unterwegs waren, stießen in der Nacht zum 16. 6. auf ein feindliches U-Boot, das einen Viererfächer schoß. Beide Boote wurden getroffen und sanken. Die am 16. 6. von italienischen Fischern und deutschen Seenotbooten durchgeführte Suche hatte Erfolg. Viele Soldaten konnten gerettet werden.

In der Nacht zum 18. 6. versuchten Boote der 10. Torpedoboot-Flottille die Piombino-Straße mit Minen. Sie wurden nördlich Ferraio ohne Erfolg von Feindzerstörern beschossen. Ein feindliches S-Boot wurde versenkt, zwei weitere beschädigt. Die Boote liefen mit nur geringen Schäden und wenigen Personen-Ausfällen wieder in La Spezia ein.

In der Nacht des 18. 6. landete der Feind mit starken Kräften auf Elba. Zum 20. 6. wurde die Räumung der Insel befohlen. Die Überführung der Inselbesatzung nach Piombino wurde unter Führung von KKpt. Wehrmann erfolgreich durchgeführt. 600 Soldaten erreichten das italienische Festland. Beim Anmarsch auf Cavo mußte ein feindlicher, von Schnellbooten durchgeführter Torpedoangriff abgewehrt werden. Vor Cavo erfolgten drei Torpedodetonationen, die Unterwasserschäden hervorriefen. Die Einschiffung erfolgte unter Nebelschutz.

Auf dem Rückmarsch griff der Gegner abermals mit S-Booten an. Ein S-Boot wurde in Brand geschossen und versenkt. Von der Insel Palmaiola wurde die 13 Mann starke Besatzung abgeborgen.

Vier R-Boote, die in den Buchten der Ostküste Elbas gelegen hatten, sicherten das Geleit bis nach Campo. Nach Abschluß der Ablandungen wurde der Hafen Piombino gesprengt.

Eine Kampffähre versenkte eines der acht angreifenden S-Boote des Gegners südlich Campo und beschädigte zwei weitere schwer. In Campo wurde die Kampffähre beim Einlaufen durch einen plötzlichen Feuerüberfall von Land vernichtet. Am 20. 6. wurden in Carrara infolge fehlenden Flakschutzes sämtliche Fahrzeuge des OT(Organisation Todt)-Zement-Transportes durch angreifende Jabos versenkt.

Die Versenkung des Kreuzers *Bolzano* vor der Osteinfahrt von La Spezia durch den Angriff eines britischen Zwei-Mann-U-Bootes sperrte die Einfahrt nach La Spezia.

Bei einem Gefecht in der Nacht zum 24. 6. vor Sestri Levante zwischen zwei eigenen U-Jägern und feindlichen S-Booten wurden vier der acht angreifenden S-Boote versenkt. Ein weiteres entkam in Brand geschossen. Trotz dieses feindlichen S-Boot-Angriffes erreichten die beiden hier laufenden Geleite sicher ihre Bestimmungshäfen. Damit hatten die U-Jäger wieder einen großen Erfolg errungen.

Das Minenschiff *Dietrich von Bern* führte südwestlich der Vada-Bank eine neue Minenaufgabe durch. Der Auftrag wurde ohne Zwischenfälle erledigt.

✳

Im Bereich des Deutschen Marinekommandos Italien wurden im Juli 1944 einige Minenaufgaben gefahren, so die Minenoperation »Werra«, die in der Nacht zum 13. 7. nordwestlich Livorno von zwei TA-Booten der 10. Torpedoboot-Flottille durchgeführt wurde. Am 15. 7. übernahm das Marinekommando die neue Befehlsstelle in Levico.

In der Nacht zum 17. 7. stand eine eigene U-Jagd-Gruppe im Gefecht mit acht feindlichen S-Booten, die einen Zangenangriff mit Torpedobeschuß fuhren. Ein S-Boot wurde von den U-Jägern in Brand geschossen. Westlich Viareggio wurde die Minenoperation »Ems« durchgeführt. Drei MFP waren beteiligt, während drei TA-Boote die Minenoperation »Lahn« südwestlich von Livorno durchführten. Mehrere S-Boot-Angriffe auf dem Anmarschweg wurden mit Schnellfeuer aller Waffen abgewiesen.

Der Stützpunkt Arnomündung wurde in der Nacht des 16. 7. planmäßig geräumt. Diese wurde nach der Räumung planmäßig vermint.

Auf dem Festland erreichte der Gegner am 18. 7. die Adria-Küste bei Ancona. Auch dieser eigene Stützpunkt konnte rechtzeitig geräumt werden.

Seit dem 8. 9. 1943 wurden im Bereich des Deutschen Marinekommandos Italien über 10000 Minen gelegt und 1300 Sperrschutzmittel geworfen, davon an der Westküste 8660 und an der Ostküste 1408.

Durch die 10. Torpedoboot-Flottille und die 22. U-Jagd-Flottille wurde der Hafen von Livorno durch insgesamt 18 Fahrzeuge gesperrt. Die Hafenverminung erfolgte planmäßig, ebenso die Sprengung der militärischen Anlagen.

In der Nacht zum 21. 7. versenkten feindliche Schnellboote *UJ 2211* und ein Blockschiff aus einem Geleit mit Torpedos. Die Besatzungen konnten bis auf drei Mann geborgen werden.

Ein Minenschiff und zwei TA-Boote führten die Minenoperation »Bremse« südlich La Spezia durch, drei MFP die Operation »Eisen«. In der neuen Sperre wurden nur Stunden später vier Detonationen beobachtet.

In der Nacht des 13. 8. griffen feindliche Flugzeuge Pietra Ligure und Genua an. Dabei sank das Minenschiff *Dietrich von Bern*.

Am 28. 7. traf – aus Linz kommend – ein Transport der ersten kleinen Boote der 24. Schnellboot-Flottille in Monfalcone ein. Sie waren für die kroatische Marine vorgesehen.

Über die sich laufend verschlechternde Lage in Italien berichtete anläßlich der Besprechung beim Chef der Seekriegsleitung (Admiral Meisel) am 29. 7. der Befehlshaber des Deutschen Marinekommandos Italien (Admiral Meendsen-Bohlken): »Ich halte die Feindlage für kritisch, weil unsere Divisionen durch die langen Kämpfe geschwächt sind und eine Gewähr für ein erfolgreiches Halten der Grünen Linie aus Mangel an frischen Truppen nicht gegeben ist.

Die Kriegsmarine unterstützt das Halten dieser Linie an den Seeflanken durch den Einsatz von Küstenartillerie und Minensperren. Für die tiefe Küstenflanke sind jedoch keine Kräfte vorhanden. An der adriatischen Küste wird zur Zeit Artillerie in beträchtlicher Stärke aufgestellt und voraussichtlich auch rechtzeitig materiell einsatzklar werden. Es fehlt jedoch bisher noch an den ausgebildeten Soldaten, diese Batterien zu besetzen.

Die eigenen Seestreitkräfte sind stark angespannt. Kein kriegsbereites Fahrzeug hat Zeit, auch nur eine Nacht im Hafen zu liegen. Die Erfahrung hat gezeigt, daß auch Unternehmungen ohne große operative Ziele, z. B. Küstenbeschießungen durch eigene Seestreitkräfte, beim Gegner beträchtliche Auswirkungen erzielen. Er wird dadurch beunruhigt und veranlaßt, starke Seesicherungen aufzustellen. Aus diesem Grunde ist es wesentlich, ihm stets an der Klinge zu bleiben.

Wichtig ist, daß die Werftkapazität in Genua erhalten bleibt, weil dort die Hauptstellen für Neubau und Reparatur liegen. Eine gewisse Verstärkung in der Verteidigung ist auch im Raume westlich Genua im Aufbau.«

Vor Kap Antibes gerieten in der Nacht zum 22. 8. vier eigene RA-Boote ins Gefecht mit feindlichen Kreuzern und Zerstörern. *RA 250* wurde bei dem Versuch, nach Osten durchzubrechen, versenkt. *RA 259* brannte nach einigen Volltreffern aus. Die Besatzung mußte das Boot selbst versenken. Die Besatzungen beider Boote wurden von den zwei überlebenden RA-Booten gerettet, nachdem der Feind abgelaufen war. *RA 251,* das vor Antibes hilflos trieb, mußte gesprengt werden. *RA 252* gelang es, Nizza zu erreichen.

Zu dem schweren Luftangriff auf Genua am 4. 9. berichtete das Deutsche Marinekommando Italien: 140 schwere, viermotorige Bomber griffen Genua an und warfen in Teppichwürfen etwa 800 schwere Bomben. Nach der Funkaufklärung galt dieser schwere Angriff auf Genua den U-Booten. An Totalverlusten waren zu beklagen: *TA 28* und *TA 33* gesunken; ferner sanken ein U-Jäger, ein M-Boot, drei Vorpostenboote, drei Artillerie-Träger, ein Transport-U-Boot. Schwer beschädigt wurden: vier U-Jäger, zwei Kriegstransporter, ein Transport-U-Boot. Es entstanden starke Personenverluste.

In der Nacht zum 13. 9. wurden die Minenoperationen fortgesetzt. Die Sperre »Hummel« südostwärts La Spezia wurde von dem Minenschiff *Nymphe* und zwei MFP durchgeführt. Vor Savona wurden in dieser Nacht zwei MFP aus einem Geleit Genua–San Remo durch S-Boot-Torpedos versenkt. Bei der Operation »Hornisse« durch zwei MFP wurde nach planmäßiger Durchführung auf dem Rückmarsch der sichernde U-Jäger *UJ 2216* durch S-Boot-Torpedos versenkt.

Am 29. 9. wurde das Minenschiff *Westmark* in La Spezia in Dienst gestellt.

Südlich Portofino führten drei MFP am 30. 9. eine Minenoperation durch. Beim Geleit und Sicherungsdienst traten drei TA-Boote am 2. 10. um 02.00 Uhr vor Imperia mit einem französischen Großzerstörer ins Gefecht. Zwei Artillerietreffer wurden auf dem Zerstörer beobachtet. Die Entfernung war für einen Torpedoangriff zu groß. Bei den Manövern des Gefechtes wurde *TA 24* von *TA 29* gerammt. Wegen der Schäden an *TA 24* mußte die Operation abgebrochen werden. Drei R-Boote warfen südlich Bordighera unter Beschuß feindlicher Zerstörer eine Minensperre. In der neuen Minensperre südlich von Portofino wurden von einem eigenen M-Boot drei Minendetonationen gemeldet.

Am frühen Morgen des 3. 10. führten zwei TA-Boote eine Minenoperation südlich Savona durch, während vier MFP ostwärts Imperia Minen warfen.

Ein Aufklärungsvorstoß von drei TA-Booten der 10. Torpedoboot-Flottille in der Nacht zum 20. 10. südsüdostwärts Imperia mußte wegen der schlechten Wetterlage und zu hoher Dünung abgebrochen werden. Der Waffengebrauch war in dieser groben See in Frage gestellt. Der Geleit- und Sicherungsdienst wurde jedoch weiter durchgeführt.

Das Kriegstagebuch des Deutschen Marinekommandos Italien berichtete: »Mit dem 29. 11. 1944 ist der Restbereich des Admirals Adria vom Deutschen Marinekommando Italien übernommen worden. Dieser Bereich umfaßt das Gebiet des Seeko Istrien, welches nach Südosten bis zur Frontlinie auf dem Gebiet des Seeko Norddalmatien erweitert ist. Die 11. Sicherungs-Division mit ihren noch verbliebenen Streitkräften, die 1. Schnellboot-Division und der Seetransport-Chef sind gleichfalls unter das Deutsche Marinekommando Italien getreten.

Durch Vereinigung der Seetransportorganisation, die nach der beantragten Auflösung des SeetraChefs Adria (wie an der italienischen Westküste) vom Deutschen Marinekommando Italien selbst gesteuert wird, soll eine straffe Führung auch in der Adria angestrebt und eine bessere Ausnutzung der verbundenen Mittel erreicht werden.

Als weitere Aufgabe kommt mit der Übernahme des istrischen Raumes der befohlene Ausbau von Pola zur Festung hinzu. Der Wert einer ausgebauten und kampfkräftigen Festung Pola an der Nahtstelle der von Südosten langsam zurückgehenden Balkanfront und der auf längere Sicht mit Zurücknahme rechnenden Italienfront steht außer Frage.«

Der bisherige U-Boot-Stützpunkt Pola und der Kampfstab Italien bildeten am 1. 1. 1945 den neuen »K-Stützpunkt Pola«.

Der starke Nordoststurm des 1. 1. 1945 ließ an diesem Tag keinen Einsatz zu. Am 2. 1. stellte Konteradmiral Waue mehrere Anträge zur Verstärkung seines »Festen Platzes«. Der OB Südwest nahm dahingehend Stellung dazu, daß eine Verstärkung der Besatzung zur Zeit nicht möglich, und daß sie außerdem auch nicht beabsichtigt sei.

Nach der Lagemeldung 1./Skl vom 10. 1. 1945 wurden erstmals in der Adria Stoßtrupps des Marine-Einsatzkommandos 71 gegen Zara und die italienische Ostküste eingesetzt. Der Transport erfolgte mit S-Booten unter Führung des Chefs der 1. Schnellboot-Division. Die Kleinkampf-Gruppen drangen mit Faltbooten in den Hafen ein bzw. an die Küste vor. Im Hafen Zara wurden ein Dampfer von etwa 700 ts und sehr wahrscheinlich ein weiteres Schiff getroffen, an der italienischen Ostküste zwei Straßenbrücken und eine Eisenbahnbrücke sowie die Eisenbahnstrecke im Gebiet der Tennamündung gesprengt. Eine dritte Unternehmung wurde in der Nacht zum 10. 1. gegen die Insel Isto, die durch Engländer und Partisanen besetzt war, durchgeführt. Es wurden 18 Sprengladungen paarweise gelegt, die in neun schweren Detonationen planmäßig hochgingen. Sämtliche lohnenden Ziele wurden damit vernichtet. Das Marine-Einsatzkommando 71 konnte trotz schlechten Wetters von den S-Booten wieder aufgenommen werden. Südostwärts San Segro führten in der Nacht zum 10. 1. das MS *Fasana*, ein TA-Boot und drei R-Boote eine Minenoperation durch. Ein Geleit von Triest nach Venedig verlor im Schneetreiben die Fühlung untereinander. Zwei Fahrzeuge liefen vor der Tagliamentomündung auf.

In Triest sank am 13. 1. 1945 infolge Sabotage der Dampfer *Marittimo* an der Pier. Die Auseinandersetzung um die »Seefestung Pola« nahm auch im März ihren Fortgang. Am 9. 3. 1945 trug Generalfeldmarschall Kesselring im Gespräch mit Großadmiral Dönitz das gleiche in bezug auf die Festung Pola vor.

Aus der Lagebesprechung der 1./Skl vom 9. 3. 1945:
»In der Angelegenheit der Festung Pola, in welcher der Festungskommandant bereits mehrfach Anträge an die Skl gerichtet hat, erstattete nunmehr auch der OB Südwest, Generalfeldmarschall Kesselring, dem OKW eine Meldung.

Er führt darin aus, daß er bei einem Besuch in Pola festgestellt hat, daß der Festungskommandant mit den ihm zur Verfügung stehenden Mitteln nicht in der Lage ist, seinen Verteidigungsauftrag durchzuführen, weil seine Kräfte nur die Stärke einer Sicherungsbesatzung haben.

Demgegenüber kann jedoch der OB Südwest die unbedingt erforderlichen infanteristischen und artilleristischen Verstärkungen sowie Flakwaffen nicht zuführen, weil er sonst die gesamte Kampfführung an der Ostseite der Adria gefährden würde.

Admiral Förste
verleiht Kptlt. Frhr.
von Tiesenhausen
auf der Pier
von Salamis
das Ritterkreuz.

Kptlt. Albrecht Brandi: mit drei Booten im Mittelmeer-Einsatz

U 81; von diesem Boot wurde die *Arc Royal* versenkt.

TA 14 mit Gefangenen

TA 14, ein Boot der 9. Torpedoboot-Flottille

OB Südwest sieht die einzige Möglichkeit für die Verteidigung von Istrien im Halten des verteidigungsmäßig günstigen Tschitschen-Bogens, der etwa von Triest nach Fiume verläuft.

Generalfeldmarschall Kesselring beantragt abschließend, daß Bestimmung Pola als Verteidigungsbereich aufgehoben und ihm selbst die Entscheidung über die Verteidigung der Stadt im Rahmen der Gesamtkampfführung übertragen wird. Er benutzt in einer Meldung eine Äußerung des MOK Süd, daß im Falle einer Feindoperation gegen den istrischen Raum oder in der Nordadria seeoperative Möglichkeiten von Pola aus nicht mehr gegeben sind, weil die Seestreitkräfte, falls sie nicht schon durch vorhergehende Luftangriffe vernichtet sind, von See her blockiert werden.«

✳

Am 16. 3. 1945 stimmte der ObdM der Stellungnahme des OB Südwest zur Frage der Verteidigung von Pola zu. Das MOK Süd erhielt von der Skl folgende Unterrichtung:

»Dem Antrag des OB Südwest wird zugestimmt, da die Voraussetzungen für eine nachhaltige Verteidigung von Pola als Festung nicht gegeben sind und der Besitz von Pola für die eigene Seekriegführung bei der geringen Zahl der in der Adria noch vorhandenen eigenen Seestreitkräfte von begrenztem Wert ist. Es wird jedoch darauf hingewiesen, daß es im Interesse der eigenen Kriegsführung liegt, Pola nicht früher als unbedingt erforderlich aufzugeben, um dem Gegner nicht vorzeitig einen frontnahen Aufmarschhafen zu überlassen.«

✳

Beim Lagevortrag des ObdM bei Hitler am 10. 3. um 16.00 Uhr kam auch die Möglichkeit einer britischen Landung in der Nordadria zur Sprache:

»Die Möglichkeit einer Landung der Engländer in der Nordadria kommt erneut zur Sprache. Der ObdM äußert seine Ansicht dahin, daß der Engländer im Hinblick auf die gesamtpolitische Lage nach allen Anzeichen bestrebt zu sein scheint, Kräfte zu sparen. Deswegen sind größere selbständige Landungsoperationen des Engländers weder in der Adria noch in der Deutschen Bucht wahrscheinlich. Anders liegt es bei Holland, an dessen Besetzung der Engländer mit Rücksicht auf die Bedrohung seiner Kanalverbindung großes Interesse haben muß.

Der Führer bestätigt die Auffassung des ObdM. Nach seiner Ansicht ist auch die Zurückhaltung der Engländer in Jugoslawien, wo sie uns mit geringem Einsatz große Schwierigkeiten hätten bereiten können, nur mit bewußtem englischem Kräftesparen zu erklären.«

✳

Im Ligurischen Meer wurde nach langer Zeit am 18. 3. 1945 ein Offensivunternehmen mit drei TA-Booten der 10. Torpedoboot-Flottille zum Minenlegen an der Nordwestecke von Korsika durchgeführt. Auf dem Rückmarsch wurde der Verband von feindlichen Zerstörern erfaßt. KKpt. Burkart, der mit *TA 24*, *TA 29* und *TA 32* die Operation durchführte, stieß dabei auf die beiden britischen Zerstörer *Meteor* und *Lookout*. *TA 24* und *TA 29* wurden in einem kurzen, erbittert geführten Gefecht, bei dem auch die Zerstörer Treffer erhielten, versenkt. Von den beiden Besatzungen wurden 108 Überlebende, darunter auch der Flottillenchef, gerettet. *TA 32* kehrte nach Genua zurück.
Am 17. 4. 1945 gelang es bei einem Gefecht deutscher S-Boote mit alliierten Zerstörern vor San Remo, den französischen Zerstörer *Trombe* zu torpedieren.
Vom 24. bis 25. 4. versenkte oder sprengte die Kriegsmarine im Hafen von Genua und in den Werften die Zerstörer *Alpino* und *Ghibli*, *FR 24*, *FR 37*, *TA 31* und *TA 32*, die Korvetten *UJ 2121*, *UJ 2225*, *UJ 2226*, *UJ 2227*, *UJ 2228*, *UJ 6086*, *FR 51*, 21 Räumboote und fünf Hilfsschiffe sowie zahlreiche Handelsschiffe.
Der Krieg im Mittelmeer neigte sich seinem Ende entgegen. Noch einmal wurde in der Führerlagemeldung des 24. 3. 1945 besonders auf Pola hingewiesen. Dort heißt es:
»Der Führer verlangt, daß eine feindliche Landung in Pola solange wie möglich zu verhindern ist. Die hierfür zur Zeit eingesetzten Kräfte können daher nicht abgezogen werden. Die Genehmigung zur Aufgabe von Pola ist nötigenfalls zeitgerecht zu beantragen.«
Das Schicksal von Pola und seiner Besatzung war damit endgültig besiegelt. Sie sollten ein tragisches Ende nehmen.

*

Die Kapitulation

Bereits am 29. 4. 1945 hatte die deutsche Heeresgruppe C unter Generaloberst von Vietinghoff in Italien gegenüber den alliierten Streitkräften unter General Alexander die Kapitulation angeboten. An diesem 29. 4. 1945 wurde in Caserta beim Generalstabschef der US-Truppen, General Morgans, durch General der Panzertruppe von Senger und Etterlin und SS-Obergruppenführer Wolf die Kapitulationsurkunde unterzeichnet.

Am 2. 5. 1945 um 14.00 Uhr trat diese in Kraft und wurde bekanntgegeben. Auf dem gesamten Kampffeld Mittelmeer schwiegen die Waffen. Die einzige Ausnahme von der Kapitulation machten die griechischen Inseln Kreta, Milos, Kos, Leros, Rhodos und einige kleinere Inseln, die erst am 8. 5. 1945 kapitulierten.

Im Gefangenenlager der Neuseeländer trat am Morgen des 9. 5. 1945 die 10. Landungs-Flottille zu einer Abschiedsmusterung an. Der Flottillenchef, KKpt. Zimmermann, dankte seinen Männern dafür, daß sie bis zum bitteren Ende ausgehalten hatten. Einige Soldaten, die für Beförderungen und Auszeichnungen eingereicht waren, erhielten diese verliehen. Dann ließ KKpt. Zimmermann wegtreten. Die letzte, beinahe vollzählig versammelte Flottille im gesamten Mittelmeerraum hatte sich damit aufgelöst.

Es gab keine deutschen Einheiten und Verbände mehr im Mittelmeer. Der Weg in die Gefangenschaft, die für viele Männer über drei Jahre dauerte, begann.

✳

10. Torpedoboot-Flottille*

Die 10. Torpedoboot-Flottille entstand aus der 2. Geleit-Flottille, die im Sommer 1943 aus der 3. und 4. Geleit-Flottille zusammengefaßt worden war (ehem. französische Torpedoboote mit Geleitaufgaben im französischen und italienischen Mittelmeervorfeld, nach Nordafrika, Sizilien und Sardinien).

Im Januar 1944 wurde aus den Restbeständen der 3. Geleit-Flottille und italienischen TA-Booten die 10. Torpedoboot-Flottille aufgestellt (Genua und La Spezia):

Flottillenchef	KKpt. von Gartzen
TA 23 (ex *Impavido*)	Kptlt. Reinhardt
TA 24 (ex *Arturo*)	Kptlt. Dereschewitz
TA 25 (ex *Intrepido*)	KKpt. Eisenberger (3.44) danach Oblt. z. S. Iversen
TA 26 (ex *Ardito*)	Kptlt. Albrand
TA 27 (ex *Auriga*)	Kptlt. von Trotha
TA 28 (ex *Rigel*)	Kptlt. Haberkorn Kptlt. Wenzel

Nach ihrer Indienststellung traten im Laufe des Jahres 1944 folgende Boote hinzu:

TA 29 (ex *Eridano*)	Kptlt. Schmidt-Troje
TA 30 (ex *Dragone*)	Kptlt. Kopka
TA 31 (ex *Dardo*)	Kptlt. Burkart
TA 32 (ex *Premuda*)	Kptlt. Kopka
TA 33 (ex *Corsaro*)	(Das Boot kam nicht mehr zum Einsatz)

Die 10. Torpedoboot-Flottille unterstand einsatzmäßig dem Deutschen Marinekommando Italien und war taktisch der 7. Sicherungs-Division zugeteilt. Ihr Operationsgebiet war das Ligurische und das Tyrrhenische Meer; die Aufgaben:

* (Anmerkung: Die Geschichte der 10. Torpedoboot-Flottille hat der Flt.Chef, KKpt. a.D. v. Gartzen, ausführlich dargestellt. – Siehe Literaturverzeichnis. – Im folgenden werden daher nur die Daten und Ereignisse dargestellt, die für den Zusammenhang dieses Buches nötig erscheinen.)

Geleitdienst, Landzielbeschießungen, Aufklärungsvorstöße und Minenunternehmungen.

Ab Februar 1944, als Konteradmiral Leo Kreisch seine Dienststellung als FdU Mittelmeer mit der des Führers der Zerstörer gewechselt hatte, waren ihm beide Torpedoboot-Flottillen unterstellt, so daß er auch weiterhin dem Mittelmeer-Kampffeld auf das engste verbunden blieb.

KKpt. von Gartzen, der nach dem Untergang seines Bootes *T 25* in der Biskaya von einem deutschen U-Boot gerettet worden war, trat die Dienststellung als erster Chef der 10. Torpedoboot-Flottille im Januar 1944 an und blieb bis November 1944. Mit ihm führte ein Seeoffizier die Flottille, der sich auf Torpedobooten und Zerstörern bewährt hatte.

Eine der Hauptaufgaben dieser Flottille waren zunächst Minenoperationen im Golf von Genua. Es begann mit dem Unternehmen »Maulwurf« in der Nacht zum 2. 2. 1944. Es folgten »Schlange« in der Nacht zum 4. 2., »Kobra« in der Nacht zum 17. 2., »Delphin« in der Nacht zum 26. 2., mit einigen anderen Aufgaben in der Zwischenzeit, von denen das Gefecht mit feindlichen MTB in der Nacht zum 15. 2. und das Unternehmen »Nußknacker« – die Beschießung von Bastia auf Korsika – in der Nacht vom 1. zum 2. 3. 1944 gehörten.

Bei den verschiedenen Unternehmungen waren die Boote *TA 23*, *TA 24*, *TA 25*, *TA 26*, *TA 27* und *TA 28*, beim »Bastia«-Unternehmen die Boote *TA 24* und *TA 28* beteiligt.

Beim Minenunternehmen »Hecke« in der Nacht zum 18. 2. 1944 wurde der Verband auf dem Marsch zum Wurfgebiet erstmals von englischen Zerstörern und S-Booten angegriffen. Es gelang, die vom Gegner geschossenen Torpedos auszumanövrieren. Dem Artilleriefeuer des Gegners entkamen die Boote nebelnd und in Zickzackfahrt.

Die 7. Sicherungs-Division erhielt am 20. 2. den Befehl, das Unternehmen »Ziegenhirt« – Erkundung der Insel Capraia, Unbrauchbarmachung aller militärischer Anlagen auf der Insel und Erkundung der feindlichen Besetzung sowie eines dortigen S-Boot-Stützpunktes – in der Nacht zum 21. 2. 1944 durchzuführen.

Eingesetzt wurden alle fahrbereiten Boote der 11. Räumboot-Flottille sowie *SG 15*, *UJ 221* und *TA 27* der 10. Torpedoboot-Flottille.

Der Überraschungsschlag gelang, und am 25. 2. meldete die 7. Sicherungs-Division durch Fernschreiben an das Deutsche Marinekommando Italien die Ergebnisse mit den für die Seekriegsleitung wichtigen Feststellungen (Auszüge):

». . . Inselbesatzung: seit langem Amerikaner italienischer Herkunft, italienisch sprechend. Ein bis zwei Offiziere (wechselnd ein Hptm. bzw. ein Oblt.) und 15 bis 20 Mann US-Truppen (nach Abzeichen Infanterie), dazu sieben bis zwölf Mann italienischer Miliz, ein Uffz. und drei Mann Carabinieri . . . Die vier Stützpunkte auf der Insel je ein MG. Die R-Boote erhielten bei Anlandung kein Feuer. Desgleichen die VP-Boote, die die Küste in den vorherigen Nächten bis auf 100 m ansteuerten.

Die vier Stützpunkte verteilen sich wie folgt:
1. am Monte Capo mit drei Mann,
2. bei Mortala mit vier bis fünf Mann,
3. auf Kastelli vier bis fünf Mann und
4. Semaphor mit sechs Mann,
alle mit tragbaren Funkgeräten ausgerüstet; Zweck unbekannt. Von Bastia kommt öfter ein US-Arzt und betreut Truppe und Bevölkerung. Fernsprechverbindung besteht zwischen Hafen und Gefängnis und zur US-FT-Station.
. . . Feindliche S-Boote befinden sich nicht im Hafen. Der Hafen ist nicht als Stützpunkt ausgebaut. Allerdings laufen bei Nacht Feind-S-Boote an der Insel vorbei. Zerstörer sind weder tags- noch nachtsüber aufgetreten. Englische Gun-Boats sollen weniger eingelaufen sein, wie ehemalige italienische MAS unter Führung eines englischen Offiziers; Besatzung und Flagge aber italienisch. Mit Sicherheit wurden in den letzten zwei Monaten die Boote *MAS 507* und *MAS 509* erkannt.
Angeblich noch aufgetreten: *MAS 545, MAS 546, MAS 576* (aber unsicher).«
Eine Küstenbeschießung durch die 10. Torpedoboot-Flottille in der Nacht zum 21. 2. konnte nicht erfolgen.
Dazu bemerkte der Flottillen-Chef im Flottillen-KTB u. a.:
»Der maschinelle Zustand der TA-Boote gibt sowohl bei den älteren Geleitbooten (*TA 23, TA 25* und *TA 26*) wie auch bei den Neubauten (*TA 24, TA 27* und *TA 28*) Anlaß zu Störungen und damit zu der Notwendigkeit, befohlene Aufgaben abzubrechen bzw. durchzuführende Aufgaben zurückzustellen . . .
Bei den älteren Booten hat diese Störanfälligkeit ihren Grund mit in der mangelhaften Pflege der Maschinenanlagen durch die italienische Besatzung. Bei den neuen Booten macht sich das Nichtdurchführen gründlicher Probefahrten und Erprobungen negativ bemerkbar.
Auf allen Booten kommt noch hinzu, daß das Personal noch nicht zu voller Beherrschung der Anlagen geschult werden konnte, so daß kleinere Störungen nicht sofort erkannt und beseitigt werden und dann – im weiteren Betrieb – Ursache zu größeren und großen Störungen werden.
Es müssen daher, so bald sich dazu Zeit und Gelegenheit bieten, dem Chef der 10. Torpedoboot-Flottille die Boote zur Verfügung gestellt werden, damit das Personal gründlich mit den Maschinenanlagen vertraut gemacht werden kann und somit der sich immer wiederholende Ausfall eines oder mehrerer Boote für die Zukunft vermieden wird.«
Als die Boote *TA 24* und *TA 28* am 1. 3. 1944 Landziele auf Korsika beschossen und sich auf den Hafen Bastia konzentrierten, wurde das Feuer von Land aus erwidert. Ein Torpedoangriff feindlicher S-Boote wurde abgewiesen.
Vom 25. bis zum 26. 3. wurde von Portoferraio, dem Hafen der Insel Elba als Absprungbasis, das Minenunternehmen »Gazelle« durchgeführt. Ihm folgten die Minenoperationen »Antilope«, »Auster« und »Schimmel«.

Am 22. 4. lief die Flottille mit *TA 23*, *TA 26* und *TA 29* gegen 23.00 Uhr wieder zur Landzielbeschießung von Bastia und seinem Hafen aus.

Beim nächsten Minenunternehmen kam am 24. 2. die Flottille vor der Insel Capraia, nordwestlich Elba, in ein schweres S-Boot-Gefecht.

Als dieser Gegner abgewehrt war, griffen Jagdbomber den Verband an. Es gelang, durch konzentriertes Abwehrfeuer drei der Angreifer abzuschießen.

Westlich Capraia aber lief *TA 23* am Morgen des 25. 4. auf eine Mine. Das Boot erhielt durch die Detonation so schwere Lecks, daß es aufgegeben werden mußte. Die Überlebenden wurden von den zwei anderen beteiligten Booten aufgenommen (*TA 26* und *TA 29*).

In der folgenden Nacht führten *TA 26* und *TA 29*, die bei den Gefechten der vergangenen Nacht ebenfalls Verlust erlitten hatten, eine Aufklärungsaufgabe ostwärts Capraia durch.

Die vier Minenunternehmungen des Mai 1944 mit den Codenamen »Languste«, »Angel«, »Haken« und »Widerhaken« vom 11. bis 28. 5. verliefen erfolgreich.

Am 9. 6. erfolgte ein Luftangriff auf Portoferraio. Bei diesem Angriff wurde *TA 27* von zwei Bomben achtern schwer getroffen. Sekunden darauf schlug eine dritte Bombe mittschiffs ein. Nach Explosion der Bereitschaftsmunition befahl der Kommandant, Kptlt. v. Trotha, die Besatzung von Bord, die dann von *TA 30* gerettet werden konnte.

Dem Minenunternehmen »Weide« (14./15. 6.) folgte »Wachtel« (15./16. 6.). Dabei erfolgte ein Gefecht mit US-S-Booten; zwei Torpedos trafen *TA 26*, trotz stärkster Abwehr mit allen Waffen. Ein feindliches S-Boot wurde von *TA 30* getroffen und sank. Ein zweites trieb, mehrfach getroffen, brennend auf der nächtlichen See. Die übrigen aber schossen ein drittes Mal ihre Torpedos, und von einem wurde nun auch *TA 30* getroffen. Das Heck wurde von einer mächtigen Detonation auseinandergerissen. *TA 30* sank schnell. Viele Soldaten der 10. Torpedoboot-Flottille gingen mit diesen beiden Booten unter. Ein zweites S-Boot wurde noch durch Volltreffer versenkt, der Rest drehte ab und verschwand in der Nacht, die für die 10. Torpedoboot-Flottille zu einer Nacht des Verderbens geworden war. Es waren die US-S-Boote *PT 558*, *PT 552* und *PT 559*, die diesen Erfolg erzielten.

Als das Lazarettschiff *Erlangen* am frühen Morgen des 16. 6. zur Rettung von Schiffbrüchigen auslief, wurde das Schiff auf dem Marsch zur Untergangsstelle der beiden TA-Boote von Bombern und tieffliegenden Jagdbombern, die das große Rote Kreuz mit Sicherheit erkennen mußten, mit Bomben und Bordwaffen angegriffen. Nach mehreren Treffern geriet die *Erlangen* in Brand und mußte bei Sestri Levante auf Strand gesetzt werden.

Beim Minenunternehmen »Stein«, zu dem *TA 24* und *TA 29* am 17. 6. aus La Spezia ausliefen, kam es wieder zu einem harten Gefecht mit feindlichen S-Booten. Als die deutschen TA-Boote mit mittlerer Fahrt dem Wurfgebiet im Golf von Genua entgegenliefen, nach Süden schwenkten und die Fahrt auf 25 kn steigerten, liefen sie durch einen grünsilbernen Teppich aus Meerleuchten und wurden gesichtet. Doch diesmal gelang es den Booten, den Torpedos auszuweichen und den Gegner durch schnelles Feuern zum Abdrehen zu zwingen. Es waren dies das US-S-Boot *PT 207* und die britischen *MTB 633*, *MTB 640*, *MTB 655* und *MTB 658*. Am späten Abend des 20. 6. liefen *TA 25* und *TA 29* zum Minenunternehmen »Messer« aus La Spezia aus. Wieder waren US-S-Boote zur Stelle. In kurzem Gefecht wurden drei S-Boote schwer getroffen. Dennoch gelang es einigen, zum Torpedoschuß zu kommen. Von einem Torpedo mittschiffs getroffen, sank *TA 25*.

Damit hatte die Flottille einen Teil ihrer einsatzbereiten Boote verloren. Sie hatte eine Reihe wichtiger Unternehmungen, die der Flottillenchef jeweils an Bord des Führerbootes selbst leitete, durchgeführt. Binnen zweier Wochen hatte sie in zehn Gefechten ihre Standfestigkeit unter Beweis gestellt, denn immer galt es, sich gegen einen an Stärke weit überlegenen Gegner zu behaupten.

Am 24. 6. erhielt KKpt. von Gartzen für die Leistungen seiner Flottille und für den eigenen hervorragenden Einsatz das Ritterkreuz zum Eisernen Kreuz. Der FdZ, Konteradmiral Kreisch, beglückwünschte den Flottillenchef: »Damit haben die erfolgreichen Fahrten des Torpedobootes *T 25* in der Biskaya und im Kanal sowie die harten, erfolgreichen Einsätze der 10. Torpedoboot-Flottille im Tyrrhenischen Meer Dank und Anerkennung gefunden. Der FdZ ist stolz auf seine 10. Torpedoboot-Flottille.«

Ab Juli 1944 waren die TA-Boote *TA 24*, *TA 28* und *TA 29* beinahe allnächtlich zu Unternehmungen im Ligurischen Meer zu Aufklärungsvorstößen und Minenoperationen, Küstenbeschießungen und Sonderaufgaben unterwegs. Am späten Abend des 19. 7. liefen *TA 28* und *TA 29* zum Minenunternehmen »Brummer« aus. Hierbei kam es wieder zum Gefecht mit feindlichen S-Booten. Einer der Gegner wurde in Brand geschossen und sank. Auf dem Rückmarsch war Fliegeralarm. Durch einen Bombennaheinschlag entstanden auf *TA 29* Schäden. Das Boot konnte aber mit eigener Kraft den Einsatzhafen La Spezia erreichen.

Der Aufklärungsmarsch am Abend des 24. 7. verlief ohne Feindsichtung. Am Abend des 25. 7. liefen *TA 29* (als Führerboot der Flottille), *TA 24* und *TA 28* zur Beschießung der westitalienischen Küste aus. Zielgebiet war die Küste von Marina di Pisa-Süd bis zur Arnomündung. Nach dem KTB des Flottillenchefs hatte das Unternehmen folgenden Verlauf:

»00.15 Uhr: *TA 29*, *TA 24*, *TA 28* Außensperre Spezia auslaufend passiert. Auf Weg ›Panther‹ Marsch nach Süden angetreten.

Von 00.17 Uhr bis 03.05 Uhr laufend feindliche Aufklärer- und S-Boot-Ortungen. Von feindlichen Landgeräten sehr starker Suchbetrieb.

00.28 Uhr: Alarm! *TA 29* schießt LG-Fächer nach Steuerbord.

00.36 Uhr: Leuchtbomben in rw. 100 Grad und rw. 290 Grad.

00.56 Uhr: Alarm beendet.

01.01 Uhr: Detonationen und Flakfeuer in rw. 150 Grad.

01.20 Uhr: FT von Deutschen Marinekommando Italien: ›Beschießung entfällt. Aufklärungsvorstoß bis nördlich Meloriabank.‹

01.53 Uhr: Alarm! *TA 29* schießt LG-Fächer nach Backbord.

02.04 Uhr: von *TA 24:* ›S-Boote an Backbord!‹

02.24 Uhr: Nichts gesichtet. Alarm beendet.

03.40 Uhr: Hafensperre Spezia einlaufend passiert, festgemacht. Eintrifft von 7. Sicherungs-Division. FS: ›*TA 24, TA 28, TA 29* Spezia 00.00 Uhr über Punkt 726 Beschießung Südufer Arno. Rückkehr Spezia über ›Panther‹.

23.54 Uhr: La Spezia abgelegt zur Durchführung der Beschießung feindlicher Stellungen südlich der Arnomündung. Marschfahrt 21 kn.

01.52 Uhr: Alarm! Klar zur Küstenbeschießung! Verband dreht nach Backbord auf Gefechtskurs 356 Grad und geht auf 12 kn.

02.02 Uhr: *TA 29* eröffnet als mittleres Boot das Feuer mit LG. Es stehen immer mindestens fünf LG am Himmel. Das Gelände ist gut auszumachen. Abstand 2,7 sm zur Küste. Ort Marina di Pisa ist erstes Ziel. Dann werden die Einschläge, bis 8000 m weit, wieder auf 5000 m zurückgeholt. Die beiden Boote fallen nach Aufleuchten der ersten LG als Kampfbatterien ein.

02.52 Uhr: Alarm! Richtung 310 Grad drei S-Boote auf Anlaufkurs mit geringer Fahrt. Geschätzte Entfernung 30 bis 35 hm. Verband dreht darauf zu und schießt LG. Infolge Enge durch eigene Sperre ist Jagd nicht möglich. Feindboote drehen ab.

04.30 Uhr: La Spezia festgemacht.

27. 7. 1944: 00.25 Uhr: *TA 24, TA 28, TA 29* La Spezia abgelegt zur Beschießung feindlicher Stellungen südlich der Arnomündung (Wiederholung der Beschießung der vergangenen Nacht).

01.32 Uhr: Schon von See sind mindestens vier große Brände in Livorno zu erkennen.

02.35 Uhr: Verband liegt auf Gefechtskurs. *TA 29* schießt über Marina di Pisa LG. *TA 24* und *TA 28* eröffnen das Feuer als Kampfbatterien. An Land entstehen zwei Brände, wobei einer aufgrund immer höher emporschießender Stichflammen als Treffer in Munitionslager angesprochen wird.

02.45 Uhr: Beschießung beendet. Verband geht auf Kurs 315 Grad und tritt mit 21 kn Fahrt den Rückmarsch an.

04.14 Uhr: Alarm! In 330 Grad Schatten. Boot dreht darauf zu und schießt LG-Fächer. Es ist ein Hafenschutzboot, mit dem ES-Austausch durchgeführt wird.

05.04 Uhr: La Spezia festgemacht.«

Die knappe Sprache des KTB zeigt beinahe nichts von der ständigen Spannung, unter der die Besatzungen standen, weil sie stets mit einem plötzlich auftauchenden Gegner rechnen mußten.

KKpt. von Gartzen sorgte dafür, daß seine überstrapazierten Besatzungen in den nächsten Tagen eine kleine Ruhepause erhielten.

Der August sah die 10. Torpedoboot-Flottille ebenfalls wieder zu vielen Aufklärungsvorstößen ins Ligurische Meer, zu Küstenbeschießungen im Raume Marina di Pisa und Geleitfahrten in See.

Drei TA-Boote der Flottille führten in der Nacht des 25. 8. einen Aufklärungsvorstoß bis Kap Mele durch. Dieselben Boote beschossen am 31. 8. von 04.09 Uhr bis 04.16 Uhr die feindliche HKL südlich des Secchio-Flusses.

Am 4. 9. erfolgte ein schwerer feindlicher Luftangriff auf Genua. Unmittelbar nach dem Aufheulen der Alarmsirenen erschienen Hochbomber über dem Hafen und warfen 438 Tonnen Bomben. Nur 100 m vor dem Dock, in dem gerade *TA 28* (Kptlt. Wenzel) überholt wurde, krachten die ersten Bomben ins Wasser. Dann wurde das Boot von einem Volltreffer vernichtet. An der Pier wurde einer der drei dort auslaufbereit liegenden Minenleger getroffen. Dann traf es auch *TA 33*, das auf ebenem Kiel sank. Pausenlos fielen schwere Bomben und Lufttorpedos. Auch *TA 29* wurde beschädigt, entging aber der Vernichtung.

Danach waren von den ehemals elf Booten der Flottille nur noch *TA 24, TA 29, TA 31* und *TA 32* übriggeblieben.

Mit den Booten *TA 24, TA 29* und *TA 32* unternahm KKpt. von Gartzen am 1. 10. einen Aufklärungsvorstoß in den westlichen Golf von Genua. Die Boote stießen auf Feindzerstörer. Es kam zu einem verbissen geführten Gefecht. Der Flottillenchef befahl rücksichtslosen Torpedoeinsatz. Der Torpedoschuß von *TA 32* wurde von dem anvisierten Zerstörer ausmanövriert. Granaten schlugen um *TA 32* in die See. Mit Hartruderlegen und »Dreimal AK« entging das Boot dem Beschuß und zwei Torpedolaufbahnen.

TA 24 erhielt einen Artillerievolltreffer. Die beiden anderen Boote nebelten es ein und zogen die Feindzerstörer auf sich, bis *TA 24* wieder klarmeldete. Nach Verschießen aller Torpedos liefen die drei Boote mit AK ab. Ein gefährliches Unternehmen war mit Glück ohne Verluste zu Ende gegangen.

Der nächste Aufklärungsvorstoß führte mit drei Booten am 20. 10. in das Seegebiet südsüdostwärts Imperia. Der Vorstoß mußte wegen der hohen Dünung abgebrochen werden.

Nach einem Fliegerbombentreffer am 25. 10. wurde *TA 31* auch nicht mehr KB. Als Anfang November 1944 KKpt. von Gartzen zu neuer Verwendung abkommandiert wurde, übernahm Kptlt. Franz Burkart die Führung der 10. Torpedoboot-Flottille, die nur noch aus *TA 24, TA 29* und *TA 32* bestand. Mit diesen Booten führte er weiterhin den Geleitdienst an der italienischen Westküste durch.

Das Jahr 1944 hatte acht Torpedobooten der 10. Torpedoboot-Flottille den Untergang gebracht. Dennoch sollten die letzten drei Boote im Jahre 1945 noch einige Male die Aufmerksamkeit auf sich ziehen. *TA 24, TA 29* und *TA 32* liefen im Januar 1945 aus ihren Stützpunkten La Spezia und Genua immer wieder zu Einsätzen aller Art aus. Im Februar gelang es zwei Booten, ein feindliches MTB im Artillerieduell zu versenken.

Unter Führung des Flottillenchefs unternahmen *TA 24*, *TA 29* und *TA 32* im Ligurischen Meer noch eine offensive Minenoperation. Dies sollte eine der dramatischsten Feindfahrten werden. Nordwestlich von Korsika stießen die drei Boote auf die britischen Zerstörer *Meteor* und *Lookout*. Es kam zu einem erbittert geführten Artilleriegefecht.

Den Torpedos konnten die Feindzerstörer ausweichen. Der Flottillenchef befahl Einnebeln. *TA 24* erhielt mehrere Granattreffer und einen Torpedotreffer. Das Boot sank rasch weg. Der Gegner wandte sich nun *TA 29* zu, und beide Zerstörer schossen im Salventakt. *TA 29* bekam schnell Schlagseite und sank wenige Minuten nach *TA 24*.

Lediglich *TA 32* gelang es, zwar auch schwer getroffen, aber noch fahrbereit, zu entkommen und nach Genua einzulaufen.

Von den beiden britischen Zerstörern wurden 108 Überlebende aufgefischt. Unter ihnen befand sich auch Kptlt. Burkart.

Das letzte Boot der Flottille wurde vor der Aufgabe der Stadt Genua in der Nacht zum 25. 4. 1945 mit dem ebenfalls hier liegenden, nicht mehr fahrbereiten *TA 31* gesprengt.

III. Schnellboote

Im November 1941 war die 3. Schnellboot-Flottille aus ihrem Einsatzraum im Finnischen Meerbusen herausgelöst und über den Rhein, den Rhein-Rhône-Kanal und die Rhône ins Mittelmeer verlegt worden.

Die Boote trafen im Januar und Februar 1942 in den Einsatzhäfen La Spezia, Gaeta, Augusta und Porto Empedocle ein. Flottillenchef war KKpt. Kemnade.

Im ersten Jahr ihres Einsatzes liefen die Boote zu Mineneinsätzen gegen Malta, zur Störung des britischen Nachschubverkehrs nach Tobruk und zu Minenaufgaben vor Alexandria aus. Die Torpedierung des Kreuzers *Newcastle* und die Vernichtung des Zerstörers *Hasty* waren die ersten großen Erfolge.

Im November 1942 folgten die Boote der 7. Schnellboot-Flottille unter KKpt. Trummer.

Geleitaufgaben, Minensperren und Angriffe gegen gemeldete Feindfahrzeuge wechselten einander ab.

Bis zum 7. 5. 1943 wurden alle S-Boote nach Sizilien überführt. Hier standen sie seit dem 10. 7., dem Tage der Invasion auf Sizilien, im Einsatz gegen feindliche Transporter und Kriegsschiffe.

Am 16. 7. 1943 erhielt FKpt. Herbert Max Schultz Befehl, aus den beiden vorhandenen Flottillen und drei weiteren, die noch zugeführt werden sollten, die 1. Schnellboot-Division aufzustellen.

Die 21. Schnellboot-Flottille unter Kptlt. Wuppermann wurde im September 1943 aufgestellt. Sie bestand aus Leichten S-Booten, die von Friedrichshafen im Eisenbahntransport ins Mittelmeer geschafft wurden.

Die 22. Schnellboot-Flottille unter Kptlt. Hüsing, im Dezember 1943 aus KS-Booten zusammengestellt, wurde im Mai 1944 im Bahntransport in den Mittelmeerraum verlegt und gelangte dort nicht mehr zum Einsatz.

Die 24. Schnellboot-Flottille, aus italienischen Beutebooten im November 1943 aufgestellt, gelangte unter dem Kommando von Kptlt. Hans-Jürgen Meyer zum Einsatz.

Nach der Aufgabe von Sizilien verlegten die S-Boote ins Tyrrhenische und Ligurische Meer. Von hier aus traten sie nach der Kapitulation Italiens über Land den Weg von Genua nach Venedig an, um in der Adria zum Einsatz zu gelangen.

*

Am 1. 9. 1943 war von den zehn Booten der 3. Schnellboot-Flottille nur *S 57*, das in Salerno lag, voll kriegsbereit. Alle übrigen Boote lagen in Salerno, Tarent, Salamis und Toulon nicht einsatzbereit oder zur Motorenüberholung.

Die acht Boote der 7. Schnellboot-Flottille führten bis zum 25. 12. 1943 ihre Unternehmungen zwischen Korsika und Sardinien durch.

Am 6. 9. 1943 wurde KKpt. Kemnade zu einer Besprechung nach Rom befohlen. Hier erhielt er Weisung über die zu treffenden Maßnahmen, die sich durch den bevorstehenden Waffenstillstand des Achsenpartners Italien mit den Westalliierten ergeben mußten.

Der Flottillenchef ließ vorsorglich alles sofort zur Verlegung nach Norden vorbereiten.

Die Landungsoperation »Avalanche«, mit der 5. US-Armee unter General Clark und der Landungsflotte unter Vizeadmiral Hewitt, die am 9. 9. begann, konnte von den wenigen einsatzbereiten S-Booten nicht bekämpft werden.

Am Abend des 8. 9. 1943 befand sich der Gruppenführer der im Hafen von Tarent liegenden S-Boote *S 54* und *S 61*, Kptlt. Müller, zu einer Besprechung im HQ des AOK 10 ostwärts Salerno. Er hatte vor der Fahrt dorthin den Kommandanten von *S 54*, Oblt.z.S. Schmidt, in den Sonderauftrag »Fall Achse« eingeweiht und ihm mit der fahrbereiten Rotte *S 54* und *S 61* für die in Tarent zu treffenden Maßnahmen Befehle gegeben.

Als am Abend um 21.28 Uhr aus Rom das Stichwort gegeben worden war, befahl Oblt.z.S. Schmidt für *S 54* und *S 61* die Verlegung vom alten Liegeplatz Mare piccolo ins Mare grande. Dies scheiterte jedoch an der Netzsperre des Hafens.

Schmidt erhielt kurz darauf die Aufforderung von Admiral Brevonesi, in das italienische Kommandogebäude zu kommen. Dort angekommen, forderte Schmidt Admiral Brevonesi auf, den freien Abzug aller deutschen Marine-Landeinheiten und des Stützpunktpersonals aus dem italienischen Marinebefehlsbereich Tarent und die Öffnung aller Hafensperren zum Auslaufen der beiden fahrbereiten S-Boote und des ebenfalls fahrbereiten *MFP 478* und das Anbordnehmen der Minen sicherzustellen. Dies wurde von Admiral Brevonesi zugestanden.

Am 9. 9. um 01.15 Uhr wurden alle Maßnahmen für den Fall »Ernte«, d. h. die Maßnahmen aus Fall »Achse« für die S-Boote, durchgeführt. Die drei Einheiten liefen aus und warfen insgesamt 30 Minen, die auf akustische und magnetische Zündung eingestellt waren, im Mare grande und auf dem weiteren Auslaufweg. Auf diesen Minen sank am 10. 9. der britische Minenleger *Abdiel*, der 400 Soldaten an Bord hatte, von denen nur ein kleiner Teil gerettet werden konnte.

Um 05.00 Uhr erreichten die S-Boote die freie See und liefen, parallel zur Küste steuernd, zunächst nach Südosten und gelangten durch die Straße von Otranto in die Adria.

Durch *MFP 478* waren die Boote zunächst zu einer Marschfahrt von nur 9 kn gezwungen. Als aber der MFP bei Annäherung eines italienischen Kreuzers sich selbst versenkte und die Besatzung an Bord der beiden S-Boote gegangen war, konnte die Fahrt auf 18 kn beschleunigt werden.

S 61 unter Obermaat Blömker, der Seemännischen Nr. 1 des Bootes, hängte sich dem S 54 an, und in schneller Fahrt ging es quer durch die Straße von Otranto, von den Küstenbatterien mit etwa 30 Salven beschossen, auf die dalmatinische Küste zu, wo gegen 20.00 Uhr nördlich Valona unter Land geankert wurde, denn die Boote gerieten in eine Netz-Minensperre, und es mußten Schrauben und Ruder von diesen Netzen befreit und die in die Netze eingebrachten Minen von der Bordwand freigehalten werden.

In der Morgendämmerung liefen die Boote unter der dalmatinischen Küste weiter nordwärts.

Ragusa wurde angesteuert. S 54, das noch immer führte, lief dabei über eine Mine. Glücklicherweise detonierte diese erst, als das Boot bereits zehn Meter entfernt war.

Einige Meilen querab Ancona wurde in der Nacht ein armiertes größeres Fahrzeug gesichtet, das italienische Kanonenboot *Aurora*. Es wurde von S 54 torpediert. Die 70 Mann Besatzung wurden von beiden Booten übernommen.

Als um 05.35 Uhr der 4572 BRT große Truppentransporter *Leopardi* mit 700 italienischen Soldaten und einigen Frauen und Kindern an Bord in Sicht kam, wurde das von Triest nach Tarent laufende Schiff angehalten. Der Kapitän und die Offiziere wurden von S 54 an Bord genommen, und im S-Boot-Geleit lief die *Leopardi* auf Gegenkurs in Richtung Venedig.

Gegen 06.30 Uhr kam ein weiteres Schiff in Sicht. Es wurde ebenfalls gestoppt. Ein Prisenkommando von S 61 stieg über und ließ es Kurs auf Venedig nehmen. Als am Nachmittag ein weiteres Fahrzeug in Sicht kam, das sich als ein italienischer Zerstörer entpuppte, ließ Oblt.z.S. Klaus-Degenhard Schmidt sein Boot S 54 zur Leeseite des Dampfers *Albatros* (dieser Name wurde später bekannt) steuern und machte es dort fest. Er selbst stieg mit zwei Soldaten auf den Dampfer über.

An Deck von S 54 aber standen die Männer, beide Torpedos in den Rohren feuerbereit, Rohrdeckel geöffnet.

Als nun der Zerstörer *Sella* vor dem Bug des Dampfers die Kurslinie kreuzte und, alle Geschütze auf diesen Dampfer gerichtet, in Sicht kam, befahl Schmidt von der Dampferbrücke aus: »Beide Torpedos – los!«

Der erste Torpedo traf den Zerstörer bereits nach vier Sekunden Laufzeit vorn unter der Brücke, der zweite eine Sekunde später mittschiffs. Nach den beiden Torpedodetonationen brach der Zerstörer *Sella* in drei Teile auseinander und sank.

Bei sofort eingeleiteten Bergungsmaßnahmen wurden 80 italienische Soldaten gerettet, darunter auch der Kommandant der *Sella*.

Am Abend des 11. 9. trafen die beiden Dampfer und die S-Boote in Venedig ein. Die beiden Dampfer hatten Einlaufflaggensignale gesetzt; man hatte ihnen die

Hafensperre geöffnet. *S 54* lief hinter den beiden Dampfern ein, und die Soldaten an Oberdeck stellten sich so auf, daß die Reichskriegsflagge am Flaggenstock nicht bemerkt wurde. Man hielt das S-Boot für ein italienisches Boot. *S 61* war außerhalb des Hafens geblieben, um zu sichern.

Um 21.00 Uhr gingen Oblt.z.S. Schmidt und Kptlt. Winkler vom *MFP 478* mit vier Mann von *S 54* an Land. Sie wurden zum Hotel Gabrieli gewiesen und erfuhren dort, daß noch immer 10 000 italienische Marineangehörige in Venedig stationiert waren.

S 61 lief kurze Zeit später mit zwei weiteren Prisendampfern in Venedig ein. Die Lage war »hoffnungslos, aber nicht mehr ernst«, sagte ein Mitglied der Besatzung von *S 61*.

Am Morgen des 12. 9. wurden der deutsche Generalkonsul Dr. Köster und Major Schmidt-Neudorf, der Eisenbahnbevollmächtigte Norditalien, ausfindig gemacht. Mit diesen Herren fuhr Oblt.z.S. Schmidt um 12.30 Uhr ins Marinearsenal zum italienischen Marinebefehlshaber Nördliche Adria, Vizeadmiral Brenta. Anwesend war auch Konteradmiral Zanoni, Chef der Marinestation Venedig.

Beide Befehlshaber sagten zu, daß die 10 000 Marineangehörigen entwaffnet und die militärischen Einrichtungen und Versorgungsstellen unbeschädigt übergeben werden würden. Der hinzugezogene Polizeichef Venedigs sagte mit seinen Carabinieri alle Hilfe zur Aufrechterhaltung von Ruhe und Ordnung in der Stadt zu. Am Abend dieses Tages und am Vormittag des nächsten Tages marschierten die italienischen Marinesoldaten nach Mestre in die Gefangenschaft. Oblt.z.S. Schmidt war damit zunächst Kommandant der Seefestung Venedig geworden. In einer Besprechung mit den für die Versorgung der Stadt Verantwortlichen wurde volle Übereinstimmung darüber erzielt, daß die Versorgung der Bevölkerung gesichert bleiben müsse.

Am Nachmittag übergab Schmidt die Stadt Venedig an den inzwischen eingetroffenen Oberstleutnant Nehring und dessen Vertreter, KKpt. Korn.

Für diese großartige Leistung erhielt Oblt.z.S. Schmidt am 22. 12. 1943 das Ritterkreuz des Eisernen Kreuzes. Dank ihm wurden unnützes Blutvergießen und Zerstörungen in der alten Lagunenstadt Venedig verhindert. (Ein Jahr später, am 22. 12. 1944, ist Oblt.z.S. Schmidt als Kommandant eines Bootes der 10. Schnellboot-Flottille im Englischen Kanal im Gefecht mit britischen MGB gefallen.)

Die beiden S-Boote *S 33* und *S 30*, die seit dem 7. 9. 1943 mit nicht einsatzbereiten Motoren in Pola lagen, stellten am späten Abend des 8. 9. unter Oblt.z.S. Brauns, Kdt. von *S 33*, eine notdürftige Fahr- und Kriegsbereitschaft her. Die italienische Marine verhinderte jedoch das Auslaufen. Erst ab 10. 9. erhielten die S-Boote und die wenigen hier liegenden deutschen U-Boote ihre Bewegungsfreiheit zurück.

Die beiden S-Boote übernahmen bis Ende September Sicherungsaufgaben im Küstenvorfeld des Hafens Pola. Sie unterstützten kleine Kommandounternehmen des Heeres gegen von Partisanen besetzte Häfen und Inseln.

Kampf in der Salernobucht

Am Abend des 8. 9. 1943 nahm *S 57* als einziges einsatzbereites Boot der 3. Schnellboot-Flottille an einem Vorstoß mit *S 154* der 7. Schnellboot-Flottille von Salerno in die Bucht von Neapel teil. Auf dem Rückmarsch machten die Boote am Morgen des 9. 9. im Hafen von Nettunia fest. KKpt. Kemnade wurde von dem dort stationierten Chef der 6. Räumboot-Flottille über die Situation in der Stadt unterrichtet, die sich in der Hand der Badogliotruppen befand. Der Hafen mußte geräumt werden. Die S-Boote verlegten nach Civitavecchia, nordwestlich von Rom.

Am 10. 9. lief *S 57* gemeinsam mit drei Booten der 7. Schnellboot-Flottille um 16.00 Uhr von Civitavecchia zu einem Vorstoß in das Landungsgebiet von Salerno aus. Nach einer Stunde Marsch mußte *S 57* wegen Maschinenschadens den Rückmarsch nach Civitavecchia antreten. Die drei Boote der 7. Schnellboot-Flottille, unter Führung des Chefs der 1. Schnellboot-Division, schossen 45 Minuten nach Mitternacht aus großer Distanz je zwei Torpedos auf eine gestoppt liegende Schiffsgruppe von etwa zehn Dampfern, die von fünf Zerstörern gesichert wurde. Als die S-Boote, ebenfalls gestoppt liegend, die Rohre nachluden, kam in der hellen Mondnacht ein Zerstörer in Sicht, der sofort das Feuer eröffnete.

Von den auf diesen Angreifer geschossenen sechs Torpedos erreichte einer das Ziel. Der US-Zerstörer *Rowan* sank.

Am Nachmittag des 12. 9. – seit dem Vortag bestand wieder Funkverbindung mit dem Deutschen Marinekommando Italien in Rom – lief *S 57*, dessen Motorschaden behoben worden war, mit drei Booten der 7. Schnellboot-Flottille erneut zum Einsatz gegen Feindschiffe in der Salernobucht aus.

Nach Umgehung einiger Feindeinheiten und von fünf vor der Küste liegenden Lazarettschiffen kamen die Boote im Rottenangriff auf ein Kriegsschiff (Zerstörer oder Kreuzer) zum Schuß. Die Torpedos gingen vorbei. Auf dem Rückmarsch konnten zwei italienische Motorsegler aufgebracht und mit einem kleinen Prisenkommando nach Civitavecchia gebracht werden.

Unter Führung des Flottillenchefs liefen zwei S-Boote eine halbe Stunde vor Mitternacht des 13. 9. zu einem Aufklärungsvorstoß in das Seegebiet nördlich Civitavecchia aus. Dort sollte sich ein Schiffsverband der Küste nähern. Der Verband wurde nicht gefunden. Statt dessen ging ein FT-Spruch vom Deutschen Marinekommando Italien ein, daß der in Salerno gelandete Feind geschlagen sei und sich wieder einschiffe. Befehl: »Erwarte heute nacht vollen Einsatz aller noch klaren Boote!«

Die beiden in See befindlichen S-Boote drehten nach Süden und liefen der Salernobucht entgegen. Das noch im Hafen liegende *S 151* der 7. Schnellboot-Flottille war ebenfalls sofort nach Süden ausgelaufen.

Die von dem vorausgelaufenen *S 57* auf eine Korvette geschossenen Torpedos liefen fehl, da bei inzwischen hellem Tag die Korvette die Aale ausmanövrierte.

Da die beiden S-Boote die Salernobucht nicht mehr vor dem Hellwerden erreichen konnten, erhielten sie Rückmarschbefehl nach Neapel.

Aus Neapel liefen die drei S-Boote am Abend des 14. 9. abermals in Richtung Salernobucht aus. Wieder wurden drei hellerleuchtete Lazarettschiffe passiert. Eine Stunde nach Mitternacht kam ein Kriegsschiffverband in schneller Fahrt auf die S-Boote zugelaufen. Zwei Zerstörer drehten auf die S-Boote zu und eröffneten das Artilleriefeuer. Die Boote mußten erfolglos nach Civitavecchia zurückkehren. Die Versorgungslage war so katastrophal, daß S 57 am 16. 9. nur einen Torpedo übernehmen konnte. Am 17. 9. schrieb Kemnade in sein KTB: »Ein Vorstoßen in die innere Salernobucht ist bei dieser Mondhelligkeit und der Stärke der feindlichen Sicherung ausgeschlossen.«

Die verzweifelten Versuche, gegen die Übermacht der Zerstörer und MGB auf große Nachschubdampfer zum Schuß zu kommen, erwiesen sich als vergeblich. Am 23. 9. lief, aus Toulon zurückmarschierend, S 58 in Civitavecchia ein. Die nun insgesamt vier S-Boote fuhren in der Nacht zum 25. 9. noch einen ebenfalls ergebnislosen Einsatz. Dann war diese Periode verbissenen und dennoch fruchtlosen Kämpfens vorübergegangen.

In den ersten Oktoberwochen waren nur zwei S-Boote einsatzbereit. Neben einem Einsatz gegen den alliierten Nachschubverkehr nach Neapel wurden zwei Minenunternehmungen vor dem Hafen Olbia auf Sardinien und vor Ajaccio auf Korsika nach der Evakuierung der deutschen Truppen durchgeführt.

Das Deutsche Marinekommando Italien, das von Rom nach Levico in Oberitalien verlegt hatte, kam aufgrund der negativen Erfahrungen des Einsatzes von S-Booten im Tyrrhenischen Meer zu der Überzeugung, daß in diesem Seegebiet für S-Boote keine Erfolgschancen mehr bestünden.

Bei der 1. Schnellboot-Division wurden um diese Zeit die ersten Überlegungen angestellt, wie die Boote der 3. und 7. Schnellboot-Flottille aus dem Tyrrhenischen Meer über Land transportiert und dann über den Po in die Adria verlegt werden könnten. Dort sollten sie in der Sicherung des Küstenvorfeldes vor der dalmatinischen Küste und in der Bekämpfung des Schiffsverkehrs der Partisanen zwischen dem Inselgewirr eingesetzt werden.

✳

Die in Viareggio liegenden S-Boote S 58 und S 60, die nach Civitavecchia verlegen sollten, liefen am Abend des 19. 10. aus und machten am nächsten Morgen um 05.00 Uhr in Civitavecchia fest. Sie fuhren zwei Vorstöße zur Störung des Nachschubverkehrs nach Neapel und einen Vorstoß in die Olbia-Bucht in Nordsardinien, ohne zum Torpedoschuß zu kommen.

Zum Angriff auf die auf der Reede von Neapel liegende große Zahl an Transportschiffen verlegten beide Boote zunächst nach Nettunia, wo sie am 25. 10. um 06.00 Uhr einliefen. Um 17.00 Uhr liefen sie zum Vorstoß aus. Drei patrouillie-

Der Kreuzer *Niobe*.

Die *Niobe* nach dem Angriff am Rande der Vernichtung

TA 26

TA 25

**Boote der
10. Torpedoboot-
Flottille**

TA 23

TA 24

rende Zerstörer wurden umfahren. Im inneren Golf schossen beide Boote je zwei Torpedos auf einen Zerstörer. Alle vier gingen fehl. Ein zweiter Zerstörer, auf den sie wenig später stießen, schoß Leuchtgranaten. Beide Zerstörer wollten den Booten den Rückweg verlegen. Aber S 58 und S 60 brachen aus. Auch dieser Vorstoß endete ohne zählbares Ergebnis.

Am 27. 10. verlegten diese beiden S-Boote nach Toulon, wo sie zur Überholung in die Werft kamen. Von diesem Tage an war kein einziges Boot der 3. Schnellboot-Flottille mehr einsatzklar.

*

Am 6. 12. 1943 wurden die in der Ägäis befindlichen beiden Boote S 36 und S 55 einsatzbereit. Sie übernahmen die Geleitsicherung für Fahrten zwischen den ägäischen Inseln und zur Überführung von Heerestruppen von Piräus nach Samos. Beide Boote verlegten am 17. 12. durch den Kanal von Korinth nach Cattaro in der Adria. Dort wurden sie dem Kommandierenden Admiral Adria, Vizeadmiral Lietzmann, unterstellt.

In mehreren Nachteinsätzen zwischen den Inseln Vis, Brac, Hvar, Korcula, Lagosta, Mljet und Scedro wurden Motorsegler der Partisanen bekämpft und die Hafenanlagen auf diesen Inseln beschossen.

Ende Dezember wurden auch die noch im Westmittelmeer in Genua bereitliegenden S-Boote S 57, S 58 und S 60 für den Überführungsmarsch in die Adria vorbereitet. KKpt. Kemnade schrieb in sein KTB (vgl. Literaturverzeichnis): »Der Jahreswechsel sieht die S-Boot-Waffe im Mittelmeer auf einem Einsatz-Tiefstand, begründet durch die Überbeanspruchung der Motorenanlagen und die beginnende Verlegung in die Adria.«

*

Das Jahr 1944 war für die Einheiten der 1. Schnellboot-Division in der Adria bestimmt von der Sicherung des deutschen Seenachschubs unter der dalmatinischen Küste. Dieser Seenachschub war für die Versorgung der 18 Divisionen der Heeresgruppe E auf dem Balkan kriegsnotwendig, denn der Nachschub über Land war wegen der Partisanenlage in Jugoslawien unmöglich.

Aus den Häfen Brindisi und Bari, die von Verbänden der britischen 8. Armee bereits am 11. 9. 1943 in Besitz genommen worden waren, operierten zwei Flottillen britischer Zerstörer und zwei MTB-Flottillen gegen die leichten deutschen Seestreitkräfte. Diese Feind-Flottillen waren unter dem Commander Coastal Forces zusammengefaßt. Von dort aus wurden auch die Einsätze gesteuert, die von britischen Kommandos zu den dalmatinischen Inseln geführt wurden. Ebenso erfolgte von dieser Kommandostelle aus die Versorgung der Partisanen auf den Inseln mit Munition, Waffen und Proviant sowie britischen Instrukteuren.

Neben den feindlichen Seestreitkräften waren es die Flugzeuge, vor allem die Jagdbomber, die bei Tag und Nacht die leichten deutschen Seestreitkräfte und ihre Geleitobjekte mit Raketenbomben und Bordwaffenbeschuß angriffen.

Neben den TA-Booten, den U-Jägern, R-Booten und anderen Kleinfahrzeugen waren die deutschen S-Boote Träger des Sicherungseinsatzes im Küstenvorfeld und zwischen den Inseln.

Die 1. Schnellboot-Division gliederte sich am 1. 1. 1944 wie folgt:

Divisionschef:	FKpt. H. Max Schultz
DivChef i. V.:	Kptlt. Müller (September 1943 bis August 1944)
DivChef i. V.:	Kptlt. Wuppermann (März 1945 bis Kriegsende)
1. Admiralstabsoffz.:	Kptlt. Weber (Januar 1944 bis Januar 1945)
	Kptlt. Wrampe (Januar 1945 bis Kriegsende)
Verbands-Ingenieur:	Kptlt. (Ing.) Sander
DivVerwOffz.:	Kptlt. Hartwig

3. Schnellboot-Flottille

Flottillenchef:	FKpt. H. Max Schultz (bis Juni 1944)
	Kptlt. Müller (bis Oktober 1944)
	Kptlt. Günter Schulz (bis Kriegsende)

Boote:	Kommandanten:
S 30	Oblt.z.S. Backhaus
S 33	Oblt.z.S. Brauns
S 54	Stabsobersteuermann Eilers
S 36	Obersteuermann Ahlers
S 57	Oblt.z.S. Buschmann
S 58	Oblt.z.S. Milbradt
S 60	Oblt.z.S. Haag
S 61	Kptlt. v. Gernet

7. Schnellboot-Flottille

Flottillenchef:	KKpt. Trummer (bis Juli 1944)
	Kptlt. Günter Schulz (bis Oktober 1944)

Boote:	Kommandanten:
S 151	Lt.z.S. Pankow
S 152	Obersteuermann Mensch
S 154	Lt.z.S. Kelm

S 155	Oblt.z.S. Heckel
S 156	Obersteuermann Lössenberg
S 157	Oblt.z.S. Liebhold
S 158	Obersteuermann Hartwig

24. Schnellboot-Flottille

Flottillenchef:	Kptlt. Meyer (Hans-Jürgen)
Boote:	Kommandanten:
S 601	Obersteuermann Swoboda
S 602	Stabsobersteuermann Annuß
S 603	Oblt.z.S. Bollenhagen
S 604	Stabobersteuermann Wernicke
S 621	Oberfähnrich Rohloff
S 623	Obersteuermann Elksneit
S 626	Obersteuermann Kaufhold
S 627	Obersteuermann Jahraus
S 628	Lt.z.S. Overwaul
S 629	Lt.z.S. Müller

21. Schnellboot-Flottille

Flottillenchef:	Kptlt. Graser
Boote:	Kommandanten:
LS 7	Obersteuermann Schippke
LS 8	Obersteuermann Klaiber
LS 9	Obersteuermann Huckebrink
LS 10	Obersteuermann Breitschuh
LS 11	Obersteuermann Henseleit

*

Gemessen am »Soll« der Schnellboote, mit welchem die 24. Schnellboot-Flottille noch auf dem Papier stand, weil sie sich zur Zeit auf die Überführung aus Genua über den Po in die Adria vorbereitete (womit nicht vor April/Mai 1944 gerechnet wurde), standen mit dem 1. 1. 1944 nur zwei Boote, S 36 und S 55, im Einsatz.

Diese liefen in der Nacht zum 9. 1. 1944 aus Cattaro aus, um die Versorgung der Partisanen auf den Inseln zu unterbinden. Zwischen Hvar und Brac stießen sie auf zwei Motorsegler, die Munition und Brennstoff geladen hatten. Die Besatzungen wurden gefangengenommen, die beiden Segler mit Sprengpatronen versenkt. Abschließend beschossen die Boote den Hafen Komiza der Insel Lissa.

Um 22.00 Uhr sichteten sie einen dritten Motorsegler. Er wurde gestoppt, die Besatzung gefangengenommen und das Fahrzeug mit einem Prisenkommando in die Vela-Luka-Bucht geleitet. Die Ladung bestand aus drei modernen italienischen 10,5-cm-Geschützen, MG und Gewehren sowie Munition für alle Waffen.

Als sie in die Bucht von Korcula einliefen, wurden die beiden Boote von zwei Jabos angegriffen. S 55 erhielt Treffer, die die Backbordmaschine beschädigten. Auf S 36 fielen zwei Männer der Besatzung. Am nächsten Morgen um 10.40 Uhr griff der Gegner mit zehn Jagdbombern, gegen 11.10 Uhr mit weiteren acht Jabos als dritte Welle an. Der Motorsegler wurde schwer getroffen, die Munition explodierte. In drei weiteren Wellen kamen noch einmal etwa 32 Jagdbomber. S 55 geriet im Bombenhagel und Bordwaffenbeschuß in Brand. Seine Reservetorpedos detonierten, das auslaufende Öl entzündete sich, und bald war das Boot in Flammen gehüllt. Es sank um 17.00 Uhr.

S 36, das wie S 55 bis zuletzt aus allen Waffen geschossen hatte, nahm die Besatzung des Schwesterbootes auf und lief aus.

Es war ein besonderes Glück für S 36, daß das Boot in der kleinen Bucht unter überhängenden Felsen vor Bordwaffenbeschuß und Bombenangriffen sicher war. Dennoch erlitt das Boot einige Schäden und mußte den Marsch nach Cattaro mit nur zwei klaren Maschinen antreten. Von Cattaro aus verlegte es in die Werft von Pola. Damit war keines der Boote der 1. Schnellboot-Division mehr einsatzbereit.

In der Lagebetrachtung des KTB vom 1. 3. 1944 stellte FKpt. Schultz fest, daß der bevorstehende Kampf in der Adria gegen einen Gegner geführt werden müsse, der »auf dem Wasser und in der Luft eine totale Blockierung des Wasserweges der Adria längs der deutschbesetzten Adriaküste anstrebt«. Er bemerkte dazu über die Feindlage:

»1. In der Luft: Die Lage in der Adria wird bestimmt durch die totale Luftüberlegenheit des Feindes. Feindliche Jagdflugzeuge überspringen die Adria (etwa 100 sm) mit kurzem Anflug und kämpfen bei Tage ungehindert jedes erkennbare Schiffsziel auch in den innersten Buchten zwischen hohen Bergketten nieder.
Nachts überwacht der Feind mit Aufklärungsflugzeugen, mit Radargerät gegen Schiffe, planmäßig die Häfen.
Bomberverbände legen ungestört Bombenteppiche auf die Häfen, in denen erkennbare Kleinbootziele angehäuft sind.

2. Auf dem Wasser: Unter diesem Luftschirm totaler Überlegenheit ist der Feind in der Lage, mit relativ geringen Kräften kampfkräftiger Zerstörer und MGB-Gruppen eine totale Blockierung des deutschen Küstenweges zu erreichen. Zerstörer marschieren unbemerkt wenige Stunden nach Dunkelwerden unter der deutschbesetzten Küste in der Adria auf. MTB und MGB stützen sich auf den Hafen Komiza auf Lissa (Vis) und haben damit geringste Anmarschwege in ihr Operationsgebiet auf unserem Küstenweg.

Bewaffnete Partisanen-VP-Kutter ergänzen diesen Einsatz. Die Versorgung der Banden im kroatisch-serbischen Raum wird von Vis aus durch Motorsegler durchgeführt.

Der Seenachschub für die britische Front in Italien läuft durch die Otrantostraße an der italienischen Ostküste lang in die Häfen Brindisi, Bari und Manfredonia.

Die eigene Lage.

1. In der Luft: Dem Fliegerführer Kroatien und Albanien stehen nur wenige Nahaufklärer zur Verfügung. Die Kräftelage schließt eine lückenlose Aufklärung der Adria aus.

Eine Bekämpfung der feindlichen Jagdflugzeuge ist nicht möglich. Luftaufklärung wird tagsüber mit Me 109 von einer schwachen Aufklärungsstaffel geflogen. Für Jagdschutz sind keine Kräfte frei. Das bedeutet, daß die S-Boote in ihren Operationen keinerlei Unterstützung von seiten der Luftwaffe erfahren können.

2. Auf dem Wasser: Das S-Boot stellt bei Nacht das einzige Offensivmittel gegen größere feindliche Seestreitkräfte dar. Bewegungen von Überwasserfahrzeugen bei Tage sind wegen der Luftherrschaft des Gegners nicht mehr möglich.«

Da die Adriaküste lediglich bei den Häfen entlang der Küste stützpunktartig besetzt werden konnte, war das übrige Gelände fest in der Hand der Partisanen.

Der Ausbau der S-Boot-Stützpunkte in Cattaro und Dubrovnik stand noch in den Anfängen. Cattaro war zu Anfang 1944 der einzige Stützpunkt, von dem aus S-Boote zu ihren Einsätzen auslaufen und wo sie vor allem auch Brennstoff und Torpedos ergänzen konnten.

Am 15. 3. 1944 liefen die Boote S 36 und S 61 von Pola nach Cattaro, um von hier in der Nacht zum 18. 3. einen Aufklärungsvorstoß in das Inselgebiet zwischen Mljet, Lagosta und Glavat durchzuführen. Ein Motorkutter der Partisanen, der zu entkommen versuchte, wurde gegen 22.00 Uhr mit Artillerie versenkt.

Der 1. Schnellboot-Division standen Anfang April drei Boote zur Verfügung: S 30, S 33 und S 36. Die Boote der 7. Schnellboot-Flottille befanden sich nach ihrer Überführung in Venedig. Die Beuteboote hatten fast dauernd Maschinenschäden, und die vier aus Deutschland überführten kleinen LS-Boote wurden zur Verlegung nach Athen vorbereitet. Dennoch führten die wenigen Boote im April vier Vorstöße zu den dalmatinischen Inseln durch. Schließlich war nur noch S 30 einsatzbereit.

S 54, das sich auf dem Verlegungsmarsch von Saloniki nach Cattaro befand, lief in der Nacht zum 23. 4. bei Kap Leukas auf eine Mine. Sein Heck brach ab. Dennoch hielt sich das Boot über Wasser und wurde 24 Stunden später nach Viscardo eingeschleppt.

Drei Mann der Besatzung waren gefallen, fünf verwundet.

Im Mai erfolgten Einsätze von Cattaro aus mit den Booten S 30, S 36 und S 61. Zwei S-Boote geleiteten Boote der 12. Räumboot-Flottille bei ihrem Durchbruch durch die Otrantostraße und schossen Torpedos auf Zerstörer, die versuchten, den Durchbruch durch Artilleriefeuer zu vereiteln. Beide Zerstörer drehten ab und liefen nach Brindisi. Die R-Boote kehrten ebenfalls um und liefen mit den S-Booten nach Cattaro zurück.

Unter Kptlt. von Gernet, Kommandant von *S 61*, liefen in der Nacht zum 11. 5. *S 61* und *S 30* zum Erkundungsmarsch in Richtung Lissa aus. Es gelang ihnen, ein 250 BRT großes Küstenmotorschiff mit Artilleriefeuer zu versenken.

Beim zweiten Versuch des Durchbruchs der vier R-Boote durch die Otrantostraße, der am Abend des 19. 5. um 18.30 Uhr begann, sicherten *S 36* und *S 61* diesen Verband. Nach Mitternacht stießen sie auf zwei Feindzerstörer, die sofort das Feuer eröffneten. Die R-Boote liefen nach Durazzo ein, während die beiden S-Boote mit Kollisionskurs auf die Zerstörer zudrehten und sie auf sich zogen. Sie wurden beschossen, drehten und liefen mit dreimal AK ab.

In der folgenden Nacht ging es von Durazzo aus weiter, und unmittelbar nach dem Auslaufen überflogen sechs Jabos den Verband, ohne jedoch anzugreifen. Nach Mitternacht wurden die vier R-Boote abermals von zwei Zerstörern mit Artillerie beschossen. Nebelnd liefen die Boote in Richtung auf die Küste ab, während die beiden S-Boote mit AK in Richtung der Zerstörer vorpreschten. Im Feuer der Zerstörer wurden sie abgedrängt.

Doch diesmal klappte offensichtlich diese Ablenkungstaktik nicht, denn über Funk meldete plötzlich *R 190:*

»Stehe im Gefecht mit Zerstörern!«

Danach schwieg das Funkgerät des Bootes. Während die übrigen Boote nach Korfu weiterliefen, wurde um 06.00 Uhr (nachdem sich wider Erwarten *R 190* eine Stunde vorher doch noch einmal meldete) im Korfu-Kanal eine hohe Detonationswolke gesichtet. *R 190*, das den Feindzerstörern entkommen war, wurde von vier feindlichen Jabos in Brand geworfen. Das Boot explodierte. Die Besatzung, von der zehn Soldaten verwundet wurden, konnte gerettet werden.

Die drei übriggebliebenen R-Boote liefen in die Ägäis ein.

Die beiden S-Boote gingen in der Nacht zum 21. 5. in Korfu ankerauf und liefen zur Otrantostraße, wo Feindzerstörer gesichtet worden waren. Ein Partisanenboot wurde unterwegs gestellt und vernichtet. Am 24. 5. liefen beide Boote wieder in ihren Stützpunkt Cattaro ein. Dort war inzwischen *S 33* einsatzbereit geworden.

Noch am Abend des 24. 5. liefen diese drei Boote in Richtung Insel Mljet. Von zwei Zerstörern beschossen und lange gejagt, entkamen die Boote.

Als am Abend des 25. 5. die ersten fünf Boote der 7. Schnellboot-Flottille von Venedig kommend in den Hafen von Split einliefen, schien der Tiefpunkt überwunden. Doch von diesen Booten mußten zwei wegen Schäden an der Ölpumpe wieder nach Venedig zurücklaufen.

Bis Ende Mai wurden bei mehreren Vorstößen immer wieder zwei Feindzerstörer gesichtet. Es kam jedoch zu keinen Zweikämpfen mit ihnen.

Schließlich standen in der Nacht zum 1. 6. fünf Boote der 7. Schnellboot-Flottille unter Führung von KKpt. Trummer bei ihrem ersten gemeinsamen Vorstoß nach

Kap Ploca, an der Westküste von Lissa, im Einsatz. Es gelang, drei Motorkutter, ein Kümo und einen kleineren Tanker der Partisanen zu versenken. Von den Booten wurden insgesamt 159 Männer (Engländer, Kroaten, Serben, Russen und Italiener, der Pilot einer »Lightning«), 37 Frauen und fünf Kinder übernommen. Alle Fahrzeuge hatten sich auf dem Marsch zur Partisaneninsel Lissa befunden.

Der zweite Vorstoß gegen Lissa in der Nacht zum 2. 6. wurde wiederum erfolgreich durchgeführt. Diesmal mußten in einem erbitterten Artilleriegefecht zwei vollbesetzte Motorkutter niedergekämpft werden. 153 Gefangene wurden gemacht. Ein dritter leerer Motorkutter wurde versenkt. Als eines der S-Boote an einer Art Fähre längsseits ging, um die Besatzung gefangenzunehmen, eröffnete man von dieser das Feuer aus knapp 50 m Distanz mit 4- und 2-cm-Waffen. Zwei Seeleute des Führerbootes wurden verwundet.

Insgesamt wurden in dieser Nacht 77 Partisanen, zwei britische Fallschirmjäger, 50 Frauen und 24 Kinder übernommen. Zwei der Boote erhielten Treffer, drei weitere erlitten Maschinenausfälle. Damit war – wenn auch nur vorübergehend – die gesamte 7. Schnellboot-Flottille kurze Zeit nach ihrem Einsatz wieder ausgeschaltet.

Nacheinander fielen auch die Boote S 61 durch Schraubenschaden und S 36 durch Bombenschäden aus. Alle Boote gingen in die Werft.

Mitte Juni befand sich der Führungsstab der 1. Schnellboot-Division in Cattaro, während die Organisations-Astos in Palmanova blieben, dem Sitz der 3. Schnellboot-Flottille. Deren Boote lagen in verschiedenen Häfen verstreut, die der 7. Schnellboot-Flottille in Split und Venedig, die Boote der 24. Schnellboot-Flottille (Sitz Grado) lagen noch auf verschiedenen Werften außer Kriegsbereitschaft. Die Boote der 21. Schnellboot-Flottille mit Sitz Athen lagen alle Kb in Rhodos.

Am 25. 6. liefen S 157, S 155 und T 7 in das dalmatinische Inselgebiet aus. Das italienische S-Boot T 7 führte an Backbord voraus. Beim Passieren der Insel Cocoglari wurden zwei Torpedos auf T 7 geschossen, die aber vorbeiliefen.

Zehn Minuten darauf entdeckte Oblt.z.S. Liebhold, Kdt. S 157, Steuerbord achteraus drei große S-Boote. Er berichtete:

»Vor uns drehte T 7 auf die Küste ab, obwohl die Feindboote zwischen ihm und der Küste standen. Der Feind kam schnell auf und eröffnete das Feuer auf T 7 und kurz darauf auch auf unsere beiden Boote. Sehr rasch zeigte T 7 Trefferwirkung, vor allem wurden beobachtet: 4-cm-Granaten, die mit starker Feuerkonzentration, vermutlich aus mehrrohrigen Waffen, abgeschossen wurden.

›Fertigmachen zum Torpedoangriff!‹ befahl ich. Aber dieser Angriff wurde durch die überlappende Position von T 7 zu den Feindbooten vereitelt.

Um 22.40 Uhr stand T 7 als hell leuchtende Fackel auf der See; der Feind stellte sein Feuer ein und lief mit eingeschalteten Scheinwerfern auf T 7 zu. Zwei Feindboote hielten an unseren Booten Fühlung.

Um 22.50 Uhr konnten wir sie abschütteln. Wenig später gelang es uns, 21 Mann des inzwischen gesunkenen *T 7* zu retten, ehe wir den Rückmarsch nach Zara antraten. *T 7* brannte aus und sank. Elf Soldaten des Bootes wurden vermißt. Drei Tote konnten geborgen werden.«

*

Am 1. 7. 1944 waren die ersten ehemaligen MAS-Boote von der italienischen Marine in Grado fahrbereit. Die Boote *S 621, S 627, S 628* und *S 629* aus der berühmten »Decima Flottiglia MAS« unter FKpt. Fürst Borghese waren zum Teil in die 24. Schnellboot-Flottille eingegliedert worden. Zur Kriegsbereitschaft sollten sie mit einem deutschen FuMB ausgestattet werden.

Die 7. Schnellboot-Flottille führte im Juli einige Einsätze durch. Bei einem MGB-Gefecht in der Nacht zum 24. 7. anläßlich einer Geleitsicherungsaufgabe wurde eines der feindlichen Kanonenboote versenkt.

Die 22. Schnellboot-Flottille befand sich zu dieser Zeit auf dem Überführungsmarsch von der Ostsee in die Adria. Als ihr Kommandositz war Lignano südlich von Latisana vorgesehen.

Am 27. 7. trafen in Monfalcone die ersten Boote ein. Der Werftstab ging sofort daran, die Fahrbereitschaft der Boote herzustellen.

Während dieser Zeit und im August wurden die S-Boote in der Hauptsache zur Geleitsicherung eingesetzt. Kptlt. Müller schrieb als Flottillenchef der 3. Schnellboot-Flottille in das KTB:

»Der Einsatz der S-Boote in der Geleitsicherung hat nach den bisherigen Gefechtsberührungen mit MGB folgendes unter Beweis gestellt:

Die S-Boote können nicht verhindern, daß den eigenen Geleiten schwere Verluste zugefügt werden. Aufgrund ihrer Artillerieüberlegenheit sowie ihres geschickten taktischen Einsatzes ist es den MGB bisher immer gelungen, unsere Geleite auseinanderzusprengen, um dann die verschiedenen Fahrzeuge einzeln zu vernichten.

Die MGB besitzen eine Panzerung, die von unseren 2-cm-Granaten nicht durchschlagen werden kann. Erst wenn die Boote der 3. Schnellboot-Flottille auf 4-cm-Kanonen umgerüstet sind, wird zu erwarten sein, daß sie den MGB des Gegners artilleristisch gefährlich werden.

Aufgefallen ist mir, daß im süddalmatinischen Raum eingesetzte Sicherungsfahrzeuge keine andere Möglichkeit der Nachrichtenübermittlung während des Gefechts haben als die der Klappbuchs. Ich halte eine Ausrüstung *aller* Sicherungsfahrzeuge mit UK-Geräten für unbedingt erforderlich.«

Ab Mitte Juli führten die Boote der 1. Schnellboot-Division sechs Operationen durch: Nah- und Fernsicherung für Geleite, Geleit von Verstärkungen im Übersetzverkehr zu den Inseln und Aufklärungsvorstöße. Während einer dieser Unternehmungen kamen zwei Boote in der Nacht zum 18. 7. mit drei britischen MGB ins Gefecht, das jedoch auf beiden Seiten erfolglos blieb.

In der Nacht zum 19. 8. liefen fünf Boote der 3. Schnellboot-Flottille aus Dubrovnik aus, um einige Transporter in griechische Häfen zu geleiten: S 30, S 33, S 36, S 57 und S 58, unterstützt von einigen Marine-Artillerie-Leichtern.

Gegen 23.15 Uhr wurden die beiden Inseln Vis und Bisevo passiert. Oblt.z.S. Brauns, Kdt. von S 33, führte vertretungsweise die Flottille. An der Backbordseite des Geleites liefen S 33 und S 57 sowie S 30. Auf der Steuerbordseite standen S 36 und S 58. Das Geleit lief auf Südkurs.

Zwei größere Dampfer mit wertvoller Ladung galt es durchzubringen. Oblt.z.S. Brauns sichtete kurz vor Erreichen von Korcula Schatten an Backbord achteraus, was er durch BÜ an alle Einheiten weitergeben ließ.

Wenig später entpuppten sich die Schatten als MGB, die das Feuer eröffneten, das sich zuerst auf S 57 konzentrierte.

»Flottillenchef an S 30 und S 36: Angriff auf MGB!« befahl Brauns.

S 33 drehte mit Hartruderlegen nach Backbord und lief nun direkt auf eines der MGB zu, das aus allen Rohren auf S 57 feuerte. Bis auf 300 m kam das Boot an das MGB heran. Die 2-cm-Granaten detonierten an der Panzerung, durchschlugen sie aber nicht.

»S 57 meldet drei Treffer, Herr Oberleutnant!« meldete der Befehlsübermittler.

»Flottillenchef an S 57: Abdrehen und Nordwestkurs laufen!«

S 57 bestätigte und drehte sofort ab. Im selben Augenblick aber trafen mehrere Artilleriesalven dieses Boot, und gleichzeitig erhielten beide Dampfer Torpedotreffer.

S 57 begann sich einzunebeln. Aber die Flammen, die aus dem S-Boot herausschlugen, durchdrangen selbst die dicken Nebelschwaden. Die vier übrigen S-Boote versuchten das Feuer des Gegners auf S 57 zu stoppen oder wenigstens abzulenken.

In dieser Situation meldete S 57, daß das Boot aufgegeben werden müsse. Oblt.z.S. Brauns ließ durch den BÜ »Alle Mann von Bord« übermitteln.

Während die MGB von vorn die beiden brennenden Dampfer mit Granaten durchsiebten, lief S 33 in Richtung S 57. Es war noch knapp eine halbe Meile von dem brennenden Boot entfernt, als dieses nach einer Explosion in der Maschinenanlage sank. Die Schiffbrüchigen wurden übernommen.

S 36 meldete einen Torpedofächerschuß, S 58 einen Einzelschuß. Doch die MGB wichen den Torpedos aus.

Einer der geleiteten Dampfer sank, der Brand auf dem zweiten konnte gelöscht werden. Das Schiff wurde von den vier übriggebliebenen S-Booten zum Bestimmungshafen geleitet.

Unter der Führung des Kommandanten von S 155, Oblt.z.S. Heckel, liefen am 2. 9. die vier einsatzbereiten Boote der 7. Schnellboot-Flottille in Richtung Brac aus. Als die Boote dicht vor der Insel standen, wurde ein kleiner Partisanenkonvoi gesichtet. Alle Boote eröffneten das Feuer. Zwei feindliche Einheiten gerieten in Brand. Ein Motorkutter explodierte.

Die Partisanen eröffneten von Land das Feuer. Sie setzten auch Granatwerfer ein. Die vier S-Boote brachten das Feuer zum Schweigen.

Einige Nächte später liefen drei Boote unter Führung von Oblt.z.S. Kelm, Kommandant *S 154*, in das gleiche Seegebiet. Abermals wurde ein Partisanenfahrzeug versenkt.

Im September erfolgten Küstenbeschießungen und die Beschießung der Feindhäfen Supetar und Sumartin sowie der Feindstellungen auf der Insel Cornat. Aber die Kämpfe auf den Inseln waren bereits zugunsten der Partisanen entschieden. Noch im September wurden Mljet und Korcula geräumt. Von Cattaro aus sicherten die S-Boote die Räumungsbewegungen.

Am 8. 9. mußte das auf der Werft in Saloniki liegende *S 54* außer Dienst gestellt werden.

Am 20. 9. liefen auf Befehl des Admirals Adria Teile der 3. und 7. Schnellboot-Flottille zur Unterstützung des Torpedoboot-Durchbruchs »Odysseus« (vgl. Kapitel IX) in das Dreieck Lissa– Brac–Solta aus. Die Boote *S 154* und *S 158* mußten wegen Schäden an ihren UK-Geräten umkehren und liefen in Split ein.

Im Oktober griffen abermals S-Boote in den Kleinkampf zur See ein. Erstmalig waren auch Boote der 24. Schnellboot-Flottille beteiligt. Sie beschossen Feindstellungen bei Melada, während zur gleichen Zeit Boote der 3. Schnellboot-Flottille die Kaianlagen der Insel torpedierten.

Die Einsatzgliederung und -stärke der 1. Schnellboot-Division war am 1. 10. 1944:

Divisionschef mit Führungsstab in Palmanova:

3. Schnellboot-Flottille (Palmanova) mit den Booten *S 30, S 33, S 36, S 58, S 60* und *S 61* in Kotor. Alle Boote waren KB.

7. Schnellboot-Flottille (Palmanova) mit den Booten *S 151, S 154* und *S 158* in Sibenik KB; *S 156, S 152* und *S 155* in Pola KB; *S 157* in Venedig KB.

24. Schnellboot-Flottille (Grado) mit den Booten *S 629* in Pola KB; *S 623* und *S 626* in Pola aKB; *S 621, S 627* und *S 628* in Monfalcone aKB.

21. Schnellboot-Flottille (Athen-Phaleron) mit den Booten *LS 7* in Durazzo KB; *LS 9, LS 10* in Leros KB; *LS 11, LS 8* in Phaleron aKB.

Am 10. 10. liefen unter Führung des Chefs der 1. Geleit-Flottille ein TA-Boot und ein U-Jäger mit vier Booten der 24. Schnellboot-Flottille zum Sonderunternehmen »Dacapo« von Pola aus. Man vermutete auf der südwestlichen Landzunge von Molat eine Funk- und Signalstation der Partisanen, die zerschlagen werden sollte. Schlupfwinkel und Anlegestellen für Partisanenboote sollten sich ebenfalls auf der Insel befinden und vernichtet werden. Laut KTB des Chefs der 1. Schnellboot-Division:

»Heute abend auslaufen ein TA-Boot, zwei U-Jäger und vier Boote der 24. Schnellboot-Flottille Pola zum Sonderunternehmen ›Dacapo‹. Einsatzführung Chef 1. Geleit-Flottille. Auf Insel Molat wird Funk- und Signalstation auf südwestlicher Landzunge vermutet; ebenso in Häfen und Buchten Schlupfwinkel für Gegnerfahrzeuge.

Ich schlage vor, daß an diesem Unternehmen ebenfalls die 3. Schnellboot-Flottille, die heute Vormittag Pola eingelaufen ist, mit vier Booten teilnehmen soll.«

Die S-Boote torpedierten die Kais und versenkten zwei kleinere Fahrzeuge, die im Hafen lagen. Das TA-Boot und der U-Jäger schossen mit Artillerie in den Bandenschlupfwinkel hinein. Am 13. 10. wurde die Zusammenlegung der 3. und 7. Schnellboot-Flottille befohlen. Kptlt. Günther Schulz wurde neuer Flottillenchef der 3. Schnellboot-Flottille, der am 26. 10. als 3. Gruppe die 24. Schnellboot-Flottille unterstellt wurde. Gruppenführer der 1. Gruppe wurde Oblt.z.S. Backhaus, der 2. Gruppe Oblt.z.S. Buschmann und der 3. Gruppe Oblt.z.S. Bollenhagen.

Am 15. 10. lief die 2. Gruppe zu einem Angriff gegen die Hafenanlagen von Zirje aus, die durch Torpedoschüsse unbenutzbar gemacht wurden. Vier Boote der 1. Gruppe, geführt von Oblt.z.S. Backhaus auf *S 30*, versenkten in einem nächtlichen Erkundungsvorstoß am 20. 11. vor Benedetto zwei Motorsegler von 450 und 350 t, die Nachschub geladen hatten.

Von Sibenik aus führte die 2. Gruppe in 20 Tagen 18 Rückführungseinsätze durch. Ohne Schlaf, am Rande totaler Erschöpfung, fuhren die S-Boote die Inselbesatzungen zurück auf das Festland.

Durch einen Bombenangriff auf Sibenik sank am 25. 10. *S 158*.

Vorher war *S 33* gestrandet. *S 54* wurde Ende Oktober in Saloniki gesprengt. Von den ehemaligen MAS-Booten sanken *S 601* im Oktober in der Ägäis, *S 604* im November durch MGB-Treffer.

Im November wurden von der 1. und 2. Gruppe der 3. Schnellboot-Flottille jeweils fünf Einsätze gefahren. Die 1. Gruppe führte darüber hinaus in der Nacht zum 23. 11. zwischen Cattolica und Pesaro eine Minenverseuchung mit 12 UMB-Minen durch. In weiteren Rückführungseinsätzen wurden von den drei Gruppen bis zum 18. 11. sämtliche Stützpunkte südlich Pola geräumt.

In den ersten Dezembertagen besuchte der Führer der S-Boote, Kommodore Petersen, die in Pola liegende 3. Schnellboot-Flottille. Er ließ sich Erfahrungen von den Gruppenführern vortragen und erfuhr unmittelbar von den Sorgen.

Am 16. 12. 1944 lautete die vollständige Stellenbesetzungsliste des Chefs der 1. Schnellboot-Division:

Divisionschef:	FKpt. Herbert Max Schultz
3. Schnellboot-Flottille:	Kptlt. Günther Schulz
1. Gruppe, Gruppenführer:	Oblt.z.S. Milbradt
S 30	Oblt.z.S. Kelm
S 33	Lt.z.S. Jarminowski

S 36	Lt.z.S. Swoboda
S 58	Oblt.z.S. Milbradt
S 60	StbsObStrm. Kaufhold
S 61	Lt.z.S. Overwaul

2. Gruppe, Gruppenführer: Oblt.z.S. Buschmann

S 151	Lt.z.S. Greiner
S 152	ObStrm. Mensch
S 154	ObStrm. Schipke
S 155	Oblt.z.S. Heckel
S 156	Oblt.z.S. Marxen
S 157	Oblt.z.S. Liebhold

3. Gruppe, Gruppenführer: Oblt.z.S. Bollenhagen

S 621	StObStrm. Wernicke
S 623	StObStrm. Elksneit
S 626	Lt.z.S. Burba
S 627	ohne Kommandant
S 628	ohne Kommandant
S 629	Lt.z.S. Müller
S 630	Oblt.z.S. Santagata (Ital.Kdt.)

In den ersten 17 Tagen des Dezember konnte wegen der Wetterlage kein Einsatz stattfinden. Danach nahmen Boote der 1. und 2. Gruppe an jeweils fünf Operationen teil. Noch einmal gelang es Booten der 2. Gruppe, ein feindliches MGB in Brand zu schießen.

Die letzten Einsätze der 1. Schnellboot-Division

Bis Ende Dezember waren 85 Geleitsicherungsaufgaben durchgeführt worden, acht Küstenbeschießungen, neun Zerstörergefechte und neun Gefechte mit feindlichen MGB und MTB. Es wurden 27 Feindfahrzeuge versenkt.

Anfang Januar 1945 übernahmen die Boote S 36, S 58, S 60 und S 61 eine Geleitsicherung für zwei Dampfer, die erfolgreich durchgeführt wurde.

S 154 wurde in Pola durch einen feindlichen Luftangriff versenkt.

In der Nacht des 9. 1. 1945 unternahm S 61 unter Führung des Flottillenchefs mit S 33, S 58 und S 60 ein Kommandounternehmen mit Einzelkämpfern der Kriegsmarine an der Mündung des Tennaflusses südlich Ancona. Das Boot setzte eine halbe Stunde vor Mitternacht zehn Einzelkämpfer in fünf Faltbooten aus. Diese hatten Befehl, Eisenbahn- und Straßenbrücken über die Tenna zu sprengen.

Mit abgestellten Motoren warteten die S-Boote unter der Küste auf die Rückkehr der fünf Faltboote. Als ein Suchflugzeug über ihnen kreiste und Leuchtbomben warf, mußten sie sich weiter absetzen.

Um 01.40 Uhr wurde eine starke Detonation gehört. Um 02.32 Uhr kamen die Faltboote bis auf eines wieder in Sicht. Sie wurden an Bord genommen und der Rückmarsch angetreten.

Unmittelbar danach, um 02.48 Uhr, hörte man weitere vier schwere Detonationen aus Richtung Tennafluß. Die Einzelkämpfer hatten zwei Straßenbrücken, eine Eisenbahnbrücke und eine Gleisanlage gesprengt.

In der nächsten Nacht liefen *S 61*, *S 33*, *S 58* und *S 60* zu einem Aufklärungsvorstoß aus. Nahe der Insel Unie, auf Höhe von Lussinpiccolo, lief das an der Spitze marschierende *S 33* um 22.55 Uhr auf Grund. *S 58* und *S 60* liefen Sekunden später ebenfalls auf, nur *S 61* konnte sich durch sofortige Ruderbefehle diesem Fiasko entziehen, das drei Boote kostete, denn alle Bergungsversuche in den nächsten Tagen, mit Schleppern und Leichtern durchgeführt, scheiterten. Die Boote mußten gesprengt werden.

In der Nacht zum 18. 1. stießen drei Boote der 1. Gruppe und fünf Boote der 2. Gruppe, geführt vom Flottillenchef, Kptlt. Schulz, auf eine Motor-Launch und ein MGB. Die beiden von *S 30* geschossenen Torpedos gingen vorbei. Das Artilleriegefecht, aus einer Seemeile Distanz geführt, ergab einige Treffer auf beiden Feindeinheiten. Drei weitere Torpedoschüsse von *S 61* (zwei) und *S 154* blieben ebenfalls ergebnislos. Als zwei weitere MGB des Gegners eingriffen, setzten sich die deutschen Boote ab.

Der Versuch, zur Reede von Zara durchzustoßen und dort liegende Schiffe mit Torpedos zu versenken, war mißlungen. Ein neuer Versuch wenige Stunden später gelang zwar, doch lag dort keines der erwarteten Schiffe. Die Boote liefen in Pola ein und gaben den Schwerverwundeten von *S 152* von Bord.

Von den noch kriegsbereiten 14 Schnellbooten in der Adria waren fünf Boote als Verbraucher von B 4 (die mit Flugbenzin-Motoren ausgerüstet waren) bis auf Alarmeinsätze stillgelegt. Damit standen der 1. Schnellboot-Division nur noch neun Boote für die vielen Einsätze zur Verfügung. Dies forderte neue Überlegungen in bezug auf den Einsatz der wenigen Boote.

Das MOK Süd stimmte der Auffassung des Chefs der 1. Schnellboot-Division über den zukünftigen Einsatz der S-Boote zu:

»Die nahezu einzigen Erfolgsaussichten liegen in der weiteren Zusammenarbeit mit den Marine-Einsatzkommandos. Daneben wird die Möglichkeit zum Eingreifen im Falle einer überholenden Landung des Gegners im Po-Gebiet nicht außer acht gelassen.«

In der Nacht zum 23. 1. 1945 erfolgte die letzte aus dem KTB der 1./Skl ersichtliche Schnellboot-Operation: drei S-Boote legten 12 UMB-Minen bei Melada.

Die drei Schnellboot-Gruppen, über deren Einsatz im einzelnen ab Ende Januar 1945 keine KTB-Aufzeichnungen mehr vorliegen, sicherten in den letzten drei Monaten ihres Einsatzes bis zur Kapitulation im Südwestraum die Rückführungstransporte der Heerestruppen von den dalmatinischen Inseln und von den letzten Festlandstützpunkten.

Einer der letzten erfolgreichen, wahrscheinlich *der* letzte Einsatz, war ein Gefecht deutscher S-Boote mit alliierten Zerstörern vor San Remo, wobei der französische Zerstörer *Trombe* torpediert wurde.

Am 1. 5. 1945 wurde *S 157* westlich Triest durch Granatwerferfeuer von Land aus tödlich getroffen und sank.

Die Boote *S 30, S 36, S 61, S 151, S 152, S 155* und *S 156* liefen am 3. 5. 1945 von Pola nach Ancona aus und wurden von dem neuen Chef der 1. Schnellboot-Division, Kptlt. Wuppermann, und dem Chef der 3. Schnellboot-Flottille, Kptlt. Schulz, dem ehemaligen Gegner übergeben, wie dies in der Kapitulationsurkunde vorgesehen war. Von hier aus gingen die Besatzungen der Boote in die Gefangenschaft. Über Tarent wurden sie nach Ägypten geschafft.

IV. 22. U-Jagd-Flottille

Diese U-Jagd-Flottille bestand am 1. 1. 1943 aus folgenden Einheiten und Kommandanten:

Flottillenchef:	KKpt. Grossmann
UJ 2201 (ex Dampfer *Bois Rose*)	Oblt.z.S. Wurmbach
UJ 2202 (ex Dampfer *Jütland*)	Lt.z.S. Schiedewitz
UJ 2203 (ex Dampfer *Austral*)	Oblt.z.S. Zelle
UJ 2204 (ex Dampfer *Boral*)	Lt.z.S. Becker
UJ 2205 (ex Dampfer *Jaques Cœur*)	Lt.z.S. Eizinger
UJ 2206 (ex Dampfer *St. Martin Legasse*)	noch ohne Kdt.
UJ 2207 (ex Dampfer *Cap Nord*)	Lt.z.S. Osse
UJ 2208 (ex Dampfer *Alfred*)	noch kein Kdt.
UJ 2209 (ex Dampfer *Minerva*)	Oblt.z.S. Fenker
UJ 2210 (ex Dampfer *Marcella*)	Lt.z.S. Pollmann

1943, im Seegebiet zwischen Marseille und Neapel–Palermo eingesetzt, wurden die U-Jäger immer wieder von Bombern angegriffen. Eine U-Boot-Versenkung gelang am 27. 2. 1943 durch *UJ 2210*, Lt.z.S. Pollmann, auf dem Marsch nach Neapel. Am 10. 3. und 14. 3. wurden abermals je ein Feind-U-Boot versenkt. Am 11. 4. gelang es *UJ 2210*, in einem fünfstündigen Gefecht abermals zwei U-Boote zu vernichten, als es sich mit einem Geleit auf dem Marsch nach Neapel befand. Dieser U-Jäger, von Lt.z.S. Pollmann geführt, war der erfolgreichste U-Jäger im Mittelmeer überhaupt. Unter dem neuen Flottillenchef, KKpt. Wunderlich, kämpfte die 22. U-Jagd-Flottille in ständigem Einsatz als Geleitsicherung weiter. Bei einem Torpedoangriff durch Beaufort-Maschinen am 3. 8. gelang es *UJ 2208* und *UJ 2210*, je eines der Torpedoflugzeuge abzuschießen.
Als sich *UJ 2210* mit *UJ 2203* am 17. 8. 1943 noch eine Seemeile vor dem Hafen von Porto Ferraio befanden, um ein deutsches Geleit aufzunehmen, gab es um 17.12 Uhr abermals U-Boot-Alarm. Binnen 48 Minuten wurden in drei Anläufen 45 Wasserbomben geworfen. Drei Minuten nach dem letzten Wurf wurden im Wurffeld zwei schwere Detonationen gehorcht, ein nachfolgender hoher Luft- und Wasserschwall deutete das Ende des Feind-U-Bootes an. Es wurde keine weitere Ortung mehr aufgenommen.
Am 8. 9. 1943 liefen *UJ 2210*, *UJ 2203* und *UJ 2219* aus dem Hafenbecken von Bastia aus und stellten sich außerhalb der Reichweite der italienischen Geschütze

bereit. Als drei Stunden nach Mitternacht die Nachricht vom Auslaufen der italienischen Flotte einging und wenig später auch italienische T-Boote gesichtet wurden, die Bastia mit dem Ziel Malta verließen, griffen die drei U-Jäger an. Die T-Boote erwiderten mit ihren stärkeren Geschützen das Feuer, und binnen weniger Minuten wurde *UJ 2203* vernichtend getroffen. Brennend trieb der Dampfer auf See. *UJ 2210* entging mehreren Salven. Es erhielt nur einen schweren Treffer. Dann wurde auch *UJ 2219* voll eingedeckt und sank eine Minute nach dem Einschlag des ersten Volltreffers.

Die italienischen T-Boote, ehemals Verbündete, nun Feinde, liefen ab und überließen es *UJ 2210*, die Überlebenden der beiden anderen U-Jäger zu bergen.

Auf Elba, wo in Porto Ferraio der italienische Kreuzer *Indomito* und zwei Zerstörer sowie ein Torpedoboot-Geschwader lagen, erklärten die Kommandanten dieser Einheiten, daß sie nicht nach Malta ausliefen. Wenn befohlen, würden sie ihre Schiffe versenken.

Die T-Boote *Impetuoso* und *Pegaso* aber gingen ankerauf und liefen den Hafen Pollensa auf Mallorca an. Sie wollten nicht gegen ihre ehemaligen Waffenbrüder kämpfen. Doch dann verließen sie den Hafen wieder und versenkten ihre Einheiten selbst.

Der Abfall Italiens hatte zwei U-Jägern den Untergang gebracht. Von nun an wurde das Sichern der Geleitfahrten immer schwieriger. Wie gefährlich diese Geleitfahrten wurden, das zeigte sich erstmals am 18. 9. 1943, als *UJ 2205* von feindlichen Jabos angegriffen und mit Raketenbomben versenkt wurde. Wenig später erhielt *UJ 2214* einen Torpedotreffer, als er versuchte, ein Feind-U-Boot vom Geleit abzudrängen. Als fünfter Bootsverlust der 22. U-Jagd-Flottille im Monat September 1943 strandete *UJ 2218* am 26. 9. bei Addenza.

Damit war die ursprünglich aus 30 Booten bestehende Flottille auf zehn Boote zusammengeschmolzen. Ab Februar 1944 kamen neun weitere Boote hinzu.

Der 2. 10. 1943 sah wieder *UJ 2210* mit *UJ 2209* und *R 119* als Geleitsicherung für Nachschubdampfer – darunter drei Tanker – nach Livorno im Einsatz. Der U-Jäger *2210* wurde von einem U-Boot mit Torpedos beschossen. Es gelang, den beiden Torpedolaufbahnen auszuweichen. Mit 10 kn Fahrt lief *UJ 2210* auf die Abschußstelle zu. Um 14.52 Uhr begann der erste U-Jagd-Angriff, bei dem 18 Wasserbomben geworfen wurden. Ein sehr hoher Wasserschwall und Ölaustritt deuteten Treffer an. Vier Minuten später wurden berstende Geräusche gehorcht und sofort darauf ein starker Ölaustritt, mit Wrackteilen vermischt, gesichtet. Um 15.15 Uhr wurde an der Stelle des Ölaustritts ein schwaches, aber klares Echo gehorcht. Das feindliche U-Boot lag hier auf Grund. Es wurde noch eine Wasserbombenserie mit 120 m Tiefeneinstellung geworfen. Da das U-Boot auf 140 m festlag, mußte diese Serie noch zur Wirkung kommen. Bei dieser Wurfserie wurde die Rudermaschine von *UJ 2210* schwer beschädigt; der U-Jäger mußte um 20.00 Uhr den Kampfplatz verlassen und nach Porto Ferraio einlaufen.

Die Einsätze der hier operativ führenden 7. Sicherungs-Division häuften sich.

Immer wieder wurden die Einheiten der 22. U-Jagd-Flottille ebenso wie die der 11. Räumboot-Flottille hart gefordert. Die winterliche See machte – auch ohne Feindberührung – jeden Einsatz zu einem Wagnis.

Am 2. 11. entging *UJ 2210* knapp der Vernichtung. Es war gemeinsam mit *UJ 2206* nach Porto Stefano unterwegs, als plötzlich aus einer Regenbö vier US-S-Boote auftauchten. Jedes schoß zwei Torpedos. *UJ 2210* konnte diesen ausweichen, aber *UJ 2206* (ex *San Martin Legasse*) erhielt einen Volltreffer. Die Wasserbomben detonierten und rissen *UJ 2206* in Stücke. Kein Mann der Besatzung überlebte.

Mit einem Geleit, bestehend aus vier Dampfern und den Fahrzeugen *SG 15* und *UJ 2209*, das aus Savona ausgelaufen und für Marseille bestimmt war, marschierte auch *UJ 2210* am Morgen des 7. 11. 1943 durch die mit Stärke vier bis fünf gehende See. Der U-Jäger lief als Backbordsicherung und stand ca. 1 000 m querab vom Geleit. Um 09.11 Uhr wurde ein U-Boot-Turm mit hoch ausgefahrenem Sehrohr gesichtet. Das U-Boot wurde sofort vom S-Gerät erfaßt.

Hier der Gefechtsbericht von Oblt.z.S. Pollmann (Kommandant von *UJ 2210*): »Um 09.12 Uhr dreht das Boot in die Peilung; ich werfe eine Sperre, um das U-Boot vom Geleit abzudrücken.

09.15 Uhr: 1. Scharfer Anlauf begonnen. 34 sec. nach Abstoppen Echo; bei 200 m Boje geworfen. Vier Salven zu je 12 Wasserbomben. Sämtliche WB detoniert. Bei der Detonation der zweiten Salve kam zusätzlich eine stärkere Detonation, die den U-Jäger heftig erschütterte, mit einer nachfolgenden mindestens fünf Meter hohen Wassersäule. Wrackteile wirbelten mindestens 20 m hoch durch die Luft. Die Wasseroberfläche war im Umkreis von 100 m sofort mit Öl bedeckt. Ich setze sofort zum zweiten Anlauf an und werfe.

09.21 Uhr: zwei Salven zu je sechs WB mit tiefster Einstellung in den Ölblubber. Keine weiteren Anzeichen. Öl kommt weiterhin dick hoch. Die im Öl treibenden Wrackteile sind wieder abgesackt.

10.00 Uhr: Wind und See nehmen laufend an Stärke zu. Das U-Boot wurde durch die zweite Salve des ersten Anlaufs direkt getroffen. Halte U-Boot-Vernichtung für sicher.

18.00 Uhr: Laufen Savona ein, da der Steuerkompaß durch Wabowurf ausgefallen war und dadurch der hohe Seegang sowie die Abdrift das Boot nachts leicht auf die ganz in der Nähe befindlichen Minensperren drücken kann.«

Der Flottillenchef bestätigte in seiner Meldung an die 7. Sicherungs-Division vom 11. 11. 1943, daß Boot und Besatzung richtig gehandelt hatten. Zum Schluß seiner Meldung schreibt KKpt. Wunderlich: »Ich bitte, dem U-Jäger *UJ 2210* die Versenkung des U-Bootes anzuerkennen. Es ist das 10. U-Boot, das *UJ 2210* vernichtet hat. Davon neun unter der Führung des Lt.z.S. Pollmann. Die Leistung des Kommandanten und seiner Besatzung sind ausgezeichnet. Der Erfolg dieses Bootes ist einmalig.«

Das Deutsche Marinekommando Italien erkannte am 12. 12. 1943 die Vernichtung dieses U-Bootes an. Es führte dazu weiter aus:

»Der Angriff führte nicht nur zu einem vollen Erfolg, sondern es wurde auch das feindliche U-Boot am Torpedoschuß gehindert, so daß das Geleit unbeschädigt seinen Bestimmungsort erreichte.«

Die Einsätze der 7. Sicherungs-Division, zu der neben der 10. Torpedoboot-Flottille und der 11. Räumboot-Flottille die 22. U-Jagd-Flottille gehörte, häuften sich zum Jahresbeginn 1944 schlagartig, auch wenn die Wintersee immer wieder zu Einsatzabbrüchen und Verzögerungen führte. Boote der 22. U-Jagd-Flottille befanden sich im Januar auf dem Marsch nach Anzio, wo Material und Verstärkungen für die Abwehrschlacht in der »Gustav«-Stellung und bei Monte Cassino ausgeladen wurde.

Auf dem Rückmarsch, der am 18. 1. 1944 angetreten wurde, konnte ein leergehender Geleitzug nach Genua eskortiert werden. In Porto Stefano sollten auf diesem Marsch außerdem noch zwei Frachter aufgenommen werden, die mit Material für die Reparaturdocks in Genua und für den Stab der 7. Sicherungs-Division in Genua-Nervi bestimmt waren.

Am 22. 1. befanden sich *UJ 2210* und *UJ 2209* mit dem Dampfer *Potenza* auf dem Marsch von Piombino nach Genua. Als Geleitführer lief *UJ 2210* (Lt.z.S. Pollmann) 400 m vor dem Dampfer. *UJ 2209* hatte die Backbordsicherung übernommen und stand etwa 800 m querab der *Potenza*. Die Durchschnittsreichweite des S-Gerätes betrug 2 500 m. *UJ 2210* hielt den Sektor von 320 Grad über 0 Grad auf 160 Grad besetzt, während *UJ 2209* den Sektor 200 Grad über 0 auf 40 Grad überwachte.

Um 07.35 Uhr meldete der Brückenausguck von *UJ 2210*, MatrGefr. Loerwald, in zirka 40 Grad, 1 000 m Entfernung, ein Sehrohr. Gleichzeitig meldete der S-Raum ein sehr gutes Echo. Das Sehrohr war etwa zwei Minuten zu sehen. Es ragte etwa zwei Meter aus dem Wasser, war hell angestrichen und gegen den dunklen Felsenhintergrund gut auszumachen.

Lt.z.S. Pollmann ließ sofort zwei rote Sterne schießen. Auf den Feind zulaufend, warf *UJ 2210* um 07.39 Uhr eine Wasserbombensperre mit italienischen WBD. Alle Bomben detonierten. Das U-Boot lief daraufhin vom Geleit ab. Da das Echo gleichbleibend gut blieb, folgerte Pollmann, daß das Boot nicht auf Tiefe gegangen war. Es lief vielmehr in 2 sm Distanz mit.

Im nächsten Anlauf befahl Pollmann, drei Salven zu werfen, mit Tiefeneinstellungen von 40 bis 70 m. Er erfolgte um 07.46 Uhr, gleichzeitig wurde eine Boje geworfen, um die Wurfstelle zu markieren. Von den neun geworfenen Wasserbomben detonierten nur die drei deutschen, die über das Heck geworfen wurden. Alle sechs italienischen waren Versager. Pollmann befahl, nur deutsche Wasserbomben auf die Werfer und Nachladeschale zu legen. Binnen acht Minuten war nachgeladen.

Um 07.50 Uhr wurde das Feind-U-Boot abermals erfaßt, zeigte 07.57 Uhr ein zweites Mal sein Sehrohr und wurde auf 1 bis 2 sm Distanz mitlaufend festgestellt.

Der zweite U-Jagd-Angriff begann um 08.00 Uhr mit vier detonierenden Wabo-Salven. Nach der zweiten Salve kamen drei zirka 20 m hohe Wassersäulen hoch, die mittlere war tiefschwarz und voller Öl. Nachdem diese Säulen fast in sich zusammengefallen waren, brach unter lautem Getöse der U-Boot-Bug zirka 10 m steil aus dem Wasser. Die von Pollmann geworfene Bezeichnungsboje wurde vom U-Boot-Bug mit hochgerissen, fiel aber wieder ab. Das Boot sackte sofort, nach hinten überkippend, über das Heck in die Tiefe. Zwei Minuten später war das Aufschlagen des Bootes auf dem Grund zu hören. Das NHG-Horchgerät ortete den Aufschlag, dann ein schlurfendes Geräusch, danach einen zweiten Aufschlag und drei folgende leichte Detonationen. Den Detonationen folgten leichte Wasserschwälle nach oben. Öl trieb in großer Menge auf.

Um 08.15 Uhr warf *UJ 2210* drei WED-Wabos mit 120 m Tiefeneinstellung. Der Erfolg waren weitere starke Ölaustritte. Das Ölfeld hatte sich bereits auf 1 sm ausgedehnt. Dann war kein Echo mehr von dem U-Boot zu erhalten.

Lt.z.S. Pollmann sah die Vernichtung dieses U-Bootes als sicher an und lief – da sein S-Gerät ausgefallen war – mit Höchstfahrt hinter dem von *UJ 2209* weiter gesicherten Geleit her und konnte um 09.15 Uhr Anschluß gewinnen.

Der Chef der 22. U-Jagd-Flottille gab in seiner Meldung an das Deutsche Marinekommando Italien eine Stellungnahme zu diesem Einsatz ab, in dem es u. a. heißt:

»Es ist die 12. U-Boot-Versenkung des U-Jägers *UJ 2210* und die 10. von Lt.z.S. Pollmann. Die Leistung des Kommandanten und seiner Besatzung ist einmalig.«

Am 26. 1. 1944 erhielt Lt.z.S. Pollmann aus der Hand seines Flottillenchefs die Oberleutnants-Schulterstücke. Kpt.z.S. Bramesfeld, Chef der 7. Sicherungs-Division, überreichte ihm das Deutsche Kreuz in Gold.

Am Nachmittag des 2. 2. 1944 lief *UJ 2210* zur freien Jagd entlang der Küste aus La Spezia in Richtung Genua aus, Marschfahrt 11 kn. Um 09.42 Uhr des 3. 2. meldete der S-Raum ein Echo in Bootspeilung 15 Grad, etwa 1000 m entfernt. Es wurde ein mitlaufendes U-Boot im Abstand von etwa 2 sm erkannt. Oblt.z.S. Pollmann befahl: »Verfahren grün!« Dies bedeutete, daß vier Salven im Acht-Sekunden-Takt geworfen wurden. Das Echo führte *UJ 2210* bis auf 100 m an das Boot heran.

Um 09.45 Uhr wurde die erste Salve geworfen. Von den 12 Wabos detonierten zehn, zwei waren Versager. Ein 5 m hoher Luft- und Wasserschwall stob empor. Drei Minuten später wurde das U-Boot wieder erfaßt. Es lief nach wie vor in 1 bis 2 sm Distanz mit. Der zweite Angriff wurde um 09.52 Uhr begonnen. Alle 12 Bomben detonierten. Ein starker Öl- und Luftschwall trat aus. Öl breitete sich weit auf der See aus. Aber noch immer lief das Feind-U-Boot mit, wie die nächsten Echos ergaben.

Dem dritten Anlauf um 10.01 Uhr folgte eine sehr starke Detonation, die nicht von den Wasserbomben herrühren konnte. Ein 10 m hoher Luft- und Ölschwall stieg empor. Das U-Boot hatte einen direkten Treffer erhalten. Offenbar sackte es auf den Grund durch. *UJ 2210* überlief den Punkt von allen Himmelsrichtungen. Ab 10.30 Uhr ließ Pollmann weitere zehn Einzel-Wabos werfen. Bei der achten und zehnten Bombe wurden nach deren Detonation zwei schwere Explosionen gehorcht, mit nachfolgendem hohen Öl- und Luftschwall. Um 11.08 Uhr ließ Pollmann dann noch einen vierten Anlauf fahren. Nach der zweiten Salve dieses Anlaufs stieg eine mindestens 30 m hohe Detonationswolke aus der Tiefe empor, vermengt mit sehr viel Öl und Luft. Zwei Minuten nach Werfen der dritten Salve dieses Anlaufs erklangen drei sehr starke Unterwasserdetonationen mit Luft-schwall. Öl kam laufend an der markierten Stelle hoch.

Auch dieses U-Boot war mit großer Wahrscheinlichkeit vernichtet worden.

Nachdem um 11.12 Uhr der Flottilleningenieur meldete, daß das eigene Boot vorn und in der Maschine Wasser mache und daß Kühlwasser- und Lenzpumpen ausgefallen seien, befahl Pollmann Kurs auf La Spezia.

Am 1. 2. 1944 hatte die Flottille folgende Stärke und Besetzung:

Flottillenchef:	KKpt. Wunderlich
UJ 2207	Oblt.z.S. Osse
UJ 2208	Lt.z.S. Schmidt (Oskar)
UJ 2209	Oblt.z.S. Schmidt (Günter)
	ab 15. 2. 1944: Oblt.z.S. Zoller (i. V.)
UJ 2210	Oblt.z.S. Pollmann
	ab 11. 2. 1944: Oblt.z.S. Zoller
	ab 10. 2. 1944: Lt.z.S. Börner
UJ 2216	Oblt.z.S. Hanekamp
UJ 2220	Kptlt. Fenkner
	ab 13. 2. 1944: Lt.z.S. Banzhaf (i. V.)
UJ 2221	Kptlt. Wachhausen
	ab 13. 2. 1944: Kptlt. Fenkner (i. V.)
Gruppenführer der RA-Boote:	Oblt.z.S. Voss
RA 251	Obersteuermann Schleich
RA 252	Lt.z.S. Dahl
RA 253	nicht besetzt
RA 254	Obersteuermann Käthner
RA 255	Lt.z.S. Bennit
RA 256	nicht besetzt
RA 257	Obersteuermann Floreck

Beim Einsatz im Februar 1944 mußte die Sicherung der wichtigen Truppen- und Materialgeleite gewährleistet werden. Vor allem galt es, jene Räumboote zu sichern, die Minenaufgaben durchführten, um dem Gegner den Zugang nach Norden in den Golf von Genua zu verwehren. Ferner mußten immer wieder mit Munition beladene Transportschiffe nach Livorno und anderen Häfen geleitet werden, um die dringend benötigte Munition für die Landtruppen heranzuschaffen, die auf dem Schienenwege nicht mehr nach Süden gelangte.

Am 29. 3. übernahm Oblt.z.S. Pollmann *UJ 2223* als Kommandant. Mit diesem Boot gelang es ihm am 18. 4. 1944, einen weiteren Erfolg zu erzielen. Gemeinsam mit *UJ 2221* (Lt.z.S. Groth) befand er sich zur U-Boot-Überwachung in der Recco-Rapallo-Bucht und brachte von 20.30 bis 22.00 Uhr drei Geleite von der Recco-Bucht nach Sestri Levante.

Um 22.30 Uhr bezog *UJ 2221* eine Position nahe Portofino, während *UJ 2223* 3 sm weiter ostwärts sicherte. Um 22.45 Uhr wurde von den Wachen auf *UJ 2223* in nur 800 m Distanz ein U-Boot-Turm gesichtet und Sekunden später zwei genau auf *UJ 2223* zulaufende Torpedolaufbahnen. Sofort ließ Pollmann sein Boot auf AK gehen und manövrierte mit Hartruder Backbord die Torpedos aus, die etwa 5 und 15 m vor dem Bug vorbeiliefen. Da das U-Boot immer noch aufgetaucht blieb, führte Pollmann seinen U-Jäger auf Rammkurs. Etwa 150 m vor dem Bug von *UJ 2223* tauchte das U-Boot weg. Beim Überlaufen der Tauchstelle ließ Pollmann drei Salven Wasserbomben mit einer Tiefeneinstellung von 35 m werfen. Unmittelbar nach dem Detonieren der Wabos wurde das U-Boot aus dem Wasser herausgedrückt und schlingerte stark.

Mit AK und Hartruderlegen drehte *UJ 2223* auf Gegenkurs, um den Rammversuch zu wiederholen. Das U-Boot lag dicht vor der von *UJ 2223* geworfenen Boje, machte keine Fahrt mehr, tauchte jedoch 50 m vor dem eigenen Boot weg. Sofort wurden fünf Salven Wabos im 4-Sekunden-Salventakt geworfen.

»Als wir mit unserem U-Jäger wieder heran waren, ragte der Bug noch etwa 10 m aus dem Wasser. Ich sah vom Rammstoß ab, da die Vernichtung sicher war und ich das eigene Boot unter diesen Umständen nicht mehr stark beschädigen wollte, was bei einem Rammstoß sicherlich der Fall gewesen wäre.

Um 22.57 Uhr war der Aufschlag des U-Bootes auf dem Meeresgrund deutlich zu hören. Im selben Augenblick dröhnten zwei schwere Detonationen mit nachfolgendem hohen Wasserschwall.

Bleibe mit *UJ 2211* an der Untergangsstelle bis 04.30 Uhr, dann entlasse ich das Kameradenboot nach Genua zur Sicherung von *TA 25*.

Nach dem Hellwerden um 06.30 Uhr ist ein riesiger Ölfleck von mindestens 2 sm Durchmesser zu sehen. Wrackteile wurden jedoch nicht gesichtet. Ich laufe nach Genua zur Unterstützung von *UJ 2221* als Sicherung von *TA 25*« (Gefechtsbericht des Kommandanten, Oblt.z.S. Pollmann).

In der Stellungnahme schreibt der stellvertretende Flottillenchef, Kptlt. Dr. Wachhausen:

»Es muß ganz besonders hervorgehoben werden, daß es sich um die *erste* Unternehmung des U-Jägers *UJ 2223* mit zum größten Teil junger Besatzung handelt.

Diese erste nächtliche U-Boot-Bekämpfung ist von seiten des Kommandanten so schneidig und mit so folgerichtiger Entschlossenheit geführt worden, daß sie besondere Würdigung verdient. Die Leistung des Oblt.z.S. Pollmann, der mit diesem sein 13. Feind-U-Boot vernichtet hat, ist einzig dastehend.

Oblt.z.S. Pollmann wurde daher am 19. 4. zur Verleihung des Eichenlaubes zum Ritterkreuz des Eisernen Kreuzes eingereicht.«

Am 25. 4. 1944 erhielt Oblt.z.S. Pollmann diese hohe Auszeichnung.

Am 27. 5. 1944 erreichten *UJ 2210* und zwei TA-Boote als Geleitsicherung Sestri Levante. Bevor der Kleinkonvoi in den Hafen einlaufen konnte, tauchten aus der Nacht sieben englische S-Boote auf.

Die beiden T-Boote und der U-Jäger eröffneten das Feuer. Doch dann wurden Torpedolaufbahnen erkannt. Dem ersten Torpedo konnte der U-Jäger ausweichen, der zweite aber traf ihn mittschiffs, Achterkante Brücke. Ein mächtiger Schlag erschütterte das Boot. Sekunden später lag es gestoppt mit starker Schlagseite auf der See. Oblt.z.S. Zoller mußte den Befehl geben: »Alle Mann aus dem Boot!«

Die Verwundeten wurden mit dem Rettungsfloß hinuntergelassen, während der Funkmaat noch den SOS-Ruf tastete.

Noch immer feuerte die eigene Artillerie auf den Gegner. Eines der S-Boote wurde von einem Volltreffer auseinandergerissen. Dann lief der Gegner ab. Zwei R-Boote näherten sich, um die Schiffbrüchigen aufzunehmen. Als letzter ging Oblt.z.S. Zoller mit dem geborgenen Bootsstander von Bord. Dann stellte sich *UJ 2210* auf den Bug und sank in die Tiefe.

Bis zum Kriegsende standen die Boote der 22. U-Jagd-Flottille wie jene der 21. und der 2. U-Jagd-Flottille im Einsatz: Einzeloperationen, Geleitaufgaben, Rückführungsfahrten; und immer stand die U-Boot-Bekämpfung an erster Stelle. Viele dieser U-Jäger bezahlten ihren opfervollen Einsatz mit dem Untergang. In den Übersichtskapiteln der Küstenvorfelder wird immer wieder von ihnen berichtet werden.

Am 24. und 25. 4. 1945 wurden die Boote der 22. U-Jagd-Flottille *UJ 2221*, *UJ 2224*, *UJ 2225*, *UJ 2226*, *UJ 2227*, *UJ 2228* und *UJ 6086* im Hafen von Genua gesprengt.

V. Räumboote

6. Räumboot-Flottille

Wie die 3. Schnellboot-Flottille verlegte Ende November 1941 die 6. Räumboot-Flottille unter ihrem Flottillenchef, KKpt. Reischauer, von Cuxhaven nach Rotterdam und dann über die Flüsse und Kanäle Frankreichs – es waren 160 Schleusen zu überwinden – nach La Spezia und von dort nach Bengasi.

Von dort aus fuhren die Boote Geleitsicherung für die Nachschubschiffe des Deutschen Afrika-Korps. Am 22. 6. 1942 drangen die Boote in den Hafen von Tobruk ein.

Mit dem Rückzug der Panzerarmee Afrika zog sich auch die 6. Räumboot-Flottille Zug um Zug bis in die Häfen Tunesiens zurück. Hier leistete sie noch einmal in Geleitfahrten wertvolle Hilfe.

Seit Februar 1943 wurde damit begonnen, die 6. Räumboot-Flottille aus dem Raum Tunesien nach Sizilien zu überführen.

Im neuen Stützpunkt Palermo wurden alle Boote überholt und später in den Raum Mittelitalien bei Anzio-Nettuno verlegt. KKpt. Reischauers Nachfolger wurde Kptlt. Walter Klemm.

Die Aufgaben der Flottille waren Küstengeleitdienst und U-Jagd vor den Hafeneinfahrten. Später wurden auch die Ein- und Auslaufwege der Geleite mit Minensuch- und Räumgeräten abgelaufen.

Am 1. September 1943 verfügte die 6. Räumboot-Flottille über nachstehende Einheiten:

Flottillenchef:	Kptlt. Klemm
R 1	Obersteuermann Florek
R 3	z. Z. unbesetzt
R 4	Stabsobersteuermann Prüßhoff
R 7	Obersteuermann Hartwig (am 8. 9. gesprengt)
R 8	Obersteuermann Dubnitzki
R 10	Obersteuermann Drescher
R 12	Lt.z.S. Wimmer-Lamquet
R 13	Oblt.z.S. Reichelt (am 8. 9. in Salerno gesprengt)
R 14	Lt.z.S. Gerhardt

| R 15 | Oblt.z.S. Arnold |
| R 16 | Lt.z.S. Diederichs |

Zweite Gruppe (von der 12. Räumboot-Flottille unterstellt)

R 38	Oblt.z.S. Stürken
R 39	Lt.z.S. Meyer
R 185	Obersteuermann Stranski
R 187	Lt.z.S. Sellke
R 188	Lt.z.S. Höer
R 178	Lt.z.S. Mohn

Diese Räumboot-Flottille, die als einzige deutsche Flottille für den Geleitschutz, das Freihalten der Wege von Minen und U-Boot-Jagddienst in Afrika zur Verfügung stand, hatte sich in Nordafrika ebenso wie im Raum Tunesien hoch bewährt, obgleich in ihr Deutschlands älteste und kleinste R-Boote fuhren.

Nach der Besetzung Siziliens durch die Alliierten hatte die Flottille den Nachschub nach Sardinien und Korsika und entlang der italienischen Westküste gesichert.

Bei der Rückführung der deutschen Truppen von Sardinien und Korsika an das italienische Festland wurden wieder höchste Anforderungen an diese kleinen Boote gestellt. Über den Po wurde die Flottille nach Venedig verlegt.

Am 1. 1. 1944 hatte die Flottille folgende Zusammenstellung:

Flottillenchef:	Kptlt. Klemm
R 4	Stabsobersteuermann Prüßhoff
R 8	Obersteuermann Dubnitzki
R 12	Oblt.z.S. Wimmer-Lamquet
R 14	Oblt.z.S. Gerhardt
R 15	Oblt.z.S. Arnold
R 16	Oblt.z.S. Diederichs

Von Venedig aus führten die Boote Minenunternehmungen, Partisaneneinsätze, Geleitaufgaben durch.

Im Mittelmeer befanden sich 1944 außerdem 32 Boote im Bau: acht in der Werft Monfalcone (*RD 115* bis *RD 122*) und acht bei Celli in Venedig (*RD 123* bis *RD 130*). Die übrigen Boote wurden in kleineren Werften gebaut.

Monfalcone wurde zum Stützpunkt erweitert. Schwerpunkt war zu Beginn des Jahres bis zur Jahresmitte die dalmatinische Küste.

Eine Reihe kleiner Einsätze fiel in diese Zeit. So auch der Marsch von *R 10* (ObStrm. Drescher) und *R 12* (ObStrm. Hartwig), die Tankpenichen nach Durazzo geleiten sollten.

Im Kanal von Korcula wurde das Geleit von MTB angegriffen und aufgerieben. *R 10* schleppte das schwerbeschädigte *R 12* nach Makarska ein, übergab die Verwundeten und lief nach Split weiter. Kurz vor dem Einlaufen hatte *R 10* Grundberührung, bei der beide Schrauben beschädigt wurden. Beide Boote mußten nach Pola in die Werft.

Beim Geleit des Tankers *Gugliana* durch vier Boote der 6. Räumboot-Flottille kam es am Abend des 17. 6. südlich Punta Nera zu einem Gefecht mit zwei Feindzerstörern.

Der Gefechtsbericht darüber lautete:

»Am 16. 6. 1944 um 21.00 Uhr lief das Geleit – bestehend aus dem Tanker *Gugliana* und den Tankpenichen *Toni* und *Peter* – aus Fiume aus. Geleitsicherung leisteten vier Boote der 6. Räumboot-Flottille: *R 14, R 8, R 15* und *R 4.*

Die Marschfahrt betrug zwischen 7 und 8 kn. Bei mondloser und gut sichtiger Nacht ging das Geleit bei Passieren des Warngebietes in Kiellinie. Querab Fianona wurde wieder die alte Formation eingenommen. Um 01.00 Uhr des 17. 6. wurde Punta Nera passiert. Gegen 01.20 Uhr kamen an Backbord voraus zwei moderne, sehr lange Zwei-Schornstein-Zerstörer in Sicht, die anscheinend auf Gegenkurs lagen und etwa 1500 m versetzt passieren mußten. Dieser Zerstörertyp mit ausladendem Klipperbug ist im Weyer weder unter Großbritannien noch Italien verzeichnet. Möglicherweise sind es italienische Neubauten. Auffallend ist die starke Flakbewaffnung, neben 12,7 cm oder ähnlichem.

R 4 passierte anscheinend unbemerkt (das Boot lief vorn). Das Geleit drehte nach Steuerbord ab. In diesem Moment eröffneten die Zerstörer das Feuer aus allen Rohren und schossen Leuchtgranaten. Die Boote erwiderten das Feuer und versuchten, sich und *Gugliana* einzunebeln. *Gugliana* als höchste Silhouette war Hauptziel und erhielt gleich zu Beginn Treffer schweren Kalibers in die Maschine und wurde bewegungsunfähig. Kurz darauf flog mit gewaltigem Detonationspilz Benzin und Munition in die Luft. Es wurde Kriegsnotmeldung abgesetzt. Auf *R 14* waren beide Maschinen ausgefallen. Nach fünf Minuten bekam es die Backbordmaschine wieder klar.

Die R-Boote erhielten bis auf *R 14* mehrere 2- und 4-cm-Treffer. Während der Detonation waren mehrere MGB zu sehen, die gutliegendes 4-cm-Feuer schossen. Die Zerstörer gingen auf nächste Nähe an die *Gugliana* heran und feuerten auf das brennende Wrack. Die Boote *R 4* und *R 15* mit den Penichen in Schlepp liefen mit Höchstfahrt unter Land, von schwerer Artillerie und Leuchtgranaten verfolgt.

Die Dauer des Beschusses ging bis etwa 02.00 Uhr. Danach verschiedentlich noch Leuchtgranaten und einige Raketen der MGB.

Um 02.30 Uhr befinden sich die R-Boote *R 4, R 8, R 14* und *R 15* unter Land. Hier kamen *R 4* und *R 14* auf einer in der Karte nicht verzeichneten Untiefe, 0,5 sm nördlich Punta Cavollo, fest. Sie wurden von *R 8* und *R 15* wieder freigeschleppt.

Nachdem sie um 04.35 Uhr wieder frei waren, wurde die Bergung der Besatzung des Dampfers *Gugliana* in Angriff genommen und 72 Überlebende an Bord genommen. *R 15* wurde mit den Tankpenichen nach Pola entlassen. Die Verluste der *Gugliana* betrugen 50 Mann. Auf den R-Booten drei Schwer- und mehrere Leichtverwundete; auf den Penichen zwei Tote. Alle Boote wiesen Beschädigungen durch Einschüsse oder Maschinenschäden auf« (Gefechtsbericht des Flottillenchefs).

Bei der Operation »Dachs«, einem Minenunternehmen mit drei MFP, waren fünf Boote der Flottille am 3. 8. 1944 im Einsatz. Anfliegende Feindmaschinen wurden im massierten Abwehrfeuer zum Abdrehen gezwungen.

Gemeinsam mit den »Brandenburgern« (vgl. Kapitel XII) führte die 6. Räumboot-Flottille am 6. 8. ein Landungsunternehmen auf den Inseln vor Sibenik durch. Vier Boote der Flottille waren daran beteiligt. Englischer Proviant, der für die Partisanen bestimmt war, wurde erbeutet, zwei Motorsegler versenkt, ein britisches MTB im Gefecht vernichtet.

Nördlich Zara kam es am 8. 8. zu einem weiteren Gefecht mit britischen Booten. *R 14*, das sich mit zwei MFP auf dem Marsch nach Fiume befand, eröffnete das Feuer aus allen Waffen. Es gelang Oblt.z.S. Gerhardt, zwei der Boote zu versenken. Die beiden MFP gingen verloren.

Ende September sicherten Boote der 6. Räumboot-Flottille ein Landungsunternehmen des Heeres nördlich Split. Bei diesem Einsatz waren auch *R 15* (Lt.z.S. Frieß) und *R 16* (Lt.z.S. Wein) dabei.

Liegeplätze der Boote waren der Arsa-Kanal, Fiume, Senj, die Insel Rab, Zara und Sibenik. Von Pola aus wurde mit westgehenden Geleiten auch Venedig angelaufen. Bei Bombenangriffen auf Triest verholten die Boote meistenteils nach Barcola oder Muggia.

Die von den Partisanen am Pasmankanal ausgebaute Artilleriestellung eröffnete Ende August erstmals ihr Feuer auf alle den Kanal passierenden Geleite.

Die Boote überstanden unbeschädigt mehrere Bombenangriffe auf Zara, Sibenik, Fiume und Triest. Am 5. 9. ging *R 12* (ObStrm. Hartwig) bei Pirano verloren, als eine geräumte Mine bei Einholen des Gerätes gegen das Heck des Bootes schlug und detonierte.

Am 30. 9. 1944 stand die Flottille in folgender Besetzung im Einsatz:

Flottillenchef:	Kptlt. Klemm
Gruppenführer:	Oblt.z.S. Anders
R 4	Obersteuermann Klein
R 15	Lt.z.S. Frieß
R 16	Lt.z.S. Wein
R 14	Oblt.z.S. Gerhardt
R 8	Obersteuermann Dubnitzki

Anfang Oktober stieß ein Geleit aus den Booten *R 8* und *R 14* mit dem Dampfer *Pluto* in der Nähe von Caorle zwischen Triest und Venedig auf englische Boote. Diese wurden im Feuer aller Waffen abgewehrt.

In den ersten Novembertagen wurde der Dampfer *Goffredo Mamelli* von *R 14*, *R 15* und *R 187* von Triest nach Pola geleitet. Bei Pirano lief der Dampfer auf eine Mine und wurde von Schleppern im Geleit von *TA 40* nach Triest zurückgebracht.

Zum Jahresende liefen die R-Boote mit dem Minenschiff *Fasana* zu Einsätzen vor Fiume, vor Sansego und vor der Insel Lussin, vor der istrischen Westküste und vor Monfalcone aus. Einige Einsätze wurden auch in Verbindung mit TA-Booten der 1. Geleit-Flottille und *KT 16* durchgeführt.

Im Januar 1945 wurden die Minenaufgaben fortgesetzt. Beim Geleit des letzten größeren Frachters dieses Raumes, Dampfer *Pluto*, fiel dieser im Februar auf dem Marsch zum Arsa-Kanal einem feindlichen Torpedoangriff zum Opfer. *R 10* wurde bei Ausweichmanövern vor weiteren Feindtorpedos von *R 8* gerammt. Zum Abdichten des dabei entstandenen Lecks wurde das Boot nach Pirano geschleppt, von wo aus es nach Triest weitergeschleppt wurde. Von hier aus ging es nach Pola in die Werft. *R 4* wurde am 22. 2. 1945 vor Albona durch Raketentreffer schwer beschädigt. Es wurde nach Fiume und von dort später nach Pola geleitet und kam nicht mehr zum Einsatz.

Ein Minenunternehmen mit MS *Kiebitz* und mehreren MFP Anfang März von Triest aus wurde nach einem Torpedoangriff englischer MTB bei Umago abgebrochen. *R 14* versuchte, einen aufgelaufenen MFP freizuschleppen, beschädigte aber dabei seine Schrauben und verlor das Ruder. Mit beiden Schrauben steuernd, erreichte das Boot Triest und ging von dort aus nach Monfalcone in die Werft. Hier erhielt das Boot am 16. 3. 1945 einen Bombentreffer. Am selben Tage wurde auch der soeben fertiggestellte Neubau *RD 115* im Kanal von Monfalcone unmittelbar vor der Indienststellung versenkt.

Genau einen Monat später, am 16. 4., sank *R 15* (Lt.z.S. Storb) nach einem Torpedoangriff bei Kap Salvore, Ende April unternahmen die neu in Dienst gestellten Boote *RD 116* (Lt.z.S. Frieß) in Monfalcone und *RD 127* (Oblt.z.S. Reichelt) in Venedig Probefahrten. *RD 127* wurde in *RD 117* umbenannt, um eine durchlaufende Numerierung zu erreichen.

Als US-Truppen am 28. 4. 1945 Verona besetzten, wurden die bei Celli in Bau befindlichen RD-Boote bis auf *RD 127* und *RD 128* zerstört. Die Werftanlagen und die dort liegende ehemalige Kaiseryacht, die als Wohnschiff diente, blieben jedoch unversehrt.

Am Abend dieses Tages verließ die Kriegsmarine Venedig in einem großen Geleitzug. Dieses Geleit wurde in der Nacht mehrfach vom Feind ausgemacht und mit Leuchtbomben beworfen. Es erreichte dennoch unangefochten Triest. Eines der R-Boote schleppte das noch unfertige, aber schwimmfähige *RD 128* nach Monfalcone, wo es fertiggebaut werden sollte.

Ende April wurde der R-Boot-Stützpunkt Pola aufgegeben. In Schloß Duino richtete ein Vorkommando der Flottille, geführt vom Flottillen-Verwaltungsoffizier Oblt. Epperlein, einen neuen Stützpunkt ein.

Am 30. 4. 1945 wurden in Monfalcone die beiden von Venedig überführten RD-Boote und die in Bau befindlichen Boote zerstört. Ein Teil der Stützpunktbesatzung marschierte zum Schloß Duino.

Britische und neuseeländische Heerestruppen, die am gleichen Tage nach Venedig vorstießen, marschierten auf der Küstenstraße in Richtung Triest weiter. Der Stützpunkt Monfalcone unter Kptlt. Eigenbrod wurde am 1. 5. 1945 am Ostausgang der Stadt von Neuseeländern und jugoslawischen Partisanen eingeschlossen. Die Besatzung geriet in Gefangenschaft.

Die nunmehr in Duino isolierte Stützpunktbesatzung der 6. Räumboot-Flottille versuchte am 1. 5. – in Unkenntnis der Lage – sich wieder an den Stützpunkt Monfalcone anzuschließen und traf auf dem Marsch dorthin in San Giovanni auf neuseeländische Panzerspähwagen. Es kam hier – einen Tag vor dem Waffenstillstand – noch zu einem kurzen Gefecht, bei dem die Flottille die letzten Verluste des Krieges hinnehmen mußte.

Mit Ausnahme einer kleinen Gruppe, die in den Karst auswich, geriet auch diese Gruppe am 1. und 2. 5. in Gefangenschaft. Sie wurde in Monfalcone den Partisanen ausgeliefert. In der Schule von Monfalcone trafen alle Gruppen wieder zusammen. Von hier aus wurden sie noch am 2. 5. von den Partisanen nach Opacchiasella gebracht.

Mit *R 187* und allen fahrbereiten Booten war Kptlt. Klemm, der Flottillenchef, am Abend des 1. 5. 1945 aus Triest ausgelaufen. Am Morgen des 2. 5. gingen englische MGB bei *R 187* längsseits und verlangten, daß *R 187* mit nach Ancona marschieren solle. Aber Kommandant und Flottillenchef weigerten sich.

Unabhängig voneinander liefen die R-Boote, als um 14.00 Uhr der Waffenstillstand in Italien in Kraft trat – zum letztenmal AK fahrend –, am späten Nachmittag auf den Strand auf. Wenige Tage später steckten die Besatzungen sie vor den Augen der Neuseeländer in Brand. Die Besatzungen kamen in englische Kriegsgefangenschaft. So verlief das Ende der letzten Boote der 6. Räumboot-Flottille. Es waren:

R 8 unter Obersteuermann Dubnitzki,

R 10 unter Obersteuermann Drescher,

R 16 unter Oblt.z.S. Höer.

Einigen Gruppen der Flottille gelang die Flucht aus jugoslawischer Gefangenschaft. Kptlt. Eigenbrod erreichte mit seiner Gruppe nach abenteuerlicher Flucht aus Fiume in einem Motorboot Venedig.

11. Räumboot-Flottille

Chef der 11. Räumboot-Flottille, bereits im September 1942 aufgestellt, war Kptlt. Freitag. Unter seiner Führung wurden die Boote ins Mittelmeer verlegt und liefen von Genua und La Spezia zu Einsätzen aus.

Als am 9. 9. 1943 italienische Kriegsschiffe versuchten, ihre Häfen zu verlassen und in Richtung Malta zu laufen, liefen *R 189*, *R 199*, *R 201*, *R 212* und *R 215* um 04.30 Uhr aus dem alten Hafen von Livorno zu ihren Vorposten-Positionen im Umkreis von 5 sm um den Leuchtturm Livorno aus, Ausreißer aufzubringen. Um 13.35 Uhr ging bei allen Booten ein FT-Spruch von *R 212* ein: »Stehe im Gefecht mit italienischen S-Booten.«

Auf diese Meldung lief die zweite Gruppe mit Höchstfahrt zu *R 212* und *R 215*, die die erste Gruppe bildeten. Es waren fünf italienische S-Boote, die bis etwa 3,5 sm unter Land der Insel Gorgona verfolgt wurden.

R 212 und *R 215* hatten ein S-Boot in Brand geschossen. Dieses und ein zweites Boot setzten sich auf den Strand und wurden durch die Artillerie der R-Boote zerschossen. Die übrigen drehten nach Backbord und liefen ab.

Danach liefen die deutschen R-Boote wieder zu ihrer Auffanglinie zurück. Hier kamen gegen 16.00 Uhr zwei italienische S-Boote und drei R-Boote in Sicht. Die R-Boote konnten abgefangen und zum Stoppen gezwungen werden. Drei eigene R-Boote gingen an den italienischen Booten längsseits und machten deren Geschütze und FT-Anlagen unbrauchbar. Um 16.45 Uhr wurden drei italienische Fährprähme aufgebracht. Um 18.50 Uhr liefen die fünf deutschen R-Boote mit den drei italienischen R-Booten und den drei Fährprähmen in Livorno ein.

Unter Führung des Chefs der 7. Sicherungs-Division liefen die Boote um 19.30 Uhr wieder aus. Diesmal sollten sie mit *SG 11* die Minenschiffe *Brandenburg* und *Pommern* sichern.

Unterwegs erhielt *R 189*, das Führerboot der Flottille, einen FT-Spruch des Deutschen Marinekommandos Italien:

»Mit *R 199, 201, 212* und *215* Porto Ferraio gehen. ›Achse‹ durchführen. Auslaufen italienischer Schiffe verhindern.«

»Achse« war das Stichwort zur Entwaffnung der italienischen Truppen. Die Boote marschierten zunächst nach Livorno zurück. Nach der Ölübernahme liefen sie um 00.30 Uhr am 10. 9. wieder aus und standen um 06.34 Uhr vor Porto Ferraio. Von Land erhielten sie starkes Artilleriefeuer. Die italienischen Küstenbatterien schossen so gut, daß die Boote abdrehen mußten.

Um 09.55 Uhr trafen sie wieder in Livorno ein und übernahmen am Nachmittag zusammen mit *SG 11* die Sicherung für *Brandenburg* und *Pommern*, wie vorher befohlen.

Nach Rückkehr zum Hafen gingen um 23.34 Uhr *R 201* und *R 199* zur Sicherung eines Geleites mit *KT 14* nach Civitavecchia ankerauf und kamen am 11. 9. um 11.51 Uhr dort an.

Am 12. 9. wurde ein angreifendes englisches Flugzeug durch *R 215* abgeschossen. Im Oktober und November 1943 standen der 11. Räumboot-Flottille 12 R-Boote zur Verfügung: *R 161, R 162, R 189, R 190, R 191, R 192, R 198, R 199, R 200, R 201, R 212, R 215.*

Bei Einsätzen im Küstenvorfeld befand sich beispielsweise *R 162* in der Nacht zum 3. 11. 1943 mit *UJ 2206* auf dem Marsch von Civitavecchia nach Piombino. Um 01.25 Uhr wurden von dem vor dem Geleit fahrenden *R 162* zwei dunkle Schatten an Backbord achteraus gesichtet. Der Kommandant des Bootes, Oblt.z.S. Lindheim, gab sofort Alarm und ließ ES schießen.

»Während der Abgabe des ES schoß *UJ 2206* Leuchtgranaten. Es waren jetzt drei feindliche S-Boote zu erkennen. Ich ließ sofort das Feuer eröffnen. *UJ 2206* schoß ebenfalls. Eines der S-Boote, es war das in der Mitte laufende, drehte unter Feuer- und Rauchentwicklung ab und kam außer Sicht.

Noch während dieses Feuergefechtes drehte *UJ 2206* hart nach Steuerbord ab und erhielt in der Drehung kurz nacheinander achtern zwei Torpedotreffer. Das Achterschiff brannte hell, der U-Jäger begann rasch über den Achtersteven zu sinken. Ich drehte sofort mit hart Steuerbordruder zur Hilfeleistung auf ihn zu. Die Kursänderung war eben durchgeführt, als *UJ 2206* auch schon von der Wasseroberfläche verschwunden war. Mit Beginn der Wendung stellte ich das Feuer ein, da die S-Boote nicht mehr zu sehen waren.

Über der Untergangsstelle von *UJ 2206* barg ich 43 Mann der Besatzung, darunter auch den Kommandanten. Nach über eineinhalbstündigem Aufenthalt lief ich – da keine Schiffbrüchigen mehr zu finden waren – nach Piombino und traf dort um 04.35 Uhr ein.

Nach Ausschiffung der geretteten Soldaten und Frischwasserergänzung (das gesamte Wasser war bei der Betreuung der Geretteten verbraucht worden) lief *R 162* um 05.10 Uhr zur Fortsetzung der Suche wieder aus. Nach längerem Suchen konnte ich noch 26 Mann bergen. Um 11.30 Uhr machte *R 162* in Piombino fest« (Bericht des Kommandanten, Oblt.z.S. Lindheim).

Auf dem Rückmarsch von der Minenoperation »Kanin« wurde am 28. 1. 1944 nahe Stefano *R 201* bei einem Jaboangriff von sechs Flugzeugen angegriffen. Wegen eines Maschinenschadens war das Boot in seiner Marschfahrt auf 12 kn reduziert. Es erhielt trotz starken Abwehrfeuers einen Bombenvolltreffer ins Vorschiff. *R 201* sank sehr schnell:

»Die Flottille befand sich bei Hellwerden am 28. 1. 1944 auf dem Rückmarsch von einer Minenunternehmung bei Civitavecchia, südlich der Halbinsel Argentario. Mit sechs Booten, *R 212, R 215, R 161, R 201, R 200* und *R 199*, lief sie mit verminderter Marschfahrt von 12 kn zurück, weil auf *R 201* die Backbordmaschine ausgefallen war.

Um 08.28 Uhr wurde die Flottille von Backbord achtern aus der Sonne aus einer Höhe von 1 800 bis 2 000 m von sechs Hereford-Bombern angegriffen, als deren Geleitschutz vier Jäger mitflogen. Die Maschinen wurden erst ausgemacht, als sie bereits über dem Verband standen. Es wurde sofort Fliegeralarm gegeben. Die Flottille lief unverzüglich mit AK nach allen Richtungen auseinander und beschoß die Angreifer aus allen Waffen. Das schlagartig einsetzende starke Abwehrfeuer lag gut deckend. Zwei Treffer wurden mit Sicherheit beobachtet. Abschüsse jedoch nicht erzielt.

Die Flugzeuge hatten über dem Verband in zwei parallel fliegenden Ketten etwa 12 bis 15 Bomben geworfen, von denen die erste Hälfte dicht hinter der letzten Rotte R 200 und R 199, die zweite Hälfte bei der mittleren Rotte R 161 und R 201 einschlug. Dabei erhielt R 201 einen Volltreffer Vorkante Brücke, der das Vorschiff schnell unter Wasser drückte. Das Boot neigte sich vornüber und sank innerhalb 20 Sekunden über den Vorsteven.

Die Flugzeuge drehten sofort ab. Auch die Feindjäger hielten sich außerhalb der wirkungsvollen Reichweite der Maschinenwaffen.

Die Boote liefen bei der Unfallstelle zusammen und bargen die im Wasser treibenden Überlebenden: 22 Besatzungsangehörige wurden gefischt. Unter ihnen befand sich der Leitende Maschinist und der Kommandant. Gefallen sind: Signal-ObGefr. Kaden (dessen Leiche geborgen werden konnte), MaschObGefr. Förster, MaschGefr. Schmidt, MatrHptGefr. Maschinski, FkObGefr. Meenen und FkGefr. Pütz (alle vermißt).

Die Geretteten waren zum Teil schwer verwundet. Alle aber hatten zum mindesten leichte Verwundungen erlitten.

Auf R 199 waren durch Sprengstücke der in der Nähe einschlagenden Bomben sämtliche Leitungen der Steuerbordmaschine zerrissen, wodurch diese ausfiel. Durch Sprengstücke an Deck fielen MatrObGefr. Hargarter und MechGefr. Lorenz. Mehrere Soldaten wurden leicht verwundet.

Auf R 200 wurden durch Luftdruck und Erschütterungen der Bombeneinschläge verschiedene Schäden verursacht. So fielen die Kompaß- und FT-Anlage aus. Hier gab es aber keine Verwundeten.

Nach gründlichem Absuchen der Untergangsstelle liefen die übriggebliebenen fünf R-Boote nach St. Stefano ein« (Bericht des Flottillenchefs).

Drei R-Boote der zweiten Gruppe marschierten nach Toulon, um den Minenleger *Niedersachsen* zu geleiten. Knapp eine Stunde nach dem Auslaufen am 15. 2. gab es U-Boot-Alarm. Zwei U-Boote schossen Torpedos, von denen zwei die *Niedersachsen* trafen. Im Getöse der in die Luft fliegenden 260 Minen wurde das Schiff auseinandergerissen und sank. Von den 174 Männern der Besatzung konnten trotz eingeleiteter und sofort durchgeführter Bergungsarbeit nur 59 geborgen werden.

Am 17. 2. kam es wieder zu einem Verlust, als R 39 vor Ercole durch Fliegerbomben versenkt wurde. Die beiden mitsichernden Boote R 200 und R 215 erhielten Splitterschäden und Treffer aus Bordwaffen, wodurch auch R 200 schließlich sank.

R 188, *R 190* und *R 191* gehörten zu einer Geleitsicherung, die mit zwei TA-Booten am 28. 2. 1944 einen großen Dampfer durch die Adria bringen sollten. Westlich von Isto wurde der Dampfer von den beiden britischen Zerstörern *Tumult* und *Troubridge* in Brand geschossen. *R 201* erhielt einen Torpedotreffer, der das Boot binnen weniger Sekunden zum Sinken brachte.

Am 23. und 30. 3. führten *R 161*, *R 162*, *R 198* und *R 212* zwei Minenaufgaben durch. Die erste Sperre unter dem Decknamen »Hütte« wurde an der Ostküste von Korsika geworfen. Die zweite, mit dem MS *Pommern* unter der Codebezeichnung »Stachelschwein« durchgeführt, sollte nordostwärts von Caprera durchgeführt werden und Livorno abschirmen.

Zu den vier deutschen R-Booten waren bei letzterer Aufgabe noch *RA 256* (ex italienische *VAS 303*) hinzugestoßen.

Beim Minenlegen gab es Fliegeralarm. Die Boote schossen aus allen Rohren. Unmittelbar nach den ersten Salven wurde *RA 256* durch Bombenvolltreffer vernichtet. Die Boote setzten sich nach zweistündiger vergeblicher Suche nach Überlebenden ab.

R 161 wurde an diesem 30. 3. unmittelbar nach dem Einlaufen in die Bucht von Livorno und dem Ansteuern des sicheren Hafens von Flugzeugen angegriffen. Hier der Augenzeugenbericht:

»Wir waren gerade mit dem Dampfer *Oldenburg* von der Minenoperation ›Stachelschwein‹ zurückgekommen und hatten im Hafen an der Pier festgemacht, als 34 Bomber Werft und Industriehafen mit zum Teil schweren Bomben belegten. Sofort ging die Besatzung von Bord. Nur eine Wache von drei Mann blieb an Bord zurück, alles andere suchte die Schutzbunker auf.

Bei den ersten Würfen bereits wurde *R 161* ins Achterschiff getroffen und sank sehr schnell. Bis zum Maschinenschott war das Boot abgerissen. Der vordere Bootskörper lief binnen weniger Minuten voll.

Nach Bergung der Geheimsachen, der Funkgeräte und der Brückenausrüstung kippte das Boot über die Backbordseite weg und sank. Es entstanden keine Personalverluste, weil die Besatzung befehlsgemäß von Bord gegangen war.«

Am 1. 4. 1944 waren noch folgende Boote einsatzbereit: *R 162*, *R 189*, *R 192*, *R 199*, *R 212*, *R 215* und *RD 109*.

Bei der Geleitsicherung des U-Bootes *U 230* wurde *R 192* etwa 4 sm südwestlich von Cecina am frühen Morgen des 6. 4. um 01.55 Uhr nach einem richtigen ES-Austausch von einem MGB der Engländer in Brand geschossen und lief 2 sm nördlich von Cecina auf Strand. Zur Wrackstelle lief *MFP 516*, um die Überlebenden zu bergen. Es gab sieben Tote, vier Schwer- und sechs Leichtverwundete. Unter letzteren war auch der Kommandant von *R 192*, Lt.z.S. Karg.

Unter Führung des Flottillenchefs, Kptlt. Freitag, liefen am 13. 5. fünf Boote zum Einsatz aus. Sie wurden um 19.22 Uhr von 18 englischen Jägern von Steuerbord achtern angegriffen und mit Bordwaffen beschossen. Aus dem Gefechtsbericht der Schwerpunkt des Angriffs:

»Eine Badewanne als Rumpf. Eine Motor-dampfturbine darin. Ein Schornstein wie in einer Kombüse, vorn und achtern kaum zu unterschei-den. Tiefgang gar nicht. Und doch fährt's zur See: *Fasana.*
Triest, den 23.3.1945
Wolf Matschoß«

Minenschiff *Fasana*

Minenschiff *Kiebitz*
ex *Ramb III*

Minenschiff
Drache

Drache mit Hub-schrauber und Minen

Boote der 12. Räum-
boot-Flottille am
10. 7. 1943 in Athen

R 203 nicht minder
eifrig in See

R 186 – ein Mittel-
meer-Kämpe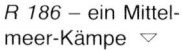

»Die Boote *R 215* (als Führerboot), *R 199*, *R 162*, *R 189* und *R 12* sammelten um 19.00 Uhr in der Rapallobucht zu einer gemeinsamen Aufgabe unter Führung des Flottillenchefs. Während des Übergangs in Marschformation ›T‹ wurden um 19.22 Uhr die Boote von 18 englischen Jagdflugzeugen von Steuerbord achtern, aus der tiefstehenden Sonne heraus und aus nur 50 bis 150 m Höhe, angeriffen. Das schlagartig einsetzende Abwehrfeuer lag gut deckend. Einige Treffer wurden beobachtet. Ein *R 212* angreifender Jäger drehte mit langer schwarzer Rauchfahne ab. Beim ersten Anflug, bei dem einzelne Jäger bis auf 50 m herunterstießen, erhielt *R 215* Treffer in Maschine und Brücke, durch die der Steuerbord-Ölbetriebstank explodierte, wodurch Maschine und Boot sofort in Brand gerieten. Durch die Explosion, die bis zum Kartenhaus durchschlug, fiel durch schwere Brandwunden und Treffer fast das gesamte Brückenpersonal aus. Zur gleichen Zeit wurde auch der Flottillenchef schwer verwundet.

Mit AK und Zickzackkursen versuchte der Kommandant den Angriffen der Flugzeuge auszuweichen. Auf *R 215* fielen alle Geschützbedienungen bis auf die vordere 2-cm-FlaMW aus, die bis zum Abflug der Gegner um 19.27 Uhr schoß.

Die sofort unternommenen Löschversuche blieben infolge des Ausfalls der Flottenatmer und der Feuerlöschleitung erfolglos. Wegen der hohen Explosionsgefahr des ebenfalls getroffenen Steuerbord-Brennstofftanks und des weiteren Ausfalls von Besatzungsmitgliedern entschloß sich der Kommandant, das Boot mit nun langsam auslaufenden Maschinen nördlich von Chiavari auf Strand zu setzen. Beim Aufsetzen des Bootes war der Brand so weit gelöscht, daß mit dem Bergen der Verwundeten begonnen werden konnte.

Als wenig später eine zweite Detonation erfolgte, was wiederum die Explosion der Munition und das Ausbrennen der Wasserbomben zur Folge hatte, entstand zum zweitenmal ein mit großer Schnelligkeit um sich greifender Brand, dessen Löschen mit den wenigen vorhandenen Pützen von Anfang an aussichtslos war. Das Vonbordgehen der Besatzung sowie die Bergung der Verwundeten konnte bis auf Steuermannsmaat Keller – der vermißt wurde – trotz aller Schwierigkeiten durchgeführt werden. *R 215* brannte völlig aus und geriet somit in Totalverlust.«

R 162 erhielt ebenfalls schon beim ersten Anflug Treffer, durch die sofort drei Geschütze und ihre Bedienungen ausfielen und die Backbordmaschine in Brand geriet. Durch die Explosionsgefahr der Steuerbordmaschine mußte auch diese abgestellt werden. Der Maschinenraum wurde wegen der starken Rauchentwicklung verlassen.

Auf *R 189* wurde der Steuerbord-Hochtank durchschossen. Der Bootskörper wies – ebenso wie bei *R 198* – zahlreiche Treffer und mehrer Lecks in Höhe der Wasserlinie auf.

R 212 erhielt Treffer in die Brücke und im Motorenraum. Die Trinkwasserleitung wurde ebenso durchschossen wie der Entnahmehahn am Schmieröltank.

Um 20.05 Uhr liefen *R 212*, *R 189* und *R 162*, letzteres im Schlepp von *R 199*, wieder in Rapallo ein und gaben die Toten und Verwundeten von Bord, ehe die

Schadensfeststellung durchgeführt wurde. Der Auftrag, den die Boote erhalten hatten, konnte nicht durchgeführt werden. Neun Tote, einen Vermißten und 43 Schwer- und Leichtverwundete hatte dieser feindliche Luftangriff gekostet.

Der Stellvertreter des Flottillenchefs, Oblt.z.S. Funda, übernahm bis zum Eintreffen des neuen Flottillenchefs die Führung der 11. Räumboot-Flottille.

Im Mai und Juni folgte eine Reihe weiterer Einsätze. Am 28. 5. flog der von *R 212* und *R 198* geleitete vollbeladene Munitionstransporter *Vallelunga* im Golf von Genua in die Luft. Beide Boote erhielten durch diese mächtige Explosion Beschädigungen und mußten in die Werft.

Im Juli kam es wieder zu einigen dramatischen Ereignissen, die für den Einsatz der R-Boote im Mittelmeer charakteristisch waren:

Unter der Führung des neuen Flottillenchefs, Kptlt. Reinhardt, und dessen Stellvertreter, Oblt.z.S. Zeitler, standen folgende Boote im Einsatz: *R 162*, *R 189*, *R 198*, *R 199*, *R 200*, *R 212* und *RD 109*. Am späten Abend des 12. 7. erfolgte ein feindlicher S-Boot-Angriff auf einige Boote, die soeben die Arnomündung verließen. Die erste Ortung wurde um 21.45 Uhr aufgenommen, die erste Sichtung von vier S-Booten erfolgte im Quadrat CJ 1397 wenige Minuten später, Entfernung 12 km.

Trotz des Abwehrfeuers, das mit allen Waffen eröffnet wurde, kam der Gegner zum Torpedoangriff. Zwei Laufbahnen wurden gesichtet und kurz darauf an Land vier Detonationen gehorcht. Die S-Boote drehten ab, bis am 13. 7. um 01.16 Uhr erneut Fühlung herbeigeführt wurde.

In diesem Gefecht wurden von den R-Booten 820 Schuß 2-cm-, 80 Schuß 1,3-cm- und 53 Schuß 3,7-cm-Granaten abgeschossen.

Am 3. und 9. 7. warfen die Boote *R 162*, *R 198*, *R 212* und einmal *R 189* zwei Minensperren vor Livorno. Diese Grundminenaktion wurde am 14. 7. wiederholt. Abermals waren die Boote *R 162*, *R 198*, *R 189* und *R 212* beteiligt.

Eine Geleitaufgabe am 31. 7. sah alle fünf einsatzbereiten Boote in See. Bei dieser Unternehmung wurden *KT 20* und ein MFP von La Spezia nach Genua geleitet. In der Zeit vom 5. bis 11. 8. gelang es *RD 109*, drei Feindflugzeuge abzuschießen.

Zu einem Höhepunkt wurden die 16 letzten Tage des August. Immer wieder mußte die Flottille in dieser Zeit zu neuen gefahrvollen Einsätzen auslaufen. Von den RA-Booten der Flottille gingen in dieser Zeit vier verloren. Davon am 22. 8. in einem dramatischen Nachtgefecht mit den britischen MGB: *RA 251*, *RA 255* und *RA 259*.

Vorposteneinsätze der Flottille forderten den vollen Einsatz eines jeden Bootes im Kampf gegen weit überlegene feindliche Seestreitkräfte ostwärts des südfranzösischen Landekopfes der Operation »Dragon«, die am 15. 8. 1944 begonnen hatte. Mit dieser Landungsoperation im unbesetzten Südfrankreich zwischen Cannes und Toulon wollte die 7. US-Armee (GenLt. Patch) mit dem VI. US-Korps und dem II. französischen Korps das Mittelmeer als Absprungbasis zu einem Vorstoß durch Südfrankreich benutzen.

Die Boote *R 200, R 189, R 198* und *R 162* waren in diesen Tagen fast ständig in See. Kommandanten und Besatzungen wurden einschließlich des Gruppenführers besondere Anerkennungen des Deutschen Marinekommandos Italien zuteil. Stets mußten feindliche Luftangriffe abgewehrt werden, und ständig gelang es, mindestens eine Maschine, manchmal auch zwei oder drei, abzuschießen und dem Gegner zu zeigen, daß auch diese kleinen Einheiten durchaus nicht schutzlos ihren Angriffen ausgesetzt waren.

Am 21. 8. 1944 stießen im Golf von Genua in den ersten Morgenstunden die von einer Unternehmung heimkehrenden Boote *R 212, R 199, R 255* und *R 259* auf einen Verband leichter britischer Seestreitkräfte. *R 212* konnte eines der angreifenden MGB des Gegners so schwer eindecken, daß es brennend abdrehte. Aber *RA 255* und *RA 259* wurden von den Kanonenbooten derart zerschossen, daß sie rasch sanken.

Auf Minen, die von der 11. Räumboot-Flottille gelegt worden waren, sanken Ende August die US-Boote *PT 202* und *PT 218*. Acht Landungsfahrzeuge liefen ebenfalls auf Minen, die von dieser Flottille gelegt worden waren.

Am 4. 9. lief das Geleit *R 199, MFP 2856, MS Oldenburg* und FP *Curie* von Genua in Richtung Imperia und San Remo. Geleitführer war der Kommandant von *R 199*, Lt.z.S. Menjivar. Ein Bombenabwurf auf das Geleit querab Varazze ging daneben. Der Feindbomber wurde nicht erfaßt. Gegen 23.50 Uhr wurde das Geleit ein zweites Mal angegriffen. Diesmal gingen die Bomben hart Backbord bei *Oldenburg* nieder. Der Bomber wurde erkannt und beschossen.

Das MS *Oldenburg* wurde nach Savona entlassen; das Geleit setzte die Marschfahrt fort. Ein weiterer Bombenangriff um 03.15 Uhr nordostwärts Kap Mele ging nicht gut aus. Dreißig Minuten schossen mehrere Maschinen im Tiefangriff Raketen. Die erste schlug 20 m vor *R 199* ein. Die zweite traf die *Curie* ins Achterschiff, die sofort in hellen Flammen stand.

R 199 ging längsseits, und noch während der Hilfeleistung erfolgte ein weiterer Angriff. Mit AK legte das R-Boot ab und ging drei Minuten später, als der Angriff vorüber war, abermals längsseits. Löschversuche blieben erfolglos. Die Restbesatzung, noch drei Mann, stiegen auf *R 199* über. Der Bootsführer und ein Mann waren gefallen und im Achterschiff verbrannt. *Curie* brannte aus.

Der Marsch wurde bis Imperia fortgesetzt. *MFP 2865* wurde um 04.37 Uhr nach Imperia entlassen. Nach dem Zusammentreffen mit *R 189* und *R 162* wurde der Marsch nach San Remo angetreten. In der Bucht von San Remo wurden die drei Boote um 05.45 Uhr ein letztes Mal von feindlichen Bombern angegriffen, ohne daß sie Schäden erlitten hätten.

Am 23. 9. 1944 wurde die 11. Räumboot-Flottille aufgelöst. Die restlichen Boote – es waren noch *R 162, R 189, R 198, R 199, R 212* und *R 215* – wurden an die 22. U-Jagd-Flottille abgegeben. In diesem Verband standen die Boote noch bis zum Jahresende im Einsatz. Chef dieser Flottille war ab Oktober 1944 KKpt. Heye. Am 25. 4. 1945 wurden die letzten Boote im Hafen von Genua versenkt.

12. Räumboot-Flottille

Die Boote der 12. Räumboot-Flottille, die in der Ägäis im Einsatz standen, stellten bei der Rückeroberung der Inseln des Dodekanes und im Geleitverkehr Piräus–Kreta ihre Leistungsfähigkeit unter Beweis. Chef der Flottille war bis August 1943 KKpt. Maurer, anschließend Kptlt. Mallmann. Im Herbst 1943 stand die Flottille im westlichen Mittelmeer, und gemäß OKM-Befehl sollten ab November 1943 die sieben einsatzbereiten Boote in die Adria verlegt werden, Überführung von Genua nach Venedig.

Der Auseinanderbau der Boote erfolgte in Genua. Von dort aus Überlandtransport bis Piacenza und von dessen Po-Flußhafen aus der Weitermarsch über den Po nach Venedig. Dort Zusammenbau und Armierung.

Mitte November begann in Genua der Ausbau der Brücke, der Maschine, der Waffen und der Ausrüstungsgegenstände auf *R 190*. *R 191* wurde zur gleichen Zeit desarmiert. Dieser Ausbau dauerte 12 Tage. Die Boote konnten danach jedoch noch nicht aufgeslipt werden, da wichtige Teile des Slips, die von Anxerre kamen, noch nicht eingetroffen waren.

Am 4. 12. wurde *R 190*, zwei Tage darauf *R 191* aufgeslipt. Am selben Tage begann der Auseinanderbau von *R 187* und *R 188*. *R 178* lief erst drei oder vier Tage später in Genua ein.

Die ausgebauten Teile wurden mit der Bahn unter Bewachung durch die Besatzungen der Boote nach Venedig geschafft. Zehn Mann der Besatzung eines jeden Bootes blieben unter Führung des Kommandanten an Bord.

Das Aufslipen der Boote ging rasch und sicher vonstatten. Die Slipbedienung war erfahren und hatte bereits mehrere Flottillen überführt. Der Beauftragte des OKM, FKpt. Popp, leitete die Überführung von Piacenza bis Forte Mincio. Von Genua bis Piacenza war Kpltlt. Lütje für die Boote verantwortlich.

Die Fahrt von Genua nach Piacenza dauerte mit dem Auf- und Abslipen fünf Tage. Etwa jeden zweiten Tag erreichte eines der Boote Piacenza.

Für die Fahrt auf dem Po stellte die italienische Schleppgesellschaft Genio Civili Schlepper bis Forte Mincio. Von dort aus übernahm das Deutsche Marinekommando Italien die weitere Gestellung von Schleppern. In Forte Mincio überwachte auf Befehl des Chefs der 6. Räumboot-Flottille, Kptlt. Klemm, der von FKpt. Popp beauftragt war, den Überlandtransport.

R 190 verließ am 8. 12. Piacenza, *R 191* und *R 38* folgten am 10. 12. nach. Die Schlepper der Genio Civili waren rechtzeitig zur Stelle. Die Fahrt bis Mincio dauerte 60 Stunden. Da die Lotsen den Fluß nicht genau kannten, ließen sich Verzögerungen nicht vermeiden. Einige Sandbänke, die sich jährlich verschoben, mußten erst ausgelotet werden. Die Boote erreichten Mincio ohne Schäden. Von Forte Mincio aus aber war es unmöglich, das Deutsche Marinekommando Italien zu erreichen. Auch von Mantua aus bestand keine Fernsprechverbindung dorthin.

Fernschreiben wurden nicht beantwortet. Schlepper waren keine vorhanden. Erst als *R 187* und *R 188* in Mincio eintrafen, brachten sie die Nachricht mit, daß am selben Abend noch ein Schlepper eintreffen und die Boote am 18. 12. nach Venedig schleppen werde.

Am 18. 12. gingen denn auch *R 38*, *R 188*, *R 187*, *R 190* und *R 191* in viertägiger Fahrt bis in die Lagune von Venedig. *R 187* und *R 188* wurden dort wegen des starken Windes zurückgelassen. *R 38*, *R 190* und *R 191* liefen am 22. 12. in das Arsenal von Venedig ein, *R 187* und *R 188* folgten am 24. 12. nach.

In Zusammenarbeit mit dem Arsenalkommandanten, der Bauaufsicht und deutschen Meistern begann sofort der Zusammenbau der Boote, deren Überführung etwa drei Wochen gedauert hatte. *R 178*, das zusammen mit *R 4* der 6. Räumboot-Flottille seit dem 2. 12. in Forte Mincio lag, traf erst am 10. 1. 1944 in Venedig ein, weil wieder die Schleppergestellung durch das Deutsche Marinekommando Italien nicht funktionierte.

Am 1. 1. 1944 war die nunmehr geteilte 12. Räumboot-Flottille auf den beiden Seekriegsschauplätzen wie folgt vertreten:

Flottillenchef:	Kptlt. Mallmann
Boote in der Adria:	Kommandanten:
R 38	Oblt.z.S. Stürken
R 178	Oblt.z.S. Mohn
R 185	Obersteuermann Stranski
R 187	Oblt.z.S. Sellke
R 188	Lt.z.S. Hoer
R 190	Lt.z.S. Meyer
R 191	Oblt.z.S. Freitag
Boote in der Ägäis:	
R 34	Stabsobersteuermann Nickel
R 194	Lt.z.S. Borsch
R 195	Oblt.z.S. von Zatorski
R 210	Lt.z.S. Neßmann
R 211	Oblt.z.S. Großmann

Um die Kampfkraft der R-Boote zu erhöhen, sie den feindlichen MGB gleichwertig zu machen und vor allem die Abwehrfähigkeit bei Angriffen durch Feindflieger zu erhöhen, forderte Kptlt. Mallmann den Einbau eines 2-cm-Vierlings auf jedem Boot. Auf seine Veranlassung hin wurden auch von den im Arsenal Venedig vorhandenen italienischen Torpedowurfeinrichtungen für italienische Lufttorpedos je eine Vorrichtung an der Backbordseite mittschiffs auf dem Oberdeck eingebaut. Die Wasserbomben-Einzellager wurden an der Steuerbordseite aufgestellt. Durch diese Aufbauten wurde die Stabilität der Boote nicht gefährdet.

Durch das Zerstreutsein der Boote über das gesamte westliche Mittelmeer und das öftere Wechseln der Unterstellungsverhältnisse war die truppendienstliche Führung der Boote der 12. Räumboot-Flottille bis zu diesem Zeitpunkt nicht die beste. Erst die Bekanntgabe, daß nunmehr alle Boote unter einheitlicher Führung eingesetzt werden würden, hob die Einsatzbereitschaft der Besatzungen.

Die Boote *R 188*, *R 190* und *R 191* geleiteten am 28. 2. 1944 gemeinsam mit *TA 37* und *UJ 201* einen Transporter durch die Adria. Westlich Isto wurde der Dampfer von zwei Feindzerstörern angegriffen und in Brand geschossen. *TA 37*, welches das Feuer eröffnete, erhielt ebenfalls Treffer. *UJ 201* der 2. U-Jagd-Flottille wurde durch Torpedoschuß versenkt. Den R-Booten gelang es, sich kämpfend abzusetzen.

Die Boote *R 195*, *R 210* und *R 211*, die zu den Geleit- und Sicherungsfahrzeugen gehörten, welche einen großen für Kreta bestimmten Konvoi eskortierten, wurden vor Kreta durch die Feindluftwaffe angegriffen. *R 211* erhielt schwere Treffer, konnte aber mit eigener Kraft den nächsten Hafen erreichen. Die beiden übrigen Boote retteten die Schiffbrüchigen der beiden im Gefecht versenkten *UJ 2101* und *UJ 2105*.

R 194 wurde am 29. 2. 1944 bei Korfu durch eine Fliegerbombe versenkt. Wenig später kam es zu einigen schweren Gefechten, die ebenfalls Opfer kosteten. Kptlt. Mallmann richtete am 25. 3. ein Fernschreiben an den Kommandierenden Admiral Adria, in dem er abermals darauf hinwies, daß genaue Richtlinien über den Einsatz der R-Boote festgelegt werden müßten. Er erbat eine baldmögliche persönliche Meldung beim Befehlshaber:

»Grundbedingung für jeglichen weiteren Einsatz in diesem Seegebiet ist, erstens, daß die Boote stärker bewaffnet werden, und zweitens, daß die Haupthäfen, wie Split, Dubrovnik und Cattaro, mit leichter und schwerer Flak ausgerüstet werden. Feindliche Jabos haben bisher noch fast jedes kleine Fahrzeug vernichtet, ohne daß sie irgendwelche Abwehr erhalten hätten.

Ich halte das getarnt in den Buchten Liegen der Boote ohne Abwehrmöglichkeiten bei Angriffen und das dauernde Warten oder Kombinieren, ob die Boote vom Feind ausgemacht sind oder nicht, auf die Dauer für untragbar. Erst wenn der Feind eine energische Abwehr zu spüren bekommt, wird er in Zukunft vorsichtiger sein und nicht mehr so frech angreifen. Diese Abwehr könnte in einem der vorgenannten Häfen eingerichtet werden.

Ich muß auch immer wieder darauf hinweisen, daß die R-Boote wegen der ungepanzerten Maschine äußerst empfindlich gegen Bordwaffenbeschuß sind. Ein unglücklicher MG-Treffer kann bereits die Maschinenanlage zum Ausfall bringen. Das Sichern von Geleiten kleinerer Fahrzeuge – nur bei Nacht möglich – stelle ich mir so vor, daß die R-Boote von den Geleitobjekten abgesetzt mit höherer Fahrt das Seegebiet um das Geleit herum absuchen, um feindliche S-Boote oder bewaffnete Partisanenfahrzeuge schon *vor* dem Angriff auf das Geleit zu stellen.

Vor allem die Lauerstellungen an bestimmten offenen Hauptkursänderungspunkten müssen nach versteckt unter Land liegenden Feindfahrzeugen abgesucht werden.

Nach den eigenen gemachten Erfahrungen sind die R-Boote bei verschiedenen Inselunternehmen zum Transport von Heereseinheiten mit nur leichter Waffenausrüstung gut geeignet.«

Eine der genannten drohenden Situationen, daß Feindflugzeuge, ohne größere Gegenwehr der R-Boote zu finden, angriffen, entstand am 25. 3. 1944. Von einem Einsatz zurückkehrend, marschierten *R 188*, *R 190* und *R 191* in eine Bucht der Insel Brac und legten sich dort an einen dicht mit Sträuchern bedeckten Hang. Mit den an Bord befindlichen Zeltplanen gelang es, die Aufbauten und die Schiffsform völlig abzudecken. Sträucher und Gebüsch wurden, in gleicher Dichte wie auf dem Abhang wachsend, auch an Deck aufgestellt.

Die feindliche Luftaufklärung, die am 26. 3. in nur 300 m Distanz an den Booten vorbeiflog, sichtete diese nicht.

Am 27. 3. tauchten bereits gegen 06.20 Uhr die ersten beiden Frühaufklärer des Gegners auf. Auf Befehl des Flottillenchefs gingen die Besatzungen, bis auf jeweils einen Maschinenmaaten und zwei Mann als Wache, auf einen 300 bis 350 m entfernten Abhang, der ebenfalls von Gebüsch bedeckt war.

Die beiden Aufklärer entdeckten, da es zu dieser Zeit bereits hell war, in der Einfahrt zur Bucht ein soeben einlaufendes Fahrzeug und meldeten es. Daraufhin erschienen um 09.55 Uhr 12 Jabos vom Typ Aircobra und griffen die in den Hafen von Povje eingelaufene Siebelfähre an. Mit Bomben und Bordwaffen hielten sie das Schiff unter Beschuß und mußten bei diesen Angriffen auch die weiter innen in der Bucht auf der anderen Seite liegenden R-Boote bemerkt haben.

Gleich darauf setzten sie zum Angriff auf *R 191* und *R 188* an. Eine Bombe der dritten Welle traf *R 188* ins Achterschiff. Durch gleichzeitigen Bordwaffenbeschuß dieser Maschinen und der laufend hintereinander angreifenden übrigen Aircobras begann *R 188* mittschiffs an der Maschine und auf der Brücke zu brennen. Außerdem war das Achterschiff durch auslaufende Nebelsäure in Nebel gehüllt.

Die Schäden, die Kptlt. Mallmann nach dem Angriff an Bord feststellte, waren: »Bombentreffer in Abteilung II auf der Backbordseite, mehrere hundert Einschüsse, kleinere Brände die gelöscht wurden. Das Boot hatte starke Backbord-Schlagseite, es lag vom Vorschiff bis mittschiffs bereits auf Grund. Das Ausbringen eines Lecksegels war nicht möglich, Lenzen ebensowenig, da sowohl die Hauptmaschinen als auch der Hilfsmotor ausgefallen waren. Laut Meldung des Leitenden Maschinisten, Stabsobermaschinist Nähring, waren die Tagesverbrauchtanks der Hauptmaschine zerschossen, der Hilfsmotor ebenfalls getroffen.«

Bei dem zweiten Angriff um 13.45 Uhr wurde das Boot erneut von Jagdbombern angegriffen. Der Brennstoff explodierte durch Bombentreffer oder Beschuß mit

Brandmunition. Sofort stand *R 188* in hellen Flammen. Nach dem Abdrehen der Maschinen hörte Kptlt. Mallmann noch eine weitere Detonation, und als das Boot gegen 17.00 Uhr völlig ausgebrannt war, stellte er im Oberdeck an der Steuerbordseite in der Höhe der 3,7-cm-Kanone ein großes Loch fest. Dort mußte eine Wasserbombe explodiert sein. Der Torpedo wurde geslipt. Die auf dem nicht völlig ausgebrannten Heck stehende 2-cm-Flak war noch klar. Sie wurde ausgebaut und auf *R 190* geschafft.

Außer allen Geheimsachen, zwei MG, einigen Gewehren und einer MPi konnte nichts gerettet werden.

»An Bord von *R 191,* das an dem selben Abhang wie *R 188* lag, wurde den drei Männern der Wache sofort klar, daß ihr Boot entdeckt war, als die Jabos, die die Siebelfähre angegriffen hatten, auf sie einschwenkten. Bereits die ersten zwei Bomben der Spitzenmaschinen trafen *R 191* in Abteilung II und III. Das gesamte Achterschiff stand sofort in Flammen. Die Flammen griffen binnen weniger Minuten auch auf die Abteilung IV über. Die übrigen Abteilungen brannten 15 Minuten später ebenfalls. Der an Bord zurückgebliebenen Wache gelang es, das Boot noch rechtzeitig zu verlassen.

Munition, Torpedo und Tagesverbrauchstanks flogen in die Luft. Das Boot brannte bis etwa 16.00 Uhr. Die Geheim- und Verschlußsachen dieses Bootes sind mit Sicherheit mit verbrannt. Es konnte nichts von Bord abgeborgen werden.«

Dieser Bericht des Kommandanten von *R 191,* Oblt.z.S. Freitag, zeigt auf, daß *R 191* noch schwerer getroffen war als *R 188.*

R 190 kam noch einmal davon.

Der Verlust war ein schwerer Schlag für die Flottille und lähmte die Einsatzfähigkeit empfindlich. Dennoch ging der Einsatz beinahe pausenlos weiter. Aber am 20. 5. 1944 wurde *R 190* unter Lt.z.S. Meyer in der Straße von Otranto bei einer Geleitaufgabe durch Fliegerbomben versenkt.

Im Juni und Juli wurden eine Reihe Geleitaufgaben durchgeführt. Beim Geleit der Dampfer *Agathe* und *Anita* durch vier R-Boote unter Führung des Flottillenchefs kam es zu einer Reihe feindlicher Luftangriffe. Am späten Abend fiel der Dampfer *Agathe* den Angriffen zum Opfer. *R 38* wurde getroffen. Der Kommandant, Oblt.z.S. Stürken, fiel. Ab 21.34 Uhr des 4. 7. erfolgten laufend weitere Angriffe aus der Luft mit Raketenbomben und Raketen-Vollgeschossen. Die Flakwaffen der R-Boote schossen einen Angreifer ab. Weitere Angriffe scheiterten an der Flakabwehr. *R 210* (Lt.z.S. Neßmann) erhielt mehrere Unterwassertreffer und erlitt Personalausfälle. Dennoch gelang es dem Boot, mit Dampfer *Anita* und den übrigen R-Booten Porto Lago zu erreichen.

R 34 wurde am 8. 8. 1944 bei Milos durch ein abstürzendes Flugzeug getroffen und sank.

Am 27. 8. ereilte auch *R 38* das Schicksal. Im Ägäischen Meer bei Paros lief das Boot bei einer Sicherungsaufgabe auf eine Mine und sank. *R 178* sank schließlich am 12. 9. 1944 in Saloniki.

Bei der Verlegung der deutschen Einheiten aus der Ägäis nach Saloniki liefen am 11. 10. neben *TA 39* die Boote *R 185*, *R 195* und *R 210* als letzte R-Boote nach Saloniki zurück. Von hier aus unternahmen *R 185* und *R 195* unter der Führung des Flottillenchefs am 15. 10. gemeinsam einen Vorstoß in Richtung Volos, um noch Dampfer und deutsche Soldaten abzuholen. Hierbei erhielt *TA 39* einen Minentreffer und sank (vgl. Kap. VIII). *R 195* übernahm die Besatzung, während *R 185* die noch bei Volos wartenden Soldaten abholte.

Als schließlich am 31. 10. 1944 auch Saloniki geräumt werden mußte, blieb kein anderer Ausweg mehr, als die hier liegenden R-Boote *R 185*, *R 195*, *R 210* und *R 211* zu sprengen. Damit existierte die 12. Räumboot-Flottille nicht mehr.

VI. Unterseeboote

Mit großen Erfolgen, aber auch schweren Verlusten operierten seit September 1941 deutsche U-Boote im Mittelmeer.

Als das dritte Kriegsjahr begann, unterstanden dem Führer der U-Boote Mittelmeer, Konteradmiral Kreisch, die in den Häfen Toulon (ab August 1943 Hauptstützpunkt) Pola, Marseille und Salamis liegenden U-Boote der 29. U-Flottille. Der Stab des FdU Italien hatte zu dieser Zeit folgende Besetzung:

FdU Mittelmeer:	Konteradmiral Kreisch
1. Admiralstabsoffizier:	KKpt. Schewe
2. Admiralstabsoffizier:	Kptl. Wallas
Adjutant:	Oblt. (MA) Tegtmeyer
Verbandsingenieur:	KKpt. (Ing.) Gottwald
Nachrichtenoffizier:	Oblt.z.S. Becker
Chef der 29. U-Flottille:	KKpt. Gunter Jahn

Mit 20 Booten ging die 29. U-Flottille in das Jahr 1943. Der September 1943 begann mit der Versenkung des britischen Geleit-Zerstörers *Puckeridge* durch *U 617* unter KKpt. Brandi. Am 11. 9. kam *U 617* abermals mit einem Torpedofächer auf zwei britische Zerstörer zum Schuß und meldete deren Vernichtung nach der Horchbeobachtung. Der amerikanische Dampfer *William B. Travis*, 7176 BRT, sank am 12. 9. auf 37.17 N / 09.54 O.

An diesem 12. 9. hatten deutsche U-Boote versucht, zu Angriffserfolgen gegen den Landekopf Salerno und die dort liegenden Schiffe der Alliierten zu kommen. In der Bucht von Salerno war nach Durchführung der Operation »Avalanche«, die am 9. 9. begann, eine große Massierung von Kriegsschiffen und Transportern versammelt, die lohnende Ziele boten.

Von den angesetzten Booten *U 565*, *U 593* und *U 616* meldete eines einen Treffer auf einem Großtanker (oder Geleitträger) und nach Zweierfächer gegen vier überlappende Zerstörer zwei Detonationen und Sinkgeräusche. Beide Erfolge wurden nicht bestätigt. Am 21. 9. meldete *U 593* (Kptlt. Kelbling) nach einem Fächerschuß einen Frachter versenkt und einen weiteren torpediert. Es hatte den US-Dampfer *William W. Gerhard*, 7176 BRT, versenkt. Der am nächsten Tage nach Torpedotreffer gesunkene Dampfer *Richard Olney*, 7191 BRT, wird von keinem deutschen U-Boot als Erfolg in Anspruch genommen. Alle übrigen U-Boote mußten Fehlschläge melden.

U 565, das am 12. 9. bereits auf Landungsboote geschossen hatte, fuhr am 24. 9. einen weiteren Angriff auf ein von Salerno südgehendes Geleit und meldete Treffer auf drei Schiffen, von denen der Kommandant eines als Tanker ansprach. Aus dem in Frage kommenden Geleit *CJ 91* wurde jedoch kein Schiff als versenkt gemeldet.

Kptlt. Kelbling, der mit *U 593* am 25. 9. abermals angriff, wurde von einem Feindzerstörer aufgefaßt und abgedrängt. Es gelang ihm jedoch, den US-Minensucher *Skill* mit einem Torpedo zu versenken.

Die Sicherung durch britische und amerikanische Zerstörer war zu eng, als daß die deutschen U-Boote zu gezielten Schüssen hätten gelangen können.

U 410, geführt von Oblt.z.S. Fenski, griff am 26. 9. den Konvoi UGS 17 an. Das Boot schoß auf zwei Dampfer. Fenski meldete die Versenkung des einen Dampfers, der nach mehreren schweren Detonationen auseinanderbrach, und Treffer auf dem zweiten, dessen Versenkung wahrscheinlich sei. Es war der norwegische Dampfer *Christian Michelsen,* der auf 37.12 N / 08.26 O sank.

Im selben Seegebiet, immer wieder von Sicherungsfahrzeugen unter Wasser gedrückt, tagsüber ständig getaucht bleibend und nur in der Nacht zum Aufladen der Batterien über Wasser laufend, kam *U 410* unter dem zähen Fenski in der Nacht zum 1. 10. abermals zum Schuß. Das Boot lief zum Angriff auf einen Westkonvoi an. Oblt.z.S. Fenski ließ fünf Einzelschüsse schießen. Alle Torpedos waren gut eingestellt. Als der erste Dampfer von dem Torpedo mittschiffs getroffen wurde und eine masthohe Feuersäule emporstieg, stießen drei Zerstörer und zwei andere Bewacher auf das Boot zu und drückten es unter Wasser. Mit Schnelltauchen entzog sich Fenski den geworfenen Wasserbomben, schlug einen Haken und entkam. Während dieser Manöver wurden vier weitere Detonationen aus dem Horchraum des Bootes gemeldet, und Fenski nahm an, daß er vier Schiffe torpediert habe, mindestens eines davon tödlich.

Es sanken in den ersten Morgenstunden des 1. 10. der Dampfer *Fort Howe,* 7133 BRT, und der Tanker *Empire Commerce,* 3722 BRT. Die beiden anderen getroffenen Schiffe wurden eingeschleppt.

Ab dem 2. 10. wurden auch im Mittelmeer die ersten neuen Torpedos des Typs »T 5« – Zaunkönig – eingesetzt. Dieser Torpedo suchte selbständig sein Ziel nach den Schraubengeräuschen und bedeutete eine gefährliche Waffe vor allem gegen feindliche Bewacher und Geleitsicherungsfahrzeuge. Diesem Torpedo fielen in den nächsten Tagen und Wochen eine Reihe von Feindzerstörern zum Opfer.

U 223 (Kptlt. Wächter), das ebenfalls im Großraum der Salernobucht stand, kam am 2. 10. mit einem Zweierfächer auf einen Dampfer zum Schuß. Seine beiden T-5-Torpedos schoß er auf einen der Geleitzerstörer und einen Dampfer.

Der Dampfer *Stanmore* wurde von dem Zweierfächer vernichtet und sank sofort. Durch Ausfahren des Sehrohrs beobachtete Wächter einen Treffer auf dem Zerstörer und einen weiteren auf einem zweiten Dampfer von geschätzten 8000 Tonnen.

U 596 (Kptlt. Jahn) versenkte den norwegischen Tanker *Marit*, 5542 BRT. Er stand mit seinem Boot vor der Küste von Derna und kam zwei Tage später abermals zum Schuß. Vier Torpedos, auf Einzelziele geschossen, verließen die Rohre. Das Boot mußte mit Alarmtauchen hinunter, und im Horchraum wurden drei Torpedodetonationen gehorcht. Ein Versenkungserfolg wurde von der Feindseite nicht bestätigt.

Wenige Stunden zuvor hatte *U 380* unter Kptlt. Röther versucht, vor Salerno einen Tanker zu versenken. Das Boot horchte ebenfalls Torpedotreffer. Aber auch hier gab es von der Feindseite keine Bestätigung.

Das vor der Salernoküste stehende *U 616* (Oblt.z.S. Koitschka) lief in der ersten Oktoberdekade von Toulon in das befohlene Einsatzgebiet, die Salernobucht, aus. Im Heckrohr befand sich einer der erst in wenigen Exemplaren ins Mittelmeer gelangten T-5-Torpedos. Über diesen Einsatz berichtete Dr. Siegfried Koitschka dem Autor:

»Unser Ziel war die Salernobucht. Es war helle Mondnacht, als wir das Operationsgebiet erreichten. Diesige Schleier hingen über der See und machten sie so klein wie einen Ententeich.

Plötzlich tauchte voraus der Schatten eines Ein-Schornstein-Zerstörers auf. Wir machten kehrt und zeigten dem Gegner die schmale Silhouette. Der Zerstörer schien uns jedoch geortet zu haben. Er kam schnell auf. Seine Entfernung zu uns zu dieser Zeit betrug etwa 1500 m. Jetzt hatten wir ihn genau im Kielwasser. In Lage Null kam er näher heran. Für einen Überwasserangriff war dies eine aussichtslose Position.

Der Zerstörer war 1200 m achtern, als wir den T 5 schossen. Der Gegner kam noch weiter auf. Gerade wollte ich Alarm geben, da sprang eine hohe Detonationswolke über dem Zerstörer hoch, kurz darauf knallte es.

Als die Detonationssäule in sich zusammenfiel, konnte man nur noch einen schmalen Strich über dem Wasser erkennen, der ebenfalls rasch verschwand. Aus dem Funkraum kam unmittelbar darauf die Meldung: ›Ortung ist weg!‹

Wir hatten den verfolgenden Zerstörer versenkt.«

Es war der US-Zerstörer *Buck* mit 1570 BRT, der auf 39.57 N / 14.28 O sank. Sekunden später tauchten weitere Zerstörer der US-Nacht-Patrol auf, und *U 616* wurde auf Tiefe gezwungen. Es waren der Zerstörer *Glaves* und das britische Landungsboot *LCT 170*, die zur Untergangsstelle liefen und 57 Überlebende auffischten. Mit 150 Seeleuten ging auch der Kommandant LtCdr. Klein unter.

Dieser Zerstörer, der in der Nacht zum 3. 8. 1943 das italienische U-Boot *Argento* versenkt hatte, was LtCdr. Klein das Navy Cross verschaffte, war nun selbst Opfer eines U-Bootes geworden.

Einen Tag später kam *U 616* auf einen Dampfer zum Schuß. Der Torpedo traf, und wenig später war der Dampfer in Flammen gehüllt. Das Boot konnte den Untergang des Dampfers nicht mehr beobachten, denn Feindfahrzeuge näherten sich.

Am 11. 10., gut eine Stunde nach Mitternacht, sichtete *U 371* den Minensucher *Hythe*, der mit einem Zaunkönig versenkt wurde. Vier Stunden darauf kam noch einmal *U 616* auf zwei Landungsboote zum Torpedoschuß, von denen eines nach dem Treffer achtern tiefer sank.

Am 13. 10. stieß *U 371* abermals auf einen Zerstörer. Der zweite Zaunkönig suchte und fand sein Ziel. Der britische Zerstörer *Bristol*, 1630 BRT, sank nach einigen mächtigen Explosionsschlägen.

Damit hatte sich der neue T 5 als eine gefährliche Waffe der U-Boote gegen feindliche Geleitfahrzeuge erwiesen.

Am frühen Nachmittag des 15. 10. kam dann *U 371* noch einmal auf zwei Dampfer zum Schuß. Von diesen beiden Dampfern sank die *James Russel Lowell*, 7176 BRT, während der zweite Dampfer eingeschleppt werden konnte.

Im November kamen nur sehr wenige deutsche U-Boote auf Feindfahrzeuge zum Schuß. *U 81* (Oblt.z.S. Krieg) versenkte die 2887 BRT große *Empire Dunstan*. Vor Bari gelang *U 453* die Versenkung des Minensuchbootes *Hebe*, und am 27. 11. ging *ML 126* nach einem Torpedotreffer unter.

Scharf an einem großen Erfolg vorbei lief *U 407*. Es gelang Kptlt. Brüller, den britischen Kreuzer *Birmingham* zu torpedieren. Doch die *Birmingham* konnte mit eigener Kraft den Hafen erreichen.

Der von *U 453* am 11. 11. mit einem T-5-Torpedo getroffene Zerstörer *Quail*, der beschädigt eingeschleppt worden war, wurde Ende des Monats aufgegeben, als sich herausstellte, daß er nicht mehr zu reparieren war.

U 616 schoß am 8. 12. drei Einzelschüsse auf Dampfer, von denen einer in Brand geriet. Am Mittag des nächsten Tages gelang es *U 596* unter seinem neuen Kommandanten, Oblt.z.S. Nonn, den Briten *Cap Padaran*, 8009 BRT, zu versenken. Die britische Fregatte *Chuckmere*, die am 11. 12. von *U 223* schwer getroffen worden war, wurde eingeschleppt, jedoch nicht wieder repariert.

Eine Doublette gelang *U 593* (Kptlt. Kelbling). Er stieß am frühen Morgen auf eine Zerstörerpatrouille, aus der er den britischen Geleitzerstörer *Tynedale* mit T 5 vernichtete. Gegen Mittag kam er ein zweites Mal mit einem nachgeladenen T 5 zum Schuß. Diesmal war es der Zerstörer *Holcombe*, der direkt nach dem Treffer sank und den Großteil seiner Besatzung mit in die Tiefe riß.

Das Boot wurde nun gejagt. Eine Stunde nach Mitternacht, um 01.20 Uhr des 13. 12., wurde *U 593* von dem Zerstörer *Wainwright* erkannt. Der Zerstörer meldete die Sichtung. Aufgrund dieser Sichtung liefen die auf U-Boot-Jagd befindlichen Zerstörer *Calpe*, *Niblack* und *Benson* auf die Sichtungsstelle zu. Als die *Calpe* eine Stunde später dort eintraf, begann das Suchen nach dem getauchten U-Boot. Diese Suche hatte erst um 14.08 Uhr Erfolg, als die *Wainwright* den ersten Sonarkontakt erhielt. Sie fuhr den ersten Waboangriff. *Calpe* erhielt um 14.23 Uhr ebenfalls Kontakt und eröffnete das Wabo-Bombardement. Um 14.35 Uhr brachte *Wainwright* die *Calpe* in Wurfposition. Die Waboserie detonierte um 14.40 Uhr. Sieben Minuten darauf stieß das deutsche U-Boot an die Wasseroberfläche empor. Der US-Zerstörer *Wainwright* eröffnete das Feuer auf das 1800 m entfernt aufgetaucht Boot. Zwei Minuten nach dem Auftauchen verließ die Besatzung das Boot durch das Turmluk und sprang über Bord. Commander Strohbehn, der Kommandant der *Wainwright*, ließ das Feuer einstellen und schickte eine Bergungsgruppe mit einem Boot, das 52 Soldaten von *U 593* auffischte, darunter auch Kptlt. Gerd Kelbling. Die Gefangenen wurden nach Algier gebracht. *U 593* sank.

Am selben Tag griff Oblt. z.S. Nonn mit *U 596* einen Dampfer und einen Zerstörer mit Torpedos an. Der Viererfächer brachte keinen zählbaren Erfolg.

U 73 unter Kptlt. Deckert sichtete am 13. 12. einen kleinen Konvoi, aus dem das Boot den Dampfer *John S. Copley,* 7176 BRT, herausschoß. Drei Tage später, am Nachmittag des 16. 12., griff *U 73* einen weiteren Konvoi an, der vor Kap Falcon (Algerien) in Sicht kam. Die Geleitfahrzeuge drängten das Boot ab und meldeten es. Aus Mers el Kebir liefen daraufhin die Boote der 13. US-Zerstörer-Division unter Captain Sanders aus.

Woolsey, das Flaggschiff von Captain Sanders, erhielt den ersten Kontakt mit dem U-Boot. Es rief *Trippe* und *Edison* heran und warf selber die ersten Wasserbomben.

Der erste Wabofächer brachte das U-Boot nach oben. Ein starker Wassereinbruch hatte Deckert veranlaßt, anblasen zu lassen.

Als *U 73* an die Oberfläche durchgebrochen war, wurde es von den Scheinwerfern der *Trippe* und *Woolsey* aufgefaßt. Kptlt. Deckert ließ mit den FlaWaffen das Feuer auf die Scheinwerfer der *Woolsey* eröffnen. Beide Zerstörer erwiderten das Feuer sofort. *U 73* wurde von Schüssen durchsiebt und sank sehr schnell. Es nahm 27 Soldaten mit in die Tiefe. 34 U-Boot-Männer wurden von den US-Zerstörern aufgenommen. Kptlt. Deckert befand sich unter den Geretteten.

Als das Jahr 1943 zu Ende ging, waren zwar im Verlaufe der 12 vergangenen Monate 12 U-Boote ins Mittelmeer entsandt worden, aber bei einem Verlust von 20 Booten stand die U-Boot-Waffe mit 12 Booten auf einem Tiefstand.

Die Stützpunkte La Spezia und Pola hatten bereits Anfang 1944 weitgehend an Bedeutung verloren. Toulon war der einzige Stützpunkt, von dem aus die deutschen U-Boote noch verhältnismäßig ungestört zu Feindfahrten auslaufen konnten. Allerdings wurde auch Salamis immer noch zu kurzer Verproviantierung und Überholung einzelner Boote angelaufen. Nur wenige Boote kamen im Januar zum Einsatz.

Mehrfach griffen jene U-Boote, die gegen den alliierten Nachschubverkehr von Gibraltar über die algerische Küste nach Neapel eingesetzt waren, Geleitzüge an. *U 642* (Kptlt. Brünning) meldete am 3. 1. 1944 einen Dampfer von 7000 Tonnen versenkt. *U 616* kam am 9. 1. auf zwei feindliche U-Boote zum Schuß. Beide Torpedos waren jedoch Endstreckendetonierer. *U 380* unter Kptlt. Brandi schoß auf einen Zerstörer und einen Dampfer. Doch auch diese Torpedos liefen vorbei und waren Enddetonierer.

In der Nacht zum 4. 1. durchliefen *U 952* und *U 343* von Westen her die Straße von Gibraltar und gelangten ins Mittelmeer. *U 343* wehrte am 8. 1. starke Luftangriffe des Gegners mit der Flak ab und traf zwei Flugzeuge schwer. Der Versuch von Oblt.z.S. Koitschka, mit *U 616* am 13. 1. 1944 zwei Dampfer und einen Zerstörer mit einem Viererfächer zu vernichten, schlug ebenfalls fehl.

Dem alliierten Bombenangriff auf Pola am 9. 1. fiel *U 81* zum Opfer. *U 596* wurde beschädigt.

Unmittelbar nach der Landung der US-Truppen bei Anzio-Nettuno liefen nacheinander *U 223*, *U 230*, *U 371*, *U 410*, *U 616* und *U 952* gegen die in der Bucht von Anzio liegenden feindlichen Schiffsansammlungen aus.

Als erstes Boot kam *U 223* (Oblt.z.S. Gerlach) am 25. 1. zum Schuß. Sein T-5-Torpedo gegen eine Korvette war Enddetonierer. Wenig später griff *U 230* unter Kptlt. Siegmann eine Zerstörer-Rotte von zwei Zerstörern mit T-5-Torpedos an und horchte nach zwei Detonationen auch Sinkgeräusche. Dieser Erfolg wurde nicht bestätigt. *U 223* war es, das am 28., 29. und 30. 1. immer wieder angriff. Zerstörer, Landungsboote und Tank-Landungsschiffe waren Ziele seiner Torpedos. Der Kommandant meldete die Versenkung eines LCF oder LST. Eine weitere Detonation auf einem mit T 5 angegriffenen Zerstörer wurde nicht bestätigt.

Inzwischen hatte beim Führer der U-Boote Mittelmeer eine Veränderung in der Führung stattgefunden. Konteradmiral Leo Kreisch, fast auf den Tag genau zwei Jahre FdU Mittelmeer, verließ den Kampfraum. Für ihn kam als neuer FdU Mittelmeer am 28. 1. 1944 Kpt.z.S. Werner Hartmann nach Toulon/Aix en Provence. Chef der 29. U-Flottille in Toulon war seit August 1943 KKpt. Gunter Jahn.

Der Einsatz gegen die Schiffsansammlungen in der Bucht von Anzio ging weiter. Aber auch im östlichen Mittelmeer kämpften einige wenige Boote, von denen *U 453* unter Kptlt. Lührs am 1. 2. zwei Motorsegler versenkte. Am 4. 2. meldete *U 453* zwei weitere Segler als versenkt. Erst am 15. 2. gelang es *U 410* (Oblt.z.S. Fenski), aus der Landungsflotte ein größeres Schiff herauszuschießen. Es war die *Fort St. Nicolas,* 7154 BRT, die nach einem T-5-Treffer auf Tiefe ging.

Am 16. 2. um 15.11 Uhr kam *U 230* zum Schuß auf einen 1 635 BRT großen LST, der sofort sank. 29 Minuten später schoß der Kommandant auf einen U-Jäger, den er nur knapp verfehlte. *U 410* (Oblt.z.S. Fenski) verfehlte am 17. 2. einen Zerstörer und einen Bewacher und kam am 18. 2. auf den britischen Kreuzer *Penelope,* 5270 BRT, zum Schuß. Der T 5 traf den kleinen Kreuzer schwer, ein Fangschuß ließ ihn auf 40.55 N / 13.25 O sinken.

Dies war für den jungen Kommandanten, der am 26. 11. 1943 bereits das Ritterkreuz erhalten hatte, ein weiterer großer Erfolg, der gegen die Wasserbomben werfenden Sicherungszerstörer errungen wurde.

Am 19. 2. verfehlte Fenski nur knapp einen Zerstörer, und am frühen Morgen des 20. 2. fiel das amerikanische *LST 348* einem normalen Torpedo von *U 410* zum Opfer. Am Abend dieses Tages kam auch *U 230* wiederum zum Schuß. Das Tank-Landungsschiff *LST 305* sank sofort.

Der 22. 2. sah *U 969* (Oblt. Dobbert) im Einsatz. Mit zwei Zweierfächern auf Dampfer von geschätzten 8000 Tonnen wurden die US-Dampfer *George Cleeve* und *Peter Skene Ogden* von je 7176 BRT so schwer getroffen, daß sie auf Strand gesetzt werden mußten und Totalverlust wurden.

Am 24. 2. verfehlte *U 410* ein weiteres LST. *U 952* unter Oblt.z.S. Curio schoß auf einen Zerstörer, ohne diesen zu treffen.

U 407 gelang am 27. 2. die Versenkung eines ägyptischen Seglers im Ostmittelmeer. Zwei Tage später kam Oblt.z.S. Korndörfer, der Kommandant dieses Bootes, auf den Motortanker *Ensis* zum Schuß. Dieser 6207 BRT große Tanker sank auf 35.36 N / 35.33 O.

Bereits am 11. 2. hatte Kpt.z.S. Hartmann anläßlich seines ersten Vortrages beim OB Süd, GFM Kesselring, mitgeteilt, daß die U-Waffe im Mittelmeer nunmehr wieder über 16 Boote verfüge und daß weitere sechs Boote ins Mittelmeer entsandt würden. (Am 5. 2. hatte *U 969*, am 17. 2. *U 967* und *U 586* die Straße von Gibraltar passiert.)

In dieser Besprechung versuchte der OB Süd, den FdU Mittelmeer dazu zu bringen, den Schwerpunkt der U-Boot-Angriffe gegen die Bucht von Anzio zu richten. Doch Kpt.z.S. Hartmann erwiderte, daß die Erfahrungen gezeigt hätten, daß nach anfänglichen Erfolgen nunmehr eine so starke Abwehr vor der Bucht laufe, daß weitere Erfolge nur durch schwere Verluste zu erzielen sein würden. Nach seiner Auffassung seien die größten Erfolge der U-Boote auf den Hauptverkehrsrouten der Konvois, entlang der Nordküste Afrikas, zu erwarten.

Im Februar, das meldete Hartmann weiterhin, würden aus La Spezia und Monfalcone je drei große italienische Transport-U-Boote erwartet, außerdem die beiden kleineren Kampfboote *UI 6* und *UI 7*. In Pola befänden sich weitere vier italienische Klein-U-Boote von 30 t mit vier Mann Besatzung, von denen allerdings nur ein Boot klargemeldet sei.

In der ersten Märzwoche kamen vier U-Boote zum Schuß. Dabei verfehlte *U 616* (Oblt.z.S. Koitschka) am 2. und 6. 3. jeweils einen Zerstörer. *U 565*, das am 3. 3. auf einen Kreuzer der »Leander-Klasse« zum Schuß kam, beobachtete neun Minuten nach dem Fächerschuß zwei Detonationen auf diesem Kreuzer.

Erst am 10. 3. kam es zu einem zählbaren Erfolg, als *U 952* das US-Libertyschiff *William B. Woods*, 7176 BRT, versenkte.

U 371 unter Kptlt. Mehl kam am 17. 3. zu einem Angriff auf einen Konvoi. Er schoß auf drei große Schiffe von geschätzten 8000 Tonnen. Alle drei Schiffe wurden getroffen. Das durch die Geleitsicherung unter Wasser gedrückte Boot horchte auf einem Schiff einen, auf dem zweiten und auf dem dritten wiederum einen Treffer. Die *Maiden Creek*, 5031 BRT, sank sofort. Das große niederländische Motorschiff *Dempo*, das als Truppentransporter diente, sank nach einem Fangschuß. Es hatte 17024 BRT. Einen Tag später kam auch *U 453* (Kptlt. Lührs) auf einen Konvoi zum Schuß. Auf jedem der drei anvisierten und beschossenen Dampfer horchte man einen Treffer.

Kptlt. Miron Kunst, zweiter Kommandant von *TA 38*

Kptlt. Kunst (Mitte) übernimmt das Kommando

Obersteuermann Reinhardt auf dem Signaldeck von *TA 38*

UJ 204 im Einsatz.
Aufgenommen von
UJ 202.

UJ 2228 läuft zum
Einsatz aus.

Von feindlichen
Jabos beschädigtes
TA 22 (vorn) wird
von UJ 202 nach
Triest eingeschleppt.

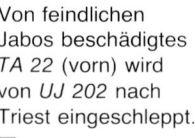

Der 30. 3. brachte einen weiteren Erfolg von *U 223* (Oblt.z.S. Gerlach), das den britischen Zerstörer *Laforey* mit T 5 vernichtete.

Am 24. 2. war bereits *U 761* von einer Catalina des US-Squadron *VP 63* geortet und von den herangeführten Zerstörern *Antony* und *Wishart* versenkt worden. Diesem Verlust folgte am 10. 3. *U 343* nach, das südlich Sardinien durch den US-Zerstörer *Hull* versenkt wurde. Der Kdt., Oblt.z. s. Rahn, fiel mit der gesamten Besatzung. *U 450* (Oblt.z.S. Böhme) wurde am selben Tag südlich von Ostia durch den britischen Zerstörer *Exmoor* versenkt. Diesmal konnten 42 Mann der Besatzung, darunter der Kommandant, gerettet werden.

Am 30. 3. ging noch *U 223* verloren, als es nach dem Erfolg gegen den Zerstörer *Laforey* nördlich von Palermo von vier britischen Zerstörern gejagt und vernichtet wurde. Unter dem Teil der Besatzung, der gerettet wurde, befand sich auch Oblt.z.S. Gerlach. *U 380* und *U 410* fielen am 11. 3. einem Luftangriff auf Toulon zum Opfer, *U 392* wurde beim Passieren der Gibraltarstraße am 16. 3. versenkt.

Damit hatte die zahlenmäßig schwache U-Boot-Waffe im Mittelmeer während der ersten drei Monate sieben Boote verloren. Diese Verluste konnten durch die wenigen neu ins Mittelmeer kommenden Boote nicht ausgeglichen werden. Es waren *U 466* und *U 421*, die den Durchbruch in der Nacht zum 25. 3. schafften. *U 618* mußte nach mehreren Versuchen umkehren.

Der April wurde für die U-Boote im Mittelmeer ein weiterer Monat herber Verluste. Am 6. 4. lief *U 455* beim Einlaufen nach La Spezia auf eine Mine und sank. Im Stützpunkt Toulon wurde das soeben ins Mittelmeer gelangte *U 421* (Oblt.z.S. Kolbus) bei einem US-Luftangriff vernichtet.

Nur wenige Boote kamen zum Einsatz. Am 13. 4. schoß *U 596* auf ein S-Boot und horchte eine Detonation. Drei Tage später war es *U 407*, das aus einem Konvoi die Libertyschiffe *Thomas G. Masaryk* und *Meyer London* mit je 7176 BRT versenkte. Kptlt. Brandi kam auf seinem dritten Boot (nach der Versenkung von *U 617* bei Melilla und *U 380* durch Fliegerbomben im Hafen Toulon) mit *U 967* in den ersten Minuten des 26. 4. zum Schuß auf einen Zerstörer und horchte eine Detonation. Damit war der April bei zwei zählbaren Erfolgen und zwei U-Boot-Verlusten einer der erfolglosesten Monate des Mittelmeereinsatzes überhaupt.

Bliebe für den April nur noch nachzutragen, daß das erste mit Schnorchelmast ausgerüstete Mittelmeerboot, *U 596* unter Oblt.z.S. Nonn, am 13. 4. in der Otrantostraße eine italienische Korvette beschoß und ebenfalls eine Detonation horchte. Vor Tarent kam dieses Boot nicht zum Schuß. *U 565* kreuzte erfolglos ostwärts Sizilien. Anfang Mai lief *U 453* in dieses Seegebiet aus und kam am 3. 5. auf ein Westgeleit zum Schuß.

U 371 (Oblt.z.S. Fenski) kam auf den Geleitzerstörer *Menges* am frühen Morgen des 2. 5. zum Schuß. Der T 5 traf den Zerstörer ins Heck. Die *Menges* verlor Schraube und Ruder. Durch die gewaltige Detonation im Achterschiff wurden 31 US-Matrosen getötet und 25 verwundet.

Mit zwei Zerstörern nahm Cdr. Duvall, Kdt. Task Force 66, die Verfolgung dieses U-Bootes auf. Das Boot entkam einer Serie von Wabofächerwürfen. Die Suche nach diesem U-Boot aber ging weiter, und am Mittag des 3. 5. stießen zwei französische Zerstörer zu den US-Zerstörern und beteiligten sich an der Jagd.

Am frühen Morgen des 4. 5. erhielt der französische Zerstörer *Senegalais* Kontakt zum U-Boot, das aufgetaucht war, und schoß Leuchtgranaten. Zwei US-Zerstörer liefen mit AK nach Norden, um dem Boot den Fluchtweg abzuschneiden. Zwei weitere blockierten den Weg des Bootes nach Westen. *U 371* lief nach Südwesten ab und tauchte um 03.59 Uhr weg.

Die *Senegalais* nahm die Verfolgung auf. Aber fünf Minuten später stieg am Heck dieses französischen Zerstörers die flammendurchlohte Wasserpinie eines Torpedotreffers auf. Wasserbomben detonierten und zerrissen ihn.

U 371, das schwere Beschädigungen aufwies, mußte auftauchen. Kptlt. Fenski gab diesen lebensrettenden Befehl, und um 04.30 Uhr wurde von dem Zerstörer *Sustain* ein im Wasser schwimmender Pulk deutscher U-Boot-Männer gesichtet. *U 371* selbst war schon für immer auf Tiefe gegangen. Unter den 48 Geretteten befand sich auch Kptlt. Horst-Arno Fenski. Die Gefangenen berichteten, daß die Batterien schwer gasten und daß die E-Maschinen während der kurzen Zeit des Überwassermarsches noch nicht hatten aufgeladen werden können. Bei dieser Jagd hatte *U 371* zwei Feindzerstörer mit in die Tiefe genommen.

U 967 kam am 5. 5. auf diesen Konvoi zum Schuß. Der britische Geleitzerstörer *Fechteler* sank. 186 Mann fielen bei diesem Untergang. Drei Nächte später kam *U 967*, das sich der Waboverfolgung entzogen hatte, erneut zum Schuß auf einen Zerstörer. Doch der Torpedo ging vorbei.

U 230 (Oblt. z. S. Siegmann) versenkte am 9. 5. den britischen U-Jäger *PC 558*, und am 14. 5. kam *U 616* unter Kptlt. Koitschka zum Schuß. Aus dem Konvoi GUS 39 versenkte er den Motortanker *G.S. Walden* mit 10627 BRT sowie den Dampfer *Fort Fidler* mit 7127 BRT. Am 17. 5. schoß *U 960* (Oblt. z. S. Heinrich) auf einen Zerstörer. Der Dreierfächer ging vorbei.

Am 19. 5. kam *U 453* (Oblt. z. S. Lührs) erneut zum Schuß. Die *Fort Missanabie*, 7147 BRT, sank.

U 616 aber wurde seit seinem Erfolg vom 14. 5. von acht Feindzerstörern gesucht. Dem Zerstörer *Ellyson* gelang der erste Kontakt. Mit einer Waboserie mußte er das U-Boot getroffen haben, denn ein dicker Strahl Dieselöl kam empor. Doch *U 616* entkam, wurde aber am Morgen des 15. 5. von einem Seeaufklärer gesichtet. Von diesem Zeitpunkt an waren zwei Zerstörergruppen auf das Boot angesetzt. Sie kreisten das Boot ein, und am Morgen des 16. 5. sah Zerstörer *Macomb* den gefährlichen Gegner im Licht der von ihm geschossenen Leuchtraketen in nur 2400 Meter Entfernung.

Das U-Boot eröffnete das Feuer aus den 2-cm-FlaMW, und die *Macomb* erwiderte es mit ihren Geschützen. Das Boot ging mit Schnelltauchen hinunter. Neben der *Macomb* beteiligten sich die Zerstörer *Gleaves* und *Nields* an der Verfolgung, die *Emmons* kam hinzu und schließlich noch die *Hambleton,* die das Boot gegen 06.45 Uhr mit dem Asdic fand. Der Zerstörer warf zwei Wabofächer. *Ellyson* und *Rodman* kamen *Hambleton* zu Hilfe. Vier weitere Zerstörer kreisten das U-Boot ein.

Es war 07.10 Uhr, als *U 616* genau in der Mitte des Kreises an die Oberfläche schoß. Gleichzeitig eröffneten die Zerstörer das Feuer. 12,7-cm-Granaten trafen den Turm von *U 616.* Die Besatzung sprang von Bord, und dann sackte das Boot jählings weg. 53 Soldaten von *U 616* wurden von der Zerstörern *Ellyson* und *Rodman* geborgen, unter ihnen auch der Kommandant.

U 960 (Oblt.z.S. Heinrich) stand vor Oran, als die acht Zerstörer der »Killer-Group« unter Captain A. F. Converse von der erfolgreichen Jagd auf *U 616* zurückliefen. *U 960* griff das Flaggschiff *Ellyson* mit einem Dreierfächer an; die drei Torpedos wurden von dem Zerstörer ausmanövriert, weil die Wachen sie rechtzeitig bemerkten. Die im Hafen von Oran liegenden vier US-Zerstörer liefen nun aus, um die »Killer-Group« zu unterstützen. Aus Mers el Kebir kam ein weiterer Zerstörer. Die 36. und 500. Squadron der RAF flog Sicherung.

Die Jagd auf *U 960* begann. Am Abend des 18. 5. wurde das Boot durch Radarkontakt eines Flugzeuges geortet. Die Maschine warf eine Markierungsbombe, die um 02.51 Uhr von den Zerstörern *Niblack* und *Ludlow* gesichtet wurde. 30 Minuten später faßte das Asdic von *Ludlow* das U-Boot auf. Beide Zerstörer warfen elf Wasserbombenfächer.

Mit dem ersten Sonnenlicht des 19. 5. stieß *U 960* mit dem Heck zuerst an die Wasseroberfläche empor. Beide Zerstörer eröffneten das Feuer. Flugzeuge erschienen wenige Minuten später und warfen Bomben. Die Zerstörer zerschossen den U-Boot-Turm völlig. *U 960* sank, und *Niblack* warf noch eine Serie von zehn Wasserbomben. Im Strudel dieser Detonationen kam *U 960* noch einmal nach oben, um dann, mit dem Heck voraus, für immer in die Tiefe zu stoßen.

20 Schiffbrüchige, die in letzter Sekunde das Boot verlassen konnten, wurden von *Ludlow* und *Niblack* aufgefischt. Unter ihnen auch der Kommandant. Aus dieser Schilderung atmet die unerbittliche Härte der U-Boot-Jagd, die bis zur endgültigen Versenkung dauerte.

Damit waren die Verluste des Mai jedoch noch nicht abgeschlossen. Am 21. 5. wurde *U 453* im Ionischen Meer durch britische Zerstörer versenkt. 33 Mann der Besatzung, darunter auch Dirk Lührs, der Kommandant, wurden aufgefischt.

In den fünf Monaten des Jahres 1944 hatte die U-Boot-Waffe im Mittelmeer elf Boote verloren.

Der Juni 1944 sah die deutschen U-Boote bis auf eines erfolglos. Dieses eine war *U 230* (Kptlt. Siegmann), das vor Palermo den US-U-Jägern *PC 558* versenkte.

Am 5. 7. 1944 griffen 233 B 24, Liberator, den U-Boot-Stützpunkt Toulon an. Bei diesem Angriff wurde *U 586* (Oblt.z.S. Götze) vernichtet, *U 642* (Kptlt. Brünning) schwer und *U 952* leicht beschädigt.

Kpt.z.S. Hartmann versuchte vergebens, für seine wenigen noch einsatzbereiten

U-Boote bombensichere Liegeplätze zu bekommen. Noch am 20. 7. wandte er sich direkt an den ObdM und schlug vor, bei Ville-Franche, nahe Nizza, solche Bunker zu bauen. Doch ehe dieser Vorschlag zum Tragen kam, wurden die letzten deutschen U-Boote im Mittelmeer nacheinander bei Luftangriffen zerstört.

Am 6. 8. griffen US-Bomber Toulon abermals an. *U 642*, das ja noch schwamm, wurde versenkt. *U 952*, *U 471* und *U 969* wurden ebenfalls versenkt bzw. schwer beschädigt.

Am 11. 8. wurde *U 969* bei der alliierten Invasion in Südfrankreich selbst gesprengt, damit es dem Gegner nicht in die Hände fiel. *U 466* wurde am 9. 8. bereits gesprengt.

U 230 (Oblt.z.S. Heinz Eberbach), das am 21. 8. aus Toulon auslief, geriet auf der Reede bei den Hyeres-Inseln auf Grund und mußte gesprengt werden.

U 407, das drittletzte Boot des FdU Mittelmeer, das noch zum Einsatz ausgelaufen war, wurde am 19. 9. südlich Milos durch einen britischen Zerstörer vernichtet. 49 Soldaten gerieten in Gefangenschaft, darunter auch der Kommandant.

Am selben Tage wurde in Salamis *U 565* von US-Bombern getroffen. Am 24. 9. ließ der Kommandant das Boot sprengen. Mit ihm teilte an diesem Tage *U 596* in Salamis das gleiche Schicksal.

Der Kampf der U-Boote im Mittelmeer war zu Ende. Insgesamt waren während des Krieges 64 deutsche U-Boote in diesem Kampfraum im Einsatz. Alle gingen verloren, davon 59 durch Feindeinwirkung. Ob sich der Einsatz der U-Boote im Mittelmeer ausgezahlt hat, ist umstritten. Einer der Kenner der Situation, Captain Roskill, Verfasser der britischen Seekriegsgeschichte, urteilt darüber wie folgt:

»Der Preis, den die deutschen U-Boote im Mittelmeer zahlten, war durchaus gerechtfertigt. Denn diese Mittelmeer-Boote halfen zweifellos im Jahre 1941, das unter unseren Schlägen taumelnde Italien wieder auf die Füße zu stellen; sie bereiteten uns während der darauf folgenden drei Jahre erhebliche Sorgen.«

Vizeadmiral Leo Kreisch gab dem Autor eine letzte Wertung zum U-Boot-Einsatz im Mittelmeer:

»Ich hege ein Gefühl der Dankbarkeit und Anhänglichkeit den prächtigen U-Boot-Fahrern gegenüber, die standhaft, vertrauensvoll, selbstlos und opferbereit unter härtesten Bedingungen vorbildlich und selbstverständlich ihre Pflicht erfüllten.

Das war *kein* Kadavergehorsam; *der* hätte diesen Belastungen niemals standgehalten. Das Band der Treue und Kameradschaft und der sittlichen Verpflichtung zerriß zu keiner Stunde, wenn auch die Waffe unter der Wucht der Schläge zerbarst.«

Deutsche U-Boote im Mittelmeer und ihr Verbleib

U 73	Kptlt. Deckert	gesunken 16. 12. 1943 vor Oran, Zerstörer
U 74	Oblt.z.S. Friedrich	gesunken 2. 5. 1942 ostwärts Gibraltar, Zerstörer
U 75	Kptlt. Ringelmann	gesunken 28. 12. 1941 vor Tobruk, Zerstörer
U 77	Kptlt. Hartmann	gesunken 28. 3. 1943 ostwärts Cartagena, Flieger
U 79*	Kptlt. Kaufmann	gesunken 23. 12. 1941 vor Tobruk, Zerstörer
U 81	Oblt.z.S. Krieg	gesunken 9. 1. 1944 vor Pola, Flieger
U 83	Oblt.z.S. Wörishoffer	gesunken 9. 3. 1943 vor Oran, Flieger
U 95	KKpt. Schreiber	gesunken 28. 11. 1941 südwestlich Almeria, U-Boot
U 97*	Kptlt. Trox	gesunken 17. 6. 1943 vor Haifa, Flieger
U 133*	Oblt.z.S. Mohr	gesunken 14. 3. 1942 vor Salamis, deutsche Mine
U 205	Oblt.z.S. Bürgel	gesunken 17. 2. 1943 nördlich Cyrenaika, Zerstörer
U 223*	Oblt.z.S. Gerlach	gesunken 30. 3. 1944 nördlich Palermo, Zerstörer
U 224*	Oblt.z.S. Kosbadt	gesunken 31. 1. 1943 westlich Algier, Korvette
U 230	Oblt.z.S. Eberbach	gesunken 21. 8. 1944 Toulon-Reede
U 259*	Kptlt. Köpke	gesunken 15. 11. 1942 nördlich Algier, Flieger
U 301	Kptlt. Körner	gesunken 21. 1. 1943 westlich Korsika, U-Boot
U 303*	Kptlt. Heine	gesunken 21. 5. 1943 südlich Toulon, britisches U-Boot
U 331	Kptlt.Frhr. v. Tiesenhausen	gesunken 17. 11. 1942 nordwestlich Algier, britisches Flugzeug des Trägers *Formidable*
U 343*	Oblt.z.S. Rahn	gesunken 10. 3. 1944 südlich Sardinien, Fregatte
U 371	Kptlt. Fenski	gesunken 4. 5. 1944 nördlich Constantine, Zerstörer
U 372	KKpt. Neumann	gesunken 4. 8. 1942 vor Palästina, Zerstörer
U 374*	Oblt.z.S. v. Fischel	gesunken 12. 1. 1942 ostwärts Sizilien, U-Boot
U 375*	Kptlt. Koenenkamp	gesunken 30. 7. 1943 westlich Malta, US-U-Jäger
U 380	KKpt. Brandi	gesunken 11. 3. 1944 Toulon, Flieger
U 407	Oblt.z.S. Korndörfer	gesunken 19. 9. 1944 vor Kreta, Zerstörer
U 409	Oblt.z.S. Massmann	gesunken 12. 7. 1943 nordwestlich Algier, Zerstörer
U 410	Oblt.z.S. Fenski	gesunken 11. 3. 1944 Toulon, Flieger
U 411	Kptlt. Spindlegger	gesunken 20. 11. 1942 vor Algier, Zerstörer
U 414	Oblt.z.S. Huth	gesunken 25. 5. 1943 vor Oran, Korvette
U 421	Oblt.z.S. Kolbus	gesunken 27. 6. 1944 Toulon, Flieger
U 431*	Kptlt. Schoeneboom	gesunken 30. 10. 1943 vor Toulon, britisches U-Boot
U 433	Kptlt. Ey	gesunken 17. 11. 1941 südlich Malaga, Korvette
U 443*	Oblt.z.S. v. Puttkamer	gesunken 23. 2. 1943 vor Algier, Zerstörer
U 450	Oblt.z.S. Böhme	gesunken 10. 3. 1944 südlich Ostia, Zerstörer
U 451*	KKpt. Hoffmann	gesunken 22. 12. 1941 vor Tanger, Flieger
U 453	Oblt.z.S. Lührs	gesunken 21. 5. 1944 Ionisches Meer, Zerstörer
U 455*	Kptlt. Scheibe	gesunken 6. 4. 1944 vor La Spezia, Mine
U 458*	Kptlt. Diggins	gesunken 22. 8. 1943 südostw. Pantelleria, Zerstörer
U 466	Kptlt. Thäter	gesunken 19. 8. 1944 Toulon, Selbstversenkung
U 471	Kptlt. Kloevekorn	gesunken 6. 8. 1944 Toulon, Flieger
U 557*	Kptlt. Paulshen	gesunken 16. 12. 1941 vor Salamis, italienisches T-Boot
U 559	Kptlt. Heidtmann	gesunken 30. 10. 1942 vor Port Said, Zerstörer
U 561	Oblt.z.S. Henning	gesunken 12. 7. 1943 Straße von Messina, MTB
U 562*	Kptlt. Hamm	gesunken 19. 2. 1943 vor Bengasi, Zerstörer
U 565	Kptlt. Henning	gesunken 24. 9. 1944 Salamis, Selbstversenkung
U 568	Kptlt. Preuß	gesunken 28. 5. 1942 vor Tobruk Zerstörer
U 573	Kptlt. Heinson	interniert 1. 5. 1942 nach Fliegerbombe, Spanien
U 577*	Kptlt. Schauenburg	gesunken 9. 1. 1942 nordwestlich Marsa Matruk, Flieger
U 586	Oblt.z.S. S. Götze	gesunken 5. 7. 1944 Toulon, Flieger
U 593*	Kptlt. Kelbling	gesunken 13. 12. 1943 vor Constantine, Zerstörer
U 595	Kptlt. Quaet-Faslem	gesunken 14. 11. 1942 vor Oran, Flieger

U 596	Oblt.z.S. Kolbus	gesunken 24. 9. 1944 Salamis, Selbstversenkung
*U 602**	Kptlt. Schüler	versch. 23. 4. 1943 vor Oran
*U 605**	Kptlt. Schütze	gesunken 13. 11. 1942 vor Algier, Korvette
U 616	Kptlt. Koitschka	gesunken 14. 5. 1944 ostwärts Cartagena, Zerstörer
U 617	KKpt. Brandi	gesunken 12. 9. 1943 vor Melilla, Flieger und Korvette
U 642	Kptlt. Brünning	gesunken 5. 7. 1944 Toulon, Flieger
U 652	Kptlt. Fraatz	gesunken 2. 6. 1942 Flieger u. *U 81* Selbstversenkung
U 660	Kptlt. Bauer	gesunken 12. 11. 1942 vor Oran, Korvette
*U 755**	Kptlt. Göing	gesunken 28. 5. 1943 nordwestlich Balearen, Flieger
U 952	Kptlt. Curio	gesunken 6. 8. 1944 Toulon, Flieger
U 960	Oblt.z.S. Heinrich	gesunken 19. 5. 1944 Straße von Gibraltar, Zerstörer
U 967	Oblt.z.S. Eberbach	gesunken 11. 8. 1944 Toulon, Selbstversenkung
U 969	Oblt.z.S. Dobbert	gesunken 6. 8. 1944 Toulon, Flieger

* Auf 24 Booten fielen Kommandant und gesamte Besatzung.

VII. 11. Sicherungs-Flottille (-Division)

Die 11. Sicherungs-Flottille ging aus der 11. Hafenschutz-Flottille hervor. Nach dem Fall »Achse« entstand sie aus den verschiedensten Beutefahrzeugen der italienischen Marine.

Flottillenchef dieses sehr gemischten Verbandes war KKpt. v. Kleist. Er hatte vielfältige Sicherungs-, Geleit- und Unterstützungsaufgaben in der nördlichen Adria und an der dalmatinischen Küste durchzuführen.

Für die 11. Sicherungs-Flottille wurden auch TA-Boote in Dienst gestellt; als erstes *TA 21*, ex *Insidioso*, am 8. 11. 1943 in Triest. Zur Flottille gehörte auch der alte kleine Minenkreuzer *Niobe* (ex *Znaim*, ex *Cattaro*) und der Dampfer *Ramb III*. Diese liefen mit einigen Kleinfahrzeugen in den späten Abendstunden des 12. 11. 1943 aus Pola aus, um in einer Inselunternehmung eine Reihe der dalmatinischen Inseln im Handstreich zu besetzen. Die Besatzungstruppe wurde von der 71. ID gestellt. An Bord der *Niobe* befand sich der Seekommandant Nordadria, der diese Operation leitete.

Bis zum Abend des 14. 11. waren alle in der Planung stehenden Inseln besetzt worden, und die beteiligten Einheiten liefen wieder in Pola ein.

Am gleichen Tage wurden vier HS-Boote in Pola in Dienst gestellt.

Am 12. 11. nahm der Seetransportführer Zara seine Dienstgeschäfte auf. Die Inseln Asinello, Sansego und Umie wurden am Abend des 15. 11. kampflos besetzt.

Am 16. 11. meldete der Seekommandant Südadria, daß seit dem 9. 11. in jeder Nacht zwei Feindzerstörer zwischen Porto Palermo und Strade Biancche – 25 sm nördlich Korfu – patrouillierten.

Am 29. 11. lief das Inselunternehmen Zara an. *TA 21* mußte bereits am 26. 11. wegen Schraubenschadens in Pola einlaufen.

Bei einem alliierten Bombenangriff am 30. 11. auf Zara sank nach einem Volltreffer der Dampfer *Sibenico*. Seine Besatzung konnte gerettet werden. Das Inselunternehmen »Zara« wurde bis zum 1. 12. abgeschlossen.

Eine neue Inseloperation erfolgte am 1. 12., als auf Ulman und Pasman je eine Kompanie Soldaten zur Sicherung und zum Schutz des Pasman-Kanals eingesetzt wurden.

An diesem Tage schiffte sich der Chef der 11. Sicherungs-Flottille, KKpt. von Kleist, auf *TA 21* zum Inselunternehmen »Solta« ein. Das ebenfalls zur 11. Sicherungs-Flottille gehörende *TA 20* erhielt Weisung, am 4. 12. zu folgen.

Diese erste Adria-Flottille war die Keimzelle der späteren Geleit-Flottillen der inzwischen unter FKpt. Walter Berger gebildeten 11. Sicherungs-Division mit Standort Triest.

Auf dem Marsch wurde *TA 21* am 3. 12. bei Cap Blanca von sechs Flugzeugen mit 20 Bomben erfolglos angegriffen. Das Boot lief im Alleinmarsch von Trogir nach Zara. *TA 20* sollte von Triest aus folgen.

Am 6. 12. befanden sich schließlich *TA 20* und *TA 21* gemeinsam auf dem Rückmarsch nach Triest.

Inzwischen war auch *TA 22* werftseitig fertig geworden als weitere Verstärkung für die 11. Sicherungs-Flottille. Am 14. 12. hatte *TA 22* seine Probefahrt beendet und lief wie *TA 21* in Pola ein.

Am 15. 12. erfolgte ein schwerer Bombenangriff auf Zara, der große Schäden verursachte. Dennoch liefen am selben Tage Kreuzer *Niobe*, *TA 21* und *TA 22* zum Einsatz aus. Beim Anmarsch lief *Niobe* bei der Insel Selvo, 27 sm nordwestlich Zara, auf. Hier wurde der Kreuzer am 19. 12. um 19.00 Uhr von 24 Feindflugzeugen angegriffen. Die Flak hielt die Bomber auf Distanz und schoß ein Flugzeug ab, so daß die Bomben ungezielt geworfen wurden und keine Ausfälle eintraten.

Die *Niobe* machte zwar Wasser, konnte aber gehalten werden. Am frühen Morgen des 21. 12. lief *TA 20* von Pola zur Hilfeleistung für *Niobe* aus. In der Nacht zum 22. 12. wurde *Niobe* von den britischen *MTB 226* und *MTB 228* mit Torpedos angegriffen. Von zwei Torpedos getroffen, brach die *Niobe* auseinander. Es gab Tote und Schwerverwundete. Der Rest der Besatzung konnte mit Schleppern nach Pola gebracht werden. Die *Niobe* lag noch auf, und der Kommandant des Schiffes blieb mit 20 Soldaten an Bord, um die Artillerie auszubauen.

Der Kreuzer *Niobe* war ein Schiff, das Deutschland nach dem verlorenen Ersten Weltkrieg an Italien hatte abgeben müssen. Mit Fall »Achse« wurde dieses alte Schiff in der Werft von Pola gründlich überholt.

Nach vier Unternehmungen im Zusammenwirken mit den Truppen des Heeres auf den Inseln Cherso, Lussino, Pietro, Selvo, Iso, Melada, Grossa, Isto, Ugliano wurde die *Niobe*, der »Schrecken der Partisanen«, schließlich vernichtet.

TA 20 lief mit Schraubenschaden in Pola ein. Das Boot war nicht bis zu der Stelle gekommen, wo die *Niobe* gestrandet war.

Das Unternehmen »Herbstgewitter 2«, die zweite größere Inseloperation, die am 25. 12. begann, mußte ohne Beteiligung der TA-Boote stattfinden, weil diese außer Kriegsbereitschaft waren. Dennoch verlief das Unternehmen planmäßig. Der Ostteil der Insel Korcula wurde von Partisanen gesäubert. Die erbeuteten Waffen und Geräte waren modern, englischen und amerikanischen Ursprungs.

Die dritte Inseloperation, »Herbstgewitter 3«, begann am 28. 12. 1943. Die Partisanen waren wieder zurückgekommen. Es kam zu heftigen Kämpfen auf Korcula, bei denen die deutsche Seite 100 und die Feindseite 500 Tote zu beklagen hatte. Danach war der Korcula-Kanal wieder für die deutsche Schiffahrt frei.

Am 30. 12. 1943 erfolgte ein weiterer verlustreicher Luftangriff auf Zara. Der Dampfer *Mamelli* und zwei Boote der 11. Sicherungs-Flottille wurden schwer beschädigt. Es gab zehn Tote und 30 Verwundete.

Von Januar bis Juni 1944 stand die 11. Sicherungs-Flottille, ab 1. April als 2. Geleit-Flottille in dauerndem Einsatz mit allen irgendwie verfügbaren Booten.

Das Auslaufen des Dampfers *Artorea*, am 1. 1. 1944 aus Triest geplant, verzögerte sich wegen des Desertierens von 12 Italienern, die auf dem Dampfer dienten. Dadurch erhielten die Geleitfahrzeuge eine kleine Atempause.

Am 5. 1. unternahm *TA 36*, ex *Stella Polare*, seine erste Probefahrt und wurde am 13. 1. in Dienst gestellt. Einen Tag später erfolgte die Indienststellung von *UJ 205* für die 2. U-Jagd-Flottille. Es handelte sich hierbei um die italienische Korvette *Solubrina*.

Die am 11. 1. durchgeführte Operation »Morgenwind 2«, Besetzung der Insel Solta, ging ohne Feindberührung vor sich. Der Minenleger *Pasman* strandete jedoch dabei.

Nach Einlaufen von *TA 22* in Triest verfügte die 11. Sicherungs-Flottille über die ersten kampfstarken Boote, mit denen sie Aufklärungsfahrten gegen die feindbesetzten Inseln und Geleiteinsätze durchführte.

Während des Einsatzes von *TA 22* und *G 107* anläßlich der Aufklärung im Seegebiet um Rab am frühen Morgen des 22. 1. wurde *G 107* von fünf Feindjägern im Tiefflug angegriffen und mit Bordwaffenfeuer belegt. Kessel und Dampfleitungen wurden zerschossen. Der Kommandant und sieben Besatzungsmitglieder wurden verwundet. Um 13.22 Uhr erfolgte ein neuer schwerer Angriff auf das angeschlagene Boot. Diesmal griffen 12 Jabos an. Obgleich durch Raketenbomben-Volltreffer an Heck und Bug tödlich getroffen, sank das Boot nicht.

TA 22 versuchte, *G 107* abzuschleppen. Doch 2 sm nordwestlich Pola sank das Boot bei einem neuen Bombenangriff. Beim Ablaufen wurde *TA 22* in den ersten Stunden des 24. 1. von der Südspitze der Insel Pasman von eigenen Kräften trotz ES-Schießens mit Artillerie und MG beschossen. Das Boot erwiderte das Feuer. *TA 22*, *G 104* und VP-Boote führten in den nächsten Tagen einige weitere Aufgaben durch.

Als am 2. 2. *R 12*, *R 15* und *R 16* nach der Landüberführung von Genua in Venedig eintrafen (vgl. Kapitel V), wurden auch sie der 11. Sicherungs-Flottille unterstellt.

Am 2. 2. geleiteten *TA 22* und *G 104* Pionier-Landungsboote von Fiume nach Zara.

Die 10. Landungs-Flottille brachte am 8. 2. nach einem Feuergefecht ein größeres Motorschiff auf, das zwischen Korcula und Mljet stand und Partisanen auf den Inseln versorgen sollte.

Mit dem Eintreffen der über den Po überführten Boote *R 187* und *R 188* von Venedig nach Triest und der Probefahrt des *TA 37* (ex *Gladio*) von Triest nach

Abbazia und zurück, waren wieder einige weitere Fahrzeuge für die 11. Sicherungs-Flottille einsatzbereit.

Das Minenunternehmen »Muskete«, das von *TA 37* und *TA 38* geleitet wurde, begann am 12. 2. Am gleichen Tage war *TA 38* von der 11. Sicherungs-Flottille übernommen worden.

UJ 201 stellte am 17. 2. in Triest in Dienst.

Am 23. 2. wurde *R 187* vor Rogonitza von 12 Jabos angegriffen. Das Boot erhielt schwere Treffer und trieb hilflos auf der See, ehe es sank. Zwei Verwundete und 35 Mann Besatzung wurden von *R 188* aufgefischt und nach Trogir gebracht.

Eine starke Sicherung erhielt der Dampfer *Kapitän Diedrichsen*, 6 300 BRT, der am 29. 2. von *TA 36*, *TA 37*, *UJ 201*, *UJ 205* und drei Räumbooten geleitet wurde. Am Abend des 29. 2. traten die TA-Boote westlich von Isto in Gefechtsberührung mit drei Feindzerstörern. Nach zwei Salven, die *TA 37* voll trafen, war dieses Boot manövrierunfähig. Der Dampfer geriet nach der dritten und vierten Salve in Brand. Alle Boote erwiderten das Feuer. Ein Volltreffer wurde auf einem der Zerstörer beobachtet, ehe der Gegner ablief und in der Nacht verschwand.

Während *TA 36* und *UJ 205* die schiffbrüchige Dampferbesatzung bargen, lief *TA 37* mit 10 kn Fahrt nach Pola, war aber 10 sm südlich Pola abermals manövrierunfähig und wurde eingeschleppt. *TA 36* und *UJ 205* waren inzwischen mit den überlebenden Schiffbrüchigen ebenfalls in Pola eingelaufen. Lediglich *UJ 201* blieb vermißt. Der Dampfer *Diedrichsen* sank am 1. 3. um 11.45 Uhr.

Der Chef der 11. Sicherungs-Flottille meldete, daß *UJ 201* wahrscheinlich verloren sei.

Sabotageakte und Sprengungen am 12. und 13. 3. in Monfalcone und Triest legten in Triest die Stromversorgung der Werftbetriebe lahm. Während am 12. 3. die Werften noch mit 30 % Kapazität arbeiten konnten, fielen sie nach neuen Anschlägen am 13. 2. völlig aus.

Am 18. 3. lief *TA 36* um 20.15 Uhr 15 sm ssw Fiume auf eine italienische Minensperre und sank. Die Überlebenden wurden durch *UJ 205* nach Triest gebracht. Vier Tage darauf wurde die Dienststelle des Seekommandanten Istrien von Duino nach Opicina verlegt.

UJ 205, das mit drei R-Booten am 26. 3. Pionier-Landungsboote von Zara nach Sibenik geleitete, konnte nach erfüllter Aufgabe einlaufen. Die drei R-Boote ereilte jedoch das Schicksal, denn am Vormittag des 27. 3. griffen 14 Jagdbomber, die an einem Felsen der Insel Brac getarnt liegenden Boote *R 188*, *R 190* und *R 191* der 12. Räumboot-Flottille an. Von Raketenbomben getroffen, sank *R 191*, *R 188* und *R 190* wurden schwer getroffen. Der zweite Angriff von elf Jabos verursachte auf *R 188* weitere schwere Treffer, die das Boot zum Sinken brachten.

Am 31. 3. 1944 übernahm FKpt. Walter Berger die 11. Sicherungs-Division als Nachfolge-Verband der 11. Sicherungs-Flottille. Aus seinem Kriegstagebuch der Lagebericht:

»I. Feindlage:

a) Luftlage: Der Gegner ist im Besitz der absoluten Luftherrschaft. Das einzige Gegenmittel, starke eigene Jagdstreitkräfte, ist nicht vorhanden. Jede Bewegung von eigenen Fahrzeugen am Tage führt daher bei der lückenlosen und dichten Aufklärung des Gegners zur Meldung und Erfassung durch Jäger und Bomber, das heißt: zur sicheren Beschädigung, meist Totalverlust des Bootes oder Schiffes.

b) Seelage: Der Gegner ist an Zerstörern und S-Booten stark überlegen und hat jederzeit die Möglichkeit, stärkere Kräfte nachzuziehen; außerdem stellen die Partisanenboote einen nicht zu unterschätzenden Kräftezuwachs für den Gegner dar.

c) Landlage: Außer dem rückwärtigen Gebiet sind auch die Inseln der dalmatinischen Küste mehr oder weniger von Partisanen besetzt. Jede Verlegung von eigenen Fahrzeugen wird daher auch bei Nacht erkannt und gemeldet.

d) Minenlage: Bisher sind vom Gegner, soweit mir bekannt, noch keine Minenunternehmungen in der Adria durchgeführt worden. Da die eigenen Kriegs- und Handelsschiffsfahrzeuge bisher durch feindliche Luft- und Seestreitkräfte erfaßt wurden, liegt für den Feind keine Veranlassung vor, sich durch Minenlegen selbst eventuell Schwierigkeiten zu machen. Ich glaube nicht, daß in Kürze mit feindlichen Minenunternehmungen zu rechnen ist. Die geworfenen italienischen Sperren sind dem Gegner wahrscheinlich besser bekannt als uns und haben daher nur einen geringen Wert.

II. Eigene Lage:

Mit dem 30. 3. 1944 besteht die 11. Sicherungs-Division aus folgenden Einheiten:
Fahrbereit sind MS *Kiebitz, TA 20, TA 38, G 1.*
AKB sind: *TA 21, TA 22, TA 37, G 102, R 4, R 10, R 15, R 16, R 8, R 14.*
An Neubauten sind in nächster Zeit fertig: *TA 39* und *UJ 202. TA 38* soll eventuell später in den Raum des Admirals Ägäis überführt werden, was bei der derzeitigen Lage meines Erachtens undurchführbar ist und wahrscheinlich zur Vernichtung dieses Bootes führen würde.

Die übrigen Neubauten an TA-Booten und U-Jägern sollen in den nächsten Monaten fertig werden. Voraussetzung dazu ist, daß die Werften keine Luftangriffe bekommen.

Es ist mir klar, daß ich mit dieser Streitmacht den Seekrieg in der Adria nicht offensiv führen kann. Ich bin aber überzeugt, daß unter bestimmten Voraussetzungen auch mit diesen schwachen Kräften wertvolle Sicherungsaufgaben durchgeführt werden können . . .

Vorbedingung dazu ist:

1. Kommandierung von Kommandanten und Offizieren, die tatsächlich in der Lage sind, ihrer Aufgabe gerecht zu werden. Alte Männer, zum Teil borddienstuntauglich bzw. ohne Borderfahrung dieses Krieges, sind als Kommandanten oder sogar Flottillenchefs in diesem schwierigen Seegebiet nicht zu gebrauchen und bilden eine Gefahr für Boot und Besatzung.

2. Sicherstellung einer ausreichenden Ausbildungszeit für neu zusammengestellte Besatzungen. Die Überlegenheit des Gegners kann nur durch höchste Leistung jedes einzelnen ausgeglichen werden. Höhere Leistungen werden aber nur durch intensive Ausbildung erreicht. Ich halte es für ein Verbrechen, wenn nicht alle Waffen des Bootes 100prozentig ausgenutzt werden. Auf den T-Booten mit zwei Torpedo-Drillingsrohren befindet sich nicht ein einziger Offizier, der weiß, wie man den Torpedo aus dem Rohr zum Gegner bringt.

3. Räumung der Inseln von der Bevölkerung. Diese Forderung muß durchgeführt werden, da bei dem jetzigen Zustand jede eigene Fahrzeugbewegung erkannt und gemeldet wird.

4. Schaffung von Tarnplätzen für Kleinfahrzeuge. Durch OT- oder Pioniertruppen müßten bei den Inseln und in der Nähe der Häfen, in Buchten, an Felswänden usw. zumindest für Kümos, S-, R- und G-Boote Tarnplätze geschaffen werden, die tatsächlich vollen Schutz gegen Sicht bieten. Vorbedingung hierzu ist natürlich die Räumung der Inseln gemäß Ziffer 3.

Eine Steuerung und Sicherung des Geleitverkehrs im adriatischen Inselgebiet, etwa im gleichen Maße wie an der französischen Küste, ist meines Erachtens mit den vorhandenen Mitteln nicht möglich und auch nicht zweckmäßig.

Begründung:

1. Es handelt sich nur um kleine und kleinste Fahrzeuge, so daß der Wert des Schutzobjektes in keinem Verhältnis zu dem der Sicherungsfahrzeuge steht.

2. Zusammenfassung in großen Geleitzügen halte ich für falsch, da eine Zusammenballung von Fahrzeugen am Tage unbedingt zu schweren Verlusten durch die starken feindlichen Luftstreitkräfte führen würde.

Außerdem beträgt die Geschwindigkeit der kleinen Fracht-Motorsegler zum Teil nur drei Meilen; eine Fahrt, die für Torpedoboote zu gering ist. Mehrere bei Tage auf zahlreichen Tarnplätzen verteilte Fahrzeuge würden durch ein oder zwei Sicherungsfahrzeuge überhaupt nicht geschützt werden können.

Aus vorstehenden Gründen fahren also die kleinen Fahrzeuge am sichersten allein. Schutz des Geleitverkehrs ist nur an bestimmten Punkten möglich, zum Beispiel bei Kap Ploca, wo die Geleitwege vorübergehend aus dem Inselschutz heraustreten und Angriffen feindlicher Überwasserstreitkräfte ausgesetzt sind. Vorbedingung zur Bildung dieses Schwerpunktes, der eine größere Ansammlung von Fahrzeugen in Split und Sibenik zur Folge haben würde, ist auch hier starker Flakschutz in den beiden genannten Häfen und starke eigene Jagdabwehr.«

FKpt. Berger schlug auf Anfrage dem Admiral Adria Liegeplätze vor, die durch Flak besonders zu schützen sein sollten: Trogir, Sibenik, Zara und Cattaro.

Am 31. 3. 1944 wurde die 2. Geleit-Flottille mit den Booten *TA 20*, *TA 21*, *TA 22*, *TA 38* und *TA 37* aufgestellt. Flottillenchef wurde FKpt. Thorwest. Nur die beiden Boote *TA 37* und *TA 38* gehörten zu den moderneren Torpedoboottypen der Italiener (vgl. Kap. IX).

Der 11. Sicherungs-Division unterstanden damit 6 TA-Boote (2. Geleit-Flottille) (vgl. Kap. IX), die 6. Räumboot-Flottille (Pola), Kptlt. Klemm (vgl. Kap. VI), die 22. U-Jagd-Flottille (Fiume), Kptlt.z.V. Vollheim, mit ehemaligen italienischen Korvetten, (vgl. Kap. IV) sowie Küstendampfer, Küsten-Motorschiffe und Hilfsschiffe aller Art.

Die 11. Sicherungs-Division operierte gemeinsam mit dem Seetransportchef Adria, dem die 6. Transport-Flottille und die 10. Landungs-Flottille unterstanden. Aus den Kriegstagebüchern wird berichtet:

Bei dem Bombenangriff auf Mestre erhielt *R 190* viele Einschüsse aus Bordwaffen. Die italienische Korvette *105* erhielt einen Volltreffer. Korvette *106* wurde durch Splitter beschädigt.

Der Bombenangriff auf Monfalcone am 12. 4. verursachte schwere Schäden auf einigen Schiffen; die Telefon- und Stromverbindungen fielen aus. Am 20. 4. wurde ein neuer Luftangriff auf Monfalcone geflogen. Hierbei sank das italienische U-Boot *Nr. 5. UJ 203* erhielt Treffer im Vorschiff.

Mit vier R-Booten unternahm das MS *Kiebitz* am 24. 4. die Minenoperation »Hermelin«.

Am 3. 5. verlegte das Kommando der 6. Räumboot-Flottille von Abbazia nach Pola. Am 5. 5. lief *G 102* mit dem MS *Laurana* Venedig ein, und am 7. 5. erfolgten die Stapelläufe der Neubauten *TA 41* und *TA 42* auf den Werften von San Marco und Monfalcone. Einen Tag zuvor war in Venedig *UJ 208* in Dienst gestellt worden.

Der Monatsbericht Juni 1944 der 11. Sicherungs-Division meldete eine weitere Steigerung des Einsatzes der feindlichen Überwasser- und Luftstreitkräfte:

»Feindliche Zerstörer, zum Teil in Zusammenarbeit mit S-Booten, stießen mehrfach bis in Höhe Pola vor, beschossen Lussin und störten den eigenen Schiffsverkehr an der südistrischen Küste erheblich.

Feindliche Zerstörer und besonders S-Boote traten verstärkt von Sibenik und Split aus zwischen den süddalmatinischen Inseln auf . . .

Da die eigenen Ortungsgeräte denen des Gegners unterlegen sind, wird für gut flakbewaffnete Kriegsschiffe in diesen Gewässern die Tagfahrt für richtiger und sicherer gehalten, solange nur gelegentliche Vorstöße der feindlichen Jabos festzustellen sind.

Während ein Fahrzeug nachts nur planlos Störfeuer schießt, ohne das Flugzeug zu sehen, hat es am Tage die Möglichkeit unter Einsatz aller Waffen mit gezieltem Beschuß gute Abwehrerfolge zu erzielen.

Im Gebiet südlich Pola kommt nach wie vor nur der Nachtmarsch in Frage.«

Anfang Juni wurde die 2. Geleit-Flottille in zwei Gruppen geteilt, aus denen am 1. 7. 1944 die 1. und 2. Geleit-Flottille gebildet wurden (vgl. Kap. IX).

Die Minenschiffe *Kiebitz* und *Fasana* warfen elf Sperren im Golf von Venedig mit 401 Minen und 120 Reißbojen. Durch MS *Fasana* wurde außerdem die Hafensperre Triest gelegt.

Während der Werftprobefahrt vor Triest wurde *TA 22* am 25. 6. von zehn Jabos angegriffen. Das Boot erhielt zwei Bombentreffer und erlitt durch Bordwaffenbeschuß weitere Schäden. Es waren 16 Tote zu beklagen; 39 Besatzungsmitglieder wurden verwundet. Mit starker Schlagseite konnte das Boot noch aus eigener Kraft San Marco erreichen.

Über den Fahrzeugbestand meldete die 11. Sicherungs-Division:

»Der Fahrzeugbestand ist nach wie vor gering. Im Monat Juni wurden KB *TA 37* und *TA 39* in Dienst gestellt. Die Neubauten *TA 40* und *TA 45* sind weiter hinausgeschoben. *UJ 206* wird in Venedig nur sehr langsam weitergebaut. Mit Fertigstellung dieses U-Jägers ist nicht vor August zu rechnen . . .

Beschleunigung der UJ-Neubauten und RD-Boote ist dringend erforderlich. Wenn der Gegner mit Minenlegen beginnt, ist im Adriaraum kein leistungsfähiges Räumfahrzeug vorhanden.«

Zwei am selben Tage morgens laufende Minenoperationen erfolgten durch MS *Fasana* mit einem U-Jäger als Sicherung bei der Operation »Zobel 3«. Am Abend liefen *Fasana* und *Kiebitz* zur Minenoperation »Fee« aus. Sicherung durch *TA 38*. Auch die Operation im Geleit von *TA 37* und *TA 38* zur Minenoperation »Maulwurf« verlief planmäßig. Alle drei Einheiten liefen nach Beendigung dieser Aufgaben in Pola ein.

Die Säuberung der Insel Isto durch das Heer wurde am 12. und 13. 7. durchgeführt. Dabei gelang es, 42 Kleinfahrzeuge zu versenken. Mit *TA 37* und *TA 38* führte MS *Kiebitz* ostwärts von Rimini die Operation »Iltis« durch. Dabei erhielt *Kiebitz* zwei Minentreffer. Der Einsatz wurde abgebrochen, das Minenschiff lief nach Pola in die Werft ein.

Am 19. 7. griffen drei Flugzeuge Monfalcone an und versenkten *UJ 203* durch Bomben-Volltreffer.

Am 22. 7. unternahmen *TA 38*, *TA 37* und *TA 39* der Anfang Juli aus den modernen Booten der italienischen »Ariete«-Klasse gebildeten 1. Geleit-Flottille (FKpt. Birnbaum) den Mineneinsatz »Iltis 1«. Dazu liefen alle einsatzbereiten Boote der 24. Sicherungs-Flottille (Kptlt. Meyer) zur abgesetzten Sicherung von Grado aus. Zwei Nächte später wurde die Sperre »Iltis 2« geworfen, in der Nacht zum 27. 7. »Iltis 4«, 24 Stunden später »Iltis 5«. Bei »Iltis 6«, durch drei TA-Boote ausgeführt, waren als Sicherung vier Boote der 7. Schnellboot-Flottille eingesetzt. Es kam jedoch zu keiner Feindberührung.

Am 31. 7. unternahm *TA 48*, ex *K.u.K. T 5*, seine Abnahmefahrt in der Fiumebucht. Zwei Boote der 1. Geleit-Flottille standen als Flaksicherung dabei in See. – Die Minenoperation »Paula 3« wurde am 3. 8., die Minenoperation »Paula 4« nordostwärts von Pesaro in der Nacht zum 4. 8. von *TA 38* und *TA 39* mit zwei italienischen MAS-Booten als Sicherung durchgeführt. Zur gleichen Zeit führte das kleine Minenschiff *Fasana* mit *TA 37* als Sicherung die Minenaufgaben »Zobel 1 und 2« durch. Unmittelbar vorher hatte *TA 37* noch die Dampfer *Prometheus* und *Lia* auf dem Zwangsweg von Venedig nach Triest geleitet.

In den folgenden Tagen wurden bis zu sechs Einheiten, darunter ein Kreuzer, die auf wechselnden Kursen operierten, in der Straße von Otranto gesichtet.

In der Nacht zum 8. 8. wurde die Sperre »Feh 2« vor Umago mit MS *Kiebitz* und den sichernden Booten *TA 38* und *TA 40* geworfen. *TA 37* geleitete die *Citta di Tunisi* sicher von Triest nach Pola.

In der Nacht des 9. 8. wurde der Hafen Pesaro durch Boote der Hafenschutz-Flottille Venedig vermint. Die ebenfalls geplante Verminung des Hafenvorfeldes mußte wegen der schlechten Wetterlage verschoben werden.

Kiebitz und *TA 40* liefen in Begleitung von *UJ 202* am 12. 8. von Pola zur Minen-unternehmung »Chinchilla 2« aus. *TA 37*, *TA 38* und *TA 39* verließen gleichzeitig zur Abschirmung des Wurfverbandes Triest. Damit standen alle vier kriegsberei-ten Boote der 1. Geleit-Flottille gleichzeitig im Einsatz; eine Seltenheit bei der Vielzahl der Aufgaben und den zwangsläufigen Reparaturzeiten.

Am 17. 8. brach *TA 35* im Fasanakanal nach einem Minentreffer auseinander und sank. Damit hatte die 2. Geleit-Flottille wieder eines der wichtigsten Fahrzeuge verloren. Man vermutete, daß *TA 35* auf eine eigene Mine lief, was sich bestätigte.

TA 48 und *G 104* wurden gleichzeitig am 15. 8. mit kroatischen Besatzungen in Dienst gestellt. Auf dem Marsch Triest–Pola wurde der Versorgungsdampfer *Nu-midia*, 5340 BRT, bei Parenzo durch feindliche S-Boote mit Torpedos versenkt. Fünf Soldaten der Bordflak und neun zivile Besatzungsmitglieder fielen.

Am 27. 8. lief aus Venedig MS *Kiebitz* mit zwei TA-Booten zum Mineneinsatz »Nerz« aus. Der nächste Mineneinsatz in der folgenden Nacht, bei dem drei ita-lienische MAS-Boote als Voraussicherung mitliefen, wurde durch feindliche Luft-angriffe gestört. Im massierten Flakfeuer wurden die Flugzeuge bei vier Angriffen jedesmal zum vorzeitigen Abdrehen gezwungen.

Am 6. 9. stellte *TA 45* für die 1. Geleit-Flottille in Dienst. Der Dampfer *Rex*, der von Einheiten der 1. Geleit-Flottille in der Nacht des 8. 9. gesichert wurde, sank nach einem Jaboangriff, bei dem er in Brand geschossen wurde, in Höhe von Ca-podistria. Am folgenden Tage wurde die *Sandlavco* bei Kap Salvore von 12 Spitfi-re angegriffen. Der Kapitän setzte das in Brand geratene Schiff auf Strand. Bei bei-den Angriffen entstanden erhebliche Verluste an Menschenleben.

In der Nacht zum 10. 9. wurden durch MS *Kiebitz* und zwei U-Jäger die Minen-operationen »Murmel 11 und 12« durchgeführt.

Die Marinegruppe Süd bestätigte am 10. 9. den Befehl der Seekriegsleitung, drei TA-Boote der 1. Geleit-Flottille aus der Adria in die Ägäis zu überführen (»Un-ternehmen Odysseus«). Dieser lange Marsch wurde erfolgreich durchgeführt, und am 25. 9. liefen die Boote *TA 37*, *TA 38* und *TA 39* in den Hafen von Piräus ein (vgl. Kap. VIII).

Die Marinegruppe Süd meldete am 27. 9., daß der Admiral Adria mit Einver-ständnis des OB Südost in das Ausweichquartier Tüffer, südlich von Cilly, verlegt habe.

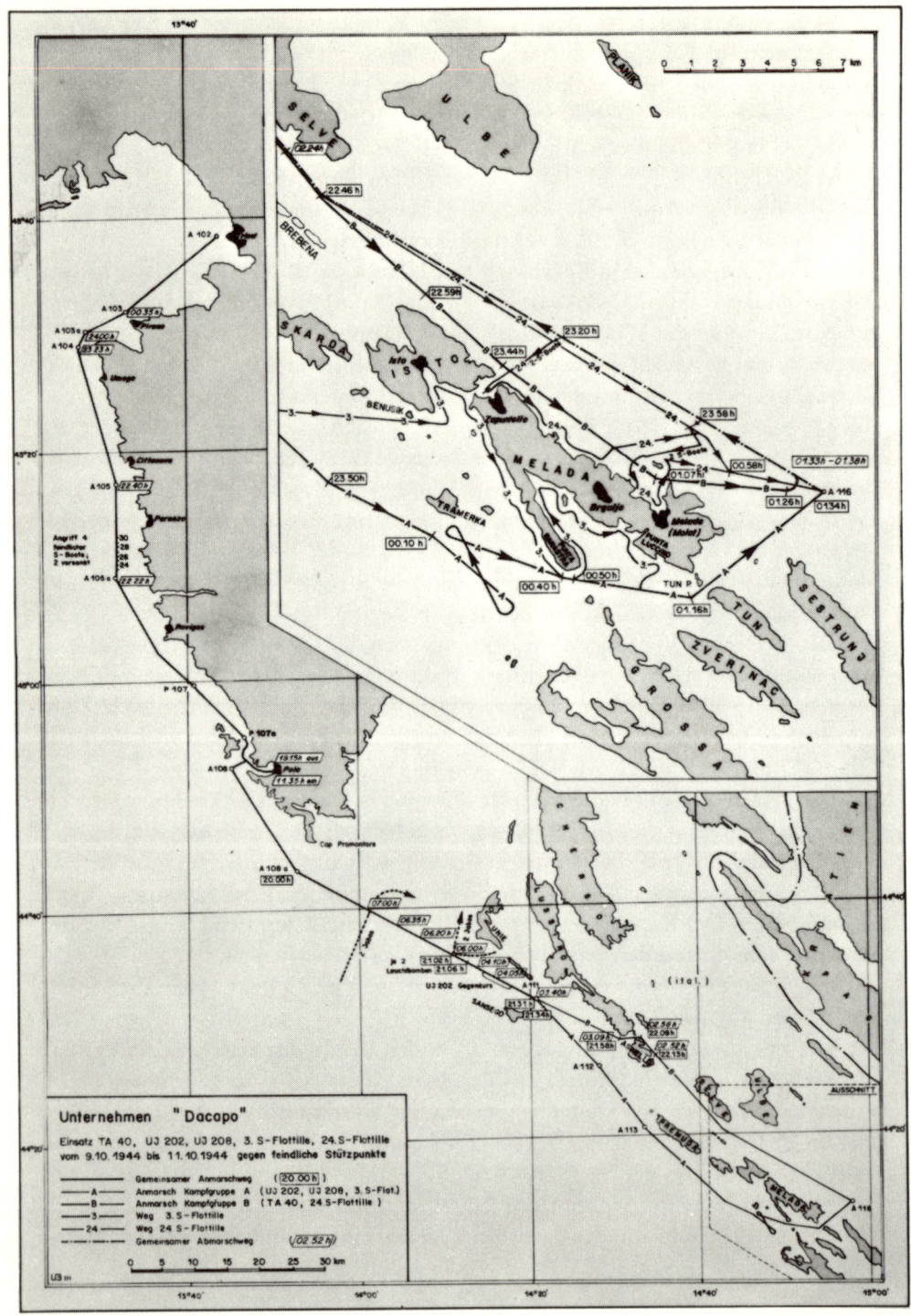

Unternehmen "Dacapo"

Einsatz TA 40, UJ 202, UJ 208, 3. S-Flottille, 24. S-Flottille
vom 9.10. 1944 bis 11.10.1944 gegen feindliche Stützpunkte

——————— Gemeinsamer Anmarschweg   (20.00 h)
———A——— Anmarsch Kampfgruppe A (UJ 202, UJ 208, 3. S-Flot.)
———B——— Anmarsch Kampfgruppe B (TA 40, 24.S-Flottille)
———3——— Weg 3. S-Flottille
———24——— Weg 24 S-Flottille
– – – – – Gemeinsamer Abmarschweg   (02.52 h)

Die Minenoperationen »Murmel 16 und 17« und »Murmel 18 bis 20« wurden unter Führung des Chefs der 1. Geleit-Flottille am 28. und 29. 9. planmäßig durchgeführt. Am 28. 9. wurden im albanischen Gebiet sämtliche Marineeinheiten zur Rückführung gesammelt. Die Küstenverteidigung wurde zugunsten des Landeinsatzes aufgelockert. Bei einem Luftangriff auf Triest am 5. 10. wurde *TA 21* von der 2. Geleit-Flottille durch Bombensplitter beschädigt. Bei Cassandra wurde ein Feind-U-Boot durch *UJ 2102* vernichtet. Bei einem Schnellbootsgefecht am späten Abend des 8. 10. vor Mestre geriet ein wegen Gefechtsschäden auf Strand gesetztes HS-Boot in Verlust. Ein Kümo wurde durch ein Feind-S-Boot versenkt. Am Abend des 10. 10. liefen *TA 40*, zwei U-Jäger und jeweils vier S-Boote der 3. und 24. Schnellboot-Flottille aus Pola aus. Ihr Ziel war die Insel Molat, deren Funkstation vernichtet werden sollte. Der Auftrag wurde durchgeführt, damit war ein wichtiges Kommunikationsmittel des Feindes ausgeschaltet. Dieses Unternehmen »Dacapo« führte der Chef der 1. Geleit-Flottille (s. Skizze S. 120). *TA 38* wurde am 9. 10. vormittags in der Bourtzi-Enge von fünf Feindflugzeugen angegriffen. Drei Geschütze fielen im Kampf durch Treffer aus. Dennoch gelang es, zwei der angreifenden Flugzeuge abzuschießen und nur leicht beschädigt aus dieser Gefahrensituation herauszukommen.

Auf dem Rückmarsch Pola-Triest wurden die beiden U-Jäger von MTB und MGB angegriffen. Es gelang dem mit hoher Fahrt folgenden Torpedoboot *TA 40* mit den Chefs der 1. Geleit- und 24. S-Flottille an Bord, den Feindbeschuß auf sich zu ziehen und dadurch sowohl den U-Jägern als auch dem auf Gegenkurs passierenden Geleit »Prometheus« das unbeschädigte Einlaufen in ihre Zielhäfen Triest und Pola zu ermöglichen. Zwei der angreifenden Feind-Schnellboote wurden durch *TA 40* versenkt, das mit zahlreichen Treffern durch eines der MGB auf kürzeste Distanz in Triest einlief.

In Fiume stellte am 13. 10. 1944 *TA 44* (ex *Antonio Pigafetta*) für die 1. Geleit-Flottille in Dienst: Kommandant Kptlt. z. V. Vollheim, der sich als Kommandant eines U-Jägers und als Chef der 2. U-Jagd-Flottille bewährt und ausgezeichnet hatte.

Am 21. 10. wurde *TA 41* für die 1. Geleit-Flottille in Dienst gestellt. Bei einem Jaboangriff gegen MS *Kiebitz* wurden zwei der angreifenden Flugzeuge abgeschossen. Das Schiff erhielt nur leichte Treffer.

Die U-Jäger *202* und *208* errangen auf dem Marsch von Fiume nach Zara einen Abwehrerfolg, als sie um 21.45 Uhr dieses Tages bei der Insel Maun mit neun englischen S-Booten ins Gefecht traten. *UJ 208* versenkte ein MTB und ein K-Boot und beschädigte zwei weitere MTB. *UJ 202* versenkte zwei K-Boote und schoß ein MTB in Brand. Beide U-Jäger erhielten nur leichte Treffer, hatten allerdings drei Gefallene und elf Verwundete. Der ObdM hat über den Admiral Adria den Besatzungen und Kommandanten der U-Jäger seine besondere Anerkennung ausgesprochen. Beide Kommandanten wurden ausgezeichnet.

Am Abend des 31. 10. liefen *TA 20*, *UJ 202* und *UJ 208* aus Fiume aus. Sie waren zur S-Boot-Jagd eingesetzt und sollten darüber hinaus die Inseln Silba und Olib beschießen. Mit vier MFP und zehn I-Booten lief ein Geleit aus Zara aus und erreichte wohlbehalten Sibenik. Dieses Geleit wurde von vier S-Booten gesichert. *TA 20* und die beiden U-Jäger liefen nach Durchführung ihrer Aufgaben am Vormittag des 1. 11. in Fiume ein.

Die Fahrzeuglage der 11. Sicherungs-Division nach dem Stand vom 25. 10. 1944

1. Geleit-Flottille	FKpt. Birnbaum, Triest
TA 40 (Pugnale) ·	21. 10. in Dienst, Triest
TA 41 (Lancia)	10. 11. in Dienst, Triest
TA 42 (Alabarda)	10. 11. WF Triest
TA 43 (Sebenico)	17. 11. WF Triest
TA 44 (Pigafetta)	14. 10. in Dienst
TA 45 (Spica)	bKB Triest, Ausrüstung, Ausbildung
TA 46 (Fionda)	30. 11. WF Fiume

2. Geleit-Flottille	KKpt. Thorwest, Fiume
TA 20 (Audace)	KB, Fiume
TA 21 (Insidioso)	KB, Fiume
TA 48 (ex T 3)	KB, Triest
G 102 (Jadders)	KB, Triest
G 104 (Salvore)	KB, Fiume

2. U-Jagd-Flottille	Kptlt.z.V. Vollheim, Fiume und Triest
UJ 202 (Melpomene)	KB, Fiume
UJ 206 (Bombarda)	30. 10. WF, Venedig
UJ 208 (Spingarda)	aKB Fiume, Termin noch nicht bekannt
UJ 209 (Scure)	März 1945 WF
UJ 210 (Clava)	Juni 1945 WF
UJ 211 (Zagalia)	September 1945 WF
1 U-Jäger	einsatzklar
2 Geleitboote	

6. Räumboot-Flottille	Kptlt. Glassmann, Venedig
R 4	aKB Pola, Termin 9. 10.
R 8	KB Venedig
R 10	aKB Pola, 31. 10. KB
R 14	KB Venedig
R 15	aKB Pola, Termin 20. 11.
R 16	KB Pola
R 187	KB Fiume

(Von 7 Booten sind 4 Boote KB und im Einsatz)

Minenschiffe	
Kiebitz	KB Triest
Fasana	KB Triest
Laurana	KB Triest
	(3 Minenschiffe einsatzklar)

Artillerie-Kümos

G 232 (Gustav)	aKB, Werft Tivat
G 234 (Paula)	KB Triest
G 235 (Max)	KB Triest

Kroatische Sicherungs-Flottille   Flottillenstützpunkt Fiume

KS 11	aKB Fiume
KS 17	KB Fiume
KS 18	aKB Fiume
KS 20	Totalverlust am 5. 9. 1944
KS 21	KB Fiume
KS 23	KB Fiume
KS 24	aKB Fiume
KS 31	aKB Fiume
KS 32	aKB Fiume

(Flottille noch nicht voll einsatzklar. Zur Zeit nur 3 Boote KB)

10. Landungs-Flottille   KKpt. Zimmermann, Fiume

SF 109	Totalverlust am 1. 9. 1944
SF 113	KB Fiume
SF 185	KB Fiume
SF 190	KB Fiume
SF 224	KB Fiume
SF 231	KB Fiume
SF 262	Totalverlust am 1. 9. 1944
SF 286	KB Fiume
SF 289	KB Fiume
SF 301	KB Venedig
SF 302	KB Venedig
SF 303	KB Fiume
SF 304	KB Triest
SF 305	KB Venedig
SF 306	Totalverlust am 12. 9. 1944
SF 307	KB Triest
SF 308	KB Triest
SF 309	KB Triest

(15 SF sind KB. Alle SF sind mit Minenschienen ausgerüstet)

I-Boote	14 I-Boote sind KB, davon Raum Istrien 3 Boote, Raum Norddalmatien 11 Boote. 3 I-Boote am 21. 10. 1944 in Dubrovnik gesprengt. 7 I-Boote seit dem 21. 10. überfällig.

Marine-Artillerie-Leichter

MAL 6	In Dubrovnik am 1. 10. 1944 gesprengt
MAL 7	Seit dem 21. 10. 1944 überfällig

SA-Boote

SA 20	KB Pola (2 SA-Boote sind KB)
SA 21	KB Pola

Marine-Fährprähme

1. Transportgruppe	Minengruppe
MFP 354, KB Zara	MFP 951, aKB Rovigo
MFP 433, KB Zara	MFP 956, aKB Rovigo
MFP 522, KB Zara	MFP 974, aKB Triest; 12. 10. WF

2. Transportgruppe

MFP 484, KB Zara
MFP 554, KB Zara
MFP 625, Totalverlust
am 12. 10. 1944   (Von 7 MFP sind zur Zeit 5 im Einsatz)

MFP-Neubauten für die 10. Landungs-Flottille

MFP 975	12. 10. WF Triest
	(Es fehlen Steuermaschinen und Artillerie)
MFP 952	14. 10. WF Monfalcone
MFP 1043	21. 10. WF Monfalcone
MFP 929	25. 10. WF Monfalcone
MFP 943	31. 10. WF Monfalcone
MFP 1044	3. 11. WF Monfalcone
MFP 1045	10. 11. WF Monfalcone
MFP 1046	13. 11. WF Monfalcone
MFP 1042	18. 11. WF Monfalcone
MFP 1047	22. 11. WF Monfalcone
MFP 1191	28. 11. WF Monfalcone
MFP 1192	28. 11. WF San Marco
MFP 1193	28. 11. WF San Marco
MFP 1194	13. 12. WF San Marco
MFP 1195	13. 12. WF San Marco
MFP 1179	13. 12. WF San Marco
MFP 1180	28. 1. WF San Marco
MFP 1198	2. 2. WF San Marco
MFP 1199	2. 2. WF San Marco
MFP 1155	23. 10. WF Fiume
MFP 1156	23. 11. WF Fiume
MFP 1157	23. 12. WF Fiume
MFP 1158	23. 1. WF Fiume

(Für weitere 6 MFP, die in Fiume gebaut werden, sind die Termine noch nicht abzusehen)

Dem Kommandierenden Admiral Adria unmittelbar unterstellt:

1. Schnellboot-Division	FKpt. H. Max Schultz (Pola)

mit

3. Schnellboot-Flottille	Kptlt. Günther Schulz
S 30	KB Sibenik
S 33	aKB Pola; voraussichtlich 24. 10. KB
S 36	KB Sibenik
S 58	KB Pola
S 60	KB Pola
S 61	KB Sibenik

7. Schnellboot-Flottille	Kptlt. Günther Schulz (bis Oktober 1944)
S 151	KB Sibenik
S 152	aKB Venedig
S 155	aKB Pola, 16. 11. KB

124

S 156	KB Sibenik
S 157	KB Sibenik
S 158	KB Sibenik
S 154	aKB Pola; Termin zur KB 2. 11.

24. Schnellboot-Flottille	Kptlt. Hans-Jürgen Meyer
S 621	aKB Grado; Termin Ende Oktober
S 623	aKB Pola; Termin Ende Oktober
S 626	KB Pola
S 627	aKB Grado; Termin Ende Oktober
S 628	aKB Monfalcone, Termin wird gemeldet
S 629	KB Pola

(Von 19 S-Booten sind zur Zeit 11 KB und einsatzklar)

Die Minenoperation »Lama 3« wurde von MS *Kiebitz* mit den sichernden Booten *TA 40* und *TA 45* unter Führung von FKpt. Birnbaum in der Nacht des 3. 11. durchgeführt.

Am gleichen Tag lief unter Führung von KKpt. Thorwest, Chef der 2. Geleit-Flottille, ein Geleit aus MFP, das nach Sibenik zurückzuführende Truppen und Material an Bord hatte, am Abend gegen 20.20 Uhr in Höhe der Insel Pag in einen Feindverband hinein. Dieser bestand aus den britischen Zerstörern *Wheatland* und *Avondale* sowie MTB und MGB.

Die Geleitsicherung, *TA 20*, *UJ 202* und *UJ 208*, eröffnete sofort das Feuer. Es gelang ihnen, den Feindverband von den MFP abzuziehen, auf sich zu lenken und zu konzentrieren.

Während die MFP mit den evakuierten Truppen an Bord ungehindert abliefen, steigerte sich das Gefecht zwischen den feindlichen Zerstörern und MGB und MTB auf der einen und den deutschen Torpedobooten und U-Jägern auf der anderen Seite. Von Granaten und Torpedos getroffen, gingen die U-Jäger nach einem 20 Minuten dauernden erbitterten Gefecht unter. Dann wurde auch *TA 20*, das immer wieder Treffer erzielt und einige MTB und MGB außer Gefecht gesetzt hatte, vernichtet. KKpt. Thorwest und der Kommandant von *TA 20*, Oblt.z.S. Guhrke, fielen. Ein Teil der Besatzung wurde von britischen Zerstörern aufgenommen.

KKpt. Thorwest, Chef der 2. Geleit-Flottille, Oblt.z.S. Guhrke, Kommandant von *TA 20*, Oblt.z.S. Trautwein, Kommandant von *UJ 202*, und Oblt.z.S. Wenke, Kommandant von *UJ 208*, wurden posthum mit dem Ritterkreuz des Eisernen Kreuzes ausgezeichnet.

Am Morgen des 6. 11. meldete der Hafenkommandant von Lussin die Beeendigung der Suchaktion nach Schiffbrüchigen des Gefechtes vom 1. 11. Ein toter Offizier und vier tote Soldaten waren gefunden worden und wurden von *SA 20* nach Pola überführt. Bei dem toten Offizier handelte es sich um KKpt. Thorwest.

Dem Chef der 1. Geleit-Flottille, FKpt. Birnbaum, gelang es am folgenden Tag, 27 Überlebende von *TA 20* von der Insel Trestenico nach Fiume zu überführen.

Der Minenwurfverband *Kiebitz* mit *TA 40, TA 41* und *TA 45* unter Führung des Flottillenchefs wurde beim Auslaufen aus Triest am 4. 11. von neun feindlichen Jabos angegriffen. *TA 41* erlitt Splitterschäden, 21 Soldaten wurden verwundet. Drei der Angreifer wurden dabei von der Bordflak abgeschossen. Bei Caorle wurde ein viertes Flugzeug abgeschossen.

Der schwere Luftangriff des 5. 11. gegen Hafen und Werft Fiume in drei Wellen beschädigte die Hafenanlage schwer. *TA 21* kenterte nach Volltreffer an der Pier. MS *Kiebitz, G 104* und ein Schlepper sanken. Die Ölbestände des Hafens gerieten in Brand. Dies war ein weiterer schwerer Schlag für die leichten Seestreitkräfte der 11. Sicherungs-Division.

Am 10. 11. verlegten *TA 40* und *TA 45* mit MS *Fasana* nach Pola und marschierten nach erfolgter Überführung des Minenschiffes nach Fiume weiter. Von dort liefen sie am 11. 11. nach Triest zurück. In der folgenden Nacht führten diese beiden Boote mit *Fasana* einen Minenauftrag durch.

Kurz nach Mitternacht des 14. 11. lief der von *TA 40* und *TA 45* geleitete Dampfer *Gofrede Mamelli*, 4370 BRT, bei Capodistria auf eine Mine. Der Dampfer wurde gegen Mittag von den beiden TA-Booten in der Strignanobucht aufgesetzt. Die Schiffahrt wurde bis auf Kleinfahrzeuge gesperrt. Die 11. Sicherungs-Division führte eine Minenkontrolle in diesem Gebiet durch, ehe die Schiffahrt wieder freigegeben werden konnte. Der Dampfer wurde am nächsten Tag nach Triest eingeschleppt.

In der Nacht zum 18. 11. wurde ein feindlicher Landungsversuch südlich des Fumo Lussin abgewehrt. Die Landungsboote des Gegners liefen ab. Auf dem Geleitweg von Venedig nach Triest lief *MFP 926* auf eine eigene Mine und sank.

Auch die letzten Wochen des Jahres 1944 waren von Einsätzen bestimmt, wie sie die obigen KTB-Auszüge schildern: ein zäher, ununterbrochener Kampf gegen den immer mehr überlegenen Gegner zur See und vor allem aus der Luft.

Anfang Januar 1945 konzentrierte die 11. Sicherungs-Division ihre Aufgabe auf das Legen von Defensiv-Minensperren, von denen die Operation am 21. 1. die letzte war, die aus den KTB ersichtlich wurde.

Aufgrund der Gefechts- und Einsatzberichte der 11. Sicherungs-Division machte das Marineoberkommando Süd am 22. 2. 1945 folgende KTB-Eintragung: »Aktivität eigener Seestreitkräfte mit offensivem Mineneinsatz, S-Boot-Vorstöße und weitreichende Unternehmungen der 6. K-Division haben dem Gegner die Gefährdung durch die anwachsende Kampfkraft der eigenen Seekampfmittel für geplante Unternehmungen in der Nordadria gezeigt. Da die Flakabwehr in den Häfen verstärkt wurde, war das Ausschalten der Seekampfmittel durch feindliche Jabos nicht gelungen.«

Der Chef i.V. der 11. Sicherungs-Division, FKpt. Birnbaum, meldete dazu, daß der Geleitdienst zwischen Venedig und Triest aufrechterhalten und von Fiume aus die Anforderungen der Truppe im Wehrmachtsnachschub erfüllt werden konnten. Eingesetzt waren noch neun G-Boote, sechs R-Boote, vier Kampffähren und zwei Hafenschutzboote.

Enge Geleitsicherung wurde Anfang des Monats mit geringstmöglichem Aufwand durchgeführt. Die Einschiffung von FuMB-Dienst-Gruppen auf den Geleiten erbrachte den Geleitführern wertvolle Anhaltspunkte zum frühzeitigen Erkennen der Anwesenheit von Feindeinheiten.

Minenunternehmungen wurden dreimal auf den vermuteten Geleitweg zwischen Zara und Ancona durchgeführt. Die Durchführung wurde dadurch erschwert, daß der Gegner bereits bei Dunkelwerden mit S-Booten vor Pola stand, um so seine Geleitwege nach Zara durch Fernsicherung abzuschirmen.

Der Sperrgürtel vor Pola wurde durch eine Minenunternehmung mit MS *Fasana* und zwei Minen-MFP verstärkt. Der Krk-Kanal wurde, bisher als Alarmsperre vorgesehen, bereits jetzt mit Minen verseucht, um die große Zahl von Alarmunternehmungen zu vermindern.

777 Minen wurden geworfen, zwei Flugzeuge abgeschossen. Bei S-Boot-Angriffen wurden drei Feind-S-Boote beschädigt; mit dem Verlust eines Teiles derselben war zu rechnen.

Verluste an Kriegsfahrzeugen:

I 49	am 1. 2. 1945
TA 44	am 17. 2. 1945
Minenprahm *Laurana*	am 17. 2. 1945
I 50	am 20. 2. 1945
MFP 554	am 20. 2. 1945
MFP 952	am 20. 2. 1945
TA 48	am 20. 2. 1945
TA 46	am 20. 2. 1945
MS *Kuckuck*	am 25. 2. 1945

Eine weitere Besserung des KB-Zustandes der Kriegsfahrzeuge war im Berichtsmonat zu verzeichnen. *TA 40* wurde nach Beseitigung der Havarieschäden, *TA 42* nach Beendigung der Gefechtsausbildung KB. Der Zerstörer *TA 43* konnte in Dienst gestellt werden und wurde im März KB.

Damit war das Neubauprogramm der TA-Boote beendet. Das in Fiume bei der Quarnerowerft liegende Boot *TA 46* wurde nach Bombentreffer vernichtet, ebenso der in der Triester San-Marco-Werft liegende Zerstörer *TA 44*. *TA 41* erhielt schwere Beschädigungen und wurde für mehrere Monate aKB gemeldet.

Für die 2. Geleit-Flottille wurden im Februar zwei Art.-Kümos KB (*G 236* und *G 238*). Das dritte Boot (*G 237*) beseitigte die beim Bombenangriff erlittenen Schäden und sollte im März KB werden. Die Termine für *G 234* und *G 235* (Motorenwechsel) blieben unbestimmt.

MS *Kuckuck* wurde durch Bombentreffer schwer beschädigt und sank später.

Ebenfalls MS *Laurana* und *TA 48*, so daß der 2. Geleit-Flottille nur noch ein Minenschiff (*Fasana*), ein G-Boot (*G 102*) und fünf Art.-Kümos unterstanden.

Für die 3. Geleit-Flottille (aufgestellt im Dezember 1944 in Venedig) wurden *G 323* und *G 333* am 24. 2., *G 234* am 15. 2. in Dienst gestellt (letzteres mit italienischer Besatzung).

Am 1. 3. 1945 schied die 1. Geleit-Flottille aus dem Verband der 11. Sicherungs-Division aus und wurde mit einem Zerstörer und vier TA-Booten als (neue) 9. Torpedoboot-Flottille (Adria) dem FdZ und einsatzmäßig dem MOK Süd unmittelbar unterstellt (vgl. Kap. IX).

R 4 der 6. Räumboot-Flottille erlitt in Arsa durch Raketenbombentreffer schwere Schäden und wurde längere Zeit aKB. Die Indienststellung des ersten UD-Bootes (*RD 115*) in Monfalcone sollte erst Anfang März erfolgen.

Der Fahrzeugbestand der 6. Transport-Flottille wurde durch Abgabe nichtseetüchtiger Boote an die 2. Transport-Flottille sowie an die 22. Marine-Bordflak-Abteilung weiter verringert. Durch Bombenangriffe gingen sechs Fahrzeuge verloren, sechs bereits im Vormonat in Dienst gestellte Fahrzeuge wurden KB.

Nachdem am 29. 4. die britische 56. ID Venedig genommen hatte und sich die neuseeländischen Truppen am 1. 5. bei Monfalcone mit den jugoslawischen Tito-Truppen und Partisanen trafen, versenkten sich am 1. 5. 1945 in Triest die restlichen deutschen Einheiten selbst, darunter der Zerstörer *TA 43* und das letzte Torpedoboot *TA 40*, gleichzeitig Führerboot des Chefs der 9. Torpedoboot-Flottille, sowie die nicht mehr fahrbereiten alten Boote *TA 22* und *TA 35*.

Am 2. 5. besetzten neuseeländische Heereseinheiten Triest. Ein Verband mit den letzten fahrbereiten Fahrzeugen, von FKpt. Birnbaum geführt, hatte in der Nacht zum 2. 5. mit den im alten Hafen zusammengeströmten Truppen aller Wehrmachtsteile und der kroatischen Legion an Bord in die Tagliamentomündung verlegt. Dabei übernahmen R-Boote die Sicherung nach See zu.

Als letztes deutsches Boot war *S 157* am 1. 5. 1945 durch direkte Feindeinwirkung (Granatwerfer von Land) westlich Triest zerstört worden.

Als am 3. 5. 1945 im Südwestraum die Waffen schwiegen, wurden *S 30*, *S 151*, *S 152* und *S 156* von Pola nach Ancona ausgeliefert.

Am 2. 5. 1945 erfolgte um 15.00 Uhr die Kapitulation an der Tagliamentomündung, nachdem die letzten Schiffe selbst versenkt oder kriegsunbrauchbar gemacht worden waren.

Die R-Boote wurden von englischen Kommandos in See übernommen und nach Venedig überführt.

VIII. 9. Torpedoboot-Flottille

Auf das Stichwort »Achse« liefen die Pionier-Sturmboote der Küstenjäger-Abteilung »Brandenburg« (vgl. Kapitel XII) am 8. 9. 1943 in den Hafen von Piräus ein und besetzten im Handstreich alle dort liegenden italienischen Marinefahrzeuge. Darunter befanden sich auch die beiden Torpedoboote *San Martino* und *Calatafimi*. Diese bildeten den ersten Grundstock der 9. Torpedoboot-Flottille, die mit »TA«-Kennung unter FKpt. Riede aufgestellt wurde.

»Am 20. 9. 1943« – so berichtete einer der damaligen Kommandanten, Kptlt. Vorsteher –, »wurde in den Torpedoboot- und Zerstörer-Flottillen in der Heimat und im Raume Norwegen das Stichwort ›Columbus‹ ausgegeben. Mit diesem Stichwort wurden erhebliche Teile der Besatzungen abkommandiert. Sie sollten in den italienischen und griechischen Häfen die in deutsche Hand gefallenen, unbemannt festliegenden Torpedoboote bemannen und als TA-Boote in Dienst stellen. Von Berlin-Staaken aus traten die dafür bestimmten Offiziere den Flug über Wien und Sofia nach Athen an. Bei der Meldung beim Kommandierenden Admiral Ägäis wurden die Offiziere von Kpt.z.S. von der Forst, dem Chef des Stabes, empfangen. Während der dienstlichen Meldung am darauffolgenden Tage machten sie auch die Bekanntschaft des Ersten Admiralstabsoffiziers, FKpt. Rechel, und des Zweiten Admiralstabsoffiziers, KKpt. Liebenschütz. Letzterem unterstand alles, was mit der Bewaffnung, dem Personal und der Ausrüstung der Boote zusammenhing.

Die Boote wurden bei einer ersten Hafenrundfahrt in Piräus in Augenschein genommen. Fassungslos standen wir vor diesen Monstren. So war das Boot *San Martino* – das spätere *TA 17* – geradezu vorsintflutlich. (Es handelte sich um eines der ältesten italienischen T-Boote aus dem Jahre 1917.)«

In den nächsten Wochen mußten alle Beuteboote entrümpelt und neu eingerichtet werden. Anfang Oktober trafen die ersten Mannschaften ein. In der Werft erhielten die ersten Boote der 9. Torpedoboot-Flottille – es waren die Boote *TA 14* bis *TA 18* – teilweise neue Bewaffnung. So bekam *TA 15* auf dem Podest am Achterdeck einen 2-cm-Vierling und eine vollautomatische 4-cm-Boforskanone. Der Flottillenchef, FKpt. Riede, konnte als erstes Boot *TA 15*, ex *Crispi*, in Dienst stellen, zu dessen Kommandant Kptlt. Vorsteher ernannt wurde. Der Flottillenchef berichtete aus dieser ersten Zeit:

»Bei intensiver Arbeit hoffte ich, die Boote *TA 14, TA 15, TA 17* und *TA 18* am 6. 11. 1943 kriegsbereit melden zu können. Vorausgehen sollten möglichst Einzelausbildung, ein Artillerieschießen, Fahrübungen im Verband und Fahren in der Gefechtslinie.«

Am 28. 10. wurde *TA 14*, ex *Turbine*, durch Kptlt. Dehnert in Dienst gestellt. Am 1. 11. folgte *TA 19* nach, das von Oblt.z.S. Hahndorff übernommen wurde. *TA 16* (Kptlt. Quaet-Faslem) stellte am 14. 11. in Dienst, und als vorläufig letztes Boot kam *TA 18* (Kptlt. Schmidt) hinzu. Dieses Boot sollte allerdings erst bedeutend später in Dienst gestellt werden.

Damit verfügte FKpt. Riede zu Beginn des Einsatzes gegen die Dodekanesinseln über die vier Boote *TA 14, TA 15, TA 17* und *TA 19* in folgender Kommandierung:

TA 14 (Kptlt. Dehnert), *TA 15* (Kptlt. Vorsteher), *TA 17* (Kptlt. Duevelius), *TA 19* (Oblt.z.S. Hahndoff). (*TA 16* wurde wenige Tage später unter Kptlt. Quaet-Faslem in Dienst gestellt.)

In der Nacht zum 11. 11. 1943 liefen *TA 14, TA 15, TA 17* und *TA 19* zu ihrer ersten Unternehmung aus. Es galt, das Landungsunternehmen gegen die Insel Leros zu schützen (vgl. Kap. XII, 2). Vor der Netzsperre des Hafens Piräus sammelten die vier Boote und marschierten danach in mäßiger Fahrt in Richtung Leros. Als sie mit den übrigen Booten des Geleites vor Leros ankamen, wurden sie vom Geschützfeuer der Landbatterie San Giorgio empfangen.

Die Boote legten Nebelwände, um die kleinen Landungsfahrzeuge der Sicht von Land her zu entziehen, und versuchten, den Gegner auszumachen.

Doch die Landbatterien hatten ihr Ziel gut aufgefaßt und schossen pausenlos. Landungsboote wurden getroffen, und noch immer nebelten die TA-Boote quer vor den Landungsfahrzeugen her.

Die Einschläge fielen dichter. Alle 15 Sekunden krachten vier Einschläge dicht bei *TA 15* in die See.

In Rudermanövern wich das Boot diesen Granateinschlägen aus. Die ersten deutschen Sturmtruppen waren inzwischen gelandet.

Noch zweimal lief *TA 15* von Piräus aus nach Leros, um weitere Soldaten an Land zu bringen und Munition und Waffen nachzuführen. Beim zweitenmal eröffnete das Boot gemeinsam mit *TA 14* das Feuer auf Landstationen. Dann liefen die Boote aufgrund eines Funkbefehls nach Kalymnos zurück.

Während sie bei bereits tiefstehender Sonne Kurs auf Kalymnos genommen hatten, sahen sie eine Anzahl deutscher Ju 52 über Leros. Aus den Maschinen sprangen Fallschirmjäger.

Am Abend des 13. 11. liefen *TA 15, TA 17* und *TA 19* in Piräus ein. *TA 17* hatte einen Artillerietreffer erhalten. Auch *TA 14* und *TA 19* waren nicht mehr einsatzbereit. Da aber sobald wie möglich noch ein Bataillon »Brandenburger« nach Leros geschafft werden sollte (das Bataillon Froböse), wurde mit Hochdruck gearbeitet.

Am Abend des 14. 11. liefen *TA 15* und das inzwischen in Dienst gestellte *TA 16* aus. Sie landeten jene Truppen der »Brandenburger«, die auf der Insel die Entscheidung herbeiführten (vgl. Kap. XII).

Am Vormittag des 16. 11. machten diese beiden TA-Boote wieder im Hafen von Piräus fest. *TA 16* war aKB, und da *TA 14* inzwischen ausgelaufen war, blieb nur noch *TA 15* übrig, um eine neue Fahrt mit Waffen und Soldaten nach Leros zu unternehmen.

Das Boot durchlief in Piräus die Durchfahrt am Ende der Themistokles-Mole, passierte die Netzsperre und nahm Kurs auf Leros. Bei der Kommandantenmusterung vor diesem Auslaufen hatte Kptlt. Vorsteher, der Kommandant von *TA 15*, gesagt:

»Wie die Kämpfe auf Leros auch ausgehen mögen, von unserer Besatzung von *TA 15* soll man nie sagen, wir hätten das Unsrige nicht getan.«

Dicht hinter Makronisi passierte *TA 14* auf Gegenkurs *TA 15*. Es wünschte dem Kameradenboot Glück und verschwand. Kurz vor Erreichen von Leros erhielt das Boot von der Insel her einen FT-Spruch. Dieser bestand aus zwei Worten: »Leros kapituliert!«

TA 15 lief daraufhin direkt durch die Netzsperre, die geöffnet worden war, in den Hafen Portolago hinein.

Nach dem Einsatz während der Rückgewinnung der Dodekanes-Inseln war zunächst keines der vier TA-Boote mehr einsatzbereit. Doch bereits am 23. 11. liefen *TA 15* und *TA 19* unter Führung des auf *TA 15* (der taktischen Nr. 1 der Flottille) eingestiegenen Flottillenchefs, FKpt. Riede, nach Samos, um die Insel in Besitz zu nehmen.

Die Engländer hatten Samos bereits verlassen, und die italienische Besatzung kapitulierte kampflos. Damit war am Abend des 24. 11. 1943 die Rückeroberung der Dodekanes-Inseln beendet.

Im ersten Dezemberdrittel geleiteten *TA 15* und *TA 16* den Dampfer *Leda* nach Leros. Von dort aus sollte er, mit britischen und italienischen Gefangenen beladen, nach Piräus zurücklaufen. Bei der Überführungsfahrt nach Leros galt es sechs Bombenangriffe zu überstehen. Allein vier U-Boot-Torpedos mußten ausmanövriert werden. Wie einer dieser U-Boot-Angriffe abgewehrt wurde, berichtete Kptlt. Vorsteher, Komandant von *TA 15*:

»Wir standen vorlich vor *Leda*, *TA 16* achtern. Plötzlich kam die Meldung: ›Torpedolaufbahn an Steuerbord!‹

Diese Meldung schreckte uns auf. Steuerbord querab sah ich einen gewaltigen Wasserschwall und daraus wie gierige Finger drei Torpedolaufbahnen, die genau auf uns zuliefen.

›Hart Steuerbord!‹ befahl ich.

›Rote Sterne schießen!‹ befahl der Flottillenchef, der bei mir eingestiegen war.

›U-Boot-Alarm!‹ kommandierte ich bereits ruhiger.

Die roten Sterne wurden abgeschossen. Sie waren das Zeichen für *Leda*, sofort nach Backbord abzudrehen. Ein Geleitflugzeug flog über uns hinweg. Auch ihm morsten wir U-Boot-Alarm zu. *Leda* drehte derweilen ab.

Außer diesem Dreierfächer hatte *TA 16* noch einen Zweierfächer südlich des Geleites gesichtet. Es waren also zwei U-Boote gewesen, zwischen denen unser Geleit genau hindurchgelaufen war.

Bald kamen Steuerbord voraus die Berge der Insel Andros, Backbord voraus die Insel Tinos in Sicht. In diesem Augenblick meldete der Posten Ausguck abermals: ›Sehrohr an Backbord!‹ Und sofort hinterher: ›Torpedos an Backbord!‹

›Grüne Sterne schießen! – U-Boot-Alarm!‹ befahl ich.

TA 16 hatte die Abschußstelle bemerkt und lief darauf zu. Bald dröhnten Wasserbomben-Detonationen. Die U-Boot-Torpedos liefen vorbei.

Ein drittes Mal gab es U-Boot-Alarm. Aber auch das ging gut, und am Abend des 7. 12. machten wir in Piräus im Comando Marina fest.«

Mit Truppen für Samos an Bord lief am 12. 12. Minenschiff *Drache* aus Piräus aus. *TA 14* und *TA 15* übernahmen die Geleitsicherung. Am 14. 12. war dieser Auftrag ausgeführt, die Boote liefen wieder in den Hafen Athens, Piräus, ein.

TA 14 (Kptlt. Dehnert) und *TA 15* begleiteten am 20. 12. das Minenschiff *Drache* ein weiteres Mal nach Samos. Kurz vor Erreichen dieser Insel wurde ein U-Boot gesichtet. *TA 14* griff an. In mehreren blinden Anläufen wurde das U-Boot geortet und sein Kurs durch geworfene Bojen markiert. Nunmehr konnte der erste scharfe Wasserbombenwurf erfolgen.

Fünfzehn Kreise standen wie die Muster eines Teppichs auf dem Wasser. Und mitten zwischen den Sprudeln der Wasserbomben stand eine weitere Sprudelstelle, eindeutig braunes Öl, das emporquoll und sich wie Schaum auf das Wasser legte. Dann war auf einmal Ruhe.

»Keine Geräusche mehr!« meldete auch der Horchgast hinter dem Gruppenhorchgerät.

»Suchgerät durch Wabodetonationen ausgefallen!« meldete der Maat. Dadurch konnte *TA 15* die Vernichtung dieses U-Bootes nicht sicher nachweisen.

Am 23. 12. marschierte *TA 15* nach Lemnos. Es galt, den 6000 BRT großen Dampfer *Balkan* aufzunehmen. Vor dem Hafen aber lauerten zwei englische U-Boote. Bereits beim Auslaufen des Geleits wurde ein ausgefahrenes Sehrohr gesichtet. Wenig später stob schwarzer Qualm über der *Balkan* in die Höhe. Der Dampfer hatte einen Torpedotreffer erhalten.

Mit AK lief *TA 15* auf die Schwallstelle des tauchenden U-Bootes zu und legte einen Wasserbombenteppich darüber. Das Feind-U-Boot stieß mit dem Bug steil aus der See heraus. Wasser rauschte aus den freiflutenden Teilen. Mehr als die halbe Bootslänge ragte der Bug im Winkel bis zu 60 Grad aus der See, ehe das Boot aufs Wasser aufschlug.

Der Turm des U-Bootes wurde sichtbar, aber schon senkte sich der Bug, das Heck kam empor, und dann schoß das fremde U-Boot steil vorlastig in die Tiefe.

Alles ging so schnell, daß die ersten dem Boot nachgeschickten Salven zu spät kamen.

Inzwischen war die *Balkan*, immer noch auf ebenem Kiel, erheblich tiefer gesackt. Ein Räumboot war dabei, die Besatzung der *Balkan* zu übernehmen. Dann dauerte es nur noch wenige Minuten, bis dieser Dampfer sank. *TA 15* übernahm von dem R-Boot die gerettete Besatzung der *Balkan*, und gemeinsam wurden beide Boote durch einen FT-Spruch des Admirals Ägäis nach Saloniki befohlen.

Auf diesem Marsch wurde *TA 15* ein weiteres Mal von einem U-Boot angegriffen. Mit Hartruderlegen entging das Boot den geschossenen Torpedos.

Am späten Abend des 24. 12. lief auch *TA 14* in Saloniki ein. Beide Torpedoboote übernahmen am frühen Morgen des ersten Weihnachtstages ein Geleit, bestehend aus drei Dampfern, die für Chalkis auf Euböa bestimmt waren. Von hier aus führten sie ein anderes Geleit nach dem Piräus.

Bis zum Jahresende 1943 hatte die 9. Torpedoboot-Flottille 28 Einsätze durchgeführt. *TA 18* lag immer noch in der Werft.

Am Beginn des Jahres 1944 liefen die wenigen einsatzbereiten Boote weiterhin zu Geleitaufgaben nach dem Dodekanes aus.

Die Flottille hatte am 3. 1. 1944 folgenden Bereitschaftsstand:

Flottillenchef	FKpt. Riede
TaktNr. 1: *TA 15* (aKB)	Kptlt. Vorsteher
TaktNr. 2: *TA 19* (aKB)	Oblt.z.S. Hahndorff
TaktNr. 3: *TA 18* (niD)	Kptlt. Schmidt
TaktNr. 4: *TA 14* (aKB)	Kptlt. Dehnert
TaktNr. 5: *TA 17* (KB)	Kptlt. Duevelius
TaktNr. 6: *TA 16* (KB)	Kptlt. Quaet-Faslem

TA 18 lag noch in Salamis und wartete auf seine Fertigstellung. Die außerordentliche Dringlichkeit der Aufgaben, welche der Flottille bis dahin gestellt worden waren, machte es notwendig, daß man *TA 18* »ausschlachtete«, um die Fahrbereitschaft der übrigen Boote zu erhalten. Dadurch wurde die Indienststellung von *TA 18* immer weiter hinausgeschoben. Es fehlte an Ersatzteilen, die infolge der angespannten Nachschublage nicht herangeschafft werden konnten.

FKpt. Riede mußte auch als Ersatz für ausgefallene Besatzungsmitglieder der übrigen Flottillenboote auf die Besatzung von *TA 18* zurückgreifen: Die Besatzung von *TA 18* wurde zwangsläufig Personalreserve der Flottille.

Ein Luftangriff auf Athen am Morgen des 11. 1. 1944, der den im Hafen von Piräus liegenden deutschen Einheiten galt, ging glimpflich vorüber. Zwei Bomberwellen vermochten nicht, die 9. Torpedoboot-Flottille zu zerschlagen.

Zur nächsten größeren Geleitaufgabe liefen am 31. 1. 1944 *TA 15* (Kptlt. Vorsteher), mit dem Flottillenchef FKpt. Riede an Bord, *TA 14* (Kptlt. Quaet-Faslem) und *TA 16* (Kptlt. Schmidt) zu einer neuen Geleitaufgabe aus. Es galt, die Dampfer *Sieglinde* und *Centaur* nach Portolago auf Leros zu geleiten.

Wohlbehalten kam das Geleit in Portolago an. Zwei Fliegeralarme verliefen ereignislos, ehe die Boote am frühen Morgen des 1. 2. 1944 wieder ausliefen. Sie geleiteten den Dampfer *Leda* von Leros nach Samos.

Als der Konvoi die Netzsperre von Portolago passierte, wurde er von einem kleinen Verband Ju 88 überflogen.

»ES« wurde geschossen und beantwortet. Dann aber warfen die Maschinen plötzlich Bomben, die dicht beim Dampfer *Leda* detonierten, zum Glück aber keinen Schaden anrichteten.

Eine sofortige Funkmeldung ergab schließlich, daß überhaupt keine deutschen Ju 88 in der Luft gewesen waren.

In der Nacht wurde der Verband abermals gebombt. Die Angriffe wiederholten sich mehrfach, ehe die Vathi-Bucht auf Samos erreicht war. Hier legte sich *Leda* neben einen schwedischen Rote-Kreuz-Dampfer. Kurz darauf ging dies Schiff ankerauf und verließ die Bucht. Den ganzen kommenden Tag über wurden die T-Boote aus der Luft angegriffen. Als sie bei Einbruch der nächsten Nacht ausliefen, setzten erneut Luftangriffe ein. Insgesamt flog der Gegner 15 Angriffe. Keine Bombe traf ihr Ziel. Dann aber kam der 16. Angriff. Wieder schossen die T-Boote Sperrfeuer.

Plötzlich stob eine gewaltige Feuersäule aus dem Dampfer *Leda*. Aber auch diesmal war es kein Bombentreffer, sondern eine der Feindmaschinen, die zu tief heruntergegangen war, war gegen den Mast der *Leda* geprallt und an Deck zerschellt.

An Deck der *Leda* standen Lastwagen und einige hundert Tonnen Benzin. Im Vorschiff der *Leda* aber waren Torpedoköpfe geladen!

Die brennenden Flugzeugtrümmer setzten das Benzin in Brand. Nun hieß es eilen! Während *TA 14* und *TA 16* die U-Boot-Sicherung übernahmen, erhielt *TA 15* den Befehl, bei der *Leda* längsseits zu gehen. Die Besatzung des Dampfers hatte sich auf der hohen Back ihres Schiffes versammelt.

Noch lagen zwei Bootslängen zwischen *TA 15* und der *Leda*, als eine wuchtige Detonation erfolgte. Unmittelbar darauf zwei mächtige Schläge. Riesige Stichflammen schossen aus dem Achterschiff der *Leda*.

Nur 30 m vor der *Leda* stand *TA 15* gestoppt und nahm dann Fahrt nach rückwärts auf.

Doch die *Leda* explodierte nicht. Brennend trieb sie nach Lee weg, während sich *TA 15* von Luv an die nunmehr im Wasser treibenden Schiffbrüchigen herantreiben ließ und sie an Bord nahm.

Plötzlich sackte das Achterschiff der *Leda* weg. Dann reckte sich schlagartig das Vorschiff in die Höhe. Ruckweise wurde es dunkler. Und im letzten Grellen der Flammen rauschte das Schiff in die Tiefe.

Die *Leda*, das beste Schiff in der Ägäis, war verloren.

Die Flugzeuge griffen wenig später erneut an und erzielten einen Treffer auf *TA 14*. Unmittelbar darauf erscholl das Signal für U-Boot-Alarm. Dicht vor dem Bug von *TA 15* tauchte ein U-Boot auf.

Kptlt. Vorsteher gab den Feuerbefehl. Leider konnten nur die Fla-Waffen das Feuer eröffnen, weil die vorn stehende Kanone zur Reparatur ausgebaut war. Die Feuerstöße der Fla-Waffen brachten das Boot jedoch nicht zum Sinken. Bevor *TA 15* gedreht hatte, um mit dem achteren Geschütz Treffermöglichkeiten zu bekommen, war das U-Boot getaucht.

Am Vormittag des 3. 2. liefen die T-Boote in Piräus ein. *TA 15* ging in die Werft nach Salamis, aus der am 2. 2. *TA 16* zu einem Truppentransport-Geleit von Piräus nach Heraklion auf Kreta ausgelaufen war. *TA 19* befand sich zu dieser Zeit zur Reparatur der Maschine und dem Einbau eines Fla-Vierlings in der Werft Salamis.

TA 17 marschierte vom 4. zum 5. 2. von Suda nach Piräus und lag am 6. 2. im Hafen.

Zum Kriegsmarsch von Piräus nach Rhodos wurde *TA 19*, das am 5. 2. seine Probefahrt gemacht hatte und am 6. 2. von Salamis nach Piräus gelaufen war, Flottillenführerboot. Mit *TA 19* liefen auch *TA 16* und *TA 17* nach Rhodos.

In Rhodos wurde *Oria* übernommen, die schon 4233 italienische Kriegsgefangene an Bord hatte, und der Marsch nach Leros angetreten. In Leros wurden weitere Kriegsgefangene übernommen.

Auf dem Marsch geriet der Kleinkonvoi am 10. 2. in einen Scirocco. *TA 19* erlitt einen Ruderversager.

Zur gleichen Zeit beachtete *Oria* nicht die Signalschüsse von *TA 19* und lief am frühen Morgen des 13. 2. auf einen Unterwasserfelsen auf. Das Schiff brach auseinander und sank sehr schnell. Mit dem Schiff ging ein Großteil der italienischen Kriegsgefangenen unter. Die zur Bergung ausgelaufenen Einheiten fanden nur wenige Überlebende. 14 zum Teil schwerverletzte Soldaten wurden an der Küste geborgen.

Einzeln waren die TA-Boote wieder in Piräus eingelaufen. Von hier aus liefen zum Geleit von *Agathe* und *Lühe TA 15* und *TA 17* aus, mußten aber wegen der Wetterlage wieder nach Piräus zurückkehren.

Am 16. 2. liefen die Dampfer *Agathe* und *Lühe* wieder aus, geleitet von *TA 15* und TA 17, mußten aber ein zweites Mal wegen Schlechtwetterlage einlaufen. Am 19. 2. wurden schließlich *Agathe* und *Lühe* nach Milos geleitet. *TA 15* und *TA 17* setzten den Marsch mit *Lisa* nach Heraklion fort. Am 23. 2. liefen beide TA-Boote wieder in Piräus ein.

Bei dieser Unternehmung kam es zu einer Feindberührung, die leicht hätte dramatisch ausgehen können. Die Boote erhielten auf dem Marsch nach Heraklion mit dem mit 3000 Tonnen Benzin beladenen Dampfer *Lisa* einen Funkspruch: »Geleit ist von feindlicher Aufklärung erfaßt!«

Wenige Minuten darauf meldete die Funkhorchabteilung Südost: »Alexandria gibt Angriffsbefehl: ›Aufforderung zum Tanz!‹«

Wieder fünf Minuten darauf: »Erster Feindverband in Alexandria gestartet.«

Als Kreta in Sicht kam, befahl der Wachoffizier von *TA 15* Fliegeralarm.

Genau aus der im Süden stehenden Sonne, tief über dem Wasser fliegend, tauchten die Beaufighter auf.

Sekunden nach Feuereröffnung wurde die am weitesten nach Backbord herausgesetzte Maschine getroffen. Aus den Rümpfen der beiden mittleren Maschinen lösten sich die Torpedos. Beide Maschinen zogen sofort nach dem Abwurf der Torpedos hoch. Dann tauchte die vierte Maschine der Rotte auf und schoß aus Bordwaffen, während die getroffene Maschine auf der See aufschlug.

Pausenlos feuerte die Flak beider TA-Boote. Dann prasselten harte Schläge in das Steuerhaus von *TA 15*. Bei Qualm und Funkenflug jagte die 2-cm-FlaMW ihr Feuer in das Angriffsflugzeug. Es stürzte hinter dem Heck von *TA 15* in die See. Ein Rundblick zeigte Kptlt. Vorsteher, daß *TA 17* noch schwamm.

Über dem Dampfer *Lisa* aber stand der gewaltige Rauchpilz einer Torpedodetonation. Sie war von einem Lufttorpedo getroffen worden.

TA 15 hatte über 200 Einschüsse. 20 Soldaten waren verwundet. Der Maschinenobergefreite Wilfried Feder war durch Kopfschuß gefallen. Matrose Marut hatte einen Schuß durch beide Knie und weitere Verwundungen erhalten. Dennoch hatte er sich in den Armbügeln der 2-cm-FlaMW festgehalten. Er hatte auch das zweite Torpedoflugzeug abgeschossen. Wegen Bewährung vor dem Feind wurde Marut, der vom Maat zum Matrosen degradiert worden war, wieder in seinen alten Dienstgrad befördert. Sanitätsgast Baeckmann rettete durch schnelle Versorgung der Schwerverwundeten mehrere Kameraden vor dem Tode.

Durch Winkspruch meldete *TA 17*, daß an Bord alles klar sei. Die *Lisa* schwamm noch. Sie brannte nicht einmal. Aber die gesamte Besatzung des Dampfers war in der Erwartung der drohenden Benzinexplosion ins Wasser gesprungen. Nur der Schiffsjunge war an Bord geblieben, weil er den Sprung in die Tiefe gescheut hatte. *TA 15* lief der *Lisa* entgegen. Auf dem Weg wurden auch zwei englische Flieger an Bord genommen und sofort versorgt.

Nach Auffischen aller Schiffbrüchigen lief *TA 15* nach Heraklion ein. Dann kehrte das Boot zur noch schwimmenden *Lisa* zurück. Zwei Stunden später sank der Dampfer, und die beiden TA-Boote traten den Rückmarsch nach Piräus an.

Das nächste Geleit, bestehend aus dem Dampfer *Gertrud* und dem Schlepper *Titan*, lief unter dem Schutz von *TA 15*, *TA 16* und *TA 19* am 27. 2. aus Piräus aus. Ziel war Leros, das am Vormittag des 28. 2. erreicht wurde. Dies war die letzte Geleitaufgabe der Flottille, die unter der Führung von FKpt. Riede ausgeführt wurde. Als sein Nachfolger wurde FKpt. Dominik erwartet. Von den Kommandanten der Boote war Kptlt. Dehnert abkommandiert worden. Oblt.z.S. Hahndorff lag noch mit Knöchelbruch im Lazarett. So mußten sich die Kapitänleutnante Vorsteher, Duevelius, Quaet-Faslem und Schmidt je nach Einsatzlage in der Führung der Boote *TA 14*, *TA 15*, *TA 16*, *TA 17* und *TA 19* ablösen. *TA 18* war immer noch nicht fahrbereit.

Am 6. 3. war Befehl, die Dampfer *Agathe* und *Susanne* zu geleiten. Beteiligt waren *TA 15* und *TA 19*.

Die *Graz,* ein kleines
Schiff im Lazarettdienst

Das Lazarettschiff
Aquileja

Die *Gradisca,* mit
13870 BRT ein Riese
im Mittelmeer

Die *Tübingen* wird
vernichtet.

Kptlt. Fenski; mit *U 371* und *U 410* im Einsatz

Oblt. z. S. Pollmann, der erfolgreichste U-Jäger

KKpt. Dr. Günther Brandt,
Chef der 21. U-Jagd-Flottille

FKpt. Thorwest; gefallen am 30. 10. 1944

Die beiden Dampfer, die in der Bucht der Felseninsel Santorin Schutz gesucht hatten, sollten dort aufgenommen und nach Kreta geleitet werden. Am Morgen des 8. 3. erreichten beide Boote die Felseninsel, nahmen den Konvoi auf und verließen mit ihm die Bucht.

Am Abend wurde die Bucht von Heraklion erreicht, und beide TA-Boote blieben zur Sicherung auf der 100-m-Wasserlinie zurück. Es wurde dunkel. Die Geräusche eines Flugzeuges, das aus Richtung Flugplatz Heraklion kam, wurden als die einer dort um diese Zeit startenden eigenen Transportmaschine angesprochen. Als der Beobachter auf *TA 15* die Maschine endlich in Sicht hatte, erkannte er ein englisches Flugzeug. Er gab Fliegeralarm.

Das Flugzeug warf Raketenbomben. *TA 15* erhielt um 18.30 Uhr drei Treffer. Der erste ging über der Wasserlinie ins Vorschiff. Die zweite Bombe schlug mittschiffs in die Aufbauten hinein, durchschlug das Schott zwischen den beiden Kesselräumen und mehrere Dampfrohre, so daß die Kessel leerdampften. Die dritte Bombe traf die vor dem achteren Geschütz lagernde Flakmunition, etwa 60 000 Schuß 2 cm, 3,7 cm und 4 cm. Die Munition geriet in Brand. Eine vierte Bombe detonierte im Kielwasser von *TA 15*. Rasch breiteten sich die Brände aus. Die achtern stehenden Besatzungsmitglieder mußten über Bord springen, wenn sie nicht von den Flammen erfaßt werden wollten. Die übrige Besatzung sammelte sich auf dem Vorschiff, wo es noch nicht brannte und die Brückenaufbauten Splitterschutz gegen die explodierenden Flakgranaten boten.

Als das feindliche Flugzeug noch einmal anflog, eröffneten die vorderen Fla-Waffen das Feuer und zwangen es zum Abdrehen.

»Blinkspruch an *TA 19*!« befahl Kptlt. Vorsteher. »Bitte an der Back längsseit kommen und Besatzung übernehmen.«

Als Antwort wurde zurückgemorst: »Nein, aussteigen! Ich fische auf!«

Es war für Kptlt. Schmidt ein zu großes Risiko, an das brennende TA-Boot längsseit zu gehen, weil dieses jeden Augenblick in die Luft fliegen konnte. Dann war auch *TA 19* verloren.

Kptlt. Vorsteher barg selbst den Kommandantenwimpel von der Brücke, ehe er das einzige noch erhalten gebliebene Floß für die Verwundeten aussetzen ließ.

Seit den Treffern war eine halbe Stunde vergangen, als eine riesige weiße Feuersäule aus dem Brandherd emporstob, der eine zweite und dritte ebenso hohe Flammensäule folgten.

Das waren die Wasserbomben, die detonierten. Um 19.10 Uhr erfolgten abermals zwei heftige Explosionen. Die Torpedoluftflaschen und der Torpedokessel flogen in die Luft. Danach gingen die Torpedoköpfe hoch, und schließlich detonierten auch noch die beiden Torpedos an Deck. Aber noch immer hielt das beinahe völlig zerfetzte Boot sich auf der See. Wenige Minuten darauf legte es sich jäh nach Backbord über. Kptlt. Vorsteher mußte den letzten Befehl geben:
»Alle Mann außenbords!«

Die auf der Back stehenden Soldaten sprangen ins Wasser und schwammen vom Boot fort. Nur Kptlt. Vorsteher blieb an Bord. *TA 15* richtete sich noch einmal auf.

Die Back hoch herausgereckt, vierzig Meter über dem Wasser schien *TA 15* für eine Sekunde stillzustehen, dann sackte das Boot schneller und schneller werdend in die Tiefe.

Kptlt. Vorsteher schwamm durch eine Lücke in dem brennenden Ölteppich auf *TA 19* zu, das die im Wasser schwimmenden Seeleute barg. Er wurde als letzter entdeckt und geborgen. 14 Soldaten hatte die See behalten.

✳

Am 12. 3. 1944 übernahm FKpt. Dominik als Chef die 9. Torpedoboot-Flottille. Flottillen-Verwaltungsoffizier wurde Oblt. (V.) Zerrenthin und Adjutant Obltl.z.S. Bender. Die Themistoklesmole, an der die drei Flottillenboote lagen, befand sich nur 500 m vom Flottillen-Stabsgebäude entfernt.

Am 16. 3. vermerkte der Flottillenchef im KTB:

»Die Dienstgeschäfte des Chefs der 9. Torpedoboot-Flottille werden durch mich von FKpt. Riede übernommen. Nach Untergang von *TA 15* sind leider nur drei Boote, *TA 16*, *TA 17* und *TA 19*, einsatzbereit.

Mit der Instandsetzung von *TA 18* ist erst in einigen Monaten zu rechnen; die Arbeiten gehen leider nur sehr langsam voran. *TA 14* führt seine planmäßige Werftliegezeit bei den D.W. Salamis durch. Der Admiral Ägäis hat die Zuführung eines TA-Bootes aus dem italienischen Raum als Ersatz für *TA 15* beantragt. Der Kommandant *TA 15*, Kptlt. Vorsteher, wird zur Übernahme des Ersatzbootes nach Triest in Marsch gesetzt. Die Besatzung *TA 15* wird zur Besetzung des neuen Bootes im Stützpunkt klargehalten.«

Am 17. 3. übernahm das Flottillenkommando den Gebäudekomplex der ehemaligen griechischen Marineschule in Piräus und richtete den neuen Stützpunkt 9. Torpedoboot-Flottille, Piräus, ein.

Am 18. 3. führte FKpt. Dominik als erstes Unternehmen das Geleit des Dampfers *Gertrud* mit den Booten *TA 16* und *TA 17* sowie zwei zugeteilten R-Booten durch. Auf dem Rückmarsch wurden am 19. 3. die Dampfer *Anita* und *Sabine* von Suda aus nach Piräus geleitet.

Der 25. 3. sah die Boote *TA 16* und *TA 17* auf dem Marsch mit Truppen und Gerät nach Milos und von dort aus weiter nach Suda und wieder zurück nach Piräus. *TA 19* lief mit U-Jägern und einigen R-Booten als Geleitsicherung der Dampfer *Agathe* und *Susanne* von Suda über Heraklion und Santorin nach Piräus. Das Boot blieb bis zum 21. 3. in Piräus, um danach zur Maschinenüberholung nach Salamis zu marschieren, wo es vom 22. bis 31. 3. blieb.

Auch *TA 17* marschierte am 27. 3. nach Salamis zur Maschinenreparatur, während *TA 16* das Geleit *Zentaur* von Piräus nach Portolago, Leros, übernahm.

Der Gegner versuchte diese Geleite laufend durch den Einsatz seiner U-Boote zu unterbinden. Er setzte Torpedoflugzeuge und Jagdbomber zur Geleitbekämpfung ein. Von der türkischen Küste aus operierten englische S-Boote. Sie besaßen in den Buchten der türkischen Mittelmeerküste verborgene, von den Türken stillschweigend geduldete Schlupfwinkel.

Außer diesen größeren Geleiten führten Boote der 12. Räumboot-Flottille und der Küstenschutz-Flottillen Attika, Peloponnes, Kreta, Dodekanes und Nordgriechenland Kurzgeleite in der kleinen Küstenfahrt.

Die 21. U-Jagd-Flottille unter KKpt. Dr. Brandt sicherte ebenfalls Geleitzüge, und auch die 12. Räumboot-Flottille unter Führung ihres tatkräftigen Chefs, Kptlt. Mallmann, fuhr oftmals mit der 9. Torpedoboot-Flottille Geleitsicherung. Der April sah eine Reihe Fahrten nach Portolago, nach Volos und Rhodos, an denen *TA 16, TA 17* und *TA 19* beteiligt waren. Eines der wichtigsten Geleite des Monats war das Einbringen des mit Treibstoff beladenen Dampfers *Berta*. Zu diesem Einsatz liefen *TA 16, TA 17* und *TA 19* vom Abend des 15. 4. an im Kriegsmarsch zu den Dardanellen. Sie übernahmen die aus dem Schwarzen Meer kommenden Dampfer *Berta* und *Claudia* und geleiteten diese beiden wichtigen Schiffe sicher nach Piräus.

Während *TA 14* bis Ende April immer noch in Salamis in der Werft lag, unternahm *TA 16* Fahrübungen, Fla-Schießen und andere Übungen. *TA 17* und *TA 19* versuchten auf die gleiche Weise, ihre volle Einsatzbereitschaft herzustellen.

Ein Truppentransport von Piräus nach Santorin und das Geleit der *Lüneburg* von Piräus nach Heraklion zum Monatsende sah die drei genannten Boote wieder im Einsatz.

Die erste Maihälfte stand im Zeichen der Truppentransporte nach Milos, Santorin und Leros.

In der Nacht zum 9. 5. führten *TA 17* und *TA 19* mit dem Minenleger *Drache* eine defensive Minenunternehmung durch. Feindliche Flugzeuge griffen den Verband an, sie wurden durch das vereinte Feuer aller Fla-Waffen zum vorzeitigen Abdrehen gezwungen. Ihre Bomben erreichten die Ziele nicht.

Der Kriegsmarsch von Piräus nach Leros und wieder zurück zum Stützpunkt war für die TA-Boote Mitte Mai ein Einsatz, der bereits routinemäßig durchgeführt wurde, wenngleich immer das »U-Boot vom Dienst« auf Lauerstellung lag und man sich der Angriffe feindlicher Flieger gewärtigen mußte.

Das Geleit der Dampfer *Susanne* und *Daxo* nach Leros und der Rückmarsch vom 15. bis 17. 5. zum Piräus verlief für *TA 17* mit einem Zwischenfall. Mit Ruderschaden mußte das Boot nach Piräus zurückgeschickt werden.

Als am 31. 5. das Geleit *Gertrud, Sabine* und *Tanais* von Piräus nach Kreta unterwegs war, stand *TA 14* im Einsatz mit *TA 16, TA 17* und *TA 19*. Zu diesem seit langem größten Geleitsicherungs-Aufgebot stießen noch *UJ 2101, UJ 2110* und *UJ 2105* sowie die beiden Boote *R 34* und *R 211* vor der Sperre hinzu. Zum befohlenen Auslauftermin lagen die drei Dampfer jedoch noch vor Anker.

FKpt. Dominik erhob Protest und vermerkte am 31. 5. 1944 im KTB der Flottille:

»Es ist nicht Sache des Geleitführers, die Dampfer einzeln vom Ablaufzeitpunkt zu unterrichten, sondern jene der Seetransportstelle. Aber ich werde anhand meiner Erfahrungen auch dies noch tun, denn die Seefahrer haben von diesen Nachlässigkeiten allein die Nackenschläge. Durch einen derartigen Ärger wird unnötig Kraft verbraucht.

Ich hole mit *TA 19* jeden Dampfer einzeln heraus. Die Kapitäne sind schimmerlos. Der Kapitän der *Tanais* ist an Land und unauffindbar. Der I.O. wird zum Kapitän ernannt. Im letzten Moment erscheint schließlich der Kapitän. Anscheinend war – einschließlich der Seetransportstelle – durch die 14tägige Verschiebung alles eingeschlafen.

TA 16 bekam sein unklares S-Gerät inzwischen klar und lief als letztes Boot der Flottille aus.

18.35 Uhr: Der Geleitzug wird formiert, Dampfer laufen in Kiellinie. *Sabine* läuft trotz vorheriger Beteuerungen, 8,5 kn zu machen, nur 6 bis 7 kn und setzt damit die Fahrt für den Verband auf 6,8 kn herunter. Der gesamte Zeitplan ist über den Haufen geworfen. Bis Sunion gelingt es endlich, die Schiffe in die erforderliche Formation zu bringen.

Vom A IV des Admirals Ägäis war noch ein FuMB für *TA 19* angekündigt; ich hatte gebeten, das Gerät bis spätestens 15.00 Uhr einzubauen. Zum Ablaufzeitpunkt um 17.00 Uhr meldete der NMB-Ingenieur, daß er noch 90 Minuten benötige. 14 Tage lang hatte man Zeit zum Einbau des Gerätes. Ich kann die sechs Mann Personal nicht mitnehmen und schicke sie von Bord. Das Boot geht mit halbmontierter Anlage in See. Dem guten Arbeiten des Bordpersonals gelingt es, die Anlage klar zu bekommen.«

Das Geleit, das schon mit so schlechten Vorzeichen begonnen hatte, sollte zu einem Fiasko werden.

Am 1. 6. griff die Feindluftwaffe mit 17 Baltimore, 12 Marauder und 24 Beaufighter, von 13 Spitfire und vier Mustangs gesichert, nördlich Kreta den Geleitzug an. Die deutsche Luftsicherung, die aus einer Arado 196 und sechs Ju 88 bestand, wurde abgeschossen.

Im Bombenhagel sanken der 2252 BRT größte Dampfer *Sabine*, *UJ 2101* und *UJ 2105*.

Der Dampfer *Gertrud*, 1960 BRT groß, wurde schwer getroffen, *R 211* erhielt ebenfalls Bomben- und Bordwaffentreffer. *TA 16* wurde so schwer beschädigt, daß es nur mit Mühe den Hafen Heraklion erreichte. Die *Gertrud* wurde ebenfalls nach Heraklion eingeschleppt. Als hier am 2. 6. auf *Gertrud* eine schwere Explosion erfolgte und der Dampfer sank, wurde *TA 16* durch die Druckwelle ebenfalls vernichtet.

Hier ein Augenzeugenbericht:

»Als Kreta in Sicht kam, meldete ›Kreta-Luft‹:
›Größere Feindverbände südlich Kreta in 3 000 m Höhe, Kurs Nord.‹
Über UK-Verbindung wurden von diesem Zeitpunkt an alle Geleitfahrzeuge laufend über den Stand der Luftlage unterrichtet. Alles war auf Gefechtsstationen befohlen worden. Von mehreren Stellen gleichzeitig wurden bald darauf zwei Bomberverbände von Marauders gemeldet.
Sämtliche Rohre, auch die noch nicht hinlangenden 2-cm-FlaMW, eröffneten das Feuer. Plötzlich aber tauchte noch ein dritter Feindverband auf: es waren Beaufighters, die berüchtigten Raketenmaschinen.
TA 16, das mit den U-Jägern an Steuerbord stand, schoß Schnellfeuer. Zwei Maschinen stießen brennend auf die See herunter, um mit Aufschlag-Explosion in Stücke zu zerbrechen. Raketen heulten auf *TA 16* herunter und schmetterten in das Boot hinein.
In der Runde stürzten drei, dann vier weitere Feindmaschinen brennend in die See. Zwei U-Jäger, welche die Beaufighter aufzuhalten versuchten, wurden von diesen im Direktflug angesteuert. Bomben und Raketen heulten. Die U-Jäger erhielten schwere Treffer. Explosionen rissen Bordwände und Decks auf. Beide U-Jäger sackten mit starker Schlagseite schnell achteraus und waren wenig später von der Wasseroberfläche verschwunden.
Von den drei Dampfern waren bei diesem furiosen Angriff von etwa 90 Flugzeugen zwei getroffen worden. Rauch und Flammen stoben aus ihren Decksaufbauten in die Höhe.
Alles dies, das ungeheuerliche Getöse der Abschüsse, das Heulen der Bomben, die krachenden Einschläge und Explosionen währte etwa zehn Minuten lang. Dann war wieder Stille.«
»Nicht getroffener Dampfer mit *TA 17* und einem U-Jäger nach Heraklion einlaufen!« befahl FKpt. Dominik, der die Geleitsicherung führte. In diesem Augenblick meldete sich auch *TA 16:*
»Kommandant *TA 16* an Flottillenchef: Starke Vorlastigkeit. Wasser im Boot steigt!«
Daraufhin entließ Dominik auch *TA 16* nach Heraklion, um das Boot zu retten. *TA 14* erhielt Befehl, an dem stark brennenden Dampfer *Sabine* längsseits zu gehen. Mit *TA 19*, dem Flottillenboot, marschierte der Flottillenchef zu einem der sinkenden U-Jäger. Ein R-Boot nahm indessen die Schiffbrüchigen des U-Jägers auf, der bereits gesunken war. Auch der zweite U-Jäger sackte nun rasch weg. Die Besatzung, einschließlich des Kommandanten, Oblt.z.S. Loida, wurde aufgefischt.
Anschließend lief *TA 19* zum Dampfer *Gertrud*, dessen Maschinenanlage durch Treffer außer Betrieb gesetzt worden war. Ein Raketenbombentreffer war in Heizraum und Bunker gegangen und hatte dort einen Brand entfacht. Es bestand Gefahr, daß sowohl die Munition als auch das Benzin erfaßt wurden und daß der Dampfer dann mitsamt dem längsseits gegangenen *TA 19* in die Luft flogen.

Aber nach zweistündiger Löscharbeit war das Feuer eingedämmt. Inzwischen hatte *TA 17* mit Dampfer *Tanais* den Hafen Heraklion erreicht. Der Dampfer *Sabine* brannte lichterloh. Seine Besatzung war von *TA 14* aufgenommen worden. Munitions- und Benzinexplosionen brüllten über die See. *TA 14* erhielt Auftrag, den Dampfer, der nicht mehr zu retten war, durch Torpedoschuß zu versenken. Der erste Torpedo war ein Kreisläufer. Der zweite traf den Dampfer mittschiffs. Die *Sabine* sank aber erst 20 Minuten nach diesem Treffer.

Dampfer *Gertrud* wurde nach Eindämmen des Brandes auf den Haken genommen und mit 9 kn Fahrt nach Heraklion eingeschleppt. Unterwegs begann das Schiff ein zweites Mal stark zu brennen. Als sie die Nähe der Hafenmole erreichten, kam ihnen der Hafenkommandant Kreta, Kpt.z.S. Wiarda, mit einem U-Jäger und einem Schlepper entgegen. Er übernahm mit diesen beiden Fahrzeugen den Dampfer und brachte ihn in den Hafen.

Trotz größter Gefahr waren von den drei Dampfern noch einmal zwei durchgekommen und konnten ihre Ladung löschen.

Mit drei TA-Booten, *TA 16* blieb in Heraklion, trat FKpt. Dominik den Rückmarsch nach Piräus an. Unterwegs sprach der Admiral Ägäis dem Geleitführer und den Soldaten aller beteiligten Boote seine besondere Anerkennung für diesen Einsatz aus. Der dritte Dampfer, die *Tanais,* dies sei vorausgeschickt, wurde auf dem Rückmarsch am 9. 6. durch das britische U-Boot *Vivid* versenkt. Nach dieser Katastrophe wurde die Versorgung von Kreta nur noch mit Kleinfahrzeugen durchgeführt.

UJ 2106 wurde wenig später von dem britischen U-Boot *Unsparing* versenkt.

TA 17 und *TA 19* führten vom 5. bis 7. 6. das Geleit *Daxo, Kalidon* und *Celsius* von Piräus nach Leros und marschierten nach Piräus zurück. Alle drei einsatzbereiten Boote der Flottille, also auch *TA 14*, führten vom 11. bis 13. 6. das Geleit *Agathe, Karoline, Anita* und *Celsius* von Piräus nach Portolago; sie geleiteten die *Agathe* von Portolago nach Rhodos weiter und kehrten nach Portolago zurück. Aber auf die drei in Portolago liegenden TA-Boote, die auf das Entladen der in Rhodos liegenden *Agathe* warteten, um sie nach Piräus zurückzubringen, wurde am frühen Morgen des 18. 6. ein Sabotageanschlag verübt. Hier die Eintragung aus dem Flottillen-KTB:

»18. 6. 1944, 03.45 Uhr, Portolago:

Detonationen an den T-Booten an der Werft- und Ölpier. Es ist sofort klar, daß ein Groß-Sabotageunternehmen im Gange ist. Es erfolgen im Verlauf von etwa 45 Minuten laufend Detonationen an den auf der Werftseite liegenden Fahrzeugen. Es stellt sich heraus, daß an *TA 14* zwei Sprengkörper am Vorschiff Backbord detonierten und zwei Löcher von etwa 3 x 4 m rissen, so daß zwei Abteilungen voll Wasser liefen und das Boot vorn etwa eineinhalb Meter tiefer tauchen ließen. Durch sofort eingeleitete Gegenmaßnahmen wurde das Boot gesichert.

An *TA 17* detonierten am Achterschiff im ganzen fünf Sprengkörper, drei an Backbord, einer in der Rundung des Achterschiffes und einer an Steuerbord, in der Höhe der Abteilung 3. Das Achterschiff sackt bis zum Oberdeck, das teilweise überspült wird, ab. Der allgemeine Zustand ist zunächst bedenklich. Durch sofort einsetzende Pumpmaßnahmen wird das Wasser gehalten und das Boot nach Ziehen von Lecksegeln wieder auf etwa einen halben Meter Freibord gehoben. Damit ist auch dieses Boot gesichert.

TA 19 blieb als einziges Boot unbeschädigt.

Ein vor TA 14 liegender KFK der Küstensicherungs-Flottille Dodekanes und der Bergungsschlepper Titan wurden durch weitere Detonationen so schwer beschädigt, daß beide Fahrzeuge sanken. Ein an der Boje liegendes Fahrzeug wurde auf Strand gesetzt, um sein Sinken zu verhindern. Es war dem Gegner trotz der starken Bewachung der Boote gelungen, Sprengkörper anzubringen.

Da ein unbemerktes Herankommen von Booten in der Nacht durch die Bewachungsmaßnahmen unmöglich erscheint, nehme ich an, daß entweder die Haftminen (als solche stellten sich die Sprengkörper nach einem Zünderfund heraus) durch Kampfschwimmer unter Wasser an die Boote herangebracht wurden oder daß dies durch Kleinkampfmittel ebenfalls unter Wasser geschah. Ein Heranbringen durch Schwimmer über Wasser wäre in der klaren Nacht unbedingt bemerkt worden.

Es muß festgestellt werden, daß die Ansammlung von T-Booten und Dampfern auf mehrere Tage in dem nicht voll geschützten Hafen Portolago, in dem es von fragwürdigen Italienern wimmelt und dessen Netzsperre nur als kümmerlich angesehen werden muß, einen entschlossenen und geschulten Gegner geradezu herausfordern muß, in der Neumondperiode einen derartigen Großanschlag durchzuführen.

Dem Gegner ist es gelungen, zwei meiner Boote lahmzulegen, so daß die 9. Torpedoboot-Flottille zur Zeit nur noch über ein klares Boot – TA 19 – verfügt. In seiner Kammer auf TA 17 starb bei diesem Anschlag der Obermaschinist Demhard. Die 9. Torpedoboot-Flottille ist schwer angeschlagen, unser Ziel ist es, mit aller Energie sobald wie möglich dem Ägäisraum die Boote wieder einsatzbereit zuzuführen.«

Am 19. 6. wurde TA 19 an die Hafenkommandant-Pier vor der Stadt verholt. Am selben Tage ging der Befehl des Admiral Ägäis über den 3. Teil der Operation »Butterbrot« ein: Abholung des Dampfers Agathe aus Rhodos mit TA 19, R 195 und R 178. Diese Gruppe lief um 13.45 Uhr aus. 15 Minuten später traten drei Arado 196 als enge Sicherung zum Verband. FKpt. Dominik ließ Zickzackkurse steuern, um die hier oftmals lauernden U-Boote auszumanövrieren. Diesmal waren es jedoch nicht U-Boote, sondern vier Beaufighter, die um 14.57 Uhr in drei Gruppen angriffen. Hauptziel war TA 19, das mit Raketenbomben schwer eingedeckt wurde, von denen zum Glück die meisten über das Boot hinweg und in Feuerlee in die See fielen. Alle Waffen schossen Abwehrfeuer. Eine Maschine erhielt einen Volltreffer und stürzte in Feuerlee ab. Eine weitere wurde angeschossen und drehte mit einer Rauchfahne ab. Sie wurde durch eine Arado 196 abgeschossen.

Die Seenotmaschinen holten zwei schiffbrüchige Engländer aus dem Wasser (vgl. Kap. XIV).

Vier Raketen aber trafen *TA 19*.

Die R-Boote erhielten keinen Treffer. FKpt. Dominik entschloß sich infolge Ausfalles des Flak-Vierlings und des Wassereinbruchs auf *TA 19* zum Abbruch der Unternehmung und lief nach Portolago zurück. Von hier aus lief er am 22. 6. mit *TA 14* nach Piräus. *TA 17* folgte am 29. 6.

Damit war die gesamte 9. Torpeoboot-Flottille lahmgelegt. Alle Boote gingen in die Werften.

Und so war am 1. 7. 1944 keines der vier Boote der 9. Torpedoboot-Flottille einsatzbereit. *TA 14* und *TA 17* befanden sich in der Werft von Salamis, *TA 19* auf der Werft Skaramanga, und *TA 18* war noch immer nicht einsatzbereit.

In der ersten Augusthälfte wurde *TA 19* KB. *TA 18* führte seine Restarbeiten auf der Werft aus und stand ab 10. 8. in der Werfterprobung.

TA 19 hatte die Geleitsicherung gemeinsam mit den U-Jägern der 21. U-Jagd-Flottille (KKpt. Brandt) durchzuführen. Am 1. 8. lief das Boot von Piräus nach Portolago auf Leros, um dort das Geleitschiff *Pelikan* zu übernehmen und nach Piräus zu geleiten.

Am 4. 8. geleitete *TA 19* den Dampfer *Carloa* von Piräus nach Syra und am nächsten Tage von dort weiter nach Karlovasi auf Samos. Es übernahm den Dampfer *Orion*, der nach Portolago geleitet wurde. Auf dem Marsch von Portolago zurück nach Karlovasi wurde das Boot am 9. 8. mit den beiden Leichtern, die es geleitete, vor Samos von dem griechischen U-Boot *Pipinos* durch Torpedotreffer versenkt. Beide Leichter fielen diesem U-Boot ebenfalls zum Opfer.

Damit stand von der 9. Torpedoboot-Flottille nur noch das soeben erst einsatzbereite *TA 18* zur Verfügung.

FKpt. Dominik mußte melden, daß die Aufgaben, die seiner Flottille gestellt wurden, unerfüllbar seien, wenn nicht einige neue Boote schnellstmöglich zugeführt würden.

Diese Meldung löste das Unternehmen »Odysseus« aus, die Überführung der drei Boote *TA 37*, *TA 38* und *TA 39* der 1. Geleit-Flottille aus der Adria in die Ägäis (vgl. Kap. IX).

In seinen Aufzeichnungen schrieb FKpt. Dominik:

»Zwar ist nur *TA 18* da, das allein fährt, denn grundsätzlich lasse ich bei einem Boot KB den Kommandanten allein fahren, aber noch sind die Besatzungen der gesunkenen und der zu reparierenden Boote da: *TA 17*, *TA 14*, *TA 19*. Die Besatzungen von *TA 14* und *TA 19* lasse ich schnellstens in die Heimat verlegen, um sie dort dem FdZ zur Verfügung zu stellen. (Die *TA 19*-Leute kamen noch durch, während die Besatzung von *TA 14* vor Belgrad aus dem Transportzug hinausgeworfen und gegen einen Russendurchbruch angesetzt wurde. Gegen Weihnachten erst kam ein Trupp davon in Deutschland an.)

TA 17 wird nicht weiter repariert und dem Hako Piräus zur späteren Hafensperrung zur Verfügung gestellt. Die Besatzung wird auf die 21. U-Jagd-Flottille verteilt.

Admiral Fricke, Oberbefehlshaber der Marinegruppe Süd, erscheint zu einem letzten Besuch in Athen. Er gibt uns sozusagen seinen Abschiedssegen. Zu meiner Freude kündigt er an, daß in allernächster Zeit drei neue italienische T-Boote von Triest aus in See gehen werden, um entlang der dalmatinischen Küste durch die Otrantostraße–Korinthkanal in die Ägäis durchzubrechen. Ob das gelingt?«

Vom 17. bis 20. 9. wurde *TA 18* für Truppentransporte nach Lemnos eingesetzt. Immer wieder kam es zu Ausfällen in der Maschinenanlage des Bootes, das dennoch seine Aufgaben erfüllte.

Am 24. 9. erfolgte ein schwerer Luftangriff auf Athen. Dabei wurde die deutsche Werft in Skaramanga, die letzte leistungsfähige Werft im Raume Piräus unter deutscher Betriebsführung, total zerstört. Damit waren alle Verbände für die Durchführung von Reparaturen ab sofort auf griechische Werften angewiesen. Die Werkstatt der 9. Torpedoboot-Flottille wurde dagegen durch Zuführung von technischem Marine-Personal und weiterer Ausrüstung mit Werkzeug und Material gut auf die Höhe gebracht. Hier wurden auch Arbeiten für Boote anderer Flottillen übernommen.

Am 21. 9. hatte FKpt. Dominik durch den Admiral Ägäis Kenntnis erhalten, daß die drei TA-Boote der 1. Geleit-Flottille aus Pola den Marsch angetreten hätten. Am 24. 9. 1944 um 20.40 Uhr liefen *TA 37, TA 38* und *TA 39* in Piräus ein. Das Unternehmen »Odysseus« war geglückt.

Die Boote, Kommandanten und Offiziere:

TA 39 (ex *Daga*)	Kptlt. Lange
I. WO	Oblt.z.S. Beyersdorf
II. WO	Lt.z.S. Thurm
LM	Stabsobermaschinist Knauf
TA 38 (ex *Spada*)	Lt.z.S. Scheller
I. WO	Lt.z.S. Weinrich (ehem. *TA 14*)
II. WO	Lt.z.S. Röder (ehem. *TA 17*)
LI	Oblt. (Ing.) Unger
TA 37 (ex *Gladio*)	Oblt.z.S. Goldammer
I. WO	Oblt.z.S. Göppner
II. WO	Lt.z.S. Westphalen
LM	Stabsobermaschinist Krüger

Am 25. 9. besichtigte der Kommandierende Admiral Ägäis die drei Boote und verlieh Auszeichnungen an die Besatzungen.

Der Chef der 9. Torpedoboot-Flottille stellte zwei Rotten auf, die zunächst den Abtransportverkehr größerer Schiffe von Piräus nach Saloniki sichern sollten: 1. Rotte *TA 38* (Führerboot) und *TA 39*, 2. Rotte *TA 18* und *TA 37*.

Den alten Kommandanten der 9. Torpedoboot-Flottille, Kptlt. Quaet-Faslem, Kptlt. Vorsteher und Kptlt. Hahndorff, wurde am 26. 9. das Deutsche Kreuz in Gold verliehen. Dazu kam es bei den bewährten Kommandanten Oblt.z.S. Goldammer und Lt.z.S. Scheller nicht.

Am 28. 9. um 21.50 Uhr liefen *TA 38* (Führerboot), *TA 18*, *TA 37* und *TA 39* mit den beiden Dampfern *Zeus* und *Lola* aus Piräus aus. Zielhafen war Saloniki. Die Dampfer hatten 2 000 Mann Marinepersonal an Bord. *Zeus* und *Lola* liefen in gestaffelter Dwarslinie, jeweils zwei TA-Boote sicherten vorn und etwa 2 bis 3 Dez achterlicher als querab. Die Marschfahrt betrug 12 kn, der Marsch ging durch die Keos- und Doro-Durchfahrt, westlich an Skyros vorbei, durch die Pelagos-Durchfahrt nach Saloniki. Auf dem Marsch wurde ein deutsches Geleit überholt, von dem der Geleitführer keine Kenntnis hatte. Bis zum 29. 9. um 02.34 Uhr passierte man zwei weitere ungemeldete Geleite. Um 12.00 Uhr traf eine U-Boot-Warnung im Gebiet Kassandra vom Admiral Ägäis ein.

FKpt. Dominik ließ die beiden Schiffe in Kiellinie dicht unter Kassandra gehen und übernahm mit den TA-Booten die U-Boot-Sicherung nach See zu. Von diesem Tage an wandte er ständig dieses Verfahren an, die Geleitschiffe dicht unter der Küste laufen zu lassen und die Sicherung nach der Seeseite weit herauszusetzen. Um 16.00 Uhr übernahm *TA 37* die Sicherung allein, während *TA 38* und *TA 39* nach Saloniki vorausliefen.

Um 18.02 Uhr wurde die Netzsperre bei Kara Burnu passiert, und um 18.42 Uhr fielen auf der Reede von Saloniki die Anker.

Erst nach energischer Anforderung durch FKpt. Dominik kam ein Lotse heraus, der die TA-Boote, die zum ersten Male Saloniki anliefen, an die Öl- und Minenpier lotste. Durch diese Verzögerung konnte die noch in dieser Nacht für *TA 38* und *TA 39* geplante Minenaufgabe nicht durchgeführt werden.

Am späten Abend lief auch *TA 37* mit den beiden Dampfern in den Hafen ein und legte sich in Sechs-Stunden-Bereitschaft.

Mit *TA 38* und *TA 39* lief FKpt. Dominik zum Minenunternehmen »Tulpe« am 30. 9. um 20.05 Uhr aus. Mit diesem ersten Teil einer Minensperre, die sich von der Insel Skyros nach Nordosten erstrecken sollte, war die Abriegelung der Nordägäis gegen Einbrüche feindlicher Überwasserstreitkräfte beabsichtigt.

Zwei Stunden nach dem Auslaufen wurde abermals ein nicht gemeldetes Geleit von vier Fahrzeugen gesichtet, das nicht einmal auf ES-Anruf antwortete.

Um 03.30 Uhr war das Wurfgebiet erreicht. Das Minensperrstück wurde gelegt und der Rückmarsch angetreten. Am 1. 10. 1944, 09.54 Uhr, machten *TA 38* und *TA 39* an der Ölpier Perama bei Piräus fest. Damit war die erste Minenunternehmung der neuerstandenen 9. Torpedoboot-Flottille beendet. Der Chef stellte im Kriegstagebuch fest:

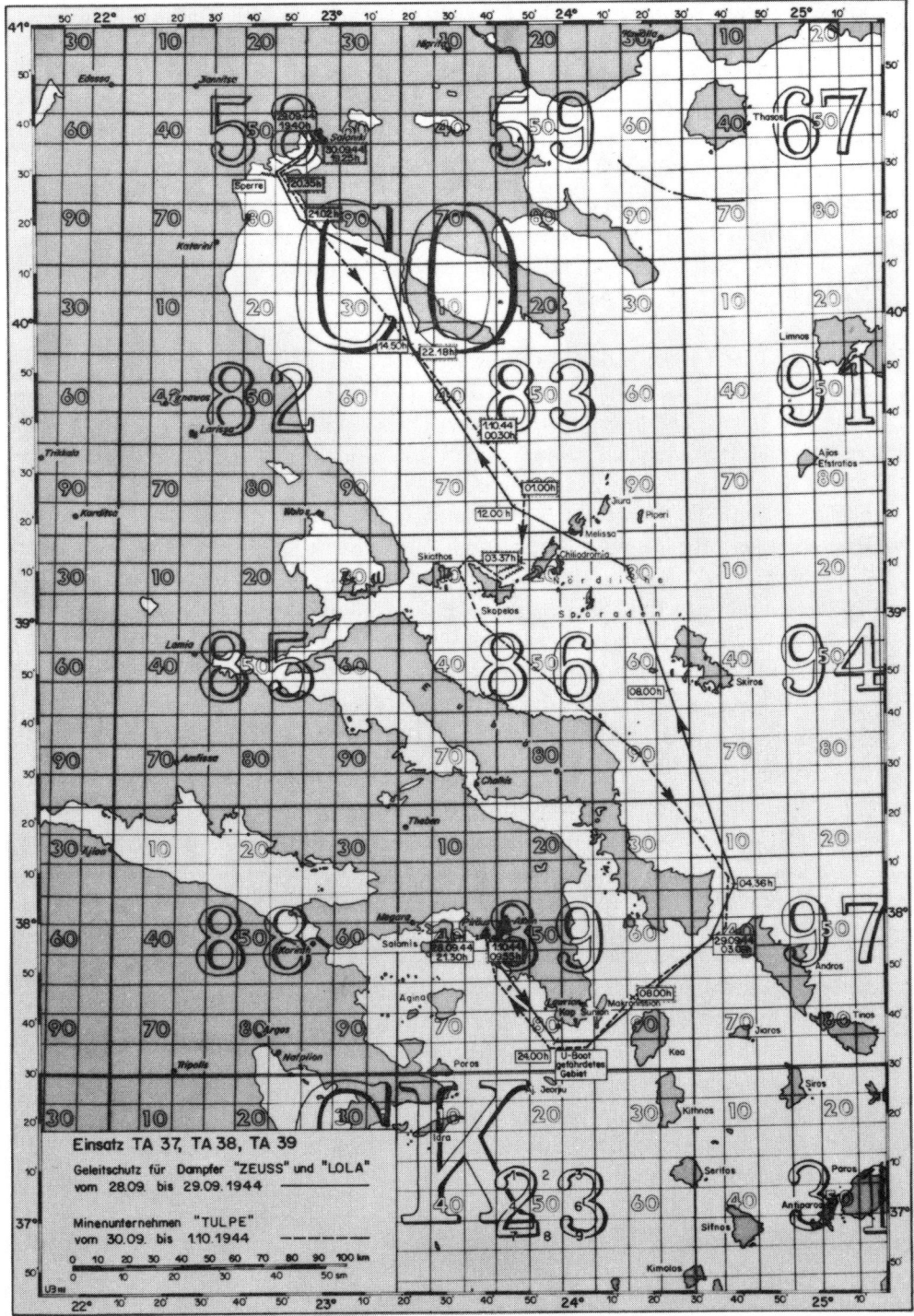

Einsatz TA 37, TA 38, TA 39

Geleitschutz für Dampfer "ZEUSS" und "LOLA"
vom 28.09. bis 29.09.1944 ⎯⎯⎯

Minenunternehmen "TULPE"
vom 30.09. bis 1.10.1944 ⎯ ⎯ ⎯

»Die neuen TA-Boote, die in der Adria bereits mehrere Minenunternehmungen durchgeführt hatten, zeigten, daß sie den technischen Wurfdienst gut beherrschten. Es ist zudem eine Freude für uns Ägäisfahrer, die wir bisher auf den alten, abgefahrenen italienischen Torpedobooten saßen, nunmehr mit den schönen, neuen, weit leistungsfähigeren Booten zu fahren.«

Um 02.00 Uhr am 2. 10. liefen *TA 38* und *TA 39* mit je 24 EMP-Minen zur Minenunternehmung aus. Im Operationsgebiet fielen zwischen 03.21 Uhr und 03.26 Uhr die Minen des ersten Sperrstückes. Zwischen 03.31 Uhr wurden die 12 Minen des zweiten Teilstückes von *TA 38* gelegt. Das Minenwerfen auf *TA 39* war um 03.46 Uhr planmäßig beendet.

Beide Boote trafen sich um 04.05 Uhr und liefen gemeinsam nach Piräus zurück, wo sie um 05.59 Uhr an der Minenpier festmachten.

Um 17.59 Uhr dieses 2. 10. legten *TA 38* und *TA 39* wieder zum nächsten Minenunternehmen ab. Die Sperren sollten zwischen Levitha und Amorgos geworfen werden. Der Flottillenchef konnte auch diesmal nicht zusätzlich auf *TA 37* zurückgreifen. Es lag in Saloniki, um mit *TA 18* eine nördliche »Sicherungsgruppe« zu bilden, denn *TA 18* war am 30. 9. mit den HS-Booten *GD 97* und *GD 92* als Geleitsicherung für *Tsar Ferdinand* und *Berta* von Piräus in Richtung Saloniki ausgelaufen. Am 2. 10. versenkte das französische U-Boot *Curie* den Dampfer *Tsar Ferdinand*, am 3. 10. das britische Boot *Unswering* den Dampfer *Berta*. In der Nacht zum 3. 10. gelang es dann *TA 18*, aus diesem U-Boot-Rudel ein U-Boot zu versenken.

Auf *TA 38* ging um 22.49 Uhr des 2. 10. ein FT-Spruch ein: »Heute Nacht zwischen 01.30 Uhr und 02.30 Uhr *TA 38* und *TA 39* Minenunternehmen im Seegebiet Amorgos-Levithos. LS-Boote ab 02.30 Uhr in halbstündiger Bereitschaft zur Unterstützung der TA-Boote bei Feindberührung oder Einsatz aufgrund Feindmeldungen. – Admiral Ägäis, OP.«

Um 02.34 Uhr des 3. 10. fiel von *TA 38*, um 02.43 Uhr von *TA 39* die erste Mine. Das Werfen war nach dem Legen der fünf Sperrstücke um 02.56 auf *TA 38* und um 02.53 Uhr auf *TA 39* beendet.

Um 03.08 Uhr kamen beide Boote einander in Sicht, und vom Sammelpunkt aus wurde der Rückmarsch angetreten, der zwischen Naxos und der Südostdurchfahrt von Keos um Kap Sunion nach Piräus führte.

Um 09.35 Uhr und 09.46 Uhr machten die beiden Boote im Hafen Piräus fest. Mit nur noch einer Tonne Kessel-Speise-Wasser hatte *TA 39* es geschafft und erhielt 36 Stunden Reparaturzeit zum Einwalzen der Kesselrohre.

Um 22.00 Uhr des 4. 10. war die Maschinenanlage von *TA 39* wieder klar. Es wurden in der Zwischenzeit 300 Rohre eingewalzt. Die Flottillenwerkstatt und das Maschinenpersonal des Bootes hatten ausgezeichnete Arbeit geleistet.

Auf *TA 38* wurden gleichzeitig auf der Reede von Piräus die beiden achteren 2-cm-Waffen eingebaut und Wasserbomben und Wasserbombenwerfer an Bord genommen.

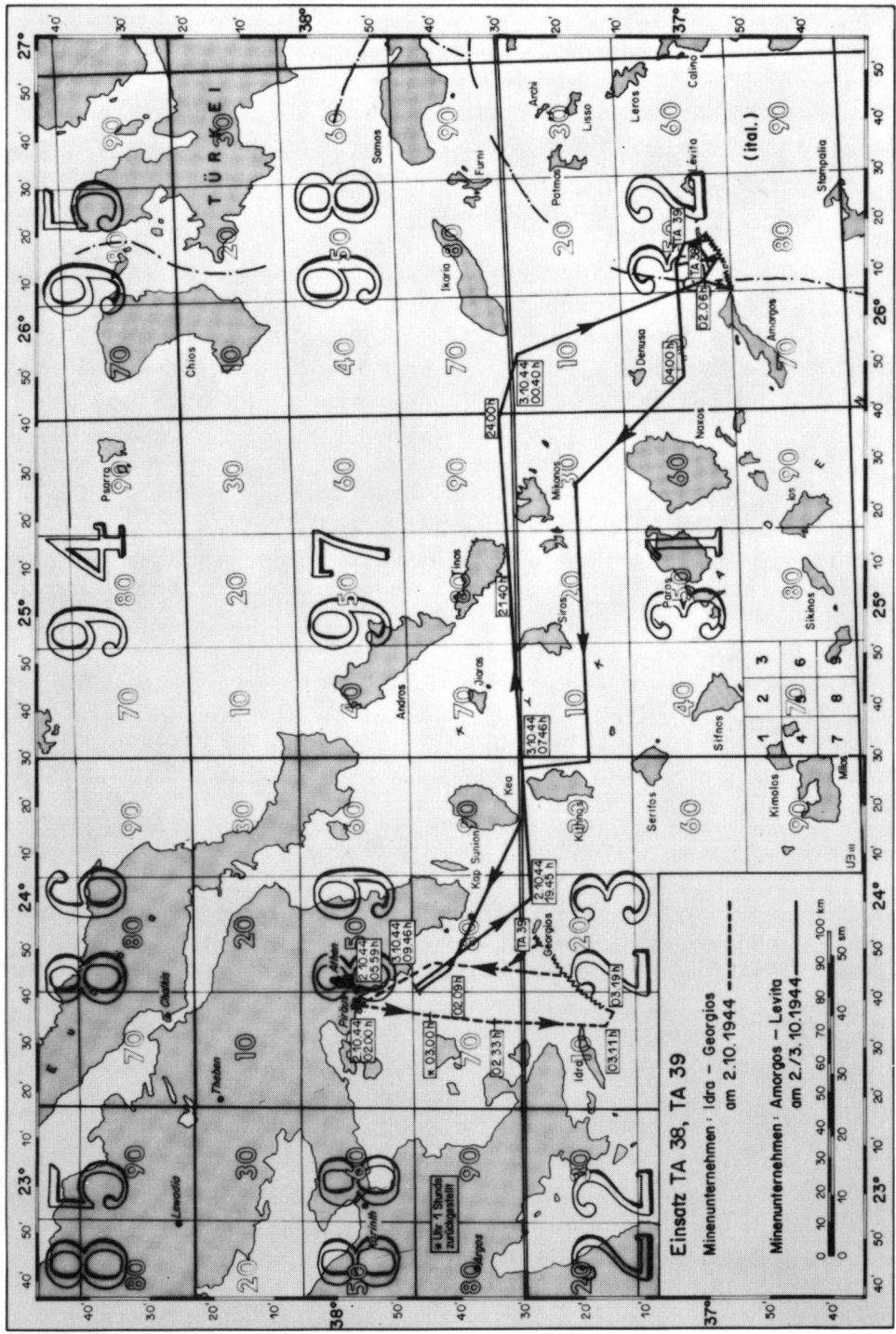

Einsatz TA 38, TA 39

Minenunternehmen: Idra – Georgios
am 2.10.1944 ------

Minenunternehmen: Amorgos – Levita
am 2./3.10.1944 -------

151

Um 18.49 Uhr liefen *TA 39* und *TA 38,* auf dem der Flottillenchef eingestiegen war, zur Fernsicherung für den Dampfer *Zeus* aus. Südlich Kap Sunion schloß um 23.00 Uhr *TA 39* dicht an den Dampfer *Zeus* heran und übernahm bei dem Marsch durch die Mandri-Straße nach Norden die U-Sicherung. Auch *TA 38* nahm Position zur U-Sicherung ein, ebenfalls die beiden mitlaufenden R-Boote. Vor Caraliani wurde gegen 01.50 Uhr das Geleit entlassen. Mit Marschfahrt 21 kn liefen beide Boote befehlsgemäß nach Piräus zurück und machten dort am 5. 10. morgens fest.

Nach der Minenüberübernahme am frühen Nachmittag des 5. 10. legten *TA 38* und *TA 39* zu einer neuen Minenoperation ab. Auf dem »Schwedenweg« zwischen Keos und Hagios Georgios wurden vier Sperren geworfen.

Auf dem Rückmarsch kam um 20.55 Uhr dicht unter der Insel Keos ein Schatten in Sicht. Beim Näherkommen stellte er sich als schnelles feindliches Küstenfahrzeug heraus. Das Boot entpuppte sich als die schnelle britische Motor-Launch *ML 1227.* Es hatte die beiden TA-Boote für eine eigene Zerstörer-Rotte gehalten. Vom Führerboot erhielt *TA 39* den Befehl, das Boot zu versenken, weil eine FuMB-Peilung an Backbord weitere Gegner andeutete.

Mit den Bordwaffen wurde das Boot in Brand geschossen. Es explodierte gegen 23.00 Uhr. Die elf englischen Seemänner waren an Bord von *TA 39* übernommen worden.

Am 6. 10. begann um 13.51 Uhr ein Flugzeugangriff auf den Hafen von Piräus. *TA 38* eröffnete sofort aus allen Rohren das Feuer und schoß einen der Tiefflieger ab. Um 14.02 Uhr griffen weitere elf Jabos von Backbord sehr tief an. Es kam zum Bombenwurf, aber die Maschinen blieben außerhalb des Feuerbereichs von *TA 38.* Um 14.37 Uhr gab es den dritten Angriff, der außerhalb der Reichweite der Bordwaffen blieb.

Um 17.45 Uhr ging *TA 38,* mit dem Flottillenchef an Bord, ankerauf, um das Geleit aus der Euböa-Straße abzuholen, auf das beide Boote am Morgen vergeblich gewartet hatten. Vor der Caralianisperre wurden die Dampfer *Lautern* und *Lola* am 7. 10. um 00.38 Uhr von *TA 39* gesichtet, aufgenommen und nach Süden geleitet. Mit der U-Boot-Sicherung an Backbord wurde Piräus um 06.10 Uhr erreicht.

In der Nacht vom 6. zum 7. 10. waren südwestlich der Kassandra-Huk die britischen Zerstörer *Termagent* und *Tuscan* auf *TA 37, UJ 2101* und *GK 62* gestoßen, die das Minenschiff *Zeus* geleiteten. Die drei Sicherungseinheiten wurden im Feuerhagel der beiden Zerstörer vernichtet. *Zeus* konnte entkommen.

Am 7. 10. legten nacheinander *TA 38* und *TA 39* um 17.45 Uhr und 18.00 Uhr zum Geleit *Anna,* einem Truppentransport in den Euböakanal, in Piräus ab. Um 21.40 Uhr konnte die *Anna,* die nur 7 kn Fahrt machte, aufgenommen werden. Wenig später wurden Ortungen aufgefangen und auf *TA 38* um 22.55 Uhr ein Brand voraus gesichtet. Um 22.57 Uhr dröhnten aus dieser Richtung drei Detonationen mit hellem Feuerschein. Voraus stand gegen 23.00 Uhr die *Anna* im 2-cm-

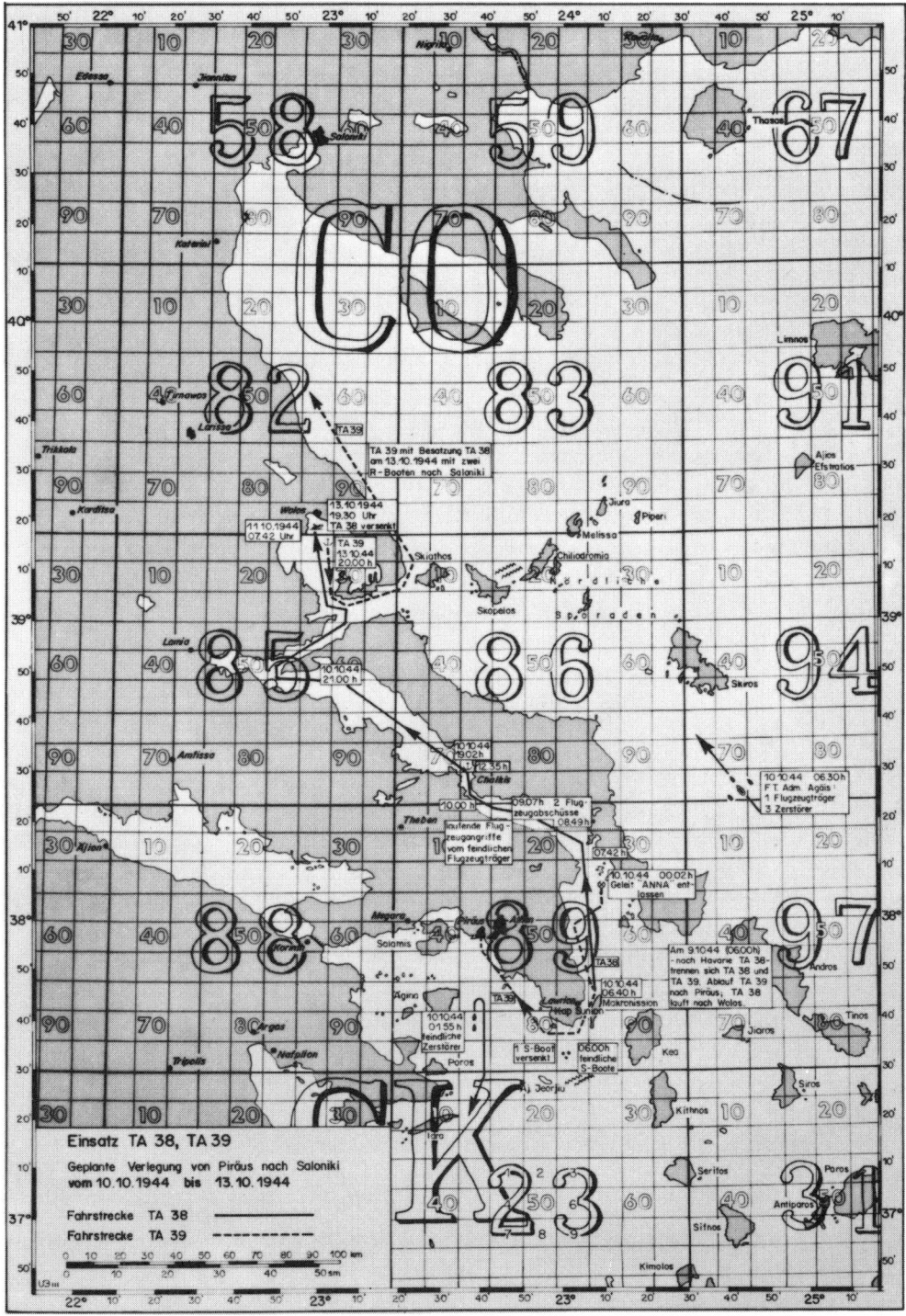

Einsatz TA 38, TA 39

Geplante Verlegung von Piräus nach Saloniki
vom 10.10.1944 bis 13.10.1944

Fahrstrecke TA 38 ————
Fahrstrecke TA 39 --------

Feuer. Ein kleines Flugsicherungsboot, von See kommend, ging bei *TA 38* längsseits und meldete feindliche S-Boot-Angriffe und ein Gefecht in Höhe Phleves, bei dem ein anderes FL-Boot versenkt worden sei. FKpt. Dominik gab dem Dampfer *Anna* Befehl, kehrt zu machen und hinter die Engen von Phleves zurückzulaufen.

Die beiden TA-Boote unternahmen jetzt einen Vorstoß nach Kap Sunion. Bei Hagios Georgios waren neue Artillerieabschüsse und Leuchtspursalven zu sehen. Um 23.20 Uhr sichtete *TA 38* in Richtung 45 Grad einen Schatten, wahrscheinlich handelte es sich um ein S-Boot. Drei Minuten später kam eine wassernde Do 24 in Sicht und schoß ES. Das Flugboot wurde von See her von feindlichen S-Booten beschossen. Um 23.33 Uhr sichtete dann *TA 38* an Backbord querab zwei englische S-Boote, die sofort mit 2-cm-FlaMW beschossen wurden.

Beide Boote kehrten mit dem Dampfer *Anna* nach Piräus zurück. Er war unter den gegebenen Umständen mit nur 7 kn Geleitfahrt nicht durchzubringen.

Am 8. 10. legten beide Boote unter Führung des Flottillenchefs auf *TA 38* in der Abenddämmerung ab. Sie fuhren Fernsicherung für das Geleit *Laudon* und *Engers*. Die Nahsicherung fuhren zwei R-Boote. Marschfahrt betrug 10 kn. Da das Geleit frühzeitig draußen stand, rundete dieser Konvoi noch rechtzeitig um Kap Sunion. Als der Mond aufging, stand der Verband bereits in der Mandri-Straße, und die TA-Boote geleiteten den Konvoi bis zur Euböa-Straße.

Von 19.40 Uhr bis 22.40 Uhr wurden Ortungen an Steuerbord voraus gemeldet. Auf den Naxosempfängern der Boote war englischer UK-Verkehr zu hören. Um 00.02 Uhr wurde das Geleit entlassen, *TA 38* ging auf Gegenkurs 200 Grad und setzte die Marschfahrt auf 21 kn herauf. *TA 39* verabschiedete sich um 00.05 Uhr vom Geleit, um auch mit hoher Fahrt den Rückmarsch nach Piräus anzutreten. Ab Mitternacht hatten beide Boote laufend Ortungen mit großer Lautstärke im Gerät, die wahrscheinlich von S-Booten stammten.

Nachdem um 01.12 Uhr abermals an Steuerbord voraus Ortungsgeräusche vernehmbar wurden, befahl der Kommandant *TA 38:* »Boot klar zum Gefecht.« Der Flottillenchef befand sich bereits auf dem Leitstand.

Um 01.27 Uhr wurde eine Kursänderung auf 240 Grad befohlen. Der befohlene Kurs mußte wegen der Minengefahr beibehalten werden, obgleich zwei feindliche S-Boote etwa 5000 m Backbord voraus standen. Der Gegner hatte offenbar die beiden TA-Boote noch nicht gesichtet, denn er lag gestoppt.

Der neue Kurs lag bereits an, als am Heck des Bootes eine Erschütterung erfolgte. Scheller gab die Signale für Grundberührung und gleichzeitig an den Hintermann »Sophie-Toni«. *TA 39* drehte daraufhin sofort aus dem gelaufenen Kurs zur See hin ab.

Die Grundberührung zog zum Glück keinen Wassereinbruch nach sich. Das Boot wurde laufend kontrolliert. Da das Klarwerden in den nächsten Minuten zweifelhaft war, gab der Flottillenchef an *TA 39:*

»Klar zum Schleppen!«

UJ 2203

UJ 2204

UJ 2205

UJ 2223

Oblt. z. S. Guhrke, Kommandant von *TA 20*

FKpt. Birnbaum, Flottillenchef der 9. Torpedoboot-Flottille, in der Adria (oberes Bild)

TA 38 – Die Aale liegen abschußbereit!

TA 40, Führerboot der 9. Torpedoboot-Flottille

In diesem kritischen Augenblick meldete die Signalstelle Kap Sunion: »Westlich vom Kap zwei Zerstörer.«

Die gesichteten feindlichen S-Boote lagen noch immer gestoppt.

Inzwischen war *TA 39* längsseits gekommen und zog das havarierte Führerboot in Schleppfahrt mit 12 kn zurück. *TA 38* kam frei, und beide Boote liefen in Richtung Cavaliani. Die Schleppfahrt dauerte bis 05.41 Uhr. Da das Hauptruder nicht folgte, mußte *TA 38* vom achteren Ruderstand gesteuert werden. Danach wurde *TA 38* losgeworfen und fuhr mit der klaren Backbordmaschine weiter. Nach Erreichen von Cavaliani stieg FKpt. Dominik mit dem Oberfunk- und Obersignalmeister sowie dem KTB-Führer auf *TA 39* über.

Während *TA 39* mit 24 kn Fahrt allein den Rückmarsch nach Piräus antrat, lief *TA 38* aus dem Seeraum um Cavaliani nach Chalkis weiter. Der Schlepper *157* erhielt Befehl, mit *TA 38* zu marschieren, um für alle Fälle zur Stelle zu sein, wenn unvorhergesehene Ereignisse eintreten würden.

Um 07.22 Uhr gab *TA 38* Fliegeralarm. Zwei Aufklärer tauchten an Backbord auf und drehten im Feuer von *TA 38* wieder ab. Ein Abschuß konnte dabei beobachtet werden.

Die Aufklärer hatten Jabos herbeigerufen, die in drei Anflügen ab 08.39 Uhr versuchten, das Boot zu vernichten. Sechs Bomben detonierten in der Nähe. Um 08.49 Uhr fielen dadurch das E-Werk und der Kreiselkompaß aus, und der Kombüsenherd stürzte ein. Die Speisewasserzellen machten etwas Salz, die achtere Munitionskammer und der achtere Ölbunker Wasser. Nach Rücksprache mit der Brücke gab der LI den Befehl, mit der Backbordmaschine auf AK heraufzugehen. Mit 290 Umdrehungen, bei Kühlung der heißwerdenden Lager mit dem Feuerlöschschlauch, konnte die AK-Fahrt gehalten werden.

Um 09.00 Uhr erfolgte der nächste Luftangriff von drei Flugzeugen, die an Steuerbord voraus auftauchten. Im Sperrfeuer wurde eine der Maschinen getroffen, drehte ab und schlug an Land auf. Um 09.26 Uhr griffen weitere Flugzeuge von Backbord querab an. Auch diesmal drehten sie im Beschuß von *TA 38* ab. Das Boot erreichte die Hafeneinfahrt von Chalkis, wo geankert wurde, um das Minengeleit abzuwarten. Hier geriet es noch einmal in einen Angriff, aber auch diesmal drehten die angreifenden Maschinen vor dem Sperrfeuer ab.

Um 11.25 Uhr lief *TA 38* im Minengeleit nach Chalkis ein. Von hier aus setzte es nach den notwendigsten Reparaturen, geleitet von einem GA-Boot, den Marsch in der Nacht des 10. 10. nach Volos fort, wo um 05.00 Uhr des 11. 10. auf Reede geankert wurde.

TA 39 übernahm am Vormittag des 9. 10. in Skaramanga Minen und lief um 20.04 Uhr aus, um nach Räumung des Hafens Piräus die Phleves-Enge zu sperren. Von 21.04 Uhr bis 21.31 Uhr wurde diese letzte Durchfahrt mit 28 EMF-Minen gesperrt. Danach übernahm das Boot die Fernsicherung für die beiden Großgeleite Dampfer *Anna* mit drei GA-Booten und Dampfer *Lola* mit zwei R-Booten, nach See hin weit abgesetzt von den dicht unter der Küste laufenden Geleiten.

45 Minuten nach Mitternacht des 10. 10. wurde das Geleit *Lola* entlassen, und *TA 39* drehte nach Süden zum *Anna*-Geleit. Um 01.10 Uhr wurde ein eigenes Boot, *LS 10*, voraus gesichtet. Durch den Chalkis-Kanal wurde bis 06.44 Uhr Chalkis erreicht, wo *TA 39* auf *TA 38* stieß und von diesem Boot Öl und Wasser übernahm.

Von hier aus lief *TA 39* zum Abholen der Restbesatzung zur Insel Syra und hat von dem dort liegenden Motorschiff *Kalidon* 90 Mann übernommen. *Kalidon* behielt 40 Mann an Bord und lief voraus, während *TA 39* auf das Sprengkommando wartete, das die Sprengung der Kriegsanlagen vorbereitete. Dann wurde der Marsch nach Chalkis angetreten.

Am Morgen überholte *TA 39* das Motorschiff *Kalidon* im Euböa-Kanal. Anstatt als Sicherung bei dem Schiff mit 40 Mann Syra-Besatzung zu bleiben, lief *TA 39* daran vorbei nach Chalkis. Kurz darauf wurde die *Kalidon* von Jabos angegriffen und versenkt. Ein Großteil der Besatzung und der Abgeholten aus Syra gingen mit dem Schiff unter.

Am 14. 10. lief *TA 39* als Sicherung des Dampfers *Zeus* aus Saloniki aus, doch die pechschwarze Nacht, tiefe Wolken und dichte Regenschauer veranlaßten Kptlt. Lange dazu, am 15. 10. um 01.57 Uhr mit *Zeus* den Rückmarsch nach Saloniki anzutreten, wo um 05.28 Uhr angelegt wurde.

Mit *R 185* und *R 195* trat *TA 39* unter Führung des Chefs der 12. Räumboot-Flottille am 15. 10. um 20.50 Uhr den Marsch nach Volos an. Mit 15 kn Marschfahrt liefen die Boote auf dem »Schweigeweg« bis vor die Sperrlücke der Kassandra-Enge. Hier ging ein FT-Spruch ein, nach welchem der Verband wegen der Feindlage möglichst noch vor Hellwerden in Volos sein sollte. Dies war unmöglich, denn die alten R-Boote konnten die damit geforderte Marschfahrt von 18 kn nicht durchhalten.

Mit größtmöglicher Fahrt ging es nach Einholen des Räumgerätes des vorderen R-Bootes um 01.34 Uhr weiter. Eine Minute später erschütterte eine schwere Detonation das Achterschiff von *TA 39*. Das Boot war auf eine Mine gelaufen. Die Steuerbordschlagseite konnte zunächst durch Trimmen behoben werden. Das Achterschiff war bis zu den Hüttenaufbauten abgebrochen. Die Besatzung konnte von *R 185* und *R 195* übernommen und zwei außenbords geschleuderte Soldaten aufgefischt werden. Nach Bergung der Geheimsachen wurde das Boot gesprengt. Der Schlußsatz aus dem KTB von *TA 39* lautet:

»Nach 13 Unternehmungen in der Adria, dem erfolgreichen Durchbruch durch die Otranto-Straße und 13 Unternehmungen in der Ägäis sinkt am 16. 10. 1944 um 01.46 Uhr *TA 39* über den Achtersteven bei 46 m Wassertiefe.«

Nach Grundberührung und Jabo-Angriff lag *TA 38* am 11. 10. an der Wasserpier von Volos. Der Kommandant, Lt.z.S. Scheller, ließ um 18.23 Uhr einen FT-Spruch an den Admiral Ägäis, den Seekommandanten Attika und den Chef der 9. Torpedoboot-Flottille absetzen:

»Feuer aus, kein Wasser, 36 Tonnen brauchbares Heizöl. Munitionskammer nicht mehr lange zu halten. Ruder vollkommen unklar, ein 10-cm-Geschütz ausgefallen. Beteilige mich heute nacht und morgen früh an der Beschießung der Partisanenstützpunkte mit anderen im Hafen liegenden Einheiten nach Anweisung von Major Nestle, um den Durchbruch der Fußtruppen nach Larissa zu ermöglichen. Erbitte weitere Befehle.«

Danach wurden Vorbereitungen zum Sprengen des Bootes getroffen. Der Abbau der Fla-Waffen wurde, soweit es die Bordmittel erlaubten, vorbereitet.

Ab 05.20 Uhr am 12. 10. erhielten beide 10-cm-Geschütze des Bootes Feuererlaubnis zum Beschuß der Partisanenstellungen, dieser wurde bis 18.20 Uhr durchgeführt.

Am 13. 10. um 12.55 Uhr überflogen 12 Hochbomber das Hafengelände und warfen Reihenwurf-Bomben. Wegen laufender Munitionsexplosionen konnte der Hafen den ganzen Nachmittag über nicht betreten werden.

Um 18.00 Uhr sammelte Lt.z.S. Scheller seine Besatzung und ließ sie durch ein Pionier-Boot auf *TA 39* bringen, das auf der Reede lag. Um 19.30 Uhr wurde dann befehlsgemäß sein Boot in die Hafeneinfahrt von Volos geschleppt und durch drei Wasserbomben als Blockschiff versenkt.

Nachdem Lt.z.S. Scheller den Hafenkommandanten über die genaue Lage des Wracks unterrichtet hatte, ließ er sich von einer zwischengelandeten Ju 52 nach Saloniki mitnehmen, wo seine Besatzung inzwischen für den Rückzug in das Marsch-Bataillon Dominik eingegliedert worden war.

Das letzte Boot der Flottille, *TA 18,* lief am 19. 10. um 16.00 Uhr zu einer Bergungsaktion von Schiffbrüchigen auf der Insel Argyronesos im Trikkeri-Kanal aus. Dies war eine besonders schwierige Aufgabe, galt es doch eine Sperrlücke in einer Minensperre ohne Minengeleit zu durchlaufen und die Skiathos-Sperre, die bei Nacht scharf bewacht wurde, zu passieren.

An diesem Nachmittag flogen die drei Kommandanten der Adriaboote, Kptlt. Lange, Oblt.z.S. Goldammer und Lt.z.S. Scheller, auf Befehl des Marine-Personal-Amtes nach Wien zur Meldung beim OB des Marinegruppenkommandos Süd, von wo sie zu ihrer Stamm-Flottille nach Triest weitergeleitet wurden, um dort neue Boote zu übernehmen.

Man wollte nunmehr nur noch die Rückkehr von *TA 18* abwarten, um dann den Landmarsch nach Norden anzutreten. Doch *TA 18* meldete sich nicht mehr. Auch die am 21. und 22. 10. angesetzte Luftaufklärung fand weder das Boot noch Schiffbrüchige.

Was mit *TA 18* geschah, wird in einem Bericht des Oberfähnrichs z.S. Linnekogel deutlich, den er über diese letzte Fahrt von *TA 18* niederschrieb:

»Wir liefen am 19. 10. 1944 um 16.30 Uhr aus Saloniki aus. Auf der Fahrt hatten wir die uns schon bekannten Schwierigkeiten mit der Maschinenanlage. Starke Rauchentwicklung oder ein ›roter Hahn‹ aus dem Schornstein ließen sich kaum vermeiden. Unsere Marschfahrt war auf 15 kn herabgedrückt, und doch waren wir ohne besondere Zwischenfälle – nur ein englisches Flugzeug überflog uns in großer Höhe mehrere Male in der Höhe von Kassandra, aber noch vor der äußeren Sperre – bis auf etwa 10 sm an die Skiathos-Sperre herangekommen.

Plötzlich tauchten an der Backbordseite in etwa 300 Grad zwei Schatten auf. Es stand für mich gleich fest, daß es sich um feindliche Zerstörer handeln mußte. Kaum hatte ich dies unserem Kommandanten, Kptlt. Schmidt, der auf Steuerbordseite stand, zugerufen, als es auch schon um uns herum taghell wurde. Die Engländer schossen Leuchtbomben und Leuchtfallschirme, und unter dieser Beleuchtung ging der Feuerzauber los. Es war 20.10 Uhr. Wir wurden tüchtig von den Engländern eingedeckt, aber die zwei Zerstörer schossen schlecht, die Aufschläge gingen alle ins Wasser neben die Bordwand. Unglücklicherweise fiel gleich zu Anfang unsere Funkstation aus, und ein Treffer ging im Laufe des späteren Gefechtes in K 3, wobei das Maschinenpersonal dieses Kesselraumes ums Leben kam. An eine Eröffnung des Feuers von unserer Seite war nicht zu denken, da es vollkommen zwecklos gewesen wäre, denn die feindlichen Boote hielten sich in respektabler Entfernung. Ein von uns abgeschossener Torpedo hätte uns als Kreisläufer beinahe selbst noch erwischt. Es gab für uns nur noch eine Möglichkeit, nämlich möglichst viele Menschenleben zu retten. Der Kommandant fuhr in Zickzackkursen direkt auf Land zu, während der Leitende Ingenieur, Oberleutnant (Ing.) Fey, in der Maschine alles zum Sprengen bereitmachte, der I. WO., Lt. z. S. Klüpfel, auf dem Stand die Zerstörung der Artillerie- und Fla-Waffen beaufsichtigte und ich sämtliche G-Sachen vernichtete. Wir fuhren genau auf einen vorstehenden Felsen zu, und die Wassertiefe ermöglichte es uns, ganz an diesen heranzufahren. Als ob es sich um ein Anlegemanöver handelte, fuhren wir an diesen Felsen heran. Kaum hatten wir es geschafft, als eine gewaltige Erschütterung durch das Boot ging. Wir saßen auf Grund fest.

Nachdem wir alle wichtigen Anlagen gesprengt hatten, gingen wir vom Boot direkt an Land. Bis zu diesem Zeitpunkt hatten wir unter dauerndem Artilleriefeuer gelegen. Als ob die Engländer uns nun beim Aussteigen behilflich sein wollten, hörte das Feuer plötzlich auf, und nur die ganze Umgebung von uns blieb durch die Leuchtgranaten weiterhin erhellt; das war in diesem Falle nur gut, denn es war ein ziemlich steiler Felsen zu erklimmen, und jeder versuchte, vielleicht im Unterbewußtsein, bald wieder Feuer zu bekommen, möglichst schnell hinaufzukommen und dann auf der anderen Seite gegen See in Deckung zu gehen.

Unsere Verluste waren bis dahin auch noch nicht hoch, einzig das Personal von K 3, zwei Funkgasten und einige Soldaten, die während des Gefechtes unbesonnen ins Wasser gesprungen waren, unter ihnen Obermaat Rausch, unser Wachtmeister. Unsere Ahnungen sollten nicht getrogen haben. Kaum hatten die ersten von uns die Spitze des Felsens erklommen, als die Zerstörer wieder mit dem Artilleriebeschuß anfingen. Dabei erhöhten sich unsere Verluste zusehends, unter ihnen unser I. WO., Lt. z. S. Klüpfel, der noch beim Hinaufsteigen von den Granaten überrascht wurde. Das Artilleriefeuer hörte aber bald auf, und wir hörten nur noch die brennende Bereitschaftsmunition von *TA 18*, die in die Luft flog.«

Die Geschichte der 9. Torpedoboot-Flottille war damit zu Ende. Am 23. 10. wurde in Saloniki aus den Überlebenden der Flottille das Marine-Sicherungs-Bataillon 611 aufgestellt.

Die 1. Kompanie, geführt von Kptlt. Gördes, war die Besatzung von *TA 38*. Führer der 2. Kompanie war Oblt.z.S. Beiersdorff, mit der Besatzung von *TA 39;* die 3. Kompanie, geführt von Kptlt. (Ing.) Schubert, umfaßte die Restbesatzungen von *TA 37* und *TA 17* sowie Teile der Stabskompanie des Admirals Ägäis.

In der 4. Kompanie unter Oblt.z.S. von Sartorsky standen drei Besatzungen der 12. Räumboot-Flottille.

Zu dieser Aufstellung berichtet das KTB der 9. Torpedoboot-Flottille:

»Unverständlicherweise hat der Admiral Ägäis sämtliche Lkw der Marine dem Heer zur Verfügung gestellt. Wir, die Besatzungen der Flottillen des Admirals Ägäis, erhalten für unseren Landmarsch keinen einzigen Lkw zugeteilt. Es hat den Anschein, als ob mit Beendigung der Seefahrt das Interessse des Führungsstabes Admiral Ägäis für die Besatzungen, die nun den Landmarsch durch den Balkan antreten müssen, erloschen ist.«

Die Restbesatzung von *TA 18* mußte sich nach dem Aufsetzen des Bootes griechischen Partisanen ergeben. Nach wochenlangem Gefangenen-, Kranken- oder Arbeitslager – unter Mißachtung der Genfer Konventionen – und großen Verlusten »flüchtete« der Rest in britische Gefangenschaft.

Zusammenstellung der Einsätze der 9. Torpedoboot-Flottille in der Ägäis

Es wurden durchgeführt:

70 Geleitfahrten
18 Truppentransporte
 5 Minenunternehmungen (218 Minen)
 2 Beschießungen (Leros, Volos)

Bei diesen Unternehmungen kam es zu 39 Gefechtshandlungen.

Die Erfolge

Flugzeugabschüsse:

TA 14	3 Abschüsse	2 Beteiligungen
TA 15	1 Abschuß	2 Beteiligungen
TA 16	4 Abschüsse	1 Beteiligung
TA 17	2 Abschüsse	3 Beteiligungen
TA 18	1 Abschuß	– Beteiligung
TA 19	5 Abschüsse	2 Beteiligungen
TA 37	– Abschuß	– Beteiligung
TA 38	2 Abschüsse	– Beteiligung
TA 39	– Abschuß	– Beteiligung
Insgesamt:	18 Abschüsse	10 Beteiligungen

Versenkungen:

1 U-Boot vernichtet durch *TA 18*.

1 britische Motor-Launch durch *TA 38*, 11 Gefangene.

1 U-Boot beschädigt durch *TA 14*.

2 britische Zerstörer auf durch *TA 38* und *TA 39* gelegter Minensperre wahrscheinlich gesunken.

Das Deutsche Kreuz in Gold erhielten (Reihenfolge der Verleihung):

Kptlt. Quaet-Faslem, Kdt. *TA 16* und *TA 14*.

Kptlt. Vorsteher, Kdt. *TA 15*.

Kptlt. Hahndorff, Kdt. *TA 19*.

FKpt. Dominik, Flottillenchef.

Kptlt. Lange, Kdt. *TA 39*.

Die Opfer (in der Reihenfolge der Vernichtung):

TA 15 durch Raketenbombentreffer vor Heraklion, Kreta, versenkt am 8. 3. 1944; 15 Soldaten gefallen.

TA 16 am 2. 6. 1944 in Heraklion nach zahlreichen Raketenbombentreffern und Einbringung des Bootes in den Hafen durch Auswirkung einer Explosion gesunken; 4 Soldaten gefallen.

TA 19 am 9. 8. 1944 vor Karlovassi durch U-Boot-Torpedo gesunken; 5 Soldaten gefallen.

TA 14 am 15. 9. 1944 in Salamis durch Fliegerbombe versenkt; 6 Soldaten gefallen.

TA 17 am 18. 9. 1944 in Skaramanga außer Dienst gestellt.

TA 37 am 7. 10. 1944 im Gefecht mit zwei britischen Zerstörern vor Kassandra gesunken; 2 Offiziere und 96 Soldaten gefallen.

TA 38 am 13. 10. 1944 vor der Hafeneinfahrt von Volos nach Jabo-Nahtreffern gesprengt.

TA 39 am 16. 10. an der Westküste des Golfes von Saloniki durch treibende Mine gesunken. Keine Personalausfälle.

TA 18 am 19. 10. 1944 aus Saloniki ausgelaufen zur Bergungsaktion Schiffbrüchiger auf Argyronisos, seitdem vermißt. Vermißt werden 3 Offiziere, 129 Soldaten (Schicksal des Bootes siehe Bericht Linnekogel).

Weitere 11 Soldaten der 9. Torpedoboot-Flottille sind bei Gefechtshandlungen auf den Booten gefallen.

IX. 2. und 1. Geleit-Flottille

Daß die Aufstellung der 1. Geleit-Flottille aus der 2. Geleit-Flottille erfolgte, ist nicht so seltsam, wie es den Anschein hat. Zuerst gab es die 2. Geleit-Flottille, die aus der 11. Sicherungs-Flottille hervorgegangen war. Geführt wurde sie von KKpt. Thorwest.

Mit den Booten dieser Flottille wurden – wie im Kapitel VII (11. Sicherungs-Division) dargestellt, im Winter 1943/44 Einsätze gegen dalmatinische Inseln, Geleitfahrten und Minenaufgaben durchgeführt.

Am 1. 4. 1944 wurde begonnen, die 2. Geleit-Flottille (Triest) aufzustellen. Sie stand zunächst in folgender Besetzung lediglich auf dem Papier:

Flottillenchef	KKpt. Thorwest (mdWdG. beauftragt bis 15. 6. 1944)
Boote	Kommandanten
TA 20 (KB)	Oblt.z.S. Guhrke
TA 21 (aKB)	Lt.z.S. Laube
TA 22 (aKB)	Kptlt. Dr. Hoffmann
TA 37 (aKB)	(Kommandant fehlte noch)
TA 38 (aKB)	Kptlt. Vorsteher

Das Boot *TA 38* lag noch in der Werft San Marco bei Triest zu Reparaturarbeiten, denn es hatte seit seiner Indienststellung Ende Februar bereits eine Reihe Geleit- und Minenunternehmungen ausgeführt.

Bei einer Flottillenbesprechung am 3. 4. 1944 über die Armierung, die nachrichtentechnische Ausrüstung, Verbesserung der Stabilität der Boote und andere Dinge, die neue Flottille betreffend, ging es dem Flottillenchef darum, seine Flottille und die neu zu schaffende spätere 1. Geleit-Flottille mit den schnelleren Booten von *TA 37* ab auf einen bestmöglichen Kampfwert zu bringen, um den zu erwartenden operativen Einsätzen gegen einen überlegenen Feind zuversichtlich entgegensehen zu können.

Am 5. 4. fand die erste Musterung der 2. Geleit-Flottille durch den Chef der 11. Sicherungs-Division in Triest statt.

Am 1. 5. war *TA 39* hinzugekommen. *TA 37* erhielt in Oblt.z.S. Goldammer einen erfahrenen Kommandanten. *TA 38* übernahm Oblt.z.S. Kunst, nachdem Kptlt. Vorsteher das Boot kurzzeitig geführt hatte, um aber schon sehr bald mit seiner Stamm-Besatzung von *TA 15* der 9. Torpedoboot-Flottille das inzwischen für die Überführung in die Ägäis vorgesehene *TA 39* zu übernehmen. Doch daraus sollte nichts werden.

Am 10. 5. meldete *TA 38* kriegsbereit. Das Boot wurde sofort für einen Einsatz vorgesehen, dessen Führung der Flottillenchef selbst übernommen hatte. Es legte um 10.15 Uhr ab zu einer Aufklärungsfahrt, von der das Boot am 12. 5. wieder in Pola einlief, um am 13. 5. nach Triest zurückzukehren.

Am 9. 5. übernahm Oblt. z. S. Nose das alte Boot *TA 22.*

Zwei folgende Operationen wurden abgebrochen, weil jeweils überlegenen feindlichen Seestreitkräften ausgewichen werden mußte.

Ein Einsatz von *TA 21* am 26. 5. vor der Westküste Istriens verlief ohne Feindberührung. Am frühen Morgen des gleichen Tages lief *TA 38* mit dem MS *Kiebitz* zur Minenunternehmung »Skunks« aus, und am Nachmittag dieses Tages führten beide Einheiten die Minenoperation »Ozelot« durch. *TA 21* verließ am 27. 5. den Stützpunkt Pola. Das Boot wurde unterwegs von einer Marauder angegriffen, die aber im Flak-Abwehrfeuer abdrehte.

Mit den Booten *TA 38* (als Führerboot) und *TA 21* lief KKpt. Thorwest am 29. 5. nach Pola, um von dort aus am anderen Tage die Minenoperation »Feuerzange 3« durchzuführen. Bei Kap Promontore kehrten beide Boote nach Empfang eines Funkbefehls des Admirals Adria wieder um. Man hatte in den FuMB-Geräten starke Feindpeilungen entdeckt.

Bei Kap Promontore gab der Flottillenchef um 22.42 Uhr Fliegeralarm. Um 22.45 Uhr erreichten die Feindbomber den kleinen Verband und warfen Splitterbomben, die etwa 100 m an Steuerbord in die See schlugen. Auf *TA 38* gab es durch Splittereinschläge vier Leichtverwundete. Die Ruderleitung wurde zerstört, ein Bunker leckgeschlagen. Kleinere Treffer saßen in Außenhaut und Brücke. Es erfolgten keine weiteren Angriffe mehr, und mit dem achteren Spill wurde das Boot weitergesteuert. *TA 21* hielt durch Sperrfeuer in Richtung der starken FuMB-Ortung den Gegner von weiteren Angriffen ab. Die Erfahrung, die KKpt. Thorwest in dieser Nacht machen mußte, war, daß die eigene Funk-Ortung zu ungenau und ein neues FuMB-Gerät erforderlich war. Er beantragte die rasche Zuführung eines Gerätes. Darüber hinaus konnte er feststellen, daß die feindlichen Ortungsgeräte den eigenen überlegen waren. Der Einsatz von mindestens zwei TA-Booten schien ihm bei jedem Unternehmen erforderlich.

Die Ruderanlage der »Spada«-Boote wurde als zu empfindlich erkannt. KKpt. Thorwest beanstandete dies und bemerkte, daß dieses Manko bereits einige Male zu ernsten Gefährdungen geführt habe.

Im Juni wurde die 2. Geleit-Flottille in zwei Gruppen unterteilt.

Flottillenchef   FKpt. Birnbaum, zugleich Gruppenführer 1. Gruppe
                 (15. 6. 1943)

1. Gruppe
TA 37   Oblt. z. S. Goldammer
TA 38   Oblt. z. S. Kunst

TA 39	Kptlt. Lange
2. Gruppe	KKpt. Thorwest
TA 20	Oblt. z. S. Guhrke
TA 21	Lt. z. S. Laube
TA 22	Kptlt. Dr. Hoffmann
TA 35	Oblt. z. S. Keck

Am 25. 6. lief der Flottillenchef mit *TA 39* und *TA 38* um 14.20 Uhr zur Hilfeleistung für *TA 22* aus, das einen Bombentreffer erhalten hatte und im Schlepp von *UJ 202* eingebracht wurde. Die beiden TA-Boote übernahmen hierbei den Flakschutz. Um 15.23 Uhr war *TA 22* eingeschleppt.

Am 16. 6. 1944 wurde die 2. Geleit-Flottille geteilt. Die 1. Gruppe hieß nunmehr (offiziell ab 1. 7. 1944) 1. Geleit-Flottille (Triest), sie stand unter dem Befehl von FKpt. Birnbaum, während KKpt. Thorwest die 2. Gruppe als 2. Geleit-Flottille führte (Fiume).

Da zwischen dem Chef der 1. Geleit-Flottille und der 1. Schnellboot-Division Übereinstimmung darüber bestand, daß in diesem Seegebiet, bei der herrschenden See- und Luftüberlegenheit des Gegners, nur ein gemeinsames Operieren Erfolg haben konnte, begannen am 29. 6. gemeinsame Übungen: S-Boot-Jagd unter Verwendung von Leuchtgranaten durch die jagenden T-Boote, Nebelverwendung durch die S-Boote, Torpedoübungsschüsse der S-Boote aus dem dunklen Horizont. Eine wichtige Erkenntnis war, daß weder Funkmeß- noch Horch-Geräte die angreifenden S-Boote rechtzeitig erfaßt hatten. Im übrigen zeigte sich, daß T- und S-Boote sich vorzüglich ergänzten, was Artillerie und Torpedowaffe betraf. Mit der Indienststellung von *TA 40* am 8. 7. 1944 durch Oblt. z. S. Nose, gehörten vier moderne, schnelle TA-Boote der »Ariete«-Klasse zur Flottille.

Im Juli war die 1. Geleit-Flottille mit dem MS *Kiebitz* ständig im Minenwurf-Einsatz. Am 7. 7. warfen *TA 37* und *TA 38* mit MS *Kiebitz* die Sperre »Maulwurf«. Am 23. 7. standen *TA 38*, *TA 37* und *TA 39* zur Minenoperation »Iltis« in See. Hierbei wurde der Verband von Booten der 24. Schnellboot-Flottille gesichert. »Iltis 2« und »Iltis 3« folgten jeweils eine Nacht später. »Iltis 4« fand in der Nacht zum 26. und »Iltis 5« in der Nacht zum 27. 7. statt, unter Führung von FKpt. Birnbaum.

TA 39 und *TA 38* führten in der Nacht zum 3. 8. nordostwärts Pesaro die Minenoperation »Paula« durch. Zwei italienische MAS-Boote begleiteten die TA-Boote und fuhren weiter abgesetzt Sicherung. In der gleichen Nacht führte MS *Fasana* unter Geleit durch *TA 37* die Minenoperationen »Zobel 1 und 2« durch. Anschließend geleitete *TA 37* die Dampfer *Prometheus* und *Lia* von Venedig auf dem Zwangsweg nach Triest; dort lief der Kleinkonvoi um 07.45 Uhr ein.

Am Abend des 4. 8. lief *TA 37* aus Venedig aus, um den Dampfer *Numidia* nach Triest zu geleiten, das am nächten Morgen erreicht wurde.

TA 38 und *TA 40* führten mit MS *Kiebitz* die Minenoperation »Feh 2« durch. Der rottenweise Einsatz von vier TA-Booten in der gleichen Nacht zu getrennten

Aufgaben verlief am 12. und 13. 8. ohne Verluste. Angriffe feindlicher Flugzeuge mit Bomben und Bordwaffen wurden erfolgreich abgewehrt.

Mit MS *Kiebitz* wurden auch am 26. und 28. 8. Minenaufgaben durchgeführt.

Mit *TA 41*, das am 31. 8. um 05.00 Uhr zur Probfahrt aus Triest auslief, und *TA 45*, das am 6. 9. in Dienst stellte, standen der 1. Geleit-Flottille fünf einsatzfähige Torpedoboote zur Verfügung, mit denen erfolgversprechende Einsätze hätten durchgeführt werden können.

Aber am 8. 9. befahl das Marinegruppen-Kommando Süd die Verlegung von drei eingefahrenen Torpedobooten der 1. Geleit-Flottille aus der Adria nach der Ägäis, weil dort die 9. Torpedoboot-Flottille dezimiert und eine starke Sicherung der Absetzbewegungen aus Südgriechenland nach Saloniki dringlich geworden war.

Trotz aller Bedenken und trotz der anerkannten Tatsache, daß der Abzug dieser drei großen Boote eine bedeutende und sogar einschneidende Schwächung der leichten Seestreitkräfte in der Adria bedeutete, wurde an der Durchführung des Unternehmens »Odysseus« festgehalten.

Am 19. 9. 1944 gab der Admiral Adria das Stichwort »Siegfried« an den Chef der 11. Sicherungs-Division und den Chef der 1. Schnellboot-Division, nachrichtlich Gruppe Süd und Admiral Ägäis.

Damit lief in der Nacht zum 20. 9. das Unternehmen »Odysseus« an. *TA 37*, *TA 38* und *TA 39* verlegten um 02.00 Uhr des 20. 9. nach Pola, ergänzten dort am 20. den Brennstoff auf vollen Bunkerbestand und übernahmen zusätzlich Munition.

Am Abend des 20. 9. um 19.00 Uhr liefen die Boote zusammen mit *S 30*, *S 36* der 3. Schnellboot-Flottille westlich der dalmatinischen Inseln ab Punkt A 109 mit Kurs 144 Grad bis 42 Grad 44 Minuten Nord und 15 Grad 46 Minuten Ost. Von dort ab ging es mit dem neuen Kurs 99 Grad bis zum Punkt A 1 056 und von dort weiter nach Kotor. Die Marschfahrt betrug 24 kn.

Auf auseinandergezogenen Liegeplätzen in Kotor wurde das Treiböl für die drei Boote, insgesamt 100 Tonnen, ergänzt und das ebenfalls bereitgestellte Kesselspeisewasser übernommen.

Am Abend des 20. 9. um 20.00 Uhr begann der Absprung von Kotor zur Paganiabucht. Marschfahrt zunächst 20 kn. Kap Linguetta wurde auf geradem Kurs angesteuert und dann der Marsch auf dem Küstenweg bis Punkt A 179 fortgesetzt, an den die Wegführung durch den Admiral Ägäis anschloß. Weitermarsch auf dem Küstenweg 608 und Ansteuerung der Bucht Pagania zum Tageseinstand. Bis zur Paganiabucht Führung durch den Admiral Adria, dann durch den Admiral Ägäis. Die Luftwaffe hatte Aufklärungsflüge für den 20. und 21. 9. zugesagt, konnte jedoch eine Aufklärung am 22. 9. in der Ägäis wegen Kräftemangel nicht fliegen; Jagdschutz konnte ebenfalls nicht gestellt werden.

Wie die Fahrt der drei TA-Boote von Pola nach Kotor verlief, hat der Kommandant von *TA 39*, Kptlt. Lange, in einem Kurzbericht dargestellt (vgl. Karte):

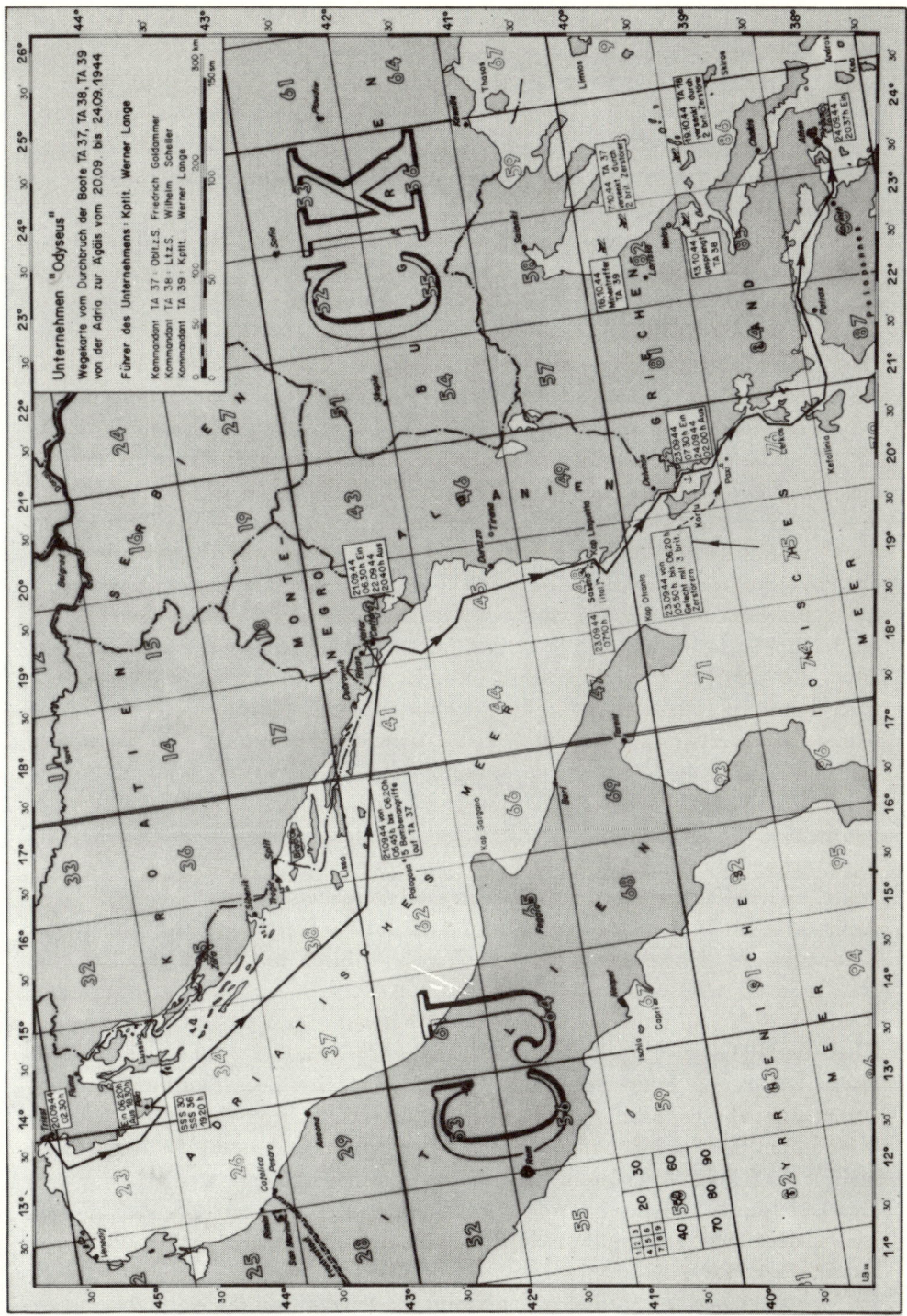

Unternehmen "Odysseus"

Wegekarte vom Durchbruch der Boote TA 37, TA 38, TA 39
von der Adria zur Ägäis vom 20.09 bis 24.09.1944

Führer des Unternehmens: Kptlt. Werner Lange

Kommandant TA 37 · Oblt.z.S. Friedrich Goldammer
Kommandant TA 38 · Lt.z.S.   Wilhelm Scheller
Kommandant TA 39 · Kptlt.   Werner Lange

»Absprung Pola 20. 9. abends unbemerkt von Feindluft. Marschfahrt 24 kn gegen SO bis 5 konnte gerade gehalten werden. *S 30* und *S 36* rückkehren Pola. Nachtmarsch nicht erfaßt von Feindluft. Landgeräte Lissa nicht festgestellt. Verband bleibt außerhalb der Reichweite der Scheinwerfer von Lissa. *TA 37* zweimal Maschinenstörung und Ruderversager, sackt achteraus. 02.00 Uhr *TA 37* außer Sicht. Einlaufen *TA 38* und *TA 39* von Feindluft unbemerkt. 06.30 Uhr Eingang Bucht Kotor.

Seit 05.00 Uhr *TA 37* durch Aufklärer erfaßt. Fünf Bomben- und Bordwaffenangriffe, keine Ausfälle, keine Beschädigungen. 07.30 Uhr *TA 37* ebenfalls Kotor eingelaufen. Maschinenstörung in der Nacht war ein Rohrreißer. Die Reparatur wird bis zum 21. 9. abends angestrebt.«

Damit mußte der Weitermarsch um 24 Stunden verschoben werden. Von Kotor aus wurde am 22. 9. abends der Marsch in Richtung Pagania-Bucht fortgesetzt, wo die drei TA-Boote um 07.30 Uhr einliefen. Unterwegs waren sie im Nordkanal der Otrantostraße um 05.50 Uhr auf die beiden britischen Zerstörer *Belvoir* und *Whaddon* gestoßen. Von diesem Zeitpunkt an bis um 06.20 Uhr standen die drei TA-Boote mit den beiden Gegnern im Gefecht auf große Entfernung. Es wurden keine Treffer auf den Feindzerstörern bemerkt. Auch die drei TA-Boote kamen ohne Treffer und Schäden davon. Damit war den Booten der Durchbruch durch die Otrantostraße, die erfahrungsgemäß einer engen Überwachung durch die feindliche Luftwaffe und Seestreitkräfte unterlag, gelungen. Zweifellos kam ihnen die günstige Wetterlage sehr zunutze. Sie sind in einer von Nordwesten nach Südosten ziehenden Schlechtwetterfront mitgelaufen, die auch Regenfälle brachte und sie der Einsicht durch Feind-Seestreitkräfte entzog. Die Feindluftwaffe war durch das Wetter stark behindert.

Am 24. September 1944 erreichten die drei Boote den Zielhafen Piräus und wurden in die 9. Torpedoboot-Flottille eingegliedert, die dadurch eine wesentliche Verstärkung erhielt (vgl. Kap. VIII).

Die 1. Geleit-Flottille setzte geschwächt ihre Aufgaben fort:

Am Abend des 27. 9. liefen *TA 20* und *TA 40* mit MS *Kiebitz* zur Minenoperation »Murmel« aus. Unterwegs wurde der Verband durch Bomber angegriffen, die aber keinen Treffer erzielten.

Vom 9. bis 12. 10. fand das Melada-Unternehmen »Dacapo« unter Leitung des Chefs der 1. Geleit-Flottille mit *TA 40* als Führerboot und zwei U-Jägern statt. Hinzu kamen vier Boote der 3. und vier der 24. Schnellboot-Flottille. Ein Boot der 3. Schnellboot-Flottille wurde auf dem Marsch zur Insel Melada durch 4-cm-Waffen von einer unbewohnten Insel aus beschossen und mußte auf dem Rückmarsch nach Pola wegen eines Unterwassertreffers geschleppt werden.

Der Leuchtturm der Insel wurde durch Artilleriebeschuß zerstört, da von dort aus die deutschen Versorgungsschiffe, selbst die Lazarettschiffe, ständig beschossen wurden.

Im Morgengrauen tauchten über der Kimm Mastspitzen auf. Es war das vorübergehend in Alexandria festgehaltene Lazarettschiff *Gradisca*. *TA 40* umkreiste das Schiff. Die Freude war groß, die *Gradisca* wiederzusehen. Man wünschte ihr gute Heimkehr nach Triest.

TA 40 wurde wenig später noch von Jabos angegriffen, die das Boot aber in einer Regenbö verpaßten.

Mit *TA 44*, das am 13. 10. auf der Quarnerowerft in Fiume für die 1. Geleit-Flottille in Dienst stellte, konnte FKpt. Birnbaum über ein gutes neues Boot verfügen. Mit *TA 40* und zwei U-Jägern waren in der Nacht zuvor der Dampfer *Prometheus* und *G 234* auf dem Marsch von Pola nach Triest geleitet und dabei ein feindlicher S-Boot-Angriff abgewehrt worden.

Am 2. 11. führten *TA 40* und *TA 45* mit dem MS *Kiebitz* die Minenoperation »Lama 3« planmäßig durch. Das nächste Minenwurfunternehmen, 24 Stunden später, mit dem MS *Kiebitz* und den Booten *TA 40* und *TA 45*, stand unter keinem so günstigen Stern. Bereits beim Auslaufen aus Triest wurde der Verband von neun feindlichen Jabos angegriffen. Es gelang, den Angriff mit allen Flawaffen abzuwehren und drei der Angreifer abzuschießen. Anschließend konnte die Minenwurfaufgabe durchgeführt werden.

Am Abend des 11. 11. unternahmen die Boote *TA 40* und *TA 45* mit *Fasana* die Minenaufgabe »Emma 1«.

Beim Geleit des Dampfers *Goffredo Mamelli* durch *TA 40* und *TA 45* lief der Dampfer in Höhe Capodistria auf eine Mine. Um ihn zu retten, wurde er von den beiden TA-Booten in der Stringnanobucht aufgesetzt und später eingeschleppt.

Auch der 23. 11. sah die Boote *TA 40* und *TA 45* als Geleitsicherung für MS *Fasana* in See. Ein MFP war außerdem dabei. Alle Einheiten kehrten am Morgen des 24. 11. unversehrt nach Pola zurück, wo der Flottillenchef 24 Stunden später zu einer neuen Minenoperation mit allen Einheiten ankerauf ging. Nach planmäßiger Durchführung der Minenaufgabe »Emma 3« lief der Verband bei starker Dünung Richtung Pola. *Fasana* wurde nach Ausfall des Ruders durch *TA 45* nach Pola eingeschleppt.

Im Dezember kam es zu einigen weiteren Einsätzen und Minenaufgaben.

Vor der Insel Pag lief *TA 40* am 7. 12. auf einen Unterwasserfelsen. Der Steven wurde beschädigt und Bugplatten aufgerissen. Auf dem Rückmarsch erfolgte ein Gefecht mit britischen S-Booten. Die von diesen geschossenen Torpedos liefen vorn vorbei, weil der Gegner infolge der höheren Bugwelle eine bedeutend größere Geschwindigkeit schätzte. Die hohe Bugwelle entstand durch die Schäden am Bug. Sie hat wahrscheinlich das Boot gerettet.

Am 10. 12. folgte eine Minenoperation südlich Pola; wiederum war *Fasana* von zwei TA-Booten und einem MFP gesichert.

Die 1. Geleit-Flottille im letzten Halbjahr des Krieges – Umbenennung in 9. Torpedoboot-Flottille

Die 1. Geleit-Flottille bestand zu Ende des Jahres 1944 nominell aus drei Torpedobooten und einem Zerstörer. Ein weiterer Zerstörer wurde für Ende Januar 1945 als einsatzbereit gemeldet, ein weiteres TA-Boot sollte am 10. 1. 1945 werftfertig und das letzte Boot, *TA 46*, Mitte Februar einsatzbereit sein. Somit hätten spätestens zum 1. 3. 1945 vier TA-Boote und zwei Zerstörer (ebenfalls unter TA-Kennung) der 1. Geleit-Flottille zur Verfügung gestanden – nach Planung des neuen Marineoberkommando Süd.

Beim Oberkommando der Kriegsmarine wurde deshalb der Antrag gestellt, die 1. Geleit-Flottille in 9. Torpedoboot-Flottille umzubenennen, unter deren Führung *TA 37*, *TA 38* und *TA 39* vor ihrem Untergang gestanden hatten.

In der Nacht zum 10. 1. 1945 unternahm ein TA-Boot der 1. Geleit-Flottille mit dem MS *Fasana* und drei R-Booten eine Minenunternehmung südostwärts San Sego.

In der Nacht zum 12. 1. 1945 wurde eine anschließende Minenoperation west-südwestlich San Sego durchgeführt. Eine weitere Minenoperation folgte in der Nacht zum 19. 1. Diesmal fuhren zwei TA-Boote der 1. Geleit-Flottille als Geleitschutz für MS *Fasana*. Ein Luftangriff auf dem Anmarsch in den Raum westlich von Pola konnte abgewehrt werden.

Die Umbenennung der 1. Geleit-Flottille in 9. Torpedoboot-Flottille (neu) erfolgte am 15. 2. 1945, ihre Aufnahme in den FdZ-Verband (truppendienstlich) am 1. 3. 1945.

Als erstes der sechs noch schwimmenden Boote der 9. Torpedoboot-Flottille wurde *TA 44*, das erst am 14. 10. 1944 in Dienst gestellt worden war, am 12. 2. 1945 bei einem britischen Luftangriff auf Triest durch Bombentreffer versenkt.

Am 17. 2. 1945 folgte *TA 41*, als es in der Werft San Rocco von einer Fliegerbombe getroffen wurde und nicht mehr repariert werden konnte.

Immer wieder liefen die Boote zu Küstenbeschießungen, Erkundungsvorstößen, Geleitfahrten und Rückführungsoperationen aus. Motorsegler, Boote und Segler der Partisanen wurden versenkt. Ein MGB wurde im Artilleriegefecht vernichtet.

Am 20. 2. 1945 erhielt *TA 40* im Hafen von Triest einen Bombentreffer und fiel für einige Wochen aus. *TA 46* wurde am 20. 2. in der Quarnarowerft in Fiume so schwer durch Luftangriff beschädigt, daß es nicht mehr zum Einsatz kam.

Am 21. 3. ging bei einem Luftangriff auf Venedig *TA 42* verloren. Dies soll von Hans Buchmann, dem Kriegstagebuchführer der 9. Torpedoboot-Flottille, als Augenzeuge in Auszügen dargestellt werden:

»Am 18. 3. 1945 verlegen die Boote *TA 40* (Kptlt. Goldammer) und *TA 42* (Kptlt. Densch) nach Venedig.

Die Boote liegen im Arsenal Marittima, *TA 40* allein auf einer Seite des Hafenbeckens, *TA 42* auf der anderen Seite an der Pier in einer Reihe mit Versorgungs- und Munitionsschiffen.

Am 21. 3. erfolgte ab 15.10 Uhr ein nicht gemeldeter Angriff von über Land anfliegenden englischen Jagdbombern. *TA 42* wird getroffen. Alle zum Flakschutz nicht benötigten Mannschaften werden an Land in die Bunker verlegt und dabei von Jabos beschossen.

Nach Ende des Angriffs finden wir alle Schiffe an der Mole versenkt, *TA 42* liegt in der Mitte des Hafenbeckens, nur die Mastspitze ragt noch aus dem Wasser. Der Kommandant, Kptlt. Densch, fiel mit der bis zuletzt kämpfenden Flakbedienung auf der Back.

TA 40 blieb unversehrt und ohne Mannschaftsverluste. Es lag gut getarnt im Schatten eines Lagerschuppens.«

Als Titos Verbände im Landesinnern und an der Küste immer weiter in Richtung Fiume vordrangen, erhielt FKpt. Birnbaum Befehl, die schwer bedrängte Küstenfront in der Nähe von Senj mit *TA 40* und *TA 45* zu beschießen. Dazu wurden ihm noch einige MFP unterstellt. Zu diesem Auftrag verlegten die Boote nach der Brennstoffergänzung in eine Tarnstellung südlich Fiume (Bakarbucht).

Um Mitternacht des Freitag, dem 13. 4. 1945, liefen die TA-Boote bei klarer Sicht und Mondschein in Richtung Senj aus. *TA 40* als Führerboot, *TA 45* folgte in Backbordstaffel. An Bord des Führerbootes befanden sich Funkbeobachter, die den Funksprechverkehr der zu erwartenden Feindfahrzeuge – überwiegend MGB und MTB – auswerten sollten.

Um 02.30 Uhr am 13. 4. wurden im Morlaccakanal auf der Inselseite S-Boote gesichtet, unmittelbar darauf Torpedolaufbahnen. *TA 40* drehte mit Hartruder Steuerbord aus dem Kollisionskurs und entging dadurch einem gegnerischen Torpedofächer. *TA 45* jedoch wurde zwei Minuten später von einem Torpedo zwischen dem ersten Geschütz und der Brücke und von einem zweiten in Höhe des Maschinenleitstandes getroffen.

Das Mittelschiff des Bootes versank sofort, der Bug schwamm auf, und das Achterschiff sank mit noch laufenden Schrauben erst, nachdem der größte Teil des Maschinenpersonals durch die achteren Mannlöcher hatte aussteigen können.

Der Kommandant, Kptlt. Wenzel, und seine Wachoffiziere fielen auf der Brücke. Über die Hälfte der Besatzung ging mit dem Boot auf Tiefe. Der Leitende Ingenieur, Lt.(Ing.) Heumann, überlebte mit zwei Wachmaschinisten auf dem Maschinenleitstand und führte die nach stundenlangem Schwimmen und auf Rettungsflößen im Morgengrauen bei Novi an der dalmatischen Festlandküste ermattet angelandeten Überlebenden mit viel Glück über Fiume zur Flottille nach Triest zurück.

TA 40 gelang es unter Nebeln, den weiteren Torpedoangriffen der S-Boote auszuweichen.

Unter Steuerung verschiedener Kurse und Täuschungsmanöver gelang es Kptlt.

Goldammer, das Boot zwischen der Insel Brioni und der Küste im Morgengrauen an Pola vorbei in den Stützpunkt Triest zurückzuführen. Hier wurden *TA 40* und *TA 43* am 1. 5. 1945 selbst versenkt: Das Ende der 1. Geleit-/9. Torpedoboot-Flottille.

Die 2. Geleit-Flottille

Die 2. Geleit-Flottille war nach der Teilung am 1. 7. 1944 zunächst unter KKpt. Thorwest weiter im Adria-Einsatz. *TA 22* wurde am 25. 6. bei der Werftprobefahrt südostwärts Triest von zehn Jabos laufend angegriffen. Dennoch konnte es nach Bomben- und Bordwaffentreffern mit starker Schlagseite in die Werft San Marco eingebracht werden.

Bei einer nächtlichen Minenunternehmung, die mit den Booten *TA 20*, *TA 21* und *TA 35* gesichert wurde, kam es zu einem Feuergefecht und zu Torpedoschüssen der feindlichen MTB. *TA 21* erhielt einen Torpedotreffer und sank binnen weniger Minuten.

Drei Tage später wurde in Triest *TA 22* außer Dienst gestellt. Das Boot hatte im Juli bei einem britischen Jaboangriff so schwere Raketentreffer erhalten, daß eine Reparatur nicht mehr möglich war.

Am 20. 8. 1944 wurde *TA 35* vor Pola von einem MTB aufgefaßt und durch Torpedoschuß versenkt. Nun ruhten die Mineneinsätze und Landbeschießungen allein auf den beiden Booten *TA 20* und *TA 48* sowie auf kleinen G-Booten, bei denen es sich im einzelnen um Küsten- bzw. Motorboote handelte.

Am 23. 8. führte *TA 20* mit zwei sichernden Siebelfähren südlich Fiume die Minenoperation »Karakul« durch.

Ein Einsatz, bei dem *TA 40* der 1. und *TA 20* der 2. Geleit-Flottille mit MS *Kiebitz* die Minenoperation »Murmel 15« durchführten, verlief am 27. 9. erfolgreich. Ebenso die nächsten Minenunternehmungen »Murmel 16/17« und »Murmel 18/20«, die von diesen Booten durchgeführt wurden. KKpt. Thorwest führte diese Einsätze seiner Flottille persönlich. Bei einem Luftangriff auf Triest wurde *TA 21* leicht beschädigt.

Am 22. 10. 1944 rammte *TA 21* bei einem Nordgeleit nach Zara sein Rottenboot *TA 20*. Die Unternehmung mußte abgebrochen werden. Am 1. 11. vormittags lief *TA 20* mit *UJ 202* und *UJ 208* in Fiume ein. Von dort aus liefen diese drei Boote zu einem Unternehmen in das dalmatinische Inselgebiet nahe Zara aus.

Hier wurde die Gruppe in der Nacht von den britischen Zerstörern *Wheatland* und *Avonvale* sowie einigen Fregatten gestellt. Es kam zu einem schweren Artilleriegefecht, bei dem das Führerboot *TA 20* von einschlagenden Granaten und detonierenden eigenen Torpedos auseinandergerissen wurde. Das Schicksal der beiden U-Jäger war ebenfalls besiegelt.

Die nachträgliche Verleihung der Ritterkreuze an die Kommandanten dieser drei Boote und den gefallenen Flottillenchef wurden von der Marinegruppe Süd folgendermaßen begründet:

»In der Auszeichnung mit vier Ritterkreuzen soll das so oft verborgene Heldentum der leichten Sicherungsstreitkräfte seine wohlverdiente Ehrung finden.«

Durch drei Angriffe von Viermot-Bombern in der Nacht zum 5. 11. 1944 wurden Hafen und Werft Fiume schwer beschädigt. *TA 21* kenterte an der Pier. MS *Kiebitz* sank ebenso wie *G 104* von der 2. Geleit-Flottille und ein Schlepper.

Am 8. 11. 1944 übernahm KKpt. von Hansmann, Kommandant des gesunkenen MS *Kiebitz*, die Führung der verwaisten 2. Geleit-Flottille als Chef. Unter seiner Führung wurden die letzten Minenunternehmen des Jahres 1944 durchgeführt. Als das Jahr 1944 zu Ende ging, bestand die 2. Geleit-Flottille nur noch aus *TA 48* und einigen G-Booten. Damit hatte diese Flottille aufgehört zu bestehen.

X. Bereich Ägäis

Kommandierender Admiral Ägäis (seit 1. 2. 1943) Athen: Vizeadmiral Werner Lange:
Marine-Verbindungs-Offizier zu AOK 12, H.Grp. E, H.Grp. F
Seetransportchef Ägäis

4. und 5. Transport-Flottille
9. Torpedoboot-Flottille
21. U-Jagd-Flottille
24. Schnellboot-Flottille
12. Räumboot-Flottille
15. Landungs-Flottille
Küstenschutz-Flottille Attika
31. Marine-Bordflakabteilung
603. und 621. M.A.A.
Marine-Flakabteilung 720
Kommandanten der Seeverteidigung Attika, Saloniki, Lemnos, Kreta u. a.

Allgemeine Ereignisse 1944

24. 1. 1944, 01.30–03.40 Uhr Bombenangriff von 12 britischen Flugzeugen auf Piräus; nach dem Angriff liefen Minenschiff *Drache,* *TA 16* und *TA 17* und ein R-Boot nach beendetem Minenauftrag in den Hafen ein.
Am 2. 2. wurden auf dem Dampfer *Oria* 4233 italienische Kriegsgefangene von Rhodos nach Leros überführt. Sicherung durch drei Boote der 9. Torpedoboot-Flottille. Die 10. Landungs-Flottille brachte zwischen Korcula und Mljet ein griechisches Motorschiff auf, das Verpflegung und Munition für Partisanenverbände geladen hatte.
Im Sturm des 12. 2. passierte das Geleit *Oria* mit 4073 italienischen Gefangenen Kap Sunion. Dieser Dampfer wurde von *TA 16, TA 17* und *TA 19* geleitet. Noch vor Umlaufen des Kaps strandete die *Oria* im schweren Sturm, der das Geleit bereits zersprengt und alle drei TA-Boote teilweise in Seenot gebracht hatte. Bis zum Abend des 13. 2. gelang es den TA-Booten, einzeln in Piräus einzulaufen. Zur Hilfeleistung für den gestrandeten Dampfer liefen acht Schlepper, ein R-Boot

und ein U-Jäger aus Piräus aus. Zahlreiche Leichen wurden angetrieben, 14 schwerverletzte deutsche Soldaten an der Küste geborgen. Die meisten italienischen Gefangenen gingen mit der *Oria* unter.

Das vom Marinegruppenkommando Süd angeordnete Kriegsgerichtsverfahren gegen den Geleitführer, FKpt. Riede (Chef der 9. Torpedoboot-Flottille) endete mit dessen Freispruch, weil ihm ein Verschulden am Verlust nicht angelastet werden konnte.

Da die Ägäis immer mehr von Feindbombern überflogen und Häfen angegriffen wurden, forderte das Marinegruppenkommando Süd für die Werft Saloniki und den U-Boot-Stützpunkt Carabon zwei schwere, zwei mittlere und eine leichte Flakbatterie mit entsprechenden Scheinwerfergruppen an.

Am 18. 2. wurde der Dampfer *Peter*, 3754 BRT, von einem Feind-U-Boot mit Torpedotreffer beschädigt. Es gelang, ihn nach Volos einzubringen.

Am 18. 2. lief das Geleit *Lisa* mit zwei T-Booten und einem R-Boot, ferner das Geleit *Agatha* mit zwei U-Jägern und zwei Kümos von Piräus nach Suda auf Kreta aus. Wegen des schlechten Wetters und schwerer See mußte *Lisa* in den Hafen von Milos einlaufen, *Agatha* wurde nach Piräus zurückbefohlen.

Nach Abflauen des Sturmes setzte *Lisa* mit ihrer Geleitsicherung den Weg nach Kreta fort. Der Dampfer wurde durch Lufttorpedotreffer in der Nacht zum 21. 2. schwer getroffen und kenterte am 22. 2. um 02.50 Uhr. An Bord befanden sich 2320 Tonnen Verpflegung, 662 Tonnen Munition und 1750 Tonnen Betriebsstoff für die Inselbesatzung von Kreta.

Ein Geleit von Piräus zum Dodekanes wurde am Abend des 6. 3. um 22.30 Uhr vor Rhodos von feindlichen MTB angegriffen. Der Kurzbericht des Chefs der 9. Torpedoboot-Flottille dazu lautete:

»*TA 15* hat Torpedos der MTB ausmanövriert. Eine Verfolgung vor dem Hafen Rhodos war nicht möglich, weil die MTB sich geschickt hinter Minensperren aufbauten.«

Zwei Stunden nach Mitternacht des 8. 3. trat *UJ 2144* ins Gefecht mit drei englischen S-Booten in der Kosstraße. Der U-Jäger erwiderte das Feuer. Durch zwei Volltreffer wurde eines der Feind-S-Boote versenkt.

Dieser Erfolg wurde durch einen schweren Verlust überschattet, denn *TA 15*, das sich auf dem Rückmarsch nach Piräus befand, wurde 12 sm nördlich Heraklion durch den Angriff eines einzelnen Flugzeuges mit Lufttorpedos und -raketen versenkt (siehe hierzu auch den Einsatzbericht von Kptlt. Vorsteher in Kap. VIII).

UJ 2144 hatte am Abend des 9. 3. zwischen 21.45 Uhr und 22.25 Uhr wieder Gefechtsberührung mit zwei britischen MTB und einem Flugzeug. Im Gefecht gelang es dem Kommandanten des U-Jägers, beide MTB mit Artillerietreffern zu beschädigen. Eines der MTB drehte nach drei vergeblichen Angriffsversuchen in türkische Gewässer ab und brachte sich so in Sicherheit.

Der Admiral Ägäis berichtete am 14. 3. 1944, daß die von seiten der Marine getroffenen Maßnahmen zur Verstärkung des Nachschubverkehrs bereits Anfang Februar

175

wirksam geworden wären, wenn nicht die ungewöhnliche Schlechtwetterlage den Schiffseinsatz verhindert hätte. Aus diesem Grunde sei die Versorgungslage für Kreta immer noch nicht gut, aber es werde laut Auskunft des Seetransportführers keine bedenkliche Lage für Kreta befürchtet, sofern die Feindeinwirkung sich nicht erheblich verstärkte.

Am 18. 3. 1944 wurde das Geleit Dampfer *Agatha* durchgeführt. Der Dampfer lief sicher in Piräus ein.

Bei Luftangriffen wurde das auf Korfu installierte Freyagerät zerstört. Bei diesem Angriff wurde eine Spitfire abgeschossen. Es wurde als sicher angesehen, daß hier Spionage mit im Spiel gewesen war.

Am 31. 3. waren wegen der schweren See die Geleitfahrzeuge des Tankers *Centaur*, *UJ 2106* und *R 195*, vom Geleit getrennt worden. Dieses Geleit befand sich auf dem Marsch von Piräus nach Leros. Die beiden Boote liefen unter dem Landschutz der Insel Andros. Lediglich das dritte Geleitfahrzeug, *TA 16*, konnte der starken See widerstehen und setzte zunächst mit *Centaur* den Marsch fort. Die schwere See spülte auf *Centaur* einen Flakstand über Bord. Am Morgen des 1. 4. mußte auch *TA 16* das Geleit wegen des Orkans verlassen und bei Silaria Landschutz suchen.

Der Tanker *Centaur* wurde vermißt gemeldet.

Am 3. 4. erstellte der Flottillenchef der 9. Torpedoboot-Flottille einen Kurzbericht über das Geleit *Centaur*, worin er feststellte, daß mit dem Verlust des Tankers, seiner 31 Mann Besatzung und der 33 Mann Bordflakbedienung gerechnet werden müsse. Der Tanker hatte 1 200 cbm Betriebsstoff für Leros an Bord. Dies war ein schwerer Schlag gegen die Versorgung der Dodekanesinseln.

Der 1. 4. sah einen weiteren Verlust, der die leichten Seestreitkräfte in der Ägäis schwer traf. Der U-Jäger *UJ 2127* wurde 2 sm innerhalb der Calamatabucht um 11.30 Uhr von vier feindlichen Jabos angegriffen. Deren Raketenbomben trafen den U-Jäger so, daß er binnen kürzester Zeit sank. Nach Augenzeugenberichten Überlebender beschossen die Flugzeuge im Tiefflug auch die im Wasser schwimmenden Schiffbrüchigen.

In der Nacht zum 24. 4. 1944 erfolgte ein feindlicher Kommando-Raid, und zwar wurden durch ein britisches U-Boot 30 Kommando-Rangers auf der Felseninsel Santorin gelandet. Diese vereinigten sich mit etwa 30 Mann der Inselpartisanen, mit denen sie in Funkkontakt gestanden hatten, und griffen anschließend die Marine-Funk-und -Signalstelle an. Nach kurzem, erbittertem Kampf, wurde die völlig überraschte deutsche Besatzung überwältigt und die Funkstelle zerstört. Ein Unteroffizier und zehn Mann wurden von der »Command Group« gefangen mitgenommen. Die restliche Besatzung, etwa 50 italienische Soldaten, ließen sie zurück.

In derselben Nacht wurde auch die Insel Mykonos von einer »Command-Group« der britischen Rangers im Handstreich angegriffen. Die deutsche Signalstelle verteidigte sich die ganze Nacht bis zur letzten Patrone, ehe sie den Kampf einstellen mußte. Auch diese Stelle wurde von dem Kommando systematisch zerstört.

Die beiden Ereignisse rüttelten den Stab des Admirals Ägäis auf. Nachdem am 26. 4. die Bereinigung der Lage auf Santorin durch TA-Boote und eine Spezialtruppe durchgeführt war, ordnete der Admiral Ägäis die sofortige Verstärkung aller Signalstellen auf den Inseln an.

Das OKM befahl am 27. 4. eine Überprüfung der personellen Besetzung der Signalstellen und deren Ausrüstung und Bewaffnung. Dieser Befehl enthielt auch die merkwürdige Formulierung:

»Das Ausheben deutscher Signalstellen durch feindliche Kommandos ist mit der Ehre der deutschen Flagge nicht vereinbar.«

Am selben Tage wurden sämtliche Signalstellen auf den Cycladen durch je einen Unteroffizier und 20 Mann verstärkt.

Am 28. 4. war der Dampfer *Lüneburg*, 4697 BRT, im Geleit von drei TA-Booten, einem R-Boot und vier U-Jägern auf dem Wege nach Kreta. Sechs Sperrballons und eine verstärkte Luftsicherung sollten diesen Dampfer sicher durchbringen.

Um 16.38 Uhr wurde die *Lüneburg* 4 sm nördlich Heraklion von einem feindlichen U-Boot torpediert. Nach einigen vergeblichen Abschleppversuchen sank das Schiff. Eine U-Jagd durch die Geleit-U-Jäger blieb erfolglos.

Dies war wieder ein schwerer Schlag für die Versorgung von Kreta im Seetransport, und es war abzusehen, wann die Versorgung der Truppen und Dienste auf der Insel zusammenbrechen würde, wenn nicht bald ein größeres Schiff mit Nachschubgütern durchkam.

Am 1. 5. wurde die Dienststelle des Seekommandanten Lemnos aufgelöst und in die neue Dienststelle des Seekommandanten Saloniki (später Seekommandant Nordgriechenland) umgewandelt.

Das Minenschiff *Drache* führte am 8. 5. mit zwei TA-Booten und einem R-Boot eine Minenaufgabe durch.

Die Verstärkung der Küstenverteidigung der Inseln Rhodos, Kos und Leros wurde durch das Marinegruppenkommando Süd von dem Admiral Ägäis gefordert. Am selben Tage aber teilte das OKM der Marinegruppe Süd mit, der ObdL beabsichtige, alle Kampfstaffeln aus dem Mittelmeerraum nach Norwegen zu verlegen. Dies war ein Schlag ins Gesicht der Marine- und Heeres-Befehlshaber, die ständig eine Verstärkung der Luftstreitkräfte gefordert hatten.

Die Folgen zeigten sich am 31. 5. 1944, als es – ohne Luftaufklärung oder Jagdschutz – zu einem schweren Verlust kam. Ein Großgeleit mit drei Schiffen wurde etwa 10 sm nördlich Heraklion durch die feindliche Luftwaffe mit Bomben und Lufttorpedos angegriffen. Vier TA-Boote der 9. Torpedoboot-Flottille sicherten das für Kreta bestimmte Geleit mit drei U-Jägern. Dennoch wurden die Dampfer *Gertrud* und *Sabine* manövrierunfähig gebombt, zwei U-Jäger sanken, *TA 16* wurde schwer beschädigt. Nur der Dampfer *Tannais* lief mit *TA 17* und einem

U-Jäger in Heraklion ein. *TA 19* gelang es, den Dampfer *Gertrud*, mit Überlebenden von *UJ 2105* an Bord, einzuschleppen. *TA 14* blieb beim brennenden Dampfer *Sabine*.

Der Dampfer *Gertrud*, der um 04.30 Uhr des 2. 6. nach Heraklion eingeschleppt werden konnte, sank am Abend dieses Tages im Hafen nach einer schweren Explosion im Vorschiff, die von einem Bombentreffer des Luftangriffs um 18.00 Uhr stammte. Der völlig ausgebrannte Dampfer *Sabine* mußte gesprengt werden.

In den beiden Nächten zum 1. und 2. 6. erfolgten mehrere feindliche Luftangriffe auf Hafen und Stadt Heraklion. Am 3. 6. sank auch *TA 16* nach einer schweren Explosion dort im Hafen.

Die Marinegruppe Süd beurteilte nach diesen schweren Verlusten die Seetransportlage in der Ägäis so, »daß höchstens 23 000 monatliche Ladetonnen für die Versorgung des Dodekanes zu schaffen sind, ohne Berücksichtigung der Wetterlage und des Feindeinsatzes. Der Schutz gegen die feindliche Luftwaffe ist von der Marine nicht zu bewerkstelligen. Die größte Gefährdung für die Transportfahrten in der Ägäis geht aber von der Feind-Luftwaffe und feindlichen U-Booten aus. Der Versorgungsverkehr ist *nur* durch den Einsatz eigener starker Jagd- und Zerstörerkräfte zum Schutz der Geleite aufrechtzuerhalten.

Die Inmarschsetzung von Geleiten aus Schiffen ist nur dann noch möglich, wenn mindestens drei TA-Boote und drei U-Jäger sowie Räumboote zur Verfügung stehen.

Nach den schweren Verlusten bei diesem ersten Großgeleit ist die Sicherstellung des Nachschubbedarfs für Kreta nicht mehr gewährleistet.

Die Seekriegsleitung befahl aufgrund dieser Meldung die Umstellung auf Motorsegler und Stahlbetonschiffe und die Überführung von 3 500 Tonnen Laderaum aus dem Schwarzmeer.

Der Inselkommandant Kreta meldete am 8. 6., daß nach Durchführung der Bevorratung der Insel für 4 Monate eine Zufuhr von 50 Tonnen täglich notwendig sei. Die Skl erwog die Abstellung von drei U-Booten zu Transportzwecken nach Kreta. Doch die auf italienischen Werften vor der Fertigstellung stehenden vier großen Versorgungs-U-Boote konnten nicht für die Ägäis zur Verfügung gestellt werden. Damit blieb nur noch die Umstellung auf Kleinschiffsraum.

Am 8. 6. erklärte der Admiral Ägäis in seiner Stellungnahme zum Gefechtsbericht des Flottillenchefs der 9. Torpedoboot-Flottille über das Großgeleit Kreta, daß »die starken Verluste lediglich auf die Schwäche der eigenen Luftsicherung zurückzuführen« seien. Die vorhandenen »Arados« seien nur für die U-Boot-Aufklärung brauchbar. Die Ju 88 würden von den schnelleren Feindmaschinen förmlich überrannt. »Die Bedeutung dieser Luftsicherung ist für ein eigenes Geleit nur psychologisch zu werten.«

Die Marinegruppe Süd forderte erneut die Zuteilung von Transport-U-Booten als Reserve, für den Fall, daß sich die Lage weiter verschärft.

Der 22. 6. brachte abermals einen schweren Verlust, als *UJ 2106* durch ein feindliches U-Boot aus der Geleitsicherung des Dampfers *Sybille* herausgeschossen wurde. Das Geleit kehrte in den Hafen Monemvasia zurück.

Der 30. 6. brachte dann einen Befehl des OKM Skl an die Marinegruppe Süd (nachrichtlich Admiral Schwarzes Meer und Admiral Ägäis), daß bis auf weiteres kein Schiff mehr vom Schwarzen Meer durch die Meerengen nach der Ägäis überführt werde.

Nach Meldung der Marinegruppe Süd befahl die Heeresgruppe E, ab sofort den Dodekanes bevorzugt zu bevorraten, selbst unter Benachteiligung Kretas. Der Nachschub für Kreta solle zunächst nur noch mit Motorseglern ausgeführt werden. Der dadurch erübrigte Schiffsraum sei für die Dodekanes-Bevorratung zu nutzen. Als Folge davon blieb der Juni-Nachschub für Kreta unter 4 000 Tonnen. Die Versorgungslage in der Ägäis hatte einen bedrohlichen Tiefpunkt erreicht. Das zweite Halbjahr 1944 sollte die Entscheidung bringen.

Das Geleit der Dampfer *Agathe* und *Anita*, die sich auf dem Wege von Rhodos nach Milos befanden und am 2. 7. 1944 um 21.00 Uhr von der feindlichen Aufklärung erfaßt worden war, wurde ab 21.34 Uhr laufend von vier bis fünf Flugzeugen mit Raketenbomben, Raketenvollgeschossen und Splitterbomben angegriffen. Gegen Mitternacht zum 3. 7. erhielt *R 38*, das in der Geleitsicherung mitlief, zwei Treffer, die den Brückenpanzer durchschlugen. Der Kommandant des Bootes fiel. Die vier Boote der 12. Räumboot-Flottille schossen aus allen Rohren einen Feuervorhang. In ihrem Abwehrfeuer scheiterten mehrere Angriffe; eines der angreifenden Flugzeuge wurde abgeschossen, zwei weitere getroffen, die qualmend abdrehten. Dennoch konnte nicht verhindert werden, daß der Dampfer *Agathe* nach Backbordtreffern in Brand geriet und sank. Der Chef der 12. Räumboot-Flottille, Kptlt. Mallmann, setzte den Marsch mit dem Dampfer *Anita* fort, nachdem die Überlebenden geborgen worden waren. Milos wurde erreicht.

Am Morgen des 5. 7. gegen 10.00 Uhr wurde ein feindlicher S-Boot-Angriff auf den Dampfer *Anita* abgewehrt. Der Dampfer war um 06.15 Uhr in Porto Lago eingelaufen. Auch *R 210* erlitt bei diesem Geleit mehrerer Unterwassertreffer und Personalausfälle.

Der Admiral Ägäis beabsichtigte, am 7. 7. die durch Verrat dem Feind bekanntgewordene Minensperre in der Dorodurchfahrt durch zwei doppelreihige tiefstehende Winkelsperren aus UMB-Minen durch U-Boote zu verstärken.

Bei der Feindbesetzung der Insel Simi in der Nacht zum 16. 7. gerieten zwei dort liegende U-Jäger in die Hand des Gegners. Der Gegenstoß am folgenden Nachmittag ab 17.40 Uhr drang, ohne Widerstand zu finden, über die ganze Insel durch. Es wurden hier vier Überlebende von *UJ 2152* gefunden, denen es gelungen war, zu entkommen und sich versteckt zu halten. Diese sagten aus, daß ihr eigenes Boot und auch *GD 93* nach Kampf und Ausfall aller Waffen vom Gegner überwältigt worden seien. Die Geheimsachen hätten aber noch vorher vernichtet werden können.

Mit 24stündiger Verspätung lief am 18. 7. das Geleit *Pelikan* mit *TA 19* als Sicherung aus Piräus aus und erreichte nach einem erfolglosen U-Boot-Angriff bei Antimilos die Sudabucht auf Kreta.

Ein aus vier Dampfern bestehendes Geleit lief von dort am 23. 7. mit *UJ 2110* in Richtung Piräus und wurde an der Südspitze von Nikaria von sechs Flugzeugen angegriffen. Einer der Angreifer wurde von einer Geleit-Arado abgeschossen, die jedoch ebenfalls brennend abstürzte. *UJ 211* erzielte einen weiteren Abschuß. Elf Raketentreffer auf den Sicherungs-Einheiten richteten nur geringen Schaden an, und nach einer Zwischenlandung in Syra konnte der Marsch nach Piräus fortgesetzt werden.

Bei einem Angriff auf das Geleit *Orion* am 21. 7. bei Mykonos schossen *UJ 2110* sieben Feindmaschinen, *UJ 2144* zwei und *Orion* ein Flugzeug ab. Es war der größte Erfolg, den U-Jäger bei einem Einsatz gegen Feindflugzeuge erzielten.

Als die Türkei am 2. 8. 1944 ihre diplomatischen Beziehungen zu Deutschland abbrach, war die Verbindung vom Schwarzen Meer zur Ägäis schlagartig unterbrochen. Bis dahin hatten immer wieder deutsche Tanker diese Sperre passieren und den Mittelmeerraum mit Treibstoff versorgen können.

Darüber hinaus wurde sofort erhöhte Alarmbereitschaft für das gesamte Inselgebiet der Ägäis gegeben, weil die Gefahr bestand, daß sich nun die Briten wieder in den Besitz der Dodekanesinseln bringen wollten. Aus diesem Grunde wurde die Verlegung der 3. Schnellboot-Flottille in die Ägäis, mit Durchbruch durch die Otrantostraße, befohlen. Dies war jedoch wegen der Vollmondperiode nicht vor dem 11. 8. möglich. Bis dahin gelang es dem Admiral Adria, die Verlegung zu verhindern. Er bat die Seekriegsleitung dringend darum, vom beabsichtigten Abzug der 3. Schnellboot-Flottille aus dem Nordadriaraum abzusehen. Die Verlegung unterblieb schließlich.

Am 9. 8. fuhr *TA 19* von Vathi nach Samos. Gegen 18.00 Uhr wurde das Boot etwa 500 m vor der Hafeneinfahrt von Vathi von einem Torpedo eines vor dem Hafen lauernden englischen U-Bootes getroffen. Nach einer starken Detonation sank *TA 19*. Dennoch gelang es, die Besatzung bis auf fünf Mann zu bergen.

Durch drei britische U-Boot-Torpedos, gegen die Carlovaasi-Ostmole auf Samos geschossen, wurde der Leuchtturm zerstört, und der Brand im Artillerie-Arsenal von Patras in derselben Nacht vernichtete dort alle Anlagen sowie 400 000 Schuß Infanteriemunition, den gesamten Bestand an Handgranaten und 50% aller 2-cm-Munition. Es handelte sich um einen Sabotageanschlag. Der Großteil der Munition war erst am Vortage angekommen.

Durch den Abfall Rumäniens nach dem Sturz von Marschall Antonescu am 23. 8. 1944 entstand im Schwarzen Meer eine neue Lage. Die bulgarische Regierung unter Ministerpräsident Bagranoff erklärte am 26. 8. 1944 den »Rückzug Bulgariens aus dem Kriege« und die Neutralität ihres Landes.

Am nächsten Morgen erhielt der Admiral Ägäis von der Marinegruppe Süd über

FS-Verbindung Weisung, die bulgarischen Dampfer *Burgas* und *Tsar Ferdinand* zu besetzen und mit deutschen Besatzungen wieder zum Einsatz zu bringen.

Auf der Lagebesprechung des ObdM am 28. 8. um 11.15 Uhr bei Hitler wurde beschlossen, daß Zuführungen und Lieferungen aus dem Rüstungssektor in den griechischen und rumänischen Raum nicht mehr erfolgen sollten.

Am 29. 8. wurde für den gesamten griechischen Raum Alarmstufe I gegeben. Vor Santorin waren an diesem Morgen mehrfach U-Boote gesichtet worden, und in der Nacht erfolgten auf Santorin gegen die Funkortungsstellungen Kommando-Raids. Durch den Abbau von rund 50 % der Luftortungs- und Flugmeldeposten bestand nunmehr in der Ägäis nur noch ein lückenhaftes Luftaufklärungssystem. Geleitfahrten mußten aus Wettergründen verschoben werden. Die Neumondperiode war nicht auszunutzen. Der Admiral Ägäis meldete, daß alle restlichen U-Boote für 12 Wochen ausgerüstet würden. Der U-Boot-Stützpunkt wurde von Salamis nach Saloniki verlegt. Ebenso erfolgte an diesem Tage die Verlegung der ersten Teile der Flak-Division 19 nach Saloniki. Der Admiral Ägäis schloß sich mit seinem Stab an. Damit waren die Weichen für die Räumung Griechenlands und der Ägäis bereits gestellt.

Die schweren Luftangriffe in der Nacht zum 15. 9. auf Salamis und die Fliegerhorste bei Athen forderten schwere Opfer. *TA 14* von der 9. Torpedoboot-Flottille wurde versenkt, der Kriegstransporter *Mannheim*, das Marinearsenal und die Werft ebenfalls schwer beschädigt.

Am 18. 9. gelang der Durchbruch des Minenschiffes *Drache* nach Piräus.

Am 19. 9. bestätigte die Marinegruppe Süd den Befehl, drei TA-Boote der 1. Geleit-Flottille Adria in die Ägäis zu überführen (Operation »Odysseus«: Vgl. Kap. IX).

Die am 20. 9. in der südlichen Ägäis erfaßten vier britischen Flugzeugträger sollten nach Ansicht des Admirals Ägäis dazu dienen, englische Jagdflugzeuge auf türkische Flugplätze zu überführen. Am 20. 9. wurden westlich von Milos zwei Zerstörergruppen und ein Kreuzer erfaßt.

Das letzte der KT-Schiffe, die *Pelikan*, ist an diesem Tage vollbeladen gesunken. Für die Nacht zum 21. 9. erwartete der Inselkommandant von Milos einen britischen Angriff und die anschließende Landung britischer Truppen auf der Insel. Tagsüber wurde ein starker Einsatz von Flugzeugträgern beobachtet. Aber am Morgen des 22. 9. lief der Flugzeugträgerverband unter Zerstörersicherung nach Alexandria zurück.

Zu dieser Zeit befanden sich auf Kreta noch etwa 20000 Mann deutscher Truppen, darunter rund 11000 Mann des Heeres.

An diesem 22. 9. wurde der Dampfer *Peter* in der Skiathosdurchfahrt von einem englischen U-Boot mit Torpedos versenkt. Das Minenschiff *Drache* entging in Vathi auf Samos einem Luftangriff. Aber ein zweiter Angriff verursachte schwere Treffer, und nach einer heftigen Explosion sank *Drache* an der Pier.

Am 25. 9. liefen die drei kampferprobten Torpedo-Boote der 1. Geleit-Flottille,

TA 37, *TA 38* und *TA 39*, unter Führung des ältesten Kommandanten (Ä.K.), Kptl. Werner Lange nach erfolgreichem, vom Wetter begünstigten Durchbruch durch die Straße von Otranto in den Hafen von Piräus ein und wurden von der 9. Torpedoboot-Flottille (FKpt. Dominik) übernommen.

Am 27. 9. beauftragte die Heeresgruppe E das LXVIII. AK mit der Zerstörung des Kanals von Korinth. Der Zeitpunkt der Zerstörung sollte jedoch mit dem Admiral Ägäis abgestimmt werden. Hierzu wurde der Einsatz einer Minenlegergruppe für die endgültige Schließung des Küstenvorfeldes im Rahmen der Zerstörungsabsichten geplant. Vor der Sprengung galt es, wertvollen Schiffsraum zu sichern. Eine Sperre sollte vor dem Rhion-Antirhion ebenso wie vor dem und im Kanal gelegt werden. Darüber hinaus mußte die Osteinfahrt durch versenkte Schiffe verblockt werden. Der Zeitbedarf hierfür wurde mit vier bis fünf Tagen angegeben.

Nach einer am 28. 9. aufgestellten Gesamtübersicht hatte die Küstensicherungs-Flottille Attika seit Juni 1944 in 20 Minenoperationen insgesamt 1335 Minen geworfen und dabei zahlreiche Unterwasser- und Luftangriffe abgewehrt. Ihr wurde in einem Tagesbefehl die besondere Anerkennung durch den Admiral Ägäis ausgesprochen.

Im Seegebiet zwischen Chalkidike und Trikkeri wuchs die U-Boot-Gefahr an. Alle noch vorhandenen U-Jagd-Kräfte wurden eingesetzt, um die U-Boote vor der schwierigen Phase der Überführung der Seestreitkräfte aus dem Hafen Piräus in Richtung Saloniki zu verjagen oder zu versenken.

Am 29. 9. befanden sich die ersten fünf Fahrzeuge zur Räumung Südgriechenlands in See. Sie wurden durch die drei aus der Adria überführten TA-Boote der 9. Torpedoboot-Flottille gesichert. An Bord der Dampfer befanden sich 4000 Mann Heerestruppen. Hierzu wurde der gesamte noch vorhandene Großschiffraum (Ausnahme Dampfer *Tsar Ferdinand*) eingesetzt: die Dampfer *Burgas, Zeus, Laudon* und *Lola*. Sie liefen am nächsten Tage in den Hafen von Saloniki ein. Bis zum 30. 9. waren 12000 Tonnen Material und alles Personal nach Saloniki überführt.

In der Nacht des 30. 9. legte eine Rotte von zwei TA-Booten eine Minensperre zwischen Syros und Psara. Die Sperrung Rhion-Patras-Enge und die Verseuchung des Korinthkanals wurde ebenfalls planmäßig durchgeführt. Damit war ab 30. 9. 1944 auch der eigene Schiffsverkehr durch den Kanal von Korinth nicht mehr möglich.

Am 1. 10. wurde in der Ägäis ein neuer Flugzeugträgerverband des Gegners gesichtet. Er bestand aus drei Trägern, drei Kreuzern und fünf Zerstörern. Die in dieser Nacht geplante Minenoperation des Minenschiffes *Zeus* und der einsatzbereiten TA-Boote konnte wegen eines Sturmes nicht durchgeführt werden.

Am Morgen des 2. 10. forderte die Marinegruppe Süd die Zuführung von Kampfflugzeugen an.

Die Antwort auf diese dringende Anfrage lautete:

»Die Brennstoffvorräte sind dazu in Griechenland nicht mehr vorhanden. Außerdem sind alle Bodenorganisationen weitgehend zerstört.«

Am 2. 10. beschossen denn auch die drei britischen Kreuzer ungestört den Flugplatz Gaduras auf Rhodos, ohne allerdings größere Schäden zu verursachen. Auch an diesem Tage war ein Einsatz der RA-Boote und des Minenschiffes *Zeus* wegen der schlechten Wetterlage nicht möglich. Der Dampfer *Tsar Ferdinand*, der als einziger noch im Südraum zurückgeblieben war, wurde am 2. 10. 10 sm nordwestlich von Skyothos durch ein britisches U-Boot mit Torpedos versenkt. An Bord befanden sich 1300 deutsche Soldaten. Deutscherseits wurde die Hafenmole von Vathi auf Samos durch das Wrack des Minenschiffs *Drache* blockiert. An diesem Morgen rückten gegen 05.00 Uhr britische Truppen und griechische Verbände in Patras ein und wurden durch Luftlandungen britischer Fallschirmjäger in Südpatras verstärkt.

Die zur Rettung der 1300 Soldaten und der Besatzung der *Tsar Ferdinand* ausgelaufenen TA-Boote, U-Jäger und der Küstengeleit-Flottille retteten 1190 Mann. Ständig in Gefahr, selbst torpediert oder von britischen Großkampfeinheiten versenkt zu werden, schafften die Seeleute das unmöglich Scheinende.

Am 4. 10. nahmen die Dampfer *Zeus, Lola, Laudon, Engerau* und *Anna 1* in Piräus das restliche Marinepersonal in Stärke von 2500 Mann auf. Die Räumung der gesamten Marinebasis war für den 10. 10. geplant.

Die Insel Korfu wurde an diesem Tage nach Auflösung des Stabes des Seekommandanten Westgriechenland direkt dem Admiral Ägäis unterstellt.

Am 6. 10. meldete der Chef der 9. Torpedoboot-Flottille, FKpt. Dominik, nach der Rückkehr seiner Boote von einer Minenunternehmung, daß er laufend durch Funkmeßortung verfolgt und durch Flugzeuge gemeldet worden sei. Der Verband konnte sich drei Feindzerstörern bei der Nordspitze von Kos durch enges Halten an der Küste entziehen. Die Flankensperre bei Hagios Georgios und auf dem »Schwedenkurs« zwischen Georgios und Keos wurde durch zwei TA-Boote verstärkt. Damit war die letzte Sperrlücke zwischen Ägina und Phleves dichtgeworfen. Die Minenbestände des Sperrwaffenkommandos Skaramanga waren damit bis auf die letzten 64 Minen, die den Einlaufkurs nach Piräus sperren sollten, aufgebraucht.

Am 4. 10. wurde der Hafen Patras planmäßig zerstört und mit Minen verseucht. In Richtung Keos wurden zwei schwere Detonationen beobachtet. Weitere Detonationen mit Rauchpilzen und Feuerschein wurden vor Kap Sunion gesichtet. Damit wurde bereits jetzt die Wirksamkeit der durch die TA-Boote geworfenen Minensperren unter Beweis gestellt. Minentreffer bei Feindzerstörern waren wahrscheinlich (später durch den Gegner bestätigt).

Am 6. 10. von 22.15 Uhr bis 23.12 Uhr hatte ein U-Jäger südwestlich Cassandra Gefechtsberührung mit drei Zerstörern.

TA 37 war mit *UJ 2102* und *GK 62* auf dem Anmarsch zu *Zeus* überfällig.

Während *Zeus* mit 1125 Mann an Bord am Morgen des 7. 10. in den Hafen von

Saloniki einlief, meldete am 8. 10. der englische Rundfunk, daß britische Zerstörer einen deutschen Zerstörer versenkt und einen zweiten schwer beschädigt hätten. Es handelte sich um die überfälligen Boote *TA 37* und *UJ 2102*.

Durch Kreuzer der »London«-Klasse wurde an diesem 8. 10. auch der Stützpunkt Cassandra von 05.15 bis 06.00 Uhr beschossen.

Die Lagebeurteilung durch den Admiral Ägäis lautete:

»Dem Gegner ist der Einbruch in die Nordägäis gelungen. Damit ist auch der Geleitverkehr zwischen Lemnos bzw. Leros nach Saloniki auf das höchste gefährdet. Als Gegenmaßnahme ist zunächst die Schiffahrt von und nach Saloniki gesperrt. Die von Piräus in Richtung Saloniki laufenden Geleite warten in Volos eine Klärung der Lage ab. Die U-Jagd-Streitkräfte erhalten Weisung, nachts Landschutz aufzusuchen.«

Nach Ansicht des Admirals Ägäis zielte der Gegner auf eine Sperrung des Golfes von Saloniki ab. Tagsüber beflog er das Gebiet zwischen Euböa bis Trikkeri mit Jabos.

Feindliche Überwasserkräfte fuhren bei Tag und Nacht im Ausgang des Saloniki-Golfes Angriffe auf See- und Landziele.

Die Insel Paros war am 9. 10. geräumt. Desgleichen die Insel Korfu. Die letzten Seetransporte aus Piräus sollten am 9. 10. abends auslaufen. Das Restpersonal der Kriegsmarine wurde dem Heer bzw. der Waffen-SS zum Landmarsch angegliedert.

Trotz der befohlenen Sperrung des Seeweges von Trikkeri, Lemnos und Leros nach Saloniki strebte der Admiral Ägäis an, daß schnelle Dampfer nach Ausladen der Truppen in Volos unter Ausnutzung der Dunkelheit nach Saloniki laufen sollten. Die Räumung von Milos durch Lufttransport war bereits im Gange; es bestand der Plan, auch die Besatzungen von Rhodos und Leros auf dem Luftwege zurückzuschaffen.

Am nächsten Tag verstärkte der Feind seine Streitkräfte in der Süd- und Nord-Ägäis.

Der Admiral Ägäis beabsichtigte am 10. 10. die Abriegelung des inneren Golfes von Saloniki mit den restlichen Minen durch die Küstenschutz-Flottille Attika und das Minenschiff *Zeus*. *TA 39* sollte als letztes Boot die Außensperrung durchführen.

Die Konzentration feindlicher Seestreitkräfte in der Nord-Ägäis und im Gebiet der Dodekanesinseln hielt auch am 11. 10. an. Feindliche Luftangriffe fanden im Golf von Korinth und vor Chalkis statt. Drei griechische Motorsegler mit Waffen und Gerät erster Dringlichkeitsstufe wurden vor Heraklion von einem feindlichen U-Boot aufgebracht und versenkt.

Im Rahmen der Südostlage sprach der OB der Heeresgruppe E dem Admiral Ägäis für die fast vollständige Rettung der Schiffbrüchigen des Dampfers *Tsar Ferdinand* und des Dampfers *Berta* und den beteiligten Kommandanten und Besatzungen seine höchste Anerkennung aus.

Bei den Räumungsunternehmen wurden durch die Kriegsmarine bei Sicherung von Truppengeleiten in einem Falle von 16 angreifenden Flugzeugen sieben abgeschossen.

Am Mittag des 12. 10. griffen neun Flugzeuge den Hafen von Volos an. Der Dampfer *Anna*, die Güterschiffe *Laudon* und *Nordpol*, *LS 10*, ein U-Jäger, ein MFP, drei KFK, ein KS-Boot und mehrere Motorsegler sanken in dem engen Hafen.

Am 14. 10. war Korfu in alliierter Hand, der Hafen von Piräus zerstört und vermint. Für die Nacht zum 15. 10. wurde die Verminung des Golfes von Saloniki geplant, ebenfalls eine Netzsperre zwischen dem West- und mittleren Finger der Halbinsel Chalkidike. Der Gerätetransport sollte solange wie möglich weiterlaufen. Der Abtransport vom Dodekanes war ebenfalls ab 15. 10. vorgesehen. Die Räumung der ägäischen Inseln wurde trotz des Feinddruckes am 15. 10. fortgesetzt. An diesem Tage wurde Athen von englisch-griechischen Truppen besetzt. Die letzten Einsätze des 15. 10. schlugen sich im Kriegstagebuch des Admirals Ägäis wie folgt nieder:

»Sonntag, 15. 10. 1944: Hafen Piräus ist planmäßig zerstört. Batterien auf Ägina und Phleves sind unbrauchbar gemacht. In Nord-Griechenland ist Hafen Chalkis planmäßig geräumt und gesprengt. Resträumung von Lemnos ist für 16. 10. vorgesehen. In Albanien ist Räumung Valona planmäßig durchgeführt.

Zeus, *TA 39* und Netzlegergruppe sind nach planmäßiger Durchführung der Minenunternehmungen in Saloniki eingelaufen. Chef 12. Räumboot-Flottille mit zwei R-Booten und *TA 39* ist zum Abtransport großer Anzahl Schwer- und Leichtverwundeter von Saloniki nach Volos ausgelaufen. Erstes Geleit vom Dodekanes ist aus Porto Lago nach Saloniki ausgelaufen.

Nach Meldung Admiral Ägäis beabsichtigt die Heeresgruppe E, nach Sarajewo zu verlegen, da die einzige Eisenbahnverbindung zur Heimat unterbrochen ist und Absetzbewegungen nur noch im Landmarsch in NW-licher Richtung durch Bosnien und Kroatien möglich bleiben. Kriegsmarine muß diese Bewegungen mitmachen. Für Rückmarsch ist Bodenorganisation des Lw. Kdos. Griechenland ebenso wie Kriegsmarine dem Heer angegliedert.

Aufgaben der Seekriegsführung werden abgeschlossen mit:

a) Schließung der Sperrlücken bei Trikkeri–Cassandra–Huk und im inneren Saloniki-Golf. Damit ist der Minenvorrat in Saloniki ebenso restlos an den Feind gebracht wie der von Piräus.

b) Abschluß der Räumung von Lemnos mit Hilfe von Kleinschiffraum am 16. 10.

c) Rottenweiser Durchbruch von Kleinschiffraum aus Leros nach dem Festland auf verschiedenen Wegen mit Material und Gerät erster Dringlichkeit.

d) Nochmaliges Durchziehen von »Gradisca« nach Saloniki.

e) Zerstörung und Verblockung der Häfen Volos und Saloniki mit Rest des Schiffsraums und der Netzbestände.

Lufttransporte in die Heimat sind auf Einzelpersonen beschränkt, die marschbehindert sind oder in der Heimat dringend benötigt werden. Auswahl unterliegt der Entscheidung des Kmdr. Admiral Ägäis. Das übrige mit dem Heer marschierende Personal wird nach Überschreiten der Reichsgrenze der Kriegsmarine wieder zur Verfügung gestellt. Zur Zeit sind vier Marine-Sicherungs-Bataillone aufgestellt. Aufstellung weiterer zehn bis zwölf sind in Vorbereitung. Entbehrliche Marinedienststellen im Saloniki-Raum werden laufend aufgelöst. Stab Admiral Ägäis wird laufend abgebaut, Kmdr. Admiral beabsichtigt Durchführung der Restaufgaben mit kleinstem Stab in Saloniki.«

Nach Meldung des Londoner Rundfunks vom 16. 10. waren britische Seestreitkräfte, darunter auch die Kreuzer *Orion*, *Ajax* und *Black Prince*, in den Hafen von Piräus eingelaufen. Naxos, so wurde weiter gemeldet, sei von britischen Truppen besetzt.

An diesem 16. 10. 1944 lief *TA 39* (Kptlt. Lange) 45 sm südlich Saloniki auf eine treibende Mine und versenkte sich selbst nach einer starken Detonation. Zwei R-Boote liefen sofort zur Bergung der Schiffbrüchigen zur Untergangsstelle. Es gelang ihnen, 116 Mann der Besatzung, darunter auch den Kommandanten, zu bergen. Der Admiral Ägäis befahl die beschleunigte Durchführung der letzten Geleite nach Saloniki. Dort sollten die Fahrzeuge außer Dienst gestellt und versenkt und die Besatzungen in die Absetzbewegungen nach Norden eingegliedert werden.

Ein neuer Luftangriff auf den Hafen Volos erfolgte am Morgen des 17. 10. Hier war am 13. 10. 1944 *TA 38* nach schwerem Schraubenschaden auf Befehl des Flottillenchefs in der Hafeneinfahrt als Blockschiff versenkt worden.

Von Saloniki aus, wohin die drei Kommandanten von *TA 37*, *TA 38* und *TA 39* gelangt waren, wurden sie über Wien nach Triest geflogen, um dort neue Boote der 1. Geleit-Flottille zu übernehmen. Oblt. z. S. Goldammer übernahm von dem erkrankten Kommandanten *TA 40* das Führerboot der Flottille. Kptlt. Lange stellte am 22. 2. 1945 den Torpedobootzerstörer *TA 43*, ex *Sebenico*, in Dienst. Der für Oblt. z. S. Scheller vorgesehene Neubau *TA 46* wurde in Fiume ausgebombt und konnte nicht mehr in Dienst gestellt werden.

Am 18. 10. wurden im Seegebiet um Athen nicht weniger als 80 Feindfahrzeuge erkannt. Zwei Do 24 wurden an diesem Tage auf einem Verwundeten-Transportflug nach Saloniki von Feindflugzeugen abgeschossen. Am 24. 10. 1944 übernahm der Seekommandant Nordgriechenland die Restaufgaben des Admiral Ägäis. Nach dem Abflug der Minenspezialisten wurde auch der Luftverkehr nach und von Saloniki eingestellt.

Da eine Bergung der Schiffbrüchigen von den kleinen Inseln der Volos-Bucht nach dem Verlust von *TA 18* nicht mehr möglich war (vgl. Kap. VIII), bat der Admiral Ägäis in einem Funkspruch an den britischen Befehlshaber Ostmittelmeer um die Abholung dieser Soldaten. Der Funkspruch wurde von der Gegenfunkstelle quittiert, und um 08.53 Uhr ging ein Funkbefehl des Hauptquartiers in Alexandria an die in diesem Raum stehenden englischen Kriegsschiffe, die Inseln zur Abbergung der deutschen Schiffbrüchigen anzulaufen.

So endete hier der unerbittliche Kampf der Kleinkampfeinheiten mit einer versöhnlichen Geste.

Die Besatzung von Milos hielt sich auch noch am 16. 11. 1944. Es gelang ihr, den Westteil der Insel freizukämpfen. Diese 600 Mann Besatzung hielten weiter aus. Sie wurden von schwerer Schiffsartillerie bis zum 30,5-cm-Kaliber beschossen. Die Gruppe Süd meldete der Seekriegsleitung die Versorgung der Insel Kreta, die noch in eigener Hand war und dies auch bis Kriegsschluß blieb, auf sieben Monate gesichert. Rhodos und Leros konnten sich gut fünf Monate ohne weitere Versorgung halten.

XI. Bereich Adria

Kommandierender Admiral Adria: Vizeadmiral Lietzmann (September 1943 bis
Dezember 1944)
(Belgrad, Abbazia, Triest)
Seetransportchef Adria
  6. Transport-Flottille
22. Marine-Bordflakabteilung
11. Sicherungs-Flottille (bis Februar 1944)
11. Sicherungs-Division (März 1944 bis Mai 1945)
  1. Geleit-Flottille (9. Torpedoboot-Flottille neu)
  2. Geleit-Flottille
  2. U-Jagd-Flottille
  6. Räumboot-Flottille
  1. Schnellboot-Division (ab Januar 1944)
  3. Schnellboot-Flottille
  7. Schnellboot-Flottille
22. Schnellboot-Flottille
24. Schnellboot-Flottille
Kommandanten der Seeverteidigung
MAA'n, Marine-Flak Abteilung
(Nachfolge und Abwicklung durch Admiral z.b.V. Südost von Dezember 1944
bis Ende)

Allgemeine Ereignisse 1944

Am 17. 1. 1944 erfolgte die geplante Verlegung des Stabes Admiral Adria von
Belgrad nach Abbazia, die in mehreren Etappen bis zum 24. 1. durchgeführt
wurde.
Die Insel Hvar wurde im Unternehmen »Walzertraum« am 21. 1. besetzt; dazu
erhielt *TA 22* Befehl, ab 20. 1. um 22.00 Uhr im Seegebiet um die Insel Rab auf-
zuklären. Die Besetzung gelang. Dennoch war das gesamte Seegebiet unsicher,
und Pola beispielsweise war als Nachschubschwerpunkt wegen der Partisanenlage
im istrischen Gebiet ungeeignet. Das PzAOK 2 sah Fiume und Suzak trotz des
verringerten Flakschutzes weiterhin für den Nachschubverkehr vor.

TA 30, das am 15. 6. 1944 westlich La Spezia durch Torpedotreffer versenkt wurde

TA 44, der 1. Geleit-Flottille. Kommandant Kptlt. Fritz Vollheim

TA 43 der 1. Geleit-Flottille, Kommandant Kptlt. Werner Lange

Bombentreffer im Arsenal von Triest beim Luftangriff am 16. 6. 1944

TA 20, am 1. 11. 1944 nördlich Zara im Gefecht gesunken

Ein Schnellboot auf Patrouille im Mittelmeer

Am 22. 1. wurde die Insel Uljon geräumt, dabei wurde *G 107* schwer beschädigt. Die starke feindliche Besatzung dieser Insel wurde vom Admiral Adria als Vorbereitung einer englischen Landung im Raume Zara gewertet. Die Insel Pasman, noch in deutscher Hand, war schwer bedroht. Anscheinend befanden sich alle Inseln zwischen Lussinj und Pasman in der Hand des Feindes. Der Seekommandant Dalmatien verlegte daraufhin nach Split.

Noch am 23. 1. unterrichtete der Admiral Adria die Seekriegsleitung von der Absicht des PzAOK 2, etwa Mitte Februar die Insel Vis zu nehmen. Dazu war der Einsatz aller Kriegs- und Handelsschiffe, die dem Admiral Adria zur Verfügung standen, notwendig und auch vorgesehen.

TA 22, das in der Nacht des 24. 1. unter der Südspitze der Insel Pasman passierte, wurde von dort aus mit Artillerie- und MG-Feuer belegt. Das Boot erwiderte das Feuer aus allen Waffen.

Das kleine Geleitboot *G 107* wurde nach Beschuß und Bombenwurf in Punto Nika so schwer getroffen, daß es sank. Noch am 24. 1. verlegte die Luftwaffen-Flak-Abt. 281 mit vier Batterien von Fiume nach Pola.

Der 26. 1. sah in der Nordadria wiederum *TA 22* auf Kontrollfahrt zu den Inseln Uljan und Pasman, die ergebnislos verlief. An diesem Tag forderten Heeresstellen (nach Abhörung feindlicher Funk- und Radiosendungen) die Zerstörung des Hafens von Triest und die Sprengung aller kleinerer Ausweichhäfen entlang der istrischen Küste. Es sei eine Feindinvasion über See in Richtung Triest geplant.

Der Kommandierende Admiral Adria lehnte dies ab, weil dadurch die Durchführung des Nachschubverkehrs für die östliche und westliche Adriaküste stärkstens gefährdet sei.

Wenig später stellte sich heraus, daß diese Meldungen vom feindlichen Nachrichtendienst geschickt eingebracht worden waren, um kampflos zu Erfolgen zu gelangen.

Bei einem Luftangriff auf Zara erhielt der Dampfer *Martianco* schwere Treffer und kenterte.

Die Hafenschutz-Flottille Venedig sollte von 12 auf 24 Fahrzeuge verstärkt werden.

Die Säuberung der Inseln Uljan, Iz und Allgi Otok wurde am 2. 2. abgeschlossen. Bei dieser Aktion wurden 30 Motorsegler erbeutet. Die Titopartisanen, etwa 400, konnten auf einem großen S-Boot und Küstenmotorschiffen in Richtung Vis entkommen.

Die Marinegruppe Süd wies am 5. 2. den Admiral Adria an, vordringlich für Sperren an der italienischen Nordostküste zu sorgen. Da *TA 20* wieder fahrbereit war, sollte dieses Boot in allen Operationspausen zum Werfen der Sperren eingesetzt werden.

Im Lagebericht des Admirals Adria vom 6. 2. wird von dem Sprenganschlag von etwa 200 jugoslawischen Partisanen gegen den Zug Triest–Pola folgendes berichtet:

»Der Zug wurde zum Entgleisen gebracht, die Zivilisten ausgeraubt, die Soldaten ermordet, zum Teil verschleppt. Unter den etwa 40 Toten befanden sich auch zwei Marinesoldaten der MAA 621.«

In der Nacht zum 6. 2. überfiel ein turkmenischer Infanteriezug seine deutschen Vorgesetzten, ermordete zehn Mann und lief mit allen Waffen und Ausrüstung in Stärke von 22 Mann zu den Partisanen über.

Von 17 Geleitfahrzeugen, die am 1. 10. 1943 in der Adria zur Verfügung standen, waren bis Ende Januar 1944 drei U-Jäger verlorengegangen, eine Reihe weiterer Fahrzeuge waren aKB. Der Zustand der übernommenen italienischen Torpedoboote war äußerst schlecht, da der rücksichtslose, aber notwendige Einsatz für Kampfaufgaben während der Inseloperationen eine Werftüberholung nicht zuließ.

Die Seekriegsleitung teilte dem ObdL mit, daß durch die Zerstörung der Häfen, Werften und Umschlaghäfen durch alliierte Luftangriffe die Kampfführung lahmgelegt werde:

»Vordringlich für Flakschutz sind Pola und die Werft Monfalcone. Weiter Flakschutz erbeten für Triest, Fiume, Sibenic und Cattaro. Notwendig auch für Split, Metkovic, Durazzo, Dubrovnik und Korcula.«

Beim Untergang des Dampfers *Petrella*, der 3338 italienische Kriegsgefangene an Bord hatte, wurden 2746 Mann vermißt, darunter auch 25 deutsche Soldaten.

Abermals versuchte der Feindnachrichtendienst am 10. 2. 1944, eine Meldung über eine beabsichtigte Landungsoperation in der Nordadria an der dalmatinischen Küste zu lancieren.

Diesmal wurde das Täuschungsmanöver sofort durchschaut.

Von Triest aus unternahm am 11. 2. *TA 37* seine erste Probefahrt, die nach Abbazia und zurück führte. Der Dampfer *Gigliola*, der nach einem Luftangriff auf Triest in Brand geraten war, sank nach weiteren Treffern, die er am 11. 2. erhielt.

Das Minenschiff *San Giorgio* strandete im Sturm vor der Po-Mündung.

Am 12. 2. 1944 bezog die Flakbatterie 573 im Raume Monfalcone bei Triest zur Sicherung der dortigen Werft mit vier Batterien zu jeweils sechs 8,8-cm-Flak und einigen 2-cm-FlaMW Stellungen.

Von drei Kümos, die sich auf dem Marsch von Split nach Matkowicze befanden, wurden bei einem Bombenangriff zwei versenkt und eines in Brand geworfen.

In Triest wurde am 15. 2. der Minenleger *Ramb III* in Dienst gestellt.

Zur geplanten Bildung einer neuen Torpedoboot-Flottille gab die Marinegruppe Süd am 16. 2. 1944 folgende Stellungnahme ab:

»Bildung einer neuen Torpedoboot-Flottille mit sechs Booten neben der 11. Sicherungs-Flottille mit abgezweigter truppendienstlicher und einsatzmäßiger Unterstellung unter den Admiral Adria ist notwendig. Der Einsatz der Torpedoboote lediglich als Geleit- und Sicherungsfahrzeuge der 11. Sicherungs-Division ist angesichts der vorliegenden Kampfaufgaben in der Adria nicht zu verantworten. Gruppe Süd beantragt Herauslösung der deutschbesetzten TA-Boote aus der

11. Sicherungs-Division und Bildung neuer Flottille mit sechs Booten neben der 11. Sicherungs-Flottille mit abgezweigter truppendienstlicher und einsatzmäßiger Unterstellung unter Admiral Adria; ferner Austausch der Gesamtbesatzung einschließlich der Offiziere durch geschlossene Torpedoboot-Besatzungen des FdZ und Einstellen später anfallender T-Boote mit kroatischer Besatzung als Geleit- und Sicherungsfahrzeuge in der 11. Sicherungs-Flottille.«

Diesem Antrag war nur ein beschränkter Erfolg beschieden mit der im Juni 1944 erfolgten Aufteilung der Torpedoboote auf die 1. und 2. Geleit-Flottille (vgl. Kap. IX).

In der Adria sperrten feindliche S-Boote immer wieder den Schiffahrtsweg Split–Sibenic–Rogonica und unterbanden damit den deutschen Geleitverkehr. Gegen diese Bedrohung wurde der Einsatz von T-Booten beabsichtigt, konnte jedoch zur Zeit noch nicht zur Ausführung kommen, da zu wenig Boote einsatzbereit waren.

Am 24. 2. 1944 meldete Konteradmiral Leo Kreisch dem Marinegruppenkommando Süd die Übernahme des Kommandos als Führer der Zerstörer. Dadurch schied er als Führer der U-Boote Mittelmeer aus dem Befehlsbereich der Marinegruppe Süd aus.

Boote der 12. Räumboot-Flottille wurden am 23. 2. mittags auf dem Marsch vor Rogoznicza von 12 Feindjägern mit Bomben und Bordwaffen angegriffen. Dabei erhielt *R 187* schwere Treffer. Die Besatzung des mit Schlagseite gestoppt liegenden Bootes wurde von *R 188* übernommen und nach Trogir eingebracht. Das schwerbeschädigte *R 187* wurde von Schleppern auf den Haken genommen und eingeschleppt.

R 190 lief am 22. 2. mit Motorschaden nach Pola ein.

Der Dampfer *Kapitän Diedrichsen* war im Geleit von *TA 36, TA 37*, der U-Jäger *UJ 201* und *UJ 205* sowie *R 188, R 190* und *R 191* am 29. 2. aus Pola ausgelaufen und steuerte auf südlichem Kurs die Otranto-Straße an. Am Abend des 29. 2. erhielt dieser Konvoi Gefechtsberührung mit drei Feindzerstörern, die westlich Isto unter Land lauerten. Nach zwei Feindsalven hatte *TA 37* so schwere Treffer erhalten, daß das Boot manövrierunfähig wurde. Der Dampfer stand nach der vierten Salve in Flammen. Die TA-Boote erwiderten das Feuer. Ein Volltreffer konnte auf einem Zerstörer beobachtet werden. Der Gegner lief, nachdem er den Dampfer in Brand geschossen hatte, ab. Zur Rettung der Überlebenden des *Kapitän Diedrichsen* liefen *TA 36* und *UJ 205* nahe an den brennenden Dampfer heran, übernahmen die im Wasser und auf Flößen und Booten schwimmenden Schiffbrüchigen und brachten sie in Pola an Land. Die R-Boote verblieben beim Dampfer. *TA 37*, das manövrierunfähig auf der See trieb, wurde nach Pola eingeschleppt. *UJ 201* war vermißt, vermutlich war der U-Jäger, der am weitesten herausgestaffelt lief, von den Zerstörern versenkt worden. Am 1. 3. um 11.45 Uhr sank *Kapitän Diedrichsen*. Damit war die gewagte Operation »Lampenschirm« verlustreich gescheitert.

Wieder einmal verbreitete der Feindnachrichtendienst am 2. 3. 1944 die Meldung, daß eine Landung alliierter Truppen in Dalmatien unmittelbar bevorstehe. Auch diese »Ente« wurde sofort durchschaut.

KT 6, der sich auf dem Marsch nach Zara befand, geriet westlich Sibenik in einen Hinterhalt von drei MTB. Diese schossen insgesamt vier Torpedos, die sämtlich ausmanövriert werden konnten. Der Kriegstransporter lief mit nur geringen Verlusten in Zara ein.

TA 20, vom Admiral Adria dem Deutschen Marinekommando Italien zur Verfügung gestellt, wurde von Triest nach Venedig verlegt. Ab 6. 3. lagen in Venedig drei R-Boote klar zum Absprung nach Süden in die Ägäis. Am Abend des 7. 3. gegen 18.50 Uhr wurden diese drei Boote, auslaufend, 20 sm südostwärts Pola von einem feindlichen Aufklärer erfaßt und gebombt. *R 190* erlitt dabei einen Maschinenschaden. Deshalb liefen alle drei Boote nach Lussin-Piccolo ein.

Der Hafenkommandant Rovigo meldete am 13. 3. tägliche Entführungen wehrfähiger Männer aus dem Raum Rovigo und Umgebung sowie Partisanenanschläge gegen den Eisenbahnverkehr mit dem Ziel, die Lebensmitteltransporte zu unterbinden.

Ein zum Unternehmen »Frechdachs« auf *TA 36* eingeschiffter Seeoffizier der Skl meldete:

1. daß die erforderliche Geheimhaltung nicht gewahrt worden sei und daß der Chef der 11. Sicherungs-Flottille, KKpt.d.R. von Kleist, darüber auch unterrichtet war;

2. daß der Verband vor Eintritt der Dunkelheit aus Pola auslief und ohne Scheinkurse zu steuern direkt nach Süden lief;

3. daß das Ziel der Unternehmung sogar Mannschaftsdienstgraden vor dem Auslaufen bekannt war.

Die Skl unterrichtete den Admiral Adria (nachrichtlich die Marinegruppe Süd) und verlangte, daß diese Erfahrungen vor Beginn von weiteren Einsätzen berücksichtigt werden müßten.

Ähnliche Versager durch laxe Handhabung der erforderlichen unbedingten Geheimhaltung führten auch im Befehlsbereich des Kommandierenden Admirals Ägäis zu schweren Rückschlägen (vgl. Kap. X).

Am 15. 3. wurden die Boote *R 188*, *R 190* und *R 191* bei Minenräumarbeiten südlich Pola durch sechs britische Jabos gebombt, glücklicherweise entgingen alle drei Boote zackend den Würfen. Die R-Boote wurden daraufhin nach Cattaro verlegt. Aber am 18. 3. lief *TA 36*, das mit *TA 21*, einem U-Jäger und einem Minenleger aus Triest ausgelaufen war, auf eine Mine. Wenig später erhielt das Boot auch noch einen Torpedotreffer. *TA 36* sank rasch. Die von Bord gehende Besatzung wurde zum Großteil durch die anderen Boote des Geleits geborgen. Der Einsatz wurde wegen des Verdachtes feindlicher Minensperren abgebrochen.

Ein feindliches Kommandounternehmen gegen die Insel Solta, die von einer Kompanie der 264. ID besetzt war, verlief offenbar erfolgreich, denn die Verbindung zu dieser Kompanie riß ab. Der sofort angesetzte Angriff der Küstenjäger-abteilung »Brandenburg« gegen Rab verlief erfolgreich (vgl. Kap. XII/3).

Am 20. 3. bestätigte eine Meldung der 264. ID, daß die Insel Solta durch starke englische, US- und Titokräfte besetzt worden war. Die eigene Kompanie war nach hartem Kampf aufgerieben worden und zum Teil in Gefangenschaft geraten. Einem Landungsunternehmen auf den Inseln Hvar und Solta folgten am 25. 3. schwere Kämpfe auf Hvar. Die auf dem Ostteil der Insel stehenden Truppen drangen schrittweise – oftmals den Gegner im Nahkampf aus seinen Stellungen werfend – nach Westen vor. Die Insel Solta war bis zum Abend fest in deutscher Hand.

UJ 205, das Pionier-Landungsboote von Zara nach Sibenic geleitet hatte, wurde durch einen überraschenden Jaboangriff auf Sibenic im Hafen schwer getroffen. Dieser Angriff von 14 Jabos traf auch *R 191,* das ausbrannte. *R 188* wurde schwer, *R 190* leicht beschädigt.

Damit waren, laut einer Meldung des Admirals Adria, sämtliche zur Zeit einsatz-bereiten Fahrzeuge der 11. Sicherungs-Flottille vernichtet oder nicht KB. Der Gesamtbereich des Kommandierenden Admirals Adria war nunmehr von Siche-rungsfahrzeugen entblößt. Admiral Adria meldete erneut, daß ohne ausreichende Luftjagdstreitkräfte ein erfolgreicher Seekrieg in seinem Befehlsbereich nicht mehr geführt werden könne und als Folge davon auch alle Seetransporte zwangs-läufig zum Erliegen kommen müßten.

Am 28. 3. 1944 stellte die Marinegruppe Süd zur Meldung des Admirals Adria über Ausfall der Sicherungsstreitkräfte in ihrem KTB folgendes fest:

»1. Infolge völliger Luftherrschaft des Gegners im dalmatinischen Küstengebiet, die durch das Fehlen eigener Jagdkräfte und des Flakschutzes der Häfen bedingt ist, ist jeder Einsatz von Kriegs- oder Transportfahrzeugen praktisch gleichbedeu-tend mit der Vernichtung. Auch Tarnplätze sind erwiesenermaßen kein Schutz, da Feindluftwaffe im Tiefflug die getarnten Fahrzeuge aufspürt. Anträge auf Zu-führung von Jagd- und Flakkräften blieben bisher erfolglos.

2. Der Ausfall an Fahrzeugen hat bereits untragbare Ausmaße angenommen, so daß Admiral Adria nicht mehr in der Lage ist, Sicherungsaufgaben durchzuführ-ren. Daher wird befohlen:

a) Einsatz von Kriegsfahrzeugen nur noch für militärisch wichtige Operationen.

b) Sicherung von Seetransporten südlich Zara vorläufig solange aussetzen, bis der notdürftige Schutz der Fahrzeuge durch eigene Jagd- oder Flakkräfte gestellt werden kann.

c) Die weitere radikale Verlagerung der Nachschubversorgung auf den Landweg ist erforderlich.

3. Skl wird gebeten, die Zuführung der für die Adria vorgesehenen S-Boote, MFP, R-Boote und Korvetten beschleunigt durchzuführen.«

Am 30. 3. erreichten eigene Truppen auf Hvar die Ortschaft Jelsa. Der Gegner war in Stärke von mehreren 100 Mann nach Westen ausgewichen.

Die Säuberung der Insel Krk durch Marinekräfte erbrachte 107 Gefangene. Unter ihnen befanden sich etwa 34 Partisanen.

Am 31. 3. wurden die Ortschaften Jelsa und Starigrad auf Hvar genommen.

In Split übernahm am 31. 3. Kpt.z.S. Loyke die Dienstgeschäfte als Seekommandant Süd-Dalmatien. Als bisheriger Seekommandant Albanien hatte er Erfahrungen erworben, die in dem neuen Befehlsbereich benötigt wurden.

Die große für den Adriaraum entscheidende Werft Monfalcone war am 7. 4. laut Meldung der Marinegruppe Süd nur von einer 2-cm-FlaMW-Batterie gesichert. Unmittelbar nach dem Abzug der vorübergehend bei der Werft aufgestellten schweren Flak-Batterie erfolgte ein neuer schwerer Luftangriff, der erhebliche Schäden verursachte.

Am 8. 4. ordnete die Skl an, daß *TA 35* (ex *Dezza*) nicht für die kroatische Marine vorzusehen, sondern als Ersatz für das verlorengegangene *TA 36* in Dienst zu stellen sei.

Wegen mehrerer Tieffliegerangriffe, bei denen in einem Angriff 15 Feindflugzeuge gezählt wurden, beantragte der Admiral Adria noch einmal dringend die Zuführung ausreichender, schwerer, mittlerer und leichter Flak für die Häfen Monfalcone, Triest, Cattaro und Fiume als erste Dringlichkeitsstufe. In der zweiten Stufe wurde solcher Schutz auch für die übrigen Adriahäfen und Stützpunkte erbeten.

Die Kriegsmarine stellte daraufhin zum Schutz der Werft Monfalcone eine Marine-Flak-Abteilung mit vier 8,8-cm-Flak-Batterien, einer mittleren, einer leichten und einer Scheinwerfer-Batterie auf. Das Personal wurde zunächst von Wilhelmshaven abgezogen. Dadurch wurde der dortige Flakschutz empfindlich geschwächt. Die Skl stellte dazu fest, daß »die Verantwortung für die Luftverteidigung im adriatischen Raum von der Kriegsmarine nicht übernommen werden« könne. Sie stellte lediglich, unter Zurückstellung eigener Belange, einen gewissen, wenn auch völlig unzureichenden, Flakschutz für die Werft Monfalcone. Der ObdL wurde gebeten, »den Flakschutz für die Werft Monfalcone baldmöglichst zu verstärken und die Marine-Flak-Abteilung wieder abzulösen«.

Der Chef des Generalstabes der Luftwaffe hat daraufhin die Rückführung der abgezogenen Flak-Abteilung zugesichert.

Am 15. 4. abends wurde S 61 auf dem Marsch von Pola nach Cattaro in Höhe der Insel Grossa von sechs MGB geortet, die im optischen Morseverkehr beobachtet wurden. S 61 lief daraufhin nach Pola, dem Stützpunkt der 3. Schnellboot-Flottille und der 1. Schnellboot-Division, zurück. Der Admiral Adria verbot ab 16. 4. den Einzelmarsch von S-Booten durch die mittlere und südliche Adria wegen der systematischen feindlichen Überwachung.

Am 19. 4. gegen 22.45 Uhr griff ein aufgetaucht fahrendes U-Boot *UJ 2211* und *UJ 2223* an. Die Torpedos konnten ausmanövriert werden. In der darauf folgenden Waboverfolgung wurde das auf Tiefe gehende U-Boot in zwei Anläufen mit Wabos belegt und vernichtet.

Durch *KT 6* wurde am 19. 4. um 11.10 Uhr südlich Pola ebenfalls ein Feind-U-Boot versenkt. Kommandant dieses als U-Jäger eingesetzten Kriegstransporters war Oblt.z.S. Pollmann, der vorher mit *UJ 2210* bereits elf feindliche U-Boote versenkt hatte. Diese Versenkung war in dem Seegebiet erfolgt, in welchem die Minensperre »Hermelin« geworfen werden sollte, eine Operation, die mit Hellwerden des nächsten Tages beginnen sollte. Mit Rücksicht auf das wertvolle Spezialschiff, das Minenschiff *Kiebitz*, forderte der Admiral Adria von der Luftflotte 2 eine Verstärkung der engen Luftsicherung von zwei auf vier Flugzeuge an.

Am 20. 4. wurde bei einem neuen Luftangriff auf Monfalcone das italienische U-Boot *Nr. 5* vernichtet und *UJ 302* schwer beschädigt. Insgesamt fielen im Hafen- und Werftbereich 30 Bomben.

Am nächsten Tag mußte der Nachschubverkehr Zara–Split eingestellt werden. Die Feindlage verbot den Transport auf Handelsschiffen ohne Geleitschutz. Geleitfahrzeuge aber standen dem Admiral Adria für diese Aufgaben nicht zur Verfügung.

In der Nacht zum 21. 4. wurde die Minenoperation »Hermelin« durch MS *Kiebitz* mit vier R-Booten durchgeführt.

Am Morgen dieses Tages stellte in der San-Marco-Werft Triest das Minenschiff *Fasana* in Dienst.

In der Tageseintragung der Marinegruppe Süd wird unter dem 25. 4. festgehalten, daß sich die Lage auf den dalmatinischen Inseln erheblich zuspitze. Auf Korcula hatte die deutsche Besatzung durch ständig neue Partisanenüberfälle schwere Verluste. Der Transportschiffsraum zur Versorgung der Inseln war unzulänglich.

Durch einen Jaboangriff auf Cattaro wurde ein 14-t-Kran beschädigt; ein Schlepper sank nach Bombentreffer. Zwei Kümos, unterwegs von den Inseln zu ihren Stützpunkten, wurden als überfällig gemeldet. Sie waren den Partisanen in die Hände gefallen.

Am 28. 4. unterrichtete der Admiral Adria seinen Befehlsbereich über die Absicht, vier Boote der 12. Räumboot-Flottille am 29. 4. auslaufend von Pola nach der Ägäis zu überführen. Der Deckname dieses Unternehmens war »Rittersporn«. Die Operation lief am Abend planmäßig an, aber bei der Durchführung der Operation erhielten die vier R-Boote wegen Sichtung von Feindzerstörern den Rückmarschbefehl nach Cattaro.

Am selben Tage verlegte der Admiral Adria von Abbazia nach Triest, da durch Sabotageanschläge die Drahtnachrichtenverbindung von Abbazia nach Triest und die Verkehrswege dauernd gestört waren und es zu Verzögerungen in der Befehlsübermittlung kam. Abbazia selbst war gänzlich von Partisanengruppen eingeschlossen.

Der OB Südwest beantragte am 28. 4. erneut, den Seekommandanten Istrien dem Deutschen Marinekommando Italien zu unterstellen, da er bei der derzeitigen Unterstellung unter den Admiral Adria bei der Planung und Vorbereitung der Küstenverteidigung mit zwei Führungsstellen der Kriegsmarine arbeiten müsse.

Die Skl lehnte diesen Antrag ab.

Die Tatsache, daß der Flakschutz, vor allem der Werft Monfalcone, noch immer nicht in genügendem Umfang vorhanden war, veranlaßte den Chef der Skl (Admiral Meisel) bei der Lagebesprechung des ObdM (Großadmiral Dönitz) zu einem neuen Vorstoß. Meisel trug vor, daß

a) die Luftwaffe die abgezogenen Flak-Batterien nicht zurückbeordert, sondern sie bei Budapest eingesetzt habe, und

b) der Schutz der Werft durch Marine-Flak-Batterien erst ab Mitte Mai verfügbar sei. Es sollte erneut beim ObdL auf rasche Zuführung der Flak gedrängt werden.

In der Nacht zum 19. 5. liefen vier R-Boote und zwei S-Boote in Durazzo ein. Nach zweimal erfolglos verlaufenem Angriff aus der Luft führten *R 38, R 178, R 185* und *R 190* einen Durchbruchsversuch aus, der auch gelang. Um Mitternacht tauchten etwa 10 sm südlich Kap Linguetta zwei moderne italienische Ein-Schornstein-Zerstörer auf. Trotz starken Leuchtgranatenbeschusses gelang es den R-Booten unter Land zu entkommen. *R 190* verlor dabei den Anschluß. Die Feindzerstörer wurden durch die den Ausbruch geleitenden eigenen S-Boote gejagt und abgedrängt. *R 190* wurde um 06.10 Uhr etwa 3,5 sm nordwestlich Sarande von Spitfire angegriffen und in Brand geschossen. Trotz des heftigen Angriffs erzielten die Fla-Waffen des Bootes einen Abschuß. Wenig später explodierte *R 190* und sank. Die Besatzung konnte gerettet werden. Es gab mehrere Verwundete. Die drei übrigen R-Boote und zwei S-Boote waren bereits um 05.00 Uhr in den Hafen von Korfu eingelaufen. Die S-Boote sollten in der Otranto-Straße weiter gegen Feindzerstörer eingesetzt werden. Der Weitermarsch der drei R-Boote erfolgte in der Nacht zum 21. 5.

Bereits am 20. 5. wurde an alle Stellen im Mittelmeer durch Fernschreiben der Marinegruppe Süd bekanntgegeben: »Die bulgarische Regierung ist zurückgetreten. Neue achsentreue Regierung scheiterte an der Note der Sowjetunion.«

R 16 mit *R 12* in Schlepp lief am 20. 5. von Makarska nach Split. *TA 38* wurde am selben Tage zur Aufklärung des Seegebietes Mezzokanal–Selvo eingesetzt, und *R 15* lief von Pola nach Zara. *R 38* aber und *R 178* sowie *R 185* waren von Korfu nach Piräus weitergelaufen und hatten damit ihren Überführungsmarsch erfolgreich zu Ende geführt.

Am 23. 5. erfolgte wieder ein Kommandounternehmen von britischen und US-Truppen in Stärke von etwa 1 000 Mann an der Südküste von Mljet. Sie wurden auf vier L-Booten und acht Küstenschiffen unter Sicherung durch einen Zerstörer angelandet. Die Marinegruppe Süd plante ein eigenes Gegenunternehmen in der folgenden Nacht, um den Gegner noch zum Zeitpunkt seiner Schwäche zu vernichten.

Die deutsche Inselbesatzung (zwei Kompanien) wurde am Morgen des kommenden Tages vom Festland aus durch das Feuer deutscher Küstenartillerie im

Abwehrkampf unterstützt. Am 25. 5. wurden auf Mljet zwei weitere deutsche Kompanien gelandet.

Bei zusätzlichen Luftlandungen auf Mljet wurden 92 Feindflugzeuge gezählt. Von den Maschinen wurde ein großer Kommandotrupp abgesetzt. Er verließ jedoch bereits in der Nacht des 24. 5. die Insel wieder, weil das Nahen der zwei deutschen Ersatzkompanien durch Agenten gemeldet worden war.

Am Morgen des 26. 5. erfolgte ein besonders schwerer Angriff auf Werft, Hafen und Bahnanlage von Monfalcone mit zirka 100 Feindflugzeugen. 60 Maschinen griffen Mestre und weitere 150 Piacenza an. Hierbei wirkte sich wieder das Fehlen ausreichenden Flakschutzes und eigener Jäger negativ aus.

In der Nacht des 27. 5. liefen *TA 38* und die Minenschiffe *Kiebitz* und *Fasana* von Triest zu einer Minenoperation aus. Am Abend dieses Tages ging auch *TA 21* zur Verstärkung der Küstenverteidigung Dalmatiens in Triest ankerauf. Der Dampfer *Palermo*, 3 000 BRT, sank im eigenen Warngebiet nach Minentreffer.

Am 30. 5. befahl die Skl, daß die Marine-Flak-Abteilung A 730 beschleunigt in Monfalcone gefechtsklar sein sollte. Das Personal für diese erste schwere Flak-Abteilung der Marine mußte jedoch noch zusammengestellt werden.

Das Unternehmen »Feuerzange«, das in der Nacht des 31. 5. angelaufen war, hatte einen vollen Erfolg: Fünf S-Boote vernichteten südwestlich Zirje sechs vollbesetzte Kümos, einen Motorkutter und einen kleinen Tanker, die wegen Zeitmangels nicht einzubringen waren. 160 Menschen in Uniform, darunter Engländer, Amerikaner und Russen, dazu 37 Frauen und fünf Kinder wurden übernommen.

Am Morgen des 3. 6. 1944 liefen Gegenmaßnahmen gegen die Insel Brac an. Eigene S-Boote kamen im Seeraum nahe der Insel Zirje mit einem feindlichen gepanzerten Artillerieträger ins Gefecht. Der Gegner erhielt einen Torpedotreffer. Zwei eigene S-Boote wurden durch das Artilleriefeuer des Gegners beschädigt. Das Gefecht mußte gegen 03.15 Uhr abgebrochen werden.

Das Heer setzte in den folgenden Tagen die Säuberung der dalmatinischen Inseln fort. Auf einen Geleitzug mit Nachschub nach Brac erfolgte in der Nacht des 8. 6. ein Luftangriff, der erfolglos blieb.

Um 13.00 Uhr dieses Tages lief die 6. Räumboot-Flottille mit vier Booten in Triest ein. Um die gleiche Zeit erfolgte ein starker Luftangriff mit 54 Flugzeugen auf Pola. Die Piers, der U-Boot-Stützpunkt und die Werft wurden ein weiteres Mal schwer beschädigt.

Bei Luftangriffen auf Triest am 26. 6. nach 23.00 Uhr erhielt die Werft San Marco Bombentreffer. Im schwach belegten Hafen entstanden keine schweren Schäden. Zwei Nächte später erfolgte ein weiterer Bombenangriff. Dabei wurde der Dampfer *Luciana Marilena* schwer getroffen, geriet in Brand und brannte völlig aus.

Beim Luftangriff auf Triest wurden am 7. 7. zwei Ölraffinerien getroffen. Der Großdampfer *Sabandia*, 30 000 t, wurde in Brand geworfen. Der 21 000-t-Dampfer *Duilio* blieb unversehrt, der Dampfer *Italia* brannte aus. An Kriegsschiffsraum entstanden keine Verluste.

Am 7. 7. 1944 schrieb der Admiral Adria ins KTB:

»In letzter Zeit haben sich die Meldungen über feindliche Invasionsabsichten im kroatisch-dalmatinischen Raum gehäuft; speziell im Raum Sibenik, Split, Metcovic, Peljesac und den vorgelagerten Inseln. (Die Quelle ist nicht nachprüfbar.) Offensichtlich handelt es sich dabei um einen Wunschtraum der Bevölkerung. Alle bisherigen Termine einer solchen Invasion wurden nicht bestätigt.«

Die von der Marinegruppe Süd befohlene Verlegung des Stabes des Admirals Adria von Abbazia nach Triest wurde am 2. 8. nicht durchgeführt. Es hatte sich herausgestellt, daß die nachrichtentechnischen Verbindungen dort unzureichend waren. Da diese wichtige Voraussetzung jedoch in Opicina gegeben war, erfolgte die Verlegung des Stabes in diesen Vorort von Triest.

Nachdem sich Rumänien seit dem 25. 8. mit seinem ehemaligen Verbündeten Deutschland im Kriegszustand befand, häuften sich wieder die Meldungen über feindliche Landungsabsichten. So berichtete der türkische Handelsattaché in Budapest, daß bei dem Treffen zwischen Winston Churchill, Sabatschischt und Tito in Rom das Hauptthema eine alliierte Landung an der adriatischen Westküste gewesen sei.

Nach der Kriegserklärung Rußlands an Bulgarien am 6. 9. 1944 und dem Abbruch der Beziehungen der rumänischen Regierung zu Ungarn endete dieser Tag mit der durch die Sowjets erzwungenen Kriegserklärung Bulgariens an Deutschland, die um 18.00 Uhr über den Sender Sofia verkündet wurde.

Bei einem Vorstoß dreier S-Boote vor Ancona kam es zu einem kurzen Gefecht mit italienischen Zerstörern. Die Boote liefen unbeschädigt wieder in Pola ein. Die in den nächsten beiden Nächten wiederholten S-Boot-Einsätze im Küstenraum vor Ancona blieben ebenfalls erfolglos.

Der am Abend des 19. 9. geplante Durchbruch von I-Booten aus Süddalmatien nach Norden erfolgte nicht durch den Korculakanal, sondern in der Mitte der Adria. Vier eigene S-Boote sicherten diesen Durchbruch. Am 20. 10. früh liefen alle durchgebrochenen Boote nach Sibenik ein. Die Stadt Dubrovnik wurde planmäßig am 20. 10. geräumt. Der Abtransport der Truppen erfolgte zum Teil über See nach Sibenik. In der folgenden Nacht wurde Makarska ebenfalls geräumt. Die Lage in der Cattarobucht war noch ruhig.

Laut einer Feindmeldung hat ein Verband britischer K- und S-Boote am Morgen des 21. 10. diese I-Boote mit den abzutransportierenden Truppen an Bord in Höhe von Zara angegriffen, zwei I-Boote versenkt, drei erbeutet und 95 Gefangene gemacht.

Die Absetzbewegungen von Heer und Marine aus Split begannen am 25. 10. nachmittags und waren am Abend des 26. 10. nach Sprengung des Hafens beendet. Am Morgen des 26. 10. liefen vier S-Boote mit Stützpunktpersonal und Material aus Cattaro sowie Verwundeten des in Sibenik gesunkenen *S 158* in Pola ein. Die Geleitsicherung wurde von einem TA- und einem R-Boot durchgeführt.

Am 5. 11. 1944 wurde auf dem Tarnplatz Borgo Marina *MFP 484* durch drei Ja-
botreffer so schwer beschädigt, daß er auf Strand gesetzt werden mußte. *MFP 354*
konnte einen Jabo in Brand schießen. Dazu bemerkt das KTB des Admirals Adria
unter dem 5. 11. 1944:

»Die starken Luftangriffe des heutigen Tages auf Fiume und die dabei eingetrete-
nen schweren Verluste an wertvollen Einheiten der 11. Sicherungs-Division werden zum Anlaß genommen, für diesen wichtigen Ausgangshafen für den Seetransport und zugleich Stützpunkt für Kriegsschiffseinheiten erneut wirksamen Flakschutz anzufordern.
Die in Fiume vorhandene Flak ist nicht in der Lage, Zielwürfe selbst aus größerer
Höhe zu verhindern. Außerdem fehlt es an Kommandogeräten.«

Am 21. 11. bat der OB Südwest darum, Pola nicht zur Seefestung zu erklären,
sondern lediglich einen Küstenverteidigungsbereich Pola zu schaffen. Gegen diese
Änderung meldete die Skl Bedenken an und bezweifelte, daß eine solche Maßnahme von Hitler (!) genehmigt werden würde. Der ObdM befahl eine Stellungnahme an das OKW, daß »so viele Kräfte wie möglich im Raume Pola versammelt
werden müssen, um entsprechend dem Führerbefehl die Widerstandskraft einer
Festung zu erreichen«.

In einer Meldung der Marinegruppe Süd zeichnete sich am 27. 11. eine einschneidende Veränderung ab. In dieser Meldung heißt es:

»Ab 29. 11. geht die allgemeine Übersicht, die Bearbeitung und Auswertung von
Aufklärermeldungen und Erkenntnissen jeder Art samt entsprechender Berichter-
stattung bezüglich des ostwärtigen Mittelmeers vom Admiral Adria an das Deutsche Marinekommando Italien über. Der Oberbefehlshaber Süd hat anläßlich des
Übergangs der Adriastreitkräfte in den Befehlsbereich des Deutschen Marinekommandos Italien rückblickend die Leistungen, Erfolge und Opfer dieser Streitkräfte bei der Verteidigung des Westteiles der Balkanhalbinsel gewürdigt und ihnen vollen Dank und Anerkennung ausgesprochen.«

XII. Küstenjäger und Landungspioniere

1. Korfu, Kos, Kalymnos

In der Nacht zum 23. 9. 1943 liefen die schweren Sturmboote der Küstenjäger-Abteilung »Brandenburg« vom Einsatzhafen Lutrakion nach Igumenica zur Überführung des Stabes der 1. Gebirgs-Division nach Kajos auf Korfu. Diese Insel wurde noch von Badogliotruppen gehalten.

Die Gebirgsjägerzüge, mit dem ehemaligen spanischen Frachtdampfer *Rigel* nachgeführt, kamen auf Korfu jedoch nicht mehr zum Einsatz. Die Italiener ergaben sich. Die beiden Sturmboote der Küstenjäger verlegten als letzte Einheiten zur griechischen Westküste.

Am 28. 9. war Hptm. Kuhlmann, Chef der 1. Kompanie der Küstenjäger-Abteilung »Brandenburg«, zu einer Besprechung bei GenLt. Müller nach Athen befohlen worden. GenLt. Müller, Kommandeur der 22. ID, hatte vom OKH Weisung erhalten, eine Kampftruppe zusammenzustellen, mit der er die Dodekanesinseln freikämpfen sollte, die von englischen Truppen besetzt worden waren.

Kuhlmann meldete General Müller, daß dafür lediglich seine schweren Sturmboote rechtzeitig zur Stelle sein könnten. Die Landungsboote seien nicht so rasch von der griechischen Westküste heranzuführen.

Zum Stützpunkt der »Brandenburger« nach Lutrakion zurückgekehrt, gab Hptm. Kuhlmann über Funk die notwendigen Befehle an seine noch im Raume Korfu eingesetzte Kompanie. Die drei Jägerzüge liefen mit den schnelleren schweren Sturmbooten wie befohlen direkt nach Naxos. Die beiden Landungsboote mit dem Kompanietroß trafen erst 24 Stunden später in Lutrakion ein und standen damit nicht für das anlaufende Unternehmen zur Verfügung.

Die drei schweren Sturmboote waren am Abend des 2. 10. am Treffpunkt des »Olympia-Geleitzuges«. Der Geleitzug bestand aus fünf Transportdampfern, sechs MFP und zwei KFK (Kriegsfischkutter). Als Sicherungsfahrzeuge standen das Minenschiff *Drache* und sechs bis acht U-Jäger der 21. U-Jagd-Flottille (KKpt. Dr. Brandt) sowie vier R-Boote der 12. Räumboot-Flottille (Kptlt. Mallmann) bereit. KKpt. Dr. Brandt hatte die taktische Führung dieses Unternehmens »Eisbär«.

Geschlossen lief die Gruppe bis Amorgos. Hier teilte sie sich in drei Landesäulen auf, die getrennt direkt nach Kos weiterliefen.

Die drei Sturmboote der Küstenjäger gehörten mit dem sichernden *UJ 2101* (Kptlt. Vollheim) zur Landungsgruppe 3. Gegen 04.00 Uhr erreichte diese Landungsgruppe bei ruhiger See und klarer Sicht unbemerkt die Kamarabucht an der Südküste von Kos, nahe der Westspitze. Erst bei der Anlandung erhielt sie schwaches Feuer.

Die Küstenjäger konnten bereits im ersten Anlauf eine italienische Bergstellung nehmen. Wenig später erstürmten sie die Küstenbatterie bei Kephalos im Handstreich.

Die völlig überraschten italienischen Geschützbedienungen hatten ihre Geschütze nicht mehr unbrauchbar machen können. Diese wurden von den Küstenjägern besetzt und der nahe britische Flugplatz unter Feuer genommen. Der Beschuß erleichterte die wenig später erfolgende Inbesitznahme des Platzes, so daß gleich darauf durch Ju 52 Fallschirmjäger der 1./IV. Küstenjäger-Abteilung »Brandenburg« abgesetzt werden konnten.

Die beiden anderen Landungsgruppen hatten, gleichzeitig mit der Gruppe 3 landend, den Vorstoß quer über Kos angetreten. Dabei wurden sie nach Tagesanbruch von eigenen Stukas unterstützt, die die erkannten Feindstellungen bombten. Eigene Jäger schossen den Weg frei, so daß in den frühen Nachmittagsstunden die Insel durchstoßen war.

Bis zum Abend des 4. 10. 1943 war die Insel in deutscher Hand. 600 Engländer und etwa 2 500 Italiener hatten sich den zahlenmäßig weit unterlegenen deutschen Truppen gefangengegeben.

Damit war es gelungen, die beiden einzigen britischen Flugplätze in der Ägäis auszuschalten. Von hier aus konnten bereits am Vormittag des 5. 10. die ersten deutschen Flugzeuge zu Erkundungsflügen starten.

Nach kurzer Ruhezeit und Auffrischung liefen die drei schweren Sturmboote der »Brandenburger« nach Kalymnos, das von Badogliotruppen besetzt war. Eines der Boote lief mit Htptm. Kuhlmann unter Parlamentärflagge in den Hafen Kalymnos ein und forderte den Kommandanten zur Übergabe der Insel auf. Dieser lehnte die kampflose Übergabe ab.

Nun half nur noch ein großer Bluff. Es wurde der Angriff einer starken Stukagruppe in Aussicht gestellt und verlautbart, daß die »Brandenburger« bereits eine Höllenmaschine in der Kommandantur versteckt hätten.

Der Inselkommandant kapitulierte daraufhin. Die beiden vor dem Hafen auf- und abstehenden Sturmboote konnten ebenfalls einlaufen.

In der folgenden Nacht kam es zu einem kurzen Kampf, als ein britisches Kommando, das sich bis dahin unentdeckt auf der Insel gehalten hatte, die im Hafen biwakierenden Küstenjäger überfiel. Es gelang, die Angreifer nach kurzem Kampf aus der Stadt zu drängen. In den Bergen wurden sie nach längerem Kampf gefangengenommen.

Am 8. 10. wurde der Rest der Kompanie nach Kalymnos übergeführt. Von hier aus sollte der Sturmangriff auf Leros angetreten werden.

Da die Massierung deutscher Kräfte auf Kalymnos dem Gegner nicht verborgen blieb, erschienen Nacht für Nacht Kreuzer und Zerstörer im Seegebiet zwischen Kos und Kalymnos und belegten die Liegeplätze der schwachen deutschen Marinekräfte mit massiertem Geschützfeuer. Bei Tage flogen britische und US-Bomber Angriffe.

Bei einem dieser Angriffe wurde auch Hptm. Kuhlmann am 16. 10. so schwer am Kopf verwundet, daß er sofort von Kos ans Festland gebracht und von dort mit einer Kuriermaschine in eine Wiener Klinik geflogen werden mußte. Die Führung der 1. Küstenjäger-Kompanie »Brandenburg« übernahm Lt. Schädlich.

2. Leros, das »Malta der Ägäis«

Zum Unternehmen »Leopard« (Eroberung der Insel Leros) gehörten neben einer Reihe von Transportdampfern, auf denen die Kampfgruppe Müller eingeschifft war, als Sicherungsgruppe die 9. Torpedoboot-Flottille (KKpt. Riede) mit fünf Torpedobooten, das Schnellboot S 55, die 21. U-Jagd-Flottille (KKpt. Dr. Brandt) mit fünf bis sechs größeren und acht bis zehn kleineren U-Jägern und die 12. Räumboot-Flottille (Kptlt. Mallmann) mit zehn bis 12 R-Booten. Die Kampfgruppe Müller bestand aus einem Verband der 22. ID. Luftunterstützung sollte durch das X. Fliegerkorps erfolgen.

Welche Truppen waren an diesem Unternehmen beteiligt?

Pionier-Landungskompanie 780

Die Kompanie erhielt am 4. 10. 1943 Befehl, sich beschleunigt für einen Einsatz im Bereich der Heeresgruppe E fertigzumachen. Der Chef, Oblt. Bunte, flog am 7. 10. nach Saloniki. Dort wurde ihm von GenMaj. Hermann, General der Pioniere bei der Heeresgruppe E, eröffnet, daß seine Kompanie Landungen auf den italienischen Dodekanesinseln durchführen solle.

Die Beladung mußte im Hafen Piräus erfolgen. Hier trafen am 23. 10. 1943 der erste und am 27. 10. der zweite Transportzug ein. Schon am 28. 10. waren alle Wasserfahrzeuge zu Wasser gebracht und fertig montiert. Die offenen schweren Sturmboote verlegten in eine kleine griechische Werft.

Nach Vorlage der Karten und Luftbilder von Leros und Bekanntgabe, daß KKpt. Dr. Brandt, Chef der 21. U-Jagd-Flottille, alle Seeoperationen zu koordinieren habe, wurde Oblt. Bunte am 31. 10. zur Besprechung beim Admiral Ägäis, Vizeadmiral Lange, befohlen.

Für den Seemarsch nach Kos wurde folgender Ablauf befohlen:

Die Pionierboote sollten zusammen mit neun I-Booten und zwei MFP, gesichert durch fünf U-Jäger der 21. U-Jagd-Flottille, drei R-Boote der 12. Räumboot-Flottille und zwei GA-Boote der Küstenschutz-Flottille Attika, in etappenweisen

Nachtmärschen bis zur Insel Amorgos laufen und von dort unter starker Luft-sicherung im Tagesmarsch Kos erreichen. Ankunftstag in Kos 6. 11.

Am 3. 11. erfolgte planmäßig das Beladen der Boote: 120 Tonnen Dieselkraft-stoffreserve in Fässern, Flakwaffen, Feldlafetten der 5./FlakAbt. 28 (mot.). Kurz vor dem Dunkelwerden wurden auch die Soldaten der 9. Luftwaffen-Feld-Divi-sion samt Ausrüstung eingeschifft. Erst am 4. 11. gegen 02.30 Uhr traf der Aus-laufbefehl ein. Der Marsch nach Lavrion, wo das Überführungsgeleit sammeln sollte, mußte bei Seegang 3 bis 5 bewältigt werden. Gegen 08.00 Uhr konnte vor Lavrion geankert werden. Der für den Abend vorgesehene Weitermarsch mußte wegen Wetterverschlechterung verschoben werden.

Am 5. 11. 14.30 Uhr griffen britische Torpedoflugzeuge an. Durch die massierte Abwehr der Bordflak aller Einheiten wurden drei Torpedo-Flugzeuge abgeschos-sen. Die abgeworfenen Torpedos gingen fehl und detonierten in den Uferfelsen. Eines der schweren Sturmboote war ankerauf gegangen. Es barg einige an Fall-schirmen niedergegangene Engländer der abgeschossenen Flugzeuge und übergab sie in Lavrion einer dort stationierten Landeinheit.

Der Marsch führte nördlich an Makronissos und Kea vorbei in südlicher Richtung zur Insel Paros. Gegen 08.00 Uhr liefen die Boote in der Naoussabucht von Paros ein.

Am 6. 11. wurden die in der Bucht liegenden Fahrzeuge von sechs britischen Ma-schinen im Tiefflug angegriffen. Wieder konnten drei Flugzeuge abgeschossen werden. Ein R-Boot fiel durch Treffer aus.

Um 20.00 Uhr wurde erneut abgelegt und der Weitermarsch durch die Paros-Na-xos-Durchfahrt und nördlich an Irakleia vorbei zur Nordküste von Amorgos an-getreten. Bereits nach kurzer Fahrt war voraus ein Gefecht zu erkennen, bei dem – wie sich später herausstellte – ein sichernder U-Jäger (es war *GA 45*, das als U-Falle diente) von den Feindzerstörern *Penn* und *Pathfinder* mit Artillerie ver-senkt wurde.

Alle Einheiten erhielten Befehl, mit AK nach Paros zurückzulaufen. Bei der nächtlichen Anlandung in der Naoussabucht erlitten die Landungsboote *D* und *L* Maschinen- und Schraubenschäden. Sie mußten später hier zurückgelassen werden.

Um 03.20 Uhr wurde am 8. 11. der Weitermarsch angetreten. Kurz vor Errei-chen der Insel Amorgos erfolgte ein weiterer Angriff britischer Torpedoflugzeu-ge. Es war gegen 15.00 Uhr, die See ging mit Stärke 5 bis 6, und die Flakabwehr wurde dadurch erschwert. Alle Torpedos der 12 bis 16 angreifenden Beaufighter liefen fehl. Um 18.00 Uhr lagen sämtliche Boote an der Nordküste von Amorges in den verschiedenen Buchten getarnt.

In der folgenden Nacht zum 9. 11. tauchten Feindzerstörer auf, die mit Schein-werfern in die Schlupfwinkel der deutschen Kleinkampfeinheiten leuchteten, aber nichts von den Booten entdecken konnten. Die einzige Bucht, die von ihnen mit Artillerie beschossen wurde, war nicht belegt.

Als der Gegner kurz nach Mitternacht abgelaufen war, erfolgte der Befehl zum Weitermarsch.

Am 10. 11. gegen 16.00 Uhr trafen die Boote vor Kos mit der weiter nördlich anmarschierenden Bootsgruppe zusammen. Fünf Boote der Kompanie wurden in Buchten auf Kos, fünf in die auf Kalymnos beordert, wo sie gedeckte Liegeplätze suchten und die Truppen ausschifften.

Um 20.00 Uhr tauchten auch hier britische Zerstörer auf, die mit ihren Scheinwerfern die Buchten und Häfen von Kos und Kalymnos absuchten und alles mit Artilleriefeuer eindeckten.

Am 11. 11. wurde das Anlaufen des Unternehmens »Taifun-Leopard« gegen Leros befohlen.

Der Plan sah vor:

Von der Westseite: Anlandung von zwei MFP und vier I-Booten an der Gournabucht. Absetzen des II./IR 16. Dieses stößt in ostwärtiger Richtung zur Alindabucht durch.

Entlang der Nordost- und Nordküste von Leros, von Süden nach Norden: Anlandung von zwei MFP der Marine, das Führungs-Sturmboot A mit neun Landungsbooten der Pionier-Landungs-Kompanie 780 und drei schweren Sturmbooten der 1./Küstenjäger-Abteilung »Brandenburg«.

In der Griffobucht ostwärts des Monte Clidi: Anlandung der Landungsboote C, E, M und O der Pionier-Landungs-Kompanie 780 unter Führung des Zugführers I, Lt. Glaser, auf C, mit Teilen des II./IR 65.

In der Palmabucht und westlich davon bis Kap Panozimi, auf dem gesamten Küstenstreifen nördlich des Monte Vedetta: ein MFP der Marine, Landungsboote C, H, J und N der Pionier-Landungs-Kompanie 780 mit Zugführer II, Stfw. Baumgart, auf G, mit Teilen des II./IR 65.

In der Blefutibucht, Nordspitze Leros: ein MFP der Marine und das Landungsboot K, Führung Zugführer III, Stfw. Wiegand, mit einer verstärkten Kompanie des II./IR 65.

Zur Täuschung des Gegners sollte an der Südspitze noch eine Landung in der Serocamobucht angedeutet werden. Da die Marine aber außer einem kleinen Verkehrsboot keine Fahrzeuge mehr verfügbar hatte, mußte die Pionier-Landungs-Kompanie 780 ihre beiden leichten noch fahrbereiten Sturmboote abstellen.

Als Anlandezeit war 03.30 Uhr festgelegt worden. Demnach hätte der Abmarsch der Landungsgruppen vom Bereitstellungsraum vor der Ostküste von Kalymnos um 20.00 Uhr am 11. 11. erfolgen müssen. Bei Anmarsch der fertig beladenen Boote nach dort kam aber der Befehl, mit AK in die Liegebuchten der Insel Kos zurückzulaufen, da feindliche Zerstörer bei der Insel Pserimo gesichtet worden seien.

Als sich herausgestellt hatte, daß es sich bei dieser Sichtung um die eigenen Sicherungs-Torpedoboote gehandelt hatte, kam der Gegenbefehl, und die Boote der Ostgruppe liefen um 21.00 Uhr wieder von Kos ab.

Infanterie geht nach der Landung auf Leros vor.

Stukas bombardieren britische Stellungen am Monte Meraviglia; mit dem Gefechtsstand von General Tilney.

Marine-Fähr-Prähme nach der Anlandung auf Leros am 13. 11. 1943.

Zwei Boote der Pionier-Landungs-Kompanie 780, geschützt von TA 17, nähern sich am 12. 11. 1943 Leros.

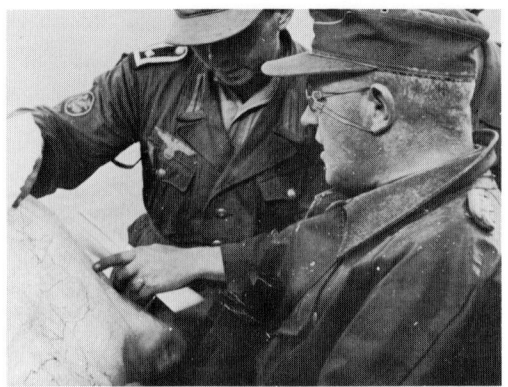

Zwei Landungsboote haben in der Griffobucht auf Leros angelegt.

General Müller läßt sich von einem Feldwebel der »Brandenburger« von den Kämpfen auf Leros berichten.

Angriff von vier Beaufighters auf ein deutsches Geleit bei Kalymnos am 16. 5. 1944, bei dem zwei Landungsboote versenkt, drei Soldaten getötet und fünf verwundet wurden.

TA 17 – im Leros-Einsatz immer dabei. ▽

Die vorbesprochenen und den Operationen zugrunde gelegten X-Zeiten konnten nicht eingehalten werden. Das vorauslaufende R-Boot der Marine hatte mehrfach englische Schnellboote abzuwehren, dies verursachte jedesmal ein Stocken des Verbandes.

Um 05.15 Uhr standen die Einheiten der Ostgruppe am Ablaufpunkt, 3 sm nordostwärts der Alindabucht. Von hier aus liefen die vier Landesäulen getrennt zu den Landeköpfen.

Unmittelbar darauf hatte der Beschuß durch mehrere schwere feindliche Küstenbatterien begonnen. Vor allem die ersten anlandenden Küstenjägerboote wurden sofort heftig und gut liegend mit Nahtreffern eingedeckt.

Die zur Griffobucht bestimmten Fahrzeuge konnten das ihnen geltende Feuer rasch unterfahren und blieben auch bei der Anlandung ungeschoren.

Als die zur Anlandung weiter nördlich bestimmten Boote querab von Kap Panczimi ankamen, war es hell geworden. Die feindliche Küstenartillerie hatte sich voll eingeschossen. Dennoch gelang es den Landungsbooten G, J und N unter Führung des Chefbootes A die ihnen zugewiesenen Landungspunkte zu erreichen. Die eingeschifften Infanteristen wurden abgesetzt. Der zur inneren Palmabucht bestimmte MFP der Marine und das Landungsboot H erhielten Volltreffer. Der MFP sank nach einigen Minuten, während Boot H mit schwerer Schlageseite nach Norden abgetrieben wurde und erst nahe einer der Küste vorgelagerten kleinen Insel aufgegeben werden mußte.

Infolge des starken anhaltenden Artilleriefeuers und aufgrund des ausdrücklichen Befehls, daß die Boote nach ihrer ersten Anlandung unverzüglich nach Kalymnos zurückkehren sollten, um dort schwere Infanteriewaffen zu übernehmen und heranzuschaffen, mußten systematische Bergungsarbeiten unterbleiben.

Der zur Blefutibucht bestimmte MFP der Marine in Begleitung des Landungsbootes K war noch bis zur Landspitze nördlich der Palmabucht gelaufen. Dort war aber das Feindfeuer so stark geworden, daß sich der als nautischer Führer eingeteilte Kommandant des MFP nicht zur Anlandung entschließen konnte. Er befahl vielmehr auch dem Landungsboot K mit den eingeschifften Infanteristen unter Führung von Hptm. Dörr, unverzüglich nach Kalymnos zurückzulaufen, wo sie bis zum Eintreffen der Boote A und G bereits wieder entladen hatten.

Die in der Griffobucht angelandeten Boote hatten ebenfalls sofort den Rückmarsch nach Kalymnos angetreten. Sie waren aber nach Verlassen des toten Winkels, der durch die Uferfelsen gebildet wurde, in derart massiertes Granatwerfer- und MG-Feuer geraten, daß ihnen nur das Zurücklaufen in die Deckung der Felsen übrigblieb. Dort wollten sie abwarten, bis mit der Ausweitung des Landekopfes auch die Feindeinwirkung auf diese Bucht nachlassen würde.

Etwa gegen 13.00 Uhr dieses dramatischen 12. 11. 1943 erschienen Ju 52 über Leros und setzten Fallschirmjäger ab. Kurz zuvor und danach hatten Ju 87 Angriffe gegen Feindstellungen auf der Insel geflogen, um diese auszuschalten.

Am späten Nachmittag erhielt die Pionier-Landungs-Kompanie 780 vom Kampfgruppenstab Befehl, die am Morgen nicht angelandete Kompanie Dörr (des II./IR 65) in der folgenden Nacht auf Pionierbooten in den Brückenkopf der Küstenjäger-Abteilung »Brandenburg« bei Pandeli nachzulanden.

Um 23.00 Uhr begann die Verladung der Infanteristen, so daß dieser Verband, bestehend aus einem R-Boot und den Booten A, B und C, gegen 23.30 Uhr ablegen konnte.

Das Wetter war sehr schlecht geworden. Dennoch gelangten alle Boote bis vor die Küste von Leros. Hier entließ das R-Boot wegen der Annäherung feindlicher Seestreitkräfte die drei Pionierboote und lief nach Nordosten ab.

Nach kurzer Zeit erfaßten feindliche Scheinwerfer das Boot A des Kompaniechefs, und Zerstörer eröffneten das Feuer aus allen Waffen. Das Boot konnte sich nur mit Mühe diesem Feuer entziehen.

Das Boot B jedoch wurde nicht entdeckt und konnte unbeschossen an der vorgesehenen Stelle anlanden. Das Boot C, das infolge des schweren Seeganges etwas zurückgeblieben war, lief im weiten Bogen ausholend nach Norden und landete die Soldaten am Rande, außerhalb der Griffobucht, an.

Die beiden übrigen schweren Sturmboote wurden auf dem Rückmarsch, jedes für sich laufend, durch den inzwischen angewachsenen Seegang schwer mitgenommen. Boot B war durch Ausfall der Elektroanlage zeitweise fahrunfähig, erreichte aber am 14. 11. in den frühen Morgenstunden Kalymnos. Boot A, noch immer seine Infanteristen an Bord, hatte sich nur durch intensives Wasserlenzen aller Insassen in den Morgenstunden des 13. 11. nach Kos statt Kalymnos zurückschlagen können.

Am 13. 11. war so starker Seegang, daß ein Übersetzen von Nachersatz nach Leros unmöglich war. Auch die MFP, die wesentlich seetüchtiger waren, und die I-Boote der Marine mußten mit der schweren See kämpfen. Den I-Booten gelang es aber in der Nacht zum 13. 11., das auf ihren Booten eingeschiffte II./IR 16 in den Landeabschnitten Palma- und Blefutibucht nachzulanden.

Am 14. 11. schafften MFP einiges Nachschubgut und schwere Infanteriewaffen des II./IR 16 nach Leros. Erst als gegen Abend dieses Tages der Sturm nachließ, konnten auch die anfälligeren I-Boote und die Pionier-Sturmboote wieder eingesetzt werden.

Oblt. Bunte mußte feststellen, daß außer Boot C kein anderes wieder einsatzbereit war. Mit Hilfestellung der Boote A und C konnten die übrigen auf günstige Uferstellen mit Sandstrand verholt und aufgesetzt werden. Hier wurden die Lecks gedichtet, so daß diese Boote am anderen Morgen auch den Ausbruch aus der Griffobucht schafften. Von ihnen gelang es E und O nach Kalymnos durchzukommen. Boot M aber lief genau vor die Rohre der bei Tagesanbruch in Richtung zur Mandalya-Bucht (die zur Türkei gehörte) zurücklaufenden englischen Zerstörer. Es wurde zusammengeschossen.

Der Kampf auf Leros soll in den folgenden Abschnitten aus der Sicht der an den Brennpunkten Beteiligten dargestellt werden. Hier aber der weitere opfervolle

Einsatz der Pionier-Landungs-Kompanie 780, die auch am 15. 11. in der Vathibucht mit den fahrbereiten Booten A, C, J, K und O beluden und zur Penzondabucht zurückkamen. Hier wurden alle Boote mit schweren Infanteriewaffen und Munition beladen und kehrten im Geleit eines T-Bootes zur Pandelibucht zurück. Diese Überfahrt verlief störungsfrei.

Auf dem Rückmarsch kamen aus südlicher Richtung Fahrzeuge in Sicht, die sich als MFP und I-Boote herausstellten, die ein im Lufttransport aus Kos angekommenes Jäger-Bataillon der Division »Brandenburg« (das III./1. Jäger-Regiment »Brandenburg«) zur Alindabucht brachten. Diese Bucht war inzwischen in deutscher Hand.

Das R-Boot entließ die Pionierboote nach der Pezondabucht und schloß sich dem Geleit zur Alindabucht an.

Am 16. 11. erschien GenLt. Müller mit seinem Stab am Ufer der Isolavecchiabucht. Dorthin hatte sich auch das dazu befohlene Sturmboot A begeben.

Der Kampfgruppenstab mit GenLt. Müller ging an Bord und ließ sich von drei Booten zum Hafen Sta. Marina auf Leros übersetzen. Beim Eintreffen erfuhr die Besatzung der Boote, daß die englischen und italienischen Verteidiger von Leros inzwischen die Waffen gestreckt hatten.

Der 17. 11. stand für die Landungspioniere ganz im Zeichen der Verwundetentransporte, die aus der Griffobucht und aus der Palmabucht nach Sta. Marina geschafft wurden. Am nächsten Tag richtete die Kompanie ihren vorläufigen Stützpunkt in Sta. Marina auf Leros ein. Die Kompanie hatte sich bei diesem ersten Einsatz gut geschlagen und mit dazu beigetragen, daß Leros erobert werden konnte.

Die 1./Küstenjäger-Abteilung »Brandenburg«

Am 11. 11. 1943 gegen 20.00 Uhr lagen die drei schweren Sturmboote der 1./Küstenjäger-Abteilung »Brandenburg« zusammen mit zwei Marinefährprähmen und zehn Landungs-Pionierbooten vor der Ostküste von Kalymnos zum Einsatz gegen Leros bereit.

Die Fahrt nach Kalymnos und von dort weiter bis vor die Alindabucht von Leros wurde angetreten.

Der vorher mitgeteilte Zeitplan wurde infolge mehrerer anlaufender feindlicher S-Boote, die zu Ausweichbewegungen zwangen, nicht eingehalten.

Um 05.15 Uhr war der Ablaufpunkt etwa 3 sm nordostwärts der Alindabucht erreicht. Hier wurden die Küstenjäger-Boote zu selbständiger Anlandung in der Pandelibucht entlassen.

Gleichzeitig begann das Feuer jener Küstenbatterie auf dem Monte Appetici, die von den Küstenjägern ausgeschaltet werden sollte. Die schnellen Sturmboote unterfuhren jedoch das Feuer der 15-cm-Geschütze. Nur das dritte Boot erlitt plötzlich einen Maschinenschaden und blieb liegen. Scheinwerfer erfaßten es wenig später, und die Artillerie begann, sich darauf einzuschießen.

Es gelang dem Bootsmaschinisten, eine der beiden Maschinen wieder in Gang zu bringen. Das Boot erreichte in Zickzackfahrt die Felsenbucht, in der ungezieltes feindliches Streufeuer lag.

Hart stieß das dritte Boot, wie die beiden Boote vorher, gegen die Uferfelsen. Die eingeschifften Jäger hangelten sich den Steilhang empor. Hier allerdings konnte der Feind nicht einsehen, so daß dieser erste Teil überwunden werden konnte.

Dies änderte sich schlagartig, als die erste Kante erreicht und der dahinter weitergehende Hang flacher wurde. Im Sprung von Deckung zu Deckung ging es weiter. Den beiden zuerst angelandeten Booten gelang es, nach Vonbordgeben der Jäger wieder zu drehen und durch das feindliche Feuer abzulanden.

Ein Volltreffer traf das dritte Boot noch im Ablaufen. Es begann zu sinken. Einige der Verwundeten, die schon fast in Sicherheit waren, konnten das rettende Ufer nicht mehr erreichen.

Sturzkampfflugzeuge griffen inzwischen die erkannten Feindstellungen an.

Während dieser Phase, als der Gegner in volle Deckung ging, gelang es den Küstenjägern ohne Verluste ein Stück deckungslosen Geländes, ein flaches Felsplateau, im geschlossenen Sprung zu überwinden. Nun galt es, einen weiteren steilen Hang zu passieren. Hier gaben einzelne Felsgruppen und niedriges Steineichengebüsch etwas Deckung. Gruppenweise wurden die freien Flächen unter dem Feuerschutz der anderen überwunden.

Gegen 13.00 Uhr dröhnten plötzlich abermals Flugzeugmotoren. »Die Fallschirmjäger!« rief einer der Küstenjäger. Sie sprangen über Leros, die Fallschirmjäger der Fallschirmkompanie des 4. Regiments »Brandenburg«. Geführt von Oblt. Oschatz gingen sie im Westteil der Insel nieder.

Das Feuer der Feindartillerie und der Granatwerfer schwenkte in diese Richtung ein. Viele der Fallschirmjäger stürzten in dem felsigen Gelände bei der Landung in tiefe Schluchten und über Abhänge.

Um die Kameraden der Fallschirmkompanie zu entlasten, riß Lt. Schädlich seine Männer nach vorn. Sofort wurde das Feuer der nach Westen schießenden Batterie langsamer, und schon richteten sich das Werferfeuer und das Hämmern der MG wieder auf die stürmenden Küstenjäger, dazu ließ die Zünderflak den Angriffsstreifen fast unpassierbar machen.

Die drei Jägerzüge blieben endgültig liegen. Der Tag ging zu Ende. Die Fallschirmjäger der »Brandenburger« die den Absprung und die Landung heil überlebt hatten, steckten wie in einer Falle, denn der Gegner hielt nach wie vor die umgebenden Höhen in Besitz und konnte den Landeplatz einsehen. Er wurde unter ständigem Feuer gehalten.

Als im Morgengrauen des 13. 11. durch ein Boot der Pionier-Landungs-Kompanie 780 die Nachlandung eines Zuges Infanterie gelang, konnte dieser Zug ohne Feindeinwirkung bis zu den festliegenden Küstenjägern vordringen.

Es ging wieder vorwärts. Die beiden Gruppen auf dem linken Flügel kamen im Verlaufe dieses Angriffs bis auf Handgranatenwurfweite an die äußerste britische Geschützstellung heran. Nach den Detonationen der Handgranaten sprangen die Küstenjäger in diese Stellung hinein. Die erste Bresche war geschlagen.

Die übrigen Gruppen aber blieben abermals liegen. Das starke Abwehrfeuer war nicht zu durchlaufen.

Dann tauchten ein zweites Mal Ju 87 auf. Die Küstenjäger nutzten die Schrecksekunde beim Gegner während des Sturzes der Ju 87 auf die Feindstellungen aus. Sie stürmten vorwärts und erreichten auch das zweite Geschütz, dessen Bedienung im Nahkampf überwältigt wurde.

Wenig später trat der Gegner zum Gegenstoß an. Aber nun befanden sich die Küstenjäger in den britischen Betonunterständen und warfen diesen Angriff zurück. Lt. Schädlich, der die Führung trotz Verwundung behielt, ließ alle Granatwerfer vorziehen und ihr Feuer auf die nächste anzugehende Stellung des Gegners richten.

Die Leichtverwundeten besetzten die eroberten Stellungen, während der Rest sich mit dem nachgelandeten Infanteriezug zum Angriff bereitmachte.

Nach Ende des Feuerschlages aus allen Werfern stürmte die Stoßgruppe am rechten Flügel vor. Der Stabsarzt der »Brandenburger« stürmte mit nach vorn. Der Einbruch in die feindliche Stellung gelang. Abermals wurde ein Geschütz und der das Gelände beherrschende Kommandostand der Batterie ausgeschaltet.

Vor den erschöpften Jägern baute sich nun eine Sperrfeuerwand auf. Die Verwundeten wurden geborgen, die letzten Munitions- und Verpflegungsreserven herangeschafft.

Als die Nacht einfiel, ohne daß der Gegner einen Gegenangriff gewagt hätte, atmeten die Küstenjäger auf.

Am frühen Morgen des 14. 11. gegen 01.30 Uhr aber versuchte eine britische Reservekompanie vom Kings own Regiment, im Gegenangriff die deutschen Soldaten aus ihren Stellungen zu vertreiben.

Zu ihrer Unterstützung eröffnete die Artillerie der britischen Zerstörer *Echo* und *Belvoir* das Feuer auf die deutschen Stellungen.

Die frischen Kräfte des Gegners drangen bis in die Stellungen vor. Im Nahkampf wurden sie jedoch geworfen. Als der Morgen heraufdämmerte, war dieser Angriff abgewiesen.

Am frühen Morgen des 15. 11. griffen die Küstenjäger mit allen verfügbaren Kämpfern an. Die Verwundeten und Kranken blieben in den Stellungen zurück. Die Küstenjäger und die Infanteristen des IR 65 drangen in die Stadt Leros ein. Die in der Griffobucht gelandeten Infanteristen der Kampfgruppe Müller unter Major von Saldern, die am Vortage den gesamten Küstenbereich gesäubert hatten und durch einen Spähtrupp die Verbindung zu den Küstenjägern in der Pandelibucht hatten aufnehmen können, drangen in Richtung zum Monte Meraviglia vor. Dort war in den unterirdischen Kasematten das Hauptquartier der Inselverteidigung untergebracht. Hier wurde bereits gekämpft. Der nächste Tag mußte die Entscheidung bringen. Am Morgen dieses 16. 11. 1943 landete im Süden der Alindabucht ein neuer Verband. Die Landung verlief ohne jede Feindabwehr. Es war das III./1. Jäger-Regiment »Brandenburg« unter Führung von Hptm. Froböse. Sie stießen über den Bergrücken nach Süden vor.

Den ganzen Tag tobte der Kampf. Die deutschen Angreifer erlitten herbe Verluste. Hptm. Froböse wurde verwundet.

Es war bereits nach Mittag, als es einer Gruppe unter Oblt. Wandrey, bestehend aus 20 Freiwilligen, gelang, in einer Einzelaktion den Durchbruch durch die Feindstellungen zu erzwingen. An der Spitze der Oberleutnant, drangen die Jäger Schritt für Schritt weiter vor. Sie rollten einen der Bunker nach dem anderen auf, und so wurde der Einbruch durch nachstoßende Jäger und Infanteristen weiter ausgeweitet. Zwei besonders starke Bunker wurden gesprengt.

Gegen 16.55 Uhr verstummte plötzlich das Feuer im Zentrum des Feindwiderstandes. Eine weiße Fahne wurde gezeigt, und wenig später erschien der Verteidiger von Leros, General Tilney mit seinem Stab, und bot die Kapitulation an.

Der Kampf um Leros war beendet. Das »Malta in der Ägäis«, das beherrschende Bollwerk des Gegners im Dodekanes, war gefallen.

Bis zum Schluß hatten die Männer der 1./Küstenjäger-Abteilung »Brandenburg« hier gekämpft. Als Hauptfeldwebel Süßmann seine Männer zählte, waren 37 unverwundet aus diesen Kämpfen herausgekommen. Die dreifache Anzahl aber war verletzt, vermißt oder gefallen.

Die Fallschirmjäger des I./FJR 2

Als der Auftrag zum Sprungeinsatz auf Leros dieses Bataillon des FJR 2 erreichte, lag es noch in Mittelitalien. Vom Flughafen Ferrara aus erfolgte der Abtransport der 470 Fallschirmjäger nach Athen-Tatoi. Hier wurde der Sprungeinsatz vom Bataillonskommandeur, Hptm. Kühne, und den Kompaniechefs anhand der Luftbildaufnahmen vorbereitet. Eine Kompanie Fallschirmjäger der »Brandenburger« sollte gleichzeitig mit ihnen springen.

Mit Beginn des Angriffs am frühen Morgen des 12. 11. 1943 startete das Bataillon und erreichte planmäßig im Morgengrauen die Insel Leros. Kurz vor Erreichen derselben wurde der Verband über Funk angehalten und nach Athen zurückbefohlen.

Gegen 10.00 Uhr erfolgte der zweite Start von Tatoi aus. Die 40 Maschinen erreichten gegen 13.00 Uhr Leros. Als sie in den Nahbereich der Insel gerieten, feuerten italienische und britische Flak, die ihre Bergstellungen etwa in gleicher Höhe mit den anfliegenden Ju-52-Pulks hatten.

Die Fallschirmjäger wurden am festgesetzten Platz, zwischen der Gurnabucht und der Alindabucht, an der schlanken »Taille« der Insel abgesetzt.

Im schweren Abwehrfeuer des Gegners gelang es, die einzelnen Kompanien des Bataillons schnell zu sammeln. Die 1. Kompanie unter Oblt. Haase erhielt Befehl, den Nordteil der Insel abzuschirmen. Die 2. Kompanie, geführt von Oblt. Fellner, und die 4. Kompanie unter Oblt. Möller-Astheimer traten auf den Monte Rachi an, der Höhe 105, etwa 0,5 km landeinwärts.

Mit der 5. Kompanie erhielt Oblt. Raabe Befehl, nach Osten gegen Leros und die Bucht von Alinda abzuschirmen.

Zur Unterstützung dieser Operation wurde auch die Fallschirmkompanie der »Brandenburger« abgesetzt.

Bis zum späten Abend dieses ersten Tages gelang es den Fallschirmjägern, die Verbindung mit dem II./IR 65 unter Major von Saldern aufzunehmen.

Als am Morgen des 13. 11. auch das unter Befehl von Hptm. Aschoff stehende II./IR 16 und ein Bataillon der 11. Luftwaffen-Feld-Division an der Nordküste gelandet worden waren und das II./IR 16 an der Westseite der Alindabucht entlangstoßend die Höhe 192 überwunden und die Verbindung mit dem I./FJR 2 aufgenommen hatte, konnte wenig später auch das II./IR 65 Verbindung mit seinem Schwester-Regiment aufnehmen. Damit war an dieser Stelle eine Massierung der Hauptkräfte der Kampfgruppe Müller erfolgt.

Die Gegenangriffe des Gegners aus Westen und Norden wurden am 14. 11. abgewiesen. In einem erbitterten Gefecht fochten Fallschirmjäger der Luftwaffe Schulter an Schulter mit den Soldaten des II./IR 65 im Nahkampf gegen den anrennenden Gegner.

Als die 3. und 4./FJR 2 versuchten, eine vom Gegner noch gehaltene Höhe zu gewinnen, wurden sie unter schweren Verlusten für Freund und Feind zurückgeschlagen.

In der Nacht zum 16. 11. ließ Hptm. Kühne die Fallschirmjäger seines Bataillons umgruppieren.

Die Verbindungsaufnahme der Kampfgruppe der 22. ID mit den Küstenjägern war inzwischen erfolgt, und am frühen Morgen des 16. 11. begann der gemeinsam vorgetragene Sturmangriff auf den Monte Meraviglia.

So wurde dieses beherrschende Bollwerk, der Gefechtsstand der Inselverteidigung, genommen.

Neben Major von Saldern und Hptm. Aschoff erhielt auch Hptm. Martin Kühne das Ritterkreuz.

Oblt. Max Wandrey, Chef der 11. Kompanie des Jäger-Regiments 1 »Brandenburg« erhielt für seinen entscheidenden Einsatz auf Leros ebenfalls das Ritterkreuz. Als Major und Kommandeur des II. Bataillon des Jäger-Regiments 1 »Brandenburg« wurde er am 16. 3. 1945 mit dem Eichenlaub zum Ritterkreuz ausgezeichnet. Im Raume Breslau ist er gefallen.

3. Nordadria und Dalmatien

Im Sommer 1943 war der Stab der Küstenjäger-Abteilung »Brandenburg« mit dem Großteil der 3. Kompanie nach Dalmatien verlegt worden, während die 1. Kompanie an die Ligurische Küste und die 4. nach Sesto Calende an den Lago Maggiore kam. Die 2. Kompanie hatte nach Sardinien verlegt.

Die 3./Küstenjäger-Abteilung »Brandenburg« war eine Jäger-Kompanie mit einem Bootszug und einer Gesamtstärke von 230 Mann. Auch für diese Kompanie galt der allgemeine Abteilungsbefehl:

»Partisanenbekämpfung von See her und Kommandounternehmungen über See hinter die feindlichen Linien sowie gegen feindliche Schiffe und gegnerische Hafenanlagen.«

Die »Brandenburger« der 3. Kompanie übernahmen die Freikämpfung der Inseln, ohne jedoch ständig dort bleiben zu können. Dazu wurden Einheiten der 71. ID herangezogen. Nach ihrem jeweiligen Abzug sickerten die Partisanenverbände ständig nach. Das Unternehmen Zara sah die »Brandenburger« abermals im Einsatz. Auf Ulman und Pasman säuberten sie die Inseln von Partisanen und übergaben sie an jeweils eine Kompanie der 71. ID.

Während der Inselunternehmung gegen Solta, an der auch *TA 21* beteiligt war, mit dem Chef der 11. Sicherungs-Flottille KKpt. von Kleist an Bord, gerieten die Küstenjäger am Morgen des 2. 12., in einem von Sibenik nach Split laufenden gemischten Geleitzug, mitlaufend, in einen starken britischen Bombenangriff. Sieben Boote und Schiffe wurden versenkt, davon drei Küstenjäger-Boote. Die 3. Kompanie verlor durch diesen Luftangriff 80 Mann. Dies war mehr als ein Drittel der gesamten Kompanie.

Die drei Inselunternehmungen »Herbstgewitter« (vgl. Kap. VII, 11. Sicherungs-Flottille) blieben im Endergebnis erfolglos, weil die Partisanen offenbar vorgewarnt wurden und stets rechtzeitig ausweichen konnten.

Nachdem der Rest der 3. und die 4. Kompanie der Küstenjäger-Abteilung »Brandenburg« ebenfalls in die Adria verlegt worden waren, wurde Anfang 1944 die Küstenjäger-Abteilung in einen Stab mit vier gleichen Jäger-Kompanien umgegliedert. Die in der Ägäis operierende 1. Kompanie und die zur weiteren Ausbildung am Lago Maggiore verbliebene Sprengboot-Staffel wurde unter weiterer Dienstaufsicht des Abteilungsstabes selbständig.

In der Südadria wurde die neuaufgestellte 1. Kompanie in Uniformen der Organisation Todt eingekleidet. Unter der Tarnbezeichnung »Bau-Lehrstab z.b.V.« wurde diese Kompanie in Bar stationiert, um bei vorgetäuschten Materialtransporten Partisanenbewegungen und britische Versorgungsaktionen auszuspähen.

Nach ihrer Umgliederung stand die Küstenjäger-Abteilung »Brandenburg« ab Ende Februar 1944 wieder im Einsatz, und zwar immer häufiger im Zusammenwirken mit dem neu in die Adria verlegten Landungs-Pionier-Bataillon 771 unter Major Paul.

Der für Tarneinsätze requirierte Küstensegler *Ave Maria* mußte vor der Bora am 21. 3. im Hafen von Biograd Schutz suchen. Dort griffen ihn britische Jabos an, die ihn bei mehreren Anflügen in Brand warfen und versenkten.

Der April brachte einen Sondereinsatz der »Brandenburger« gegen den US-Brückenkopf Anzio-Nettuno. Von den Kommandobooten geleitete Küstenjäger-Sprengboote fuhren einen Angriff gegen alliierte Schiffe in der Bucht von Anzio. In dem beginnenden Sturm strandeten mehrere Boote. Keines konnte sein Ziel erreichen.

Die übrigen Sprengboote mußten wenig später zusammen mit allen übrigen Kleinkampfmitteln der Abwehr II (es waren dies außerdem noch Torpedoträger und Kampfschwimmer) an die in der Aufstellung begriffenen Kleinkampfverbände der Kriegsmarine (Vizeadmiral Heye) abgegeben werden. Die Soldaten konnten wählen, ob sie bei den »Brandenburgern« bleiben oder von der Kriegsmarine übernommen werden wollten. Zwei Drittel entschieden sich für den Übertritt, weil sie weiterhin als Kampfschwimmer oder Fahrer von Torpedoträgern dienen wollten. Sie bildeten den Stamm dieser Sonderverbände der Kriegsmarine.

Vom 22. 7. bis zum 5. 8. säuberten die »Brandenburger« die Inseln Pasman und Zirje. Hierbei waren einige gefährliche Kämpfe gegen Partisanen zu bestehen.

Als an dem 1. 9. die Räumung der Inseln Hvar und Brac anlief, die bis zum 16. 9. andauerte, galt es, die Partisanen, die ungestüm nachdrängten, auf Distanz zu halten. Es kam zu schweren und verlustreichen Gefechten.

Der 16. September wurde zum schwarzen Tag für die »Brandenburger«, als ein auf Brac für Sicherungsaufgaben angelandeter Jägerzug überrannt und völlig aufgerieben wurde. Bei der Anlandung sanken bereits drei Sturmboote.

Versuche, die gefangenen Kameraden herauszuhauen, scheiterten. Bis zum 19. 9. wurden nur einige wenige Kameraden, die sich schwimmend an Land gerettet hatten, aufgefunden und geborgen.

Die Kompaniestützpunkte südostwärts von Split wurden im September und Oktober der Reihe nach aufgegeben. Die Lage in der nördlichen Adria hatte sich verschlechtert. Die Partisanen gingen zu Gegenangriffen über; Bewegungen über See, die mehr als eine Nacht dauerten, waren nur noch in größeren Geleiten möglich, weil kleine Geleite von den Partisanen gestoppt und vernichtet wurden.

Vom 23. 9. an erfolgte die etappenweise Räumung der Kompaniestützpunkte Split, Sibenik und Zara.

Die Küstenjäger und die Pioniere der Abteilung 771 wurden immer weiter nach Norden gedrängt. Die Masse der Küstenjäger wurde schließlich in der Nacht zum 24. 9. von Sibenik nach Zara geschafft.

Während noch am 8. 10. unter Beschuß durch Landbatterien der Insel Pasman eine Versorgungsfahrt des Landungs-Pionier-Bataillons 771 zum Stützpunkt Biograd gelang, mußte dieser Stützpunkt wenig später doch geräumt werden.

Am 11. 10. wurde dabei ein Partisanenboot aufgebracht. Ein eigenes Sturmboot, das beschädigt worden war, konnte von Split über Sibenik nach Zara abgeschleppt werden.

In der Nacht zum 31. 10. 1944 und in den beiden folgenden Nächten liefen sechs Boote der Abteilung »Brandenburg« von Sibenik durch den Zadarski-Kanal, die Engen von Nin, Razanac und durch den Nelebitski-Kanal als letztes Geleit nach Sujak bei Fiume und nach Bakar. Damit waren die restlichen Teile der Küstenjäger-Abteilung »Brandenburg« aus ihren exponierten Stützpunkten zurückgeführt. An der Rückführung waren auch die Boote des Landungs-Pionier-Bataillons beteiligt.

In der ersten Novemberhälfte kam es dann noch zu einem großartigen Einsatz der »Brandenburger«, als diese mit der 2. und 3. Kompanie eine Gruppe Ustascha-Soldaten entsetzte, die sich auf Höhe 200 auf der Insel Pag hielten. Diese Insel mit den Hauptstützpunkten und auch die Insel Rab wurden gehalten. Schließlich hielt sich Pag noch bis Kriegsschluß, und die Küstenjäger hatten dabei mehrere Partisanenanlandungen abzuweisen.

4. Die Küstenjäger »Brandenburg« in der Ägäis

Die nach dem Unternehmen »Leopard« ausgeblutete 1. Kompanie der »Brandenburger« unter Führung von Lt. Voigts wurde Ende 1943 auf dem griechischen Festland neu aufgefrischt und erhielt Nachersatz.

Im Frühjahr 1944 wurden die »Brandenburger« speziell zur Bekämpfung der alliierten Kommandos eingesetzt. Da sie selber nur noch zwei große Sturmboote zur Verfügung hatten und nur auf einige griechische Segler, die Kajikis, zurückgreifen konnten, wurden der Kompanie für größere Späh- und Stoßtruppunternehmungen jeweils Landungsboote der Pionier-Landungskompanie 780 oder I-Boote der 6. Gruppe / 15. Landungs-Flottille zugeteilt. Mit diesen Booten waren sie wieder beweglich geworden für ihre Einsätze, die stets über See führten.

Am 9. 4. 1944 wurde ein bewaffneter Segler eines britischen Kommandos im Handstreich erstürmt. Die britische Besatzung gab sich gefangen. An Bord des Seglers konnten die vollständigen Einsatzbefehle und Funkunterlagen dieses Kommandos sichergestellt werden. Dies war ein Erfolg, der seine Auswirkung zeitigen sollte.

Der Segler wurde in *Erika* umgetauft, und sofort wurde ein Tarneinsatz unternommen, in welchem aufgrund der erbeuteten Funkunterlagen mit griechischen Kommandotrupps, die auf verschiedenen kleinen unbesetzten griechischen Dodekanesinseln saßen, Funkverbindung aufgenommen wurde.

Vom 3. bis 18. Mai wurden mit dem Segler *Erika* weitere Tarneinsätze gegen die Inseln Saria und Skarpanto durchgeführt.

Am 20. 6. 1944 übernahm Lt. Bertermann, bis dahin Abteilungs-Adjutant, die Führung jener kleineren Einheit Küstenjäger, die in dem Stützpunkt Castello auf

Rhodos stationiert war. Diese Einheit wurde zur Küstenjäger-Kompanie Rhodos aufgestockt.

Auf drei I-Booten der 6. Landungs-Flottille unter Lt.z.S. Berger wurde das Unternehmen »Wanderfalke« durchgeführt. Wie es verlief, berichtete Oberstleutnant Randolf Kugler:

»Alle deutschen Besatzungstruppen wurden von General der Panzertruppe Kleemann auf Rhodos befehligt. Ihm standen als ›Seestreitkräfte‹ die Hafenschutz-Flottille ›Dodekanes‹ unter Kptlt. Brachvogel und die 6. I-Boot-Gruppe unter Lt.z.S. Berger der Kriegsmarine sowie die Pionier-Landungskompanie 780 (Oblt. Bunte) zur Verfügung. Hinzu kamen einige Boote der Küstenjäger-Kompanie Rhodos, geführt von Lt. Bertermann. Seekommandant Rhodos war Kpt.z.S. Brennecke.«

Die Küstenjägerkompanie Rhodos war aus der 1. Kompanie der Küstenjäger-Abteilung »Brandenburg« hervorgegangen. Das Gros der Abteilung kämpfte nun im Adriabereich im Einsatz gegen Partisanengruppen. Diese Kompanie war nach ihrer Wiederauffrischung auf dem Festland bei Athen zum Dodekanes zurückgekehrt, um dem Seekommandanten Dodekanes gegen die drei in diesem Raume operierenden britischen Kommando-Gruppen zur Verfügung zu stehen. Es waren dies Teile der »Long-Range-Desert-Group«, die »Griechische Heilige Brigade« und die »Special Boat Squadron«.

Die Küstenjäger-Kompanie war, was Stärke und Ausrüstung anlangte, dem Gegner unterlegen, denoch kam sie immer wieder zu Erfolgen. Eines der wohl dramatischsten Unternehmen fand im August 1944 statt.

Ein Befehl des Seekommandanten Ostägäis wies die Küstenjäger-Kompanie an, mit einem Zug die Inseln Saria, Skarpanto, Stakida, Unia-Nisia, Kamiloni, Zaphrani, Syrina, Kandelousia und Perigousa auf Feindbesetzung hin zu erkunden. Falls auf einer dieser Inseln ein Feind gelandet sein sollte, sei er zu vertreiben.

Am 19. 8. erging der Einsatzbefehl. Ein I-Boot diente als Führerboot, zwei waren für Einzeleinsätze bestimmt. Auf Alinna stellte sich der kleine Verband bereit. Am 23. 8. um 21.00 Uhr lief er aus. 30 Küstenjäger waren an Bord. Am Morgen des 24. 8. landete eines der Boote auf Saria, das zweite auf Skarpanto. Auf beiden Inseln war kein Gegner zu sehen. Ebenso erging es der Kampfgruppe Unia-Nisia und Kamiloni am 25. 8. und einen Tag darauf auf Zaphrani.

Nach einer Besprechung der Einheitsführer kamen diese überein, den bisherigen Terminplan nicht einzuhalten, sondern sofort von Zaphrani nach Syrina weiterzulaufen. Dort entdeckten sie in einer Nachbarbucht ein unbekanntes Fahrzeug, das unter Buschwerk und Netzen getarnt lag.

Bewaffnet mit einem MG und besetzt mit einer Gruppe Küstenjäger, liefen zwei Pionier-Sturmboote unter Führung von Lt. Bertermann und ObFähnr. Brandt mit Vollgas direkt auf das Fahrzeug zu. Die feindliche Besatzung versuchte, die Tarnnetze abzuwerfen, um an die Bordwaffen zu gelangen. Gleichzeitig legte das Fahrzeug ab. Aber das Tarnnetz verfing sich in den Schrauben des Bootes. Beide

Sturmboote legten an, und die »Brandenburger« sprangen an Bord des Gegners. Die Besatzung, 14 Engländer, ergab sich.

Das Fahrzeug entpuppte sich als *HDML 1381*. Es war mit einer 4-cm-Boforskanone, einer 2-cm-Oerlikon-Schnellfeuerwaffe und zwei Zwillings-MG ausgestattet. Die beiden Schiffsdiesel gaben dem 54 Tonnen großen Boot eine Fahrt von 12 Knoten.

Einer der Küstenjäger, der direkt nach dem Entern mit schußbereiter MPi in den Maschinenraum eingedrungen war, konnte die Zündung einer Sprengladung verhindern.

Das Boot wurde von den nachgeführten I-Booten auf den Haken genommen, die Tarnnetze konnten aus der einen Schraube entfernt werden, und die Prise setzte selbständig den Marsch nach Portolago auf Leros fort. Sie wurde als *KJ 25* als kampfstarkes Boot für die »Brandenburger« in Dienst gestellt.

Das nächste Unternehmen, ein Spähtrupp mit *KJ 25* unter Lt. Brandt mit dem Steuermann Fw. Weber, gegen die Insel Calchi führte zum Erfolg. Die im Handstreich landenden Küstenjäger stellten ein Kommando der »Heiligen Griechischen Brigade«. Nach kurzem Feuerkampf wurde dieses Kommando gefangengenommen. Der gefallene Kommandoführer erhielt bei seiner öffentlichen Beisetzung ein Ehrengeleit von den Küstenjägern.

Zwei Jägergruppen landeten am 28. 10. gemeinsam mit einer Infanterie-Kompanie auf Booten der 3./Landungs-Pionier-Bataillon 86 unter Lt. Biggemann im Rücken der auf Piskopi gelandeten Briten und trugen bis zum 30. 10. mit dazu bei, daß das gelandete Kommando aufgerieben, in die Boote gegangen oder gefangengenommen war.

Die Insel Alinna war in der Nacht zum 14. 11. Ziel eines Jägerzuges der »Brandenburger«, die dort einen Beobachtungsposten einrichteten. Drei Nächte darauf landete hier ein britisches Kommando und hob diesen Beobachtungsposten aus. Da der Funkkontakt zu diesem Posten nach dem britischen Kommando-Raid unterbrochen war, landete in der Nacht des 18. 11. ein Suchtrupp auf der Insel. Als er angelandet hatte und zum Standort des Beobachtungspostens vorging, lief er in eine Falle des britischen Kommandos und wurde ebenfalls vereinnahmt.

Von Alinna aus unternahm dieses britische Komando einen weiteren Raid zur Insel Symi. Die dort liegende Küstenjäger-Beobachtungsstelle wurde im unblutigen Handstreich mitten in der Nacht in Besitz genommen.

Die Küstenjäger der beiden Inseln wurden von dem britischen Kommando auf einen in den türkischen Hoheitsgewässern liegenden britischen Zerstörer geschafft.

Ein Spähtruppunternehmen, das am 23. 3. 1945 mit *KJ 25* zur Insel Calchi führte, war von Erfolg gekrönt. Es gelang, ein Kommando der »Heiligen Griechischen Brigade« gefangenzunehmen, das in Motorbooten dort gelandet war. Auch die Boote fielen den »Brandenburgern« in die Hände.

Am Abend des 13. April stieß *KJ 25* im Tarneinsatz als Engländer westlich Castellorosso auf einen mit drei 1,7-cm-MG bewaffneten Motorsegler mit einem kleinen britischen Kommando. Es gelang, den Segler zu überrumpeln und die neun Briten nach Rhodos zu bringen.

Ein letzter Tarneinsatz von *KJ 25* fand am 7. 5. 1945 statt. Es ging abermals in das Seegebiet von Castellorosso. Hier wurde nach dem Eingehen eines Funkspruches mit dem Befehl des OKW zur Einstellung aller Kampfhandlungen der Einsatz abgebrochen.

Auf *KJ 25* lief am nächsten Morgen, dem 8. 5. 1945, Generalmajor Dr. Wagner, der Kommandant der Ostägäis, zur Unterzeichnung der Kapitulationsurkunde zu dem vor Symi liegenden britischen Zerstörer *Active* und ging zur Unterzeichnung der Urkunde an Bord. *KJ 25* brachte am folgenden Morgen das britische Vorkommando nach Rhodos und wurde, im Hafen von Rhodos angekommen, wieder als *HDML 1381* in ihre frühere Flottille – die Special Boat Squadron – eingereiht. Damit war für diesen Teil der Küstenjäger-Abteilung »Brandenburg« das Ende des Krieges gekommen.

5. Das Pionier-Landungs-Bataillon 771

Das Pionier-Landungs-Bataillon »Afrika« war am 1. 5. 1943 unter Major Kurt Paul in den Häfen Reggio bis Vibo Valentia in Calabrien aufgestellt worden. Seinen Stamm bildeten die Reste der aus Afrika entkommenen Pionier-Landungs-Einheiten sowie das Landungs-Ausbildungskommando unter Hptm. Hand, das nach Afrika hätte überführt werden sollen.

Bis zum 30. 5. war die Aufstellung abgeschlossen. Die drei Kompanien lagen in Palermo (1.), Canitello (2.) und Catona (3.).

Der erste Einsatz erfolgte im Übersetzverkehr über die Straße von Messina zur Verstärkung der deutschen Truppen auf Sizilien. Am 5. 6. erfolgte eine Umbenennung in Pionier-Landungs-Bataillon 771.

Nach der Verlegung der Masse des Landebrückengerätes in zwei Schleppzügen nach Palau auf Nordsardinien erfolgte in Palau und Stetino vom 30. 6. bis zum 18. 9. der Landebrückeneinsatz zur Räumung Sardiniens über die Straße von Bonifacio nach Korsika und ans Festland.

Nach der Landung der Westalliierten auf Sizilien am 10. 7. 1943 wurde einen Tag später der Instandsetzungszug zur 4. (Werft-)Kompanie aufgestockt. Am 22. 7. wurde aus Fahrern des Bataillons und der auf Sizilien kämpfenden Divisions-Pionier-Bataillone das Sturmboot-Kommando XIV aufgestellt. Dieses unternahm Kurierfahrten und Ablandungen entlang der sizilianischen und calabrischen Küste und über die Messinastraße ans italienische Festland. Hier begann auch am 9. 8. der Übersetzverkehr zur Rückführung der deutschen Truppen von Sizilien ans Festland, der bis zum 17. 8. dauerte.

Am 18. 8. verlegte das Bataillon auf dem See- und Landweg nach Orbitello in die Toscana. Bei Seegefechten und durch Luftangriffe entstanden Verluste.

Nach dem Abfall Italiens vom Bündnis am späten Abend des 8. 9. 1943 mußte das Bataillon die in der näheren und weiteren Umgebung liegenden italienischen Truppen entwaffnen. Dabei konnte es seine Kraftfahrzeugausstattung mit guten Beutefahrzeugen ergänzen.

Während die 2. Landungs-Brückenkompanie (dies war die 4./771) von Piombino aus nach Elba und zum Brückenkopf Bastia/Korsika auslief, um die Versorgung der deutschen Inselbesatzung Korsikas und deren spätere Ablandung mit zu übernehmen, verlegte das gesamte Bataillon ab September in den Raum Rapallo, Santa Margherita und Portofino.

Ab dem 22. 10. 1943 erfolgte dann die endgültige Verlegung des Bataillons im Eisenbahntransport von Genua über Mailand, Verona und Innsbruck an den Bodensee, in den Raum Lindau. Hier wurde es aufgefrischt und gelangte zur endgültigen Vollaufstellung, die wie folgt gegliedert war:

Stab mit Nachrichtenzug

1./771 (als Landungsfähren-Kompanie)

2./771 (als Landungsboot-Kompanie)

3./771 (als Landungsboot-Kompanie)

4./771 (als Landungs-Brücken-Kompanie)

5./771 (als Werft-Kompanie)

Am 15. 1. 1944 verlegte der Stab mit den Kompanien 2 bis 5 im Eisenbahntransport in elf Transportzügen nach Fiume. Die 1. Kompanie, deren materielle Ergänzung noch nicht beendet war, folgte später in sieben weiteren Transportzügen (mit dem restlichen Material) nach.

Nach Kämpfen um die Dodekanesinseln verlegte das Bataillon im Januar/Februar 1944 im Eisenbahntransport wieder nach Fiume. Die Standorte der einzelnen Kompanien waren:

Stab mit Nachrichtenzug	Bakar
1./771	Fiume
2./771	Sibenik
3./771	Makarska
4./771	Bakar
5./771	Kraljevica (Porto Ré)

Neben den laufenden Nachschub- und Versorgungstransporten von und nach den Küsten- und Inselstützpunkten von Triest bis hinunter zur Mündung der Narent wurden Landungsoperationen zur Abwehr britischer und jugoslawischer Unternehmen durchgeführt.

So wurden am 6. 2. 1944 Feindlandungen auf Hvar erkannt und bekämpft. Die Feindlandungen auf der Insel Solta am 21. 3. und erneute Landungen auf Hvar in der darauffolgenden Nacht wurden sofort von den Küstenjägern und dem Pionier-Landungs-Bataillon 771 im Zusammenwirken mit Heerestruppen bekämpft.

222

Als Ende April Feindlandungen auf Mljet und Korcula erfolgten, waren es wieder die Landungspioniere, die im Gegenzug gegen diese Inseln vorgingen und in harten Kämpfen deren Säuberung durchführen halfen.

Ab Juni waren nur noch Nachtfahrten möglich, weil der Gegner bis dahin von den süd- und mittelitalienischen Flugplätzen aus den ganzen Luftraum über der Adria beherrschte.

Den Briten war es gelungen, die Insel Lissa (Vis) zu besetzen. Dort stationierten sie Zerstörer, Fregatten, Schnellboote und Motor-Kanonenboote neben einer Anzahl von Landungsfahrzeugen. Diese britischen Einheiten, die allnächtlich unterwegs waren, fügten den Landungspionieren ständig steigende Verluste zu.

Einsätze der 3./771 gegen Feindlandungen auf der Insel Mljet dauerten vom 22. bis 24. 5. und forderten weitere Opfer.

Das am 31. 5. gestartete Unternehmen »Wikinger« zur Säuberung der Inseln Asinello, Silba, Olib, Premuda, Skarda bei Ist, Ist, Molat, Maun und Skarda bei Maun wurde einer der größten Einsätze des Jahres 1944. Alle Einheiten des Bataillons standen bis zum Abend des 2. 6. im Einsatz. Fünf Fähren, ein L-Boot, ein schweres und zwei leichte Sturmboote brachten die Soldaten zu den Felseninseln, wo Partisanen in kurzen, harten Feuergefechten überwältigt wurden. Es wurden weit über 100 Gefangene eingebracht. 155 kleinere und kleinste Schiffseinheiten wurden vernichtet und größere Beute eingebracht.

Vom 2. bis 6. 6. folgte ein Landungsunternehmen der 3. Kompanie, der sich Teile der 2. Kompanie anschlossen. Es galt, die Insel Brac zu säubern, wo britische und Partisanenverbände in etwa Brigadestärke gelandet waren. Auch hier kam es zu schweren Kämpfen, ehe sich die britischen Kräfte wieder einschifften.

Gut einen Monat darauf, am 8. 7., begann ein Landungsunternehmen, das mit drei Landungsbooten der 2. Kompanie zu den Inseln Ugljan und Ist führte. Beide Inseln wurden bis zum 15. 7. von Partisanen gesäubert.

Am 22. 7. standen zwei L-Boote und zwei schwere Sturmboote im Einsatz gegen verschiedene Inseln. Unter anderem sollten Zirje und Pasman gesäubert werden. Die Einheiten waren bei diesem Unternehmen, das bis zum 15. 8. dauerte, der Küstenjäger-Abteilung »Brandenburg« unterstellt.

Der 25. 7. sah zwei L-Boote der 3. Kompanie an einem Seegefecht gegen britische S-Boote südlich von Hvar beteiligt. Eines der L-Boote wurde vom Gegner bewegungsunfähig geschossen und dann gekapert. Dabei wurden sechs Mann gefangengenommen und einer vermißt. Es gelang aber dem deutschen Bootsführer, dem Feind in der Nacht zu entkommen und allein mit dem Boot nach Ploca zurückzukehren.

Das Landungsunternehmen gegen die Insel Brac vom 1. bis 3. 9. wurde wieder gemeinsam mit den »Brandenburgern« durchgeführt. Zwei L-Boote standen im Einsatz. Die Insel wurde vom gelandeten Gegner gesäubert.

Am 3. 9. verlegte der Stab von Bakar nach Kraljevica (Porto Ré).

Nach der Erkundung der Feindkräfte auf Hvar am 6. 8. erfolgte am 6. 9. das

Landungsunternehmen gegen diese Insel. Vom Pionier-Landungs-Bataillon 771 waren vier L-Boote und ein Führungsboot der 3. Kompanie im Einsatz, der abermals gemeinsam mit den »Brandenburgern« durchgeführt wurde.

Während der Tage des Angriffs erlebten die Landungspioniere 28 Jaboangriffe von jeweils zehn Maschinen. Eines ihrer L-Boote ging durch Bombentreffer verloren. Das Führungsboot wurde im Nachtgefecht von britischen Seestreitkräften zerschossen und sank brennend. Hierbei wurden drei Mann vermißt, mehrere wurden schwer verwundet.

In der Nacht zum 16. 9. kam es während der Räumung der Insel Brac zu einem Seegefecht. Dabei ging ein L-Boot der 2./86 unter.

In oftmals beinahe aussichtsloser Lage gelangen die Räumungen der Insel Peljesac, die vom 11. bis 17. 9. durchgeführt wurde, und Hvar, die bis zum 23. 9. geräumt war, wobei in der Nacht des 20. 9. ein L-Boot der 2./771 bei einem Seegefecht vor Trogir durch MGB beschädigt wurde.

Die Rücklandungen entlang der Küste von Ploca bis Marina nach Makarska und Split liefen am 21. 9. an und wurden am 15. 10. 1944 beendet.

Beginnend mit dem 26. 9., verließ bis zum 8. 10. die 1./771 in vier Transportzügen den Adriaraum zum selbständigen Einsatz auf der Donau bei Budapest.

Nacheinander wurden am 28. und 29. 9. die Stützpunkte Ploca und Makarska von der 3./771 aufgegeben. Der Kompaniegefechtsstand wurde im Stützpunkt Split eingerichtet.

Am 11. 10. begann schließlich die Räumung der Küstenstützpunkte zwischen Split und Zara in Richtung Sibenik. Immer, wenn die Boote die Enge zwischen Biograd und Pasman passierten, gerieten sie in das Feuer der dort stationierten Feind-Artillerie. Die Räumungen dauerten bis zum 31. 10. an.

In der Nacht zum 31. 10. mußte auch der Stützpunkt Zara von der 2./86 und der 2./771 aufgegeben werden. Die dort befindlichen Boote liefen mit dem letzten Personal und den wichtigsten Unterlagen durch die Enge zwischen dem Festland und der Insel Vir hindurch, nahmen die Besatzung von Nin auf und brachten diese durch die Enge zwischen Festland und der Südspitze von Pag und den Velebitski-Kanal nach Kraljevica.

Die letzten Boote der 2. und 3./771 gaben in der Nacht zum 2. 11. 1944 den Stützpunkt Sibenik auf und liefen ohne Verluste durch den Velebitski-Kanal nach Bakar. Die Kraftfahrzeugkolonnen der 2. und 3./771 marschierten vom 1. bis 14. 11. über Bihac und Karlovac nach Agram. Von dort aus verlegten sie im Bahntransport am 15. 11. über Kreßbronn nach Dänemark.

Die Stäbe der 2., 3. und 5./771, die in Kraljevica zurückgeblieben waren, gingen ab 17. 11. bis zum Januar 1945 im Eisenbahntransport von Fiume aus nach Dänemark zum Landungs-Pionier-Lehr- und Ersatz-Regiment, zur Instandsetzung der Boote und zur Wiederauffrischung.

Die Küstenjäger-Abteilung »Brandenburg« im Einsatz des Jahres 1945 in der Adria

Nach den Rückführungsoperationen des Oktober/November 1944 und der Besetzung der Insel Pag erschütterte ein Ereignis die Küstenjäger-Abteilung »Brandenburg« schwer. Am 10. 1. 1945 erschoß sich Rittmeister Conrad von Leipzig in Susak/Fiume, dem Hauptstützpunkt und Stabsquartier der Abteilung, vermutlich im Zusammenhang mit dem 20. Juli 1944.

Am nächsten Tage wurde der von jedem Soldaten der Abteilung hochgeschätzte und verehrte Offizier unter Erweisung aller militärischer Ehren auf dem Soldatenfriedhof in Fiume beigesetzt.

Die Lage verschlechterte sich Anfang April 1945 derart schnell und chaotisch, daß es alle Mühe kostete, den südlichsten Kompaniestützpunkt bei Pag auf der Insel Pag nach Karlopag abzutransportieren. Der nördliche Stützpunkt bei Novalia war unmittelbar vorher von den Partisanen überrannt worden. Es gelang den Booten, die dort eine Ablandung versuchten, zwei Versprengte dieses Stützpunktes zu finden und zu retten.

Der Versuch, zwei Jägerzüge von der ebenfalls noch in eigenem Besitz befindlichen Insel Rab herunterzuholen, mißlang. Das heftige Feuer der dort stehenden Partisanen, die den deutschen Stützpunkt eingeschlossen hatten, verhinderte die Landung.

Als die Boote von dieser vergeblichen Aktion ans Festland zurückkehrten, war auch Karlopag gefallen. Die zuvor dorthin überführten Teile der Abteilung waren bis zu dem Artilleriestützpunkt bei Jablanac zurückgegangen und beteiligten sich an dessen Verteidigung. Immer wieder wurde dieser von einer zehnfachen Partisanenübermacht berannt. Zwar gelang es, vier Angriffe abzuschlagen, doch am 8. 4. 1945 erlagen die Artilleriebesatzung und die Küstenjäger der Übermacht.

Hier fanden durch die Partisanen Massaker statt, die nicht unerwähnt bleiben sollen. Und zwar ließen die Partisanenführer mehrere Küstenjäger-Dienstgrade aus der angetretenen Stützpunktbesatzung herausholen und schossen sie vor der angetretenen übrigen Besatzung nieder.

Die lange Zeit vor dem Stützpunkt Jablanac auf- und abstehenden schweren Sturmboote warteten vergeblich auf ihre Kameraden und mußten schließlich nach Nordwesten ablaufen.

Ende April 1945 liefen die wenigen noch in Susak vorhandenen Küstenjägerboote nach Anbordnehmen der überlebenden Kameraden mit dem letzten dort abgehenden Geleit nach Monfalcone. Dort ging alles an Land, die Boote wurden gesprengt.

Am 8. 5., Tage nach der allgemeinen Kapitulation der Italienfront, kapitulierten die Reste der Küstenjäger-Abteilung »Brandenburg« im Raume Pola.

XIII. Lazarettschiffe

Deutsche Lazarettschiffe waren seit der Entsendung einer deutschen Expeditions-
truppe nach Afrika im Februar 1941 eine verstärkte Forderung der Truppenfüh-
rung. Das Deutsche Afrikakorps, später die Panzergruppe und Panzerarmee Afrika und schließlich die Heeresgruppe Afrika, benötigten diese Schiffe ebenso wie
die auf dem Balkan eingesetzten deutschen Streitkräfte.

Das in der Bucht von Salamis erbeutete griechische Schulschiff *Ares,* 2 200 t, wurde zum ersten deutschen Lazarettschiff umgebaut, mit dem schon am 5. 6. 1941
der erste Verwundetentransport erfolgte. Ende November 1942 in *Graz* umbenannt, machte dieses Schiff acht Verwundetentransportreisen, ehe es im Dezember 1942 vor Bizerta auf eine Mine lief und sank.

Die *Konstanz,* das zweite Lazarettschiff, wurde am 19. 5. 1943 in der Straße von
Gibraltar durch britische Sicherungsstreitkräfte aufgebracht und – weil es ein griechisches Schiff gewesen war (ex *Eleni*) – beschlagnahmt.

Das dritte Lazarettschiff, die *Aquileja,* kam nach dem Abfall Italiens aus dem
»Achsen«-Bündnis zum Einsatz, der hier behandelt wird. Dieses 9 448 BRT große Schiff wurde am 6. 10. 1943 mit deutschem Personal bemannt und in Dienst
gestellt. Das Schiff brachte einmal Verwundete nach Oran. Es brannte bereits im
Dezember 1943 nach einem Bombenangriff im Hafen von Marseille aus.

Erst mit der *Gradisca,* dem mit 13 870 BRT größten italienischen Lazarettschiff,
begannen die großen, oftmals dramatischen Verwundetenfahrten im Mittelmeer.
Das Schiff wurde am 3. 10. 1943 in Dienst gestellt. Am nächsten Tag traf die 125
Mann starke deutsche Handelsschiffbesatzung ein.

Der Kapitän des Schiffes erhielt über Fernschreiben Befehl, am 12. 10. nach Oran
einzulaufen, um dort 600 deutsche Verwundete an Bord zu nehmen und nach
Marseille zu schaffen. Von Marseille aus sollten 700 Angehörige der Gegner-
staaten eingeschifft und zur Übergabe an den Gegner nach Barcelona gebracht
werden.

Am 7. 10. wurde die *Gradisca* durch einen Bombenanschlag lahmgelegt. Erst am
15. 10. konnte sie auslaufen und erreichte am 20. 10. Oran.

In Oran lag die *Aquileja,* ferner noch die beiden Dampfer *Djenne* und *Sinaia.*
(Diese beiden französischen Passagierschiffe waren von der Panzerarmee Afrika
selbständig als Lazarettschiffe eingesetzt worden, um die vielen Verwundeten der
Alameinschlacht zurückzuführen.)

226

In Oran war es der *Gradisca* nicht möglich, Verwundete von den beiden bis unter die Luken vollgestopften französischen Dampfern zu übernehmen. Am 23. 10. lief sie wieder in Marseille ein.

Die nächste Reise führte die *Gradisca* nach Patras und Korfu. Von hier aus lief das Lazarettschiff am 25. 11. 1943 nach Griechenland. Es galt, die in Griechenland überfüllten italienischen Lazarette zu entlasten. In einer Reihe von Zwischenlandeplätzen wurden Verwundete übernommen, und am 5. 12. lief die *Gradisca* mit 1 009 Verwundeten von Kreta nach Venedig aus.

Britische Zerstörer stoppten das Schiff am 8. 12. am Ausgang der Otranto-Straße und leiteten es auf die Reede von Brindisi um. Hier wurden die britischen und italienischen Verwundeten von Bord geholt. Erst danach konnte die *Gradisca* ihre Weiterfahrt antreten. Sie erreichte Venedig und blieb dort als Lazarettschiff liegen.

Am 1. 5. 1944 ging die *Gradisca* ankerauf und lief nach Porto d'Ascoli, um die Belegung eines provisorischen Feldlazaretts zu übernehmen und nach Venedig zu bringen. Bei dieser Fahrt wurden 867 Verwundete und Kranke an Bord genommen.

Bis zum 12. 6. lief *Gradisca* fünfmal nach Porto D'Ascoli und barg dort – zuletzt unmittelbar hinter der Front – über 5 000 deutsche Verwundete. Auf der letzten Fahrt waren es 1 258. Mit diesen erreichte das Schiff wohlbehalten Venedig. Etwa sechs Wochen blieb es dort, ehe die Verlegung nach Triest erfolgte. Von dort aus lief *Gradisca* Mitte August nach Piräus. Hier wurden Sanitätsmaterial und Verpflegung für die auf den ägäischen Inseln liegenden Verwundeten und Kranken übernommen und nach Leros, Samos, Kos und anderen Inseln geschafft. Von den Inseln wurden 1344 Verwundete und Kranke nach Triest zurücktransportiert.

Am 14. 8. wurde in Venedig das Lazarettschiff *Freiburg* durch Splitterbomben beschädigt. Dieses Schiff hatte seit seiner Indienststellung mehr als 10 000 Verwundete befördert.

Am 18. 10. 1944 wurden die beiden Lazarettschiffe *Gradisca* und *Tübingen* von Triest nach Saloniki in Marsch gesetzt. Es galt, vor der Räumung der Stadt durch die deutschen Truppen alle Verwundeten und Kranken zu bergen. Die Schiffe durften keine Verschlußsachen an Bord mitführen, lediglich Minenkarten und die Karten der Zwangskurse.

In Saloniki lief am Mittag des 24. 10. die *Tübingen* mit 1 028 Verwundeten nach Triest aus. Die *Gradisca* befand sich an diesem Tag nach ihrer Meldung um 21.00 Uhr 13 sm nördlich Samos. Auch sie erreichte unbehelligt Saloniki, übernahm bis zum 28. 10. dort 2 100 Verwundete und lief von Saloniki über Sudabucht (Kreta) und Kos mit dem Ziel Triest aus. Das Schiff wurde in den ersten Morgenstunden des 29. 10. von einem U-Boot angehalten und auf die Reede von Saloniki zurückgeschickt. Hier stieg ein britisches Kommando an Bord. Von einem britischen Zerstörer nach Alexandria geleitet, wurde die *Gradisca* dort intensiv kontrolliert und am 7. 11. an die Pier verholt. Auf Verlangen der Engländer und gegen den Protest des Chefarztes wurden 979 leichter erkrankte Soldaten und 25 Mann Sanitätspersonal ausgeschifft.

Am 9. 11. durfte die *Gradisca* dann in Begleitung eines britischen Kriegsschiffes auslaufen. Unterwegs versuchte die Schiffsführung die Erlaubnis zum Anlaufen von Kreta zu bekommen, wo Verwundete auf ihren Abtransport warteten. Dies wurde verweigert. Man geleitete die *Gradisca* nach Algier, wo das Schiff am 18. 11. 1944 eintraf.

Erst nachdem das Internationale Rote Kreuz sich einschaltete, wurde das Schiff am 20. 1. 1945 freigegeben.

Die *Gradisca* hatte sich am 28. 10. zum letztenmal gemeldet. Die deutsche Führung nahm an, daß der Gegner sie und die beiden Lazarettschiffe *Tübingen* und *Freiburg*, die ebenfalls mit Verwundeten in See standen und vom 29. 10. 1944 an keine Meldung mehr gaben, aufbrachte. Das Lazarettschiff *Bonn* wurde aber am 30. 10. um 04.12 Uhr von einem deutschen Aufklärer gesichtet.

Am 1. 11. 1943 in Dienst gestellt, nahm die *Tübingen,* ein ehemaliges französisches Fahrgastschiff, seinen Rettungseinsatz auf und brachte am 7. 11. 392 Verwundete von Civitavecchia nach Marseille. Hier blieb das Schiff zu weiterer Endausrüstung liegen und wurde im März 1944 dem Admiral Ägäis zugeführt. Am 7. 4. 1944 lief es nach Piräus aus. Von hier aus pendelte die *Tübingen* in regelmäßigen Abständen zwischen den Dodekanesinseln und Griechenland.

Als sich im September der Rückmarsch aus Südgriechenland abzeichnete, fuhr die *Tübingen* von Piräus nach Venedig oder Triest.

In Saloniki, das bis Ende Oktober geräumt werden sollte, übernahm die *Tübingen* bis zum 24. 10. 1019 Verwundete und lief in Richtung nördliche Adria. Vor Chios wurde das Lazarettschiff von einem britischen Verband gestoppt, konnte aber nach einer Kontrolle seine Fahrt fortsetzen. Ein britisches Geleitboot hielt die *Tübingen* am 27. 10. ein zweites Mal an und signalisierte, daß es Befehl habe, sie nach Alexandria zu bringen. *Tübingen* mußte den Kurs ändern und lief am 30. 10. 1944 in Alexandria ein. Wieder kam eine Untersuchungskommission an Bord. Trotz intensivster Durchsuchung konnte nichts gefunden werden, was ein weiteres Festhalten des Schiffes entgegen den Richtlinien des IRK gerechtfertigt hätte.

Am 31. 10. wurden auf britischen Befehl hin die Verwundeten ausgeschifft, und die *Tübingen* war entlassen. Sie lief nach Bar, einem Hafen an der Küste Montenegros. Auf der Reede liegend, übernahm sie mit zwei Kuttern Verwundete.

Als hier zwei britische Zerstörer erschienen und das Feuer auf den Hafen eröffneten, schlugen mehrere Granaten dicht neben der *Tübingen* ein. Das Schiff gab sich über Funk als Lazarettschiff zu erkennen (es war natürlich auch an den riesigen roten Kreuzen am Schornstein und auf dem Brückendeck zu erkennen).

Abermals wurde die *Tübingen* aufgebracht und nach Bari geleitet. Auch diesmal wurden die Verwundeten – entgegen den Bestimmungen des IRK und gegen den

Protest der Schiffsleitung – an Land geschafft. Hier traf die *Tübingen* auch mit dem deutschen Lazarettschiff *Bonn* zusammen, das ebenfalls eingebracht worden war. Über der Reichsdienstflagge der *Bonn* wehte die britische Flagge.

Am Morgen des 17. 11. durfte die *Tübingen* aus Bari auslaufen. Am nächsten Morgen überflogen vier Jabos das Schiff. Wenig später flogen zwei zweimotorige Bomber an, umkurvten das Lazarettschiff und griffen es mit Raketenbomben und Bordwaffen an. Die *Tübingen* befand sich zu dieser Zeit 3 sm südlich der Südspitze Istrias, bei Kap Promontore, und lief bei klarem Sonnenwetter, deutlich sichtbar für Flieger als Lazarettschiff kenntlich gemacht, weiter. Von Backbord und Steuerbord griffen die Flugzeuge nunmehr getrennt an.

Dreißig Minuten nach dem Angriff – die Flugzeuge hatten abgedreht – kenterte die *Tübingen*. In zwei Kuttern, einer Motorbarkasse und in Flößen retteten sich die Schiffbrüchigen.

Nach diesem Akt der offensichtlichen bewußten Vernichtung Verwundeter beauftragte Anthony Eden, Führer des Unterhauses, den britischen Botschafter in Bern zu folgendem Vorgehen:

»Bitte ersuchen Sie die Schweizer Regierung, dringend an die deutsche Regierung heranzutreten und ihr folgende Nachricht mit Bezug auf die kürzliche Korrespondenz über das deutsche Lazarettschiff *Tübingen* zu übermitteln:

›In Übereinstimmung mit den eingegangenen Verpflichtungen war die *Tübingen* am 17. 11. um 02.24 Uhr von Bari auf dem Wege nach Triest ausgelaufen. Die Regierung S.M. hat jedoch einen Bericht erhalten, daß das Schiff in den frühen Morgenstunden dieses Tages von einem britischen Flugzeug angegriffen und ernstlich beschädigt wurde.

Jeder derartige Angriff würde eine direkte Zuwiderhandlung gegen die ausdrücklichen Befehle sein, die allen Verbänden der Streitkräfte S.M gegeben wurden, und die Regierung S.M. hat eine sofortige Untersuchung veranlaßt. Sie wird weiter mit der deutschen Regierung in Verbindung treten, sobald die Ergebnisse dieser Untersuchung bekannt sind.‹«

Was war wirklich geschehen? Warum sprach Anthony Eden nur von einer ernstlichen Beschädigung, wo er doch bereits über Funk von der Vernichtung der *Tübingen* unterrichtet worden war? An dieser Stelle soll, stellvertretend für alle anderen völkerrechtswidrigen Akte gegen deutsche Lazarettschiffe dieser »Fall« dargelegt werden. Und zwar durch die Unterlagensammlung des US-Rechtsanwaltes Dr. Alfred M. de Zayas, Leiter der Arbeitsgruppe Kriegsvölkerrecht am Institut für Völkerrecht der Universität Göttingen.

Dr. de Zayas hat die Unterlagen der Vernehmung des Kapitäns der *Tübingen* und des 1. und 3. Offiziers vor dem Marinestabsrichter Nadenau gesammelt.

Handelsschiffskapitän Wolfgang Dietrich Hermichen, Kapitän der *Tübingen*, sagte aus:

»Ich war Kapitän des Lazarettschiffes *Tübingen*. Am 17. 11. 1944 um 02.35 Uhr war ich in Bari ausgelaufen. Am 18. 11., gegen 07.00 Uhr, als wir gerade die Insel

Sansego passiert hatten, umkreisten vier Jagdbomber das Schiff, die jedoch abdrehten und nach Süden verschwanden. Bei ihrer Umkreisung waren sie schätzungsweise 1 000 m vom Schiff entfernt. Zu dieser Zeit war die Sonne bereits aufgegangen. Es herrschte vollständige Windstille. Der Himmel war höchstens zu $^2/_{10}$ bewölkt. Alle vorschriftsmäßigen Lichter, insbesondere auch jene für ein Lazarettschiff vorgesehen, waren gesetzt und haben auch noch über den Sonnenaufgang hinaus gebrannt. (SA für die Breite 44° Nord, Länge 14° Ost war 07.04 Uhr: ab 06.30 Uhr herrschte Morgendämmerung.)

Die vier Jagdbomber haben nach Umkreisung des Schiffes abgedreht, weil sie offensichtlich die *Tübingen* als Lazarettschiff erkannt hatten.

Um 07.45 Uhr tauchten zwei zweimotorige Flugzeuge des Typs Boston 3, von Land herkommend, auf und umflogen einmal das Schiff. Die Sonne stand um diese Zeit mindestens 10 bis 15 Grad über dem Horizont, und es war nicht einmal unter Land dunstig. Von Schiff aus konnten sämtliche Landmarken ausgemacht werden.

Plötzlich kurvten beide Maschinen scharf ein, kamen aus der Sonne heraus und eröffneten aus ungefähr 2 000 m Entfernung von der Steuerbordseite das Feuer mit Bordwaffen und Raketenbomben.

Die Brücke, die Maschine, der Gasöltank und die Funkstation wurden getroffen. Das Schiff bekam starke Schlagseite. Dabei flogen beide Flugzeuge hintereinander von Steuerbord nach Backbord in Höhe von 60 bis 70 m über das Schiff hinweg. Ich habe mit bloßem Auge die englischen Hoheitsabzeichen an den Rümpfen ganz deutlich erkannt. Selbst wenn die Flugzeuge nicht schon vorher erkannt haben *sollten*, daß es ein deutsches Lazarettschiff war, was jedoch in Anbetracht der außerordentlich guten Sicht völlig ausgeschlossen war, hätten sie spätestens bei Überfliegen des Schiffes dieses als Lazarettschiff erkennen *müssen*.

Nachdem die beiden Flugzeuge das Schiff überflogen hatten, kurvten sie wieder ein und flogen einzeln, die eine von Backbord, die zweite von Steuerbord, über das Schiff hinweg und griffen erneut an. Diese Angriffe wiederholten sich von der Steuerbordseite sechsmal und von der Backbordseite dreimal. Bei jedem Angriff wurden wir mit Bordwaffen beschossen. Die gesamten Angriffe wurden von Land aus beobachtet. Von dort nahmen deutsche 2-cm-Flak-Batterien die Feindflugzeuge unter Feuer, ohne die außer Reichweite fliegenden Maschinen gefährden zu können.

Zu Beginn des Angriffs war das Schiff rund 4 sm von Land entfernt. Nach Beendigung desselben lief es mit dem letzten Dampf noch etwas auf Land zu, so daß 1 bis 1,5 sm entfernt von Land kenterte. Der ganze Angriff hatte etwa 15 Minuten gedauert. Die Flugzeuge haben erst von dem Schiff abgelassen, als sie sicher waren, daß es verloren sein würde.«

Soweit das direkte Protokoll der Vernehmung des Kapitäns. Wichtig ist zu wissen, daß die *Tübingen* alle vier Stunden auf der 600 m-Welle offen Standort und Name tastete, so daß Freund und Feind ständig wußten, wo sich das Lazarettschiff befand und – daß es ein solches war. Sämtliche Rote-Kreuz-Abzeichen waren für die Luft- und Seesicht angestrahlt, ebenso der Schornstein, auf dem zwei rote Kreuze aufgemalt waren.

Zum Glück für die Schiffbrüchigen waren sehr schnell deutsche S-Boote und ein TA-Boot zur Untergangsstelle unterwegs und nahmen sie auf. Fünf Mann starben im Feuerhagel der beiden Maschinen, unter ihnen auch der Chefarzt des Schiffes, Dr. Neumann. Etwa 12 Soldaten und Schiffspersonal wurden verwundet. Unter ihnen der 1. Offizier, Günter Quidde. 120 Männer wurden gerettet.

Das Lazarettschiff *Erlangen*

Das deutsche Schiff *Erlangen* wurde von Januar bis Mai 1944 in Marseille zum Lazarettschiff umgebaut und am 13. 3. 1944 in Dienst gestellt.

Am 10. 6. lief die *Erlangen* aus Marseille nach Viareggio, übernahm dort 482 Verwundete und brachte sie nach Genua.

Am 13. 6., das Schiff befand sich auf seiner zweiten Verwundetenreise in Richtung Viareggio, wurde es von vier Jagdbombern angegriffen. Zum Glück entstanden durch die im Kielwasser und an Steuerbord in die See einschlagenden Bomben nur leichte Schäden.

Als am 14. 6. in Viareggio bereits 324 Verwundete an Bord gekommen waren, erhielt die *Erlangen* Befehl, zur Rettung von Schiffbrüchigen der TA-Boote *26* und *30* der 10. Torpedoboot-Flottille zu deren nahegelegener Untergangsstelle zu laufen.

Auf dem Marsch dorthin griff ein Jagdbomber das Lazarettschiff an. Vier Verwundete waren zu beklagen.

Nachdem die *Erlangen* zur Rettung der Schiffbrüchigen Boote ausgesetzt hatte, griffen mehrere Flugzeuge das Schiff an. Ein Bombenvolltreffer durchschlug die Back an Steuerbord und explodierte im Backdeck. Im Vorschiff entstand ein Brand mit starker Rauchentwicklung. Die Außenhaut des Schiffes war aufgebrochen, und es entstand ein Wassereinbruch im Vorschiff. Weitere sieben Bomben gingen nahe der *Erlangen* ins Wasser.

Das Lazarettschiff drohte zu sinken. Es mußte die Rettungsaktion abbrechen und auf Land zulaufen. Da mit Einsatz aller Pumpen der Wassereinbruch nicht unter Kontrolle gebracht werden konnte, setzte der Kapitän das Schiff bei Deiva di Marina mit dem Bug auf Strand.

Das Ausschiffen der über 300 Verwundeten dauerte mehrere Stunden. Am Morgen des 15. 6. traf ein Bergungstrupp mit Schlepper ein, dem es gelang, die *Erlangen* im Verlaufe dieses Tages nach Genua einzubringen.

Bei einem Luftangriff auf Genua am 4. 9. 1944 erhielt die *Erlangen*, die dort in Reparatur lag, einen weiteren Bombentreffer, der das Vorschiff auf 20 m Länge aufriß. Ein weiterer Bombeneinschlag auf dem Kai verwüstete die gesamte Innenanlage des Schiffes. Die *Erlangen* wurde am 13. 9. 1944 außer Dienst gestellt.

Das Lazarettschiff *Bonn*

Das kleine Lazarettschiff *Bonn* wurde am 20. 12. 1944 in Muggia in Dienst gestellt. Es handelte sich um einen ehemaligen jugoslawischen Küstendampfer von 478 BRT, der auf der San-Rocco-Werft umgebaut worden war. Ab Mitte Januar 1944 wurde die *Bonn* in der Adria eingesetzt und konnte infolge ihres geringen Tiefganges auch bei Rückführunternehmen Verwundete von den dalmatinischen Inseln transportieren.

Am 4. 11. 1944 wurde das Schiff in Bari von den Alliierten aufgebracht und – da es kein deutsches Eigentum war – beschlagnahmt.

Die Lazarettschiffe *Innsbruck, Freiburg, Greifswald, Gießen* und *Göttingen*

Die *Innsbruck*, das ehemalige italienische Fahrgastschiff *Limbara*, war schon von den Italienern umgebaut worden. Nach Fertigstellung aller Umbauten wurde es am 1. 2. 1944 in Triest in Dienst gestellt und unternahm ab Mitte Februar eine Reihe von Verwundetenfahrten von Triest zum Marinelazarett Vale d'Oldra.

Bei einem Angriff britischer Flugzeuge in der Nacht zum 10. 6. 1944 wurde das Schiff in Venedig durch Raketenbomben versenkt.

Die *Freiburg* wurde am 3. 5. 1944 in Venedig in Dienst gestellt. Sie war auf der Breda-Werft umgebaut worden und lief im ersten Verwundeteneinsatz nach Porto d'Ascoli. Dies war am 21. 5. 1944. Von diesem Tage an stand das 1 462 BRT große Schiff in beinahe pausenlosem Einsatz. Am 23. 10. 1944 wurde es durch den britischen Zerstörer *Lamerton* aufgebracht und erst nach langen Verhandlungen und Einschaltung des IRK am 22. 3. 1945 wieder freigegeben.

Die *Greifswald*, die am 3. 7. 1944 in Dienst gestellt wurde, kam nicht mehr zum Einsatz, weil wichtige navigatorische Hilfsmittel und andere Ausrüstungen fehlten. Das 4 514 BRT große Schiff wurde am 20. 8. 1944 nach der alliierten Landung in Südfrankreich und der daraus resultierenden Räumung von Marseille selbst versenkt.

Die Umbauten der *Gießen* und der *Göttingen* mußten ebenfalls in Marseille gesprengt werden.

Als letztes in Dienst gestelltes Lazarettschiff diente der ungarische Dampfer *Tsar Ferdinand*, der schon im Schwarzen Meer als Verwundeten-Transportschiff gefahren war. Er wurde im September 1944 in Saloniki von der Kriegsmarine übernommen und zum Lazarettschiff umgebaut.

Doch schon am 2. 10. 1944 wurde die *Tsar Ferdinand* westlich der Halbinsel Pelion von einem britischen U-Boot torpediert und sank.

XIV. Seenotdienst

In engem Zusammenhang mit dem Einsatz der Lazarettschiffe stand der Einsatz des Seenotdienstes der Luftwaffe im Mittelmeer für die Einheiten der Kriegsmarine. Der Seenotdienst war 1942 wie folgt organisiert:

Seenotdienstführer 2 (Süd): Oberstleutnant Engelhorn
  Sitz Taormina, Sizilien;
Seenotbereichskommando (SBK) X: Major Gruhne
  Sitz Syrakus,
  mit der 6. Seenotstaffel und der 10. Seenot-Flottille;
Seenotbereichskommando XI: Oblt. Trettner
  Sitz Phaleron,
  mit der 7. Seenotstaffel und der 11. Seenot-Flottille.
(Die Offiziere und Unteroffiziere kamen in der Mehrzahl aus der Reichsmarine/ Kriegsmarine.)

Das SBK XI unterstand dem zur Luftflotte 2 gehörenden X. Fliegerkorps. Es wurde im Laufe des Jahres 1943 mit diesem zusammen nach Heraklion auf Kreta verlegt. Vorher war bereits in der Sudabucht ein Seenotstützpunkt eingerichtet worden.

Flugzeuge und Boote unterstanden, sofern sie in Afrika stationiert waren, den Seenotkommandos Tripolis, Bengasi, Derna und Bombabucht.

Das Jahr 1942 war reich an Seenoteinsätzen. Im Mittelmeer notgelandete Flieger aller Nationen wurden ebenso gerettet wie schiffbrüchige Besatzungen deutscher und alliierter Schiffe und Boote. Ende 1942 meldete der Seenotdienstführer Süd die 1000. Rettung in seinem Wirkungsbereich. Oberstleutnant Engelhorn wurde stellvertretend für alle Seenotdienstangehörigen im Ehrenblatt des Deutschen Heeres genannt.

Ende Dezember 1942 wurde in Berre an einem See nahe der Mittelmeerküste bei Marseille das Seenotbereichskommando XIII aufgestellt. Dieses hatte die Aufgabe, den westlichen Mittelmeerraum seenotmäßig zu sichern.

Die Seenotstaffel lag in Berre, ein Flugbetriebsboot in Port de Bouc westlich Marseille, eines zusammen mit zwei He 59 in St. Raphael südlich Cannes, ein Flugbetriebsboot in Port Vendres an der spanischen Grenze.

Bis zum Herbst 1943 wurden die He 59 durch die bedeutend leistungsfähigeren Do 24 ersetzt.

Im August 1943 entstanden starke Verluste durch Seenotfälle, als es darum ging, mit mehreren Transport-Geschwadern Ju 52 und einigen »Giganten«-Staffeln Korsika mit Mannschafts- und Materialtransporten zu erreichen. Es gab dabei Notlandungen von »Giganten«, bei denen die gesamte Besatzung ums Leben kam, weil weder Schlauchboote noch Schwimmwesten an Bord waren.

Die Flugboote des Seenotdienstes starteten daher automatisch bei Insichtkommen von Transportverbänden und geleiteten diese nach Korsika.

Ein interessanter Fall zeigt auf, daß Seenotflugzeuge auch zu anderen Zwecken erfolgreich eingesetzt werden konnten. Als im Mittelmeer im Oktober 1943 das deutsche Lazarettschiff *Gradisca* zum ersten Austausch von Verwundeten beider kriegführender Seiten mit deutschen Verwundeten nach Marseille zurückkehrte, lief es bei Annäherung an die Küste einen Kurs, der direkt auf eine eigene Minensperre führen mußte. Ein Seenotflugzeug startete sofort und setzte einen Marineoffizier mit den Minenkarten ab. Dieser leitete die *Gradisca* sicher um die Sperre herum.

Als der Seenotdienst am 9. 9. 1943 vom Sinken des italienischen Schlachtschiffes *Roma* und des Zerstörers *Vivaldi* erfuhr (es handelte sich um italienische Kriegsschiffe, die nach Malta liefen, um sich den Engländern auszuliefern), starteten im Morgengrauen des 10. 9. 1943 sechs Do 24 zum Großrettungseinsatz. Zwei Flugsicherungsboote schlossen sich an und liefen mit äußerster Kraft der Stelle des Untergangs zu. Eines der Flugbetriebsboote erlitt unterwegs eine Schraubenbeschädigung, und eine Do 24 wagte keine Landung. Die übrigen Do 24 erreichten die Untergangsstelle, gingen auf der groben See nieder und begannen die Bergung der Schiffbrüchigen italienischen Seeleute. Die erste Do 24 kehrte mit 19 Geretteten zum Einsatzhafen zurück. Ihre Besatzung meldete, daß die vier übrigen Do 24 noch immer mit der Rettung befaßt seien. Auf die angekündigte baldige Rückkehr dieser vier Do 24 wartete man vergebens. Ein viermotoriges Kampfflugzeug des Typs »Liberator« – obgleich es einige Male über der Rettungsstelle gekreist war und genau sehen mußte, *was* hier unten auf See geschah: nämlich die Rettung Schiffbrüchiger – stieß plötzlich auf die vier Do 24 herunter und schoß mit seinen Bordwaffen alle vier Seenotmaschinen zusammen.

Der rangälteste Flugzeugkommandant, Oblt. Kersten, rief die 24 Besatzungsmitglieder zusammen. Er berechnete, daß das aus St. Raphael ausgelaufene Flugsicherungsboot gegen Mitternacht die Stelle des Untergangs erreicht haben würde, und begann ab 23.30 Uhr Signalsterne zu schießen. Um Mitternacht wurden die Signale aus Norden erwidert. 30 Minuten darauf hatte das Flugsicherungsboot die Unfallstelle erreicht, barg bis 01.00 Uhr die 24 Besatzungsmitglieder und 69 Italiener und lief danach nach St. Raphael zurück. Die Besatzung der »Liberator« hatte mindestens 80 Italienern den Tod gebracht.

Das Flugsicherungsboot *604*, das die 24 deutschen und 69 italienischen Soldaten gerettet hatte, lief fünf Tage später noch einmal zur Untergangsstelle aus. Ein deutscher Aufklärer hatte ein Schlauchboot in diesem Bereich gesichtet. Es gelang dem Boot, noch einmal acht italienische Seeleute aufzunehmen.

Von Afrika nach Italien

Nach der Landung der Westalliierten in Nordwestafrika wurden die Seenotstützpunkte an der afrikanischen Küste aufgegeben und in Maddalena auf Sardinien das Seenotbereichskommando XIV errichtet.

Nach der Räumung Siziliens im August 1943 verlegte der Seenotdienstführer Süd nach Vigna di Valle am Braccianosee, nördlich von Rom.

Es waren ihm folgende Einheiten unterstellt:

SBK X in Margherita di Ligure,

6. Seenotstaffel in Portofino,

10. Seenot-Flottille in La Spezia.

Weitere Seenotkommandos waren: Orbetello, Capo de Fino, Korsika, Tarent und Ancona.

Ab November 1943 machte die wechselnde Frontlage eine abermalige Umdislozierung notwendig.

Der Seenotdienst Italien verteilte sich nun auf folgende Bereiche:

Seenotdienstführer 2 (Süd)	Oberst Engelhorn (Venedig)
Seenotbereichskommando X	Major Haeger (St. Margherita)
10. Seenot-Flottille	Hptm. Gabbert (Venedig)
6. Seenotstaffel	Hptm. Weiß (Venedig)
Seenotkommandos	in Savona, Portofino, La Spezia, Piombino, Orbetello, Pola

Das Seenotkommando Portofino verlegte im Frühjahr 1944 zusammen mit dem SBK in den Seefliegerhorst La Spezia-Cadimare; die notwendigen Bootsreparaturen wurden auf den Werften Venedig, Genua und La Spezia durchgeführt. Die schwierige Überführung der Flugbetriebsboote aus dem Ligurischen Meer in die Adria wurde von Genua aus im Landmarsch auf Kuhlemeyer-Spezialtransportern nach Piacenza am Po und von dort aus poabwärts nach Venedig durchgeführt.

Nachschubboote und Patrouillenfahrzeuge in der Adria standen im Schutz dieser Rettungsfahrzeuge. Wenn ein SOS-Ruf erscholl, liefen Flugbetriebsboote des Seenotdienstes aus und retteten die schiffbrüchigen Besatzungen. Bei einer dieser Rettungsaktionen wurde im Frühjahr 1944 ein Flugbetriebsboot unter Führung von Unteroffizier Becker von drei »Thunderbolts« in Brand geschossen. Vor der Steilküste von Portofino sank das Boot und nahm die Besatzung mit in die Tiefe.

Im Herbst 1944 erfolgte die Auflösung des Seenotdienstführers 2 (Süd). Major Haeger trat als Seenotverbindungskommandeur zur Führungsabteilung des Kommandierenden Generals der Deutschen Luftwaffe in Italien. Hptm. Braue übernahm als Kommandeur der Seenotgruppe 20 die noch verbliebenen Einheiten des Seenotdienstes. Es gab noch einige Boote in La Spezia, Piombino und Orbetello. Drei Fw 190 bildeten eine Seenotsuchstaffel.

In der Adria war inzwischen die Überlegenheit der feindlichen Luftwaffe erdrückend geworden. Hier wurde im Herbst 1944 ein Flugbetriebsboot unter Führung des Flottillenchefs, Hptm. Gabbert, das zur Rettung einer abgeschossenen feindlichen Flugzeugbesatzung aus Triest ausgelaufen war, von englischen Jabos angegriffen und versenkt.

Als *TA 26* und *TA 30* der 10. Torpedoboot-Flottille am 15. 6. 1944 torpediert wurden und 30 sm südlich La Spezia die überlebenden Schiffbrüchigen schwammen, liefen alle verfügbaren Flugbetriebsboote zur Rettung aus. Es gelang ihnen, 80 deutsche Marinesoldaten zu bergen.

Zum Ende des Einsatzes in der Adria wurden Anfang April 1945 alle Flugbetriebsboote an die Marine abgegeben und zusammen mit den Schnellboot-Flottillen der 1. Schnellboot-Division eingesetzt. Vor der Kapitulation im Südwestraum wurden alle noch einsatzbereiten Seenotflugzeuge und Boote vernichtet. Im italienischen Raum waren 175 Personen verschiedener Nationalitäten aus Seenot gerettet worden. Die Seenotzentrale Sizilien, später Seenotbereichskommando X, Syrakus, hatte 1913 Menschen gerettet.

Wenden wir uns nun jenen Seenotverbänden zu, die von Saloniki aus die Rückführung deutscher Soldaten von den griechischen Inseln ebenso versuchten, wie dies von den vielen Kleinschiffen getan worden war.

Rückführungseinsätze des Seenotdienstes

Die aus dem Schwarzmeerraum an die Westküste des Schwarzen Meeres Zug um Zug zurückverlegten Seenoteinheiten zogen sich nach der Kriegserklärung Rumäniens an Deutschland am 25. 8. 1944 und der Erklärung Bulgariens, »sich aus dem Krieg zurückzuziehen«, vom 26. 8. 1944 in den Raum Saloniki zurück.

Es war die Seenotstaffel 8, die dadurch wieder in den Befehlsbereich des SBK XI zurückkehrte. Neuer Standort der Staffel war ab 1. 9. 1944 Athen-Phaleron, dem Seenotbereichskommando XI, Oberstleutnant Securius unterstellt. Im Laufe des Oktober 1944 trat an die Stelle des SBK die Seenotgruppe 70 unter Major Sarges. Neuer Staffelkapitän wurde Hptm. Hülsmann. Er verfügte über 19 Do 24. Eine zweite Staffel, mit sieben Ju 52 ausgestattet und von Oblt. Meyer geführt, unterstand ebenfalls der Seenotgruppe 70. Das Hilfs-Flugsicherungsschiff *Drache* war inzwischen an die Marine abgegeben worden. Den Rest der Seenotboote übernahm Hptm. Gabbert.

Die Hauptaufgabe dieser wenigen Männer bestand in der Überführung deutscher Truppeneinheiten von Kreta, Samos, Leros, Rhodos, Milos und Naxos zunächst nach Athen. Als Zuladung waren für jede Do 24 vorgesehen: 24 Soldaten und 30 kg Gepäck. Dazwischen wurden auch Seenoteinsätze geflogen.

So retteten beispielsweise zwei Do 24 auf einem Flug nach Kreta 28 Seeleute einer deutschen U-Boot-Falle, die von englischen Bombern versenkt worden war. Eine der Maschinen kam bei der schweren See nicht aus dem Wasser und rollte nach einem Hafen in der Sudabucht.

Von Dämmerungseinsätzen mußte der Seenotdienst auf Nachteinsätze umschalten, weil die feindliche Luftüberlegenheit so groß war, daß jedes im Hellen fliegende Flugzeug abgeschossen wurde.

Mit dem 10. 10. 1944 beginnend, waren die Seenotflugzeuge auch an der Räumung Athens beteiligt. Am Morgen des 12. 10. verlegten sie nach Saloniki, zwei blieben bis zum 14. 10. in Phaleron, um etwa noch auftauchende Nachzügler retten zu können. Auch sie erreichten am späten Nachmittag des 14. 10. Saloniki. Die Bootsgruppe verließ in der Nacht Phaleron. Ein Flugbetriebsboot und mehrere Kleinfahrzeuge liefen unter Führung von Hptm. Gabbert dicht unter der Küste nach Norden. Sie wurden von englischen MTB angegriffen.

In einem verzweifelten Abwehrgefecht versuchten die wenigen Boote, sich gegenüber den schnelleren und besser bewaffneten Gegnern zu behaupten. Aber fast alle Boote wurden durch die 4-cm-Boforskanonen der MTB zusammengeschossen. Lediglich eine »Schwalbe« (wie die Flugbetriebsboote genannt wurden) konnte diesem Untergang entkommen. Viele Männer des Seenotdienstes fanden auf diesem Marsch den Tod.

Als die Seenotstaffel, von der sechs Do 24 und zwei Ju 52 übriggeblieben waren, in der Nacht zum 24. 10. 1944 nach Wien startete, hatte sie etwa 3 000 deutsche Soldaten von den griechischen Inseln evakuiert.

Anlage 1

Lagebericht der Seekriegsleitung
September 1943 (Auszüge)
Oktober 1943

In der Adria:

Die Erfordernisse der einheitlichen Seekriegsführung in der Adria führten zur Unterstellung des Seekommandanten Nordadria unter den Admiral Adria. Durch Befehl der Seekriegsleitung ist die Gruppe Süd (Marinegruppenkommando Süd, Sofia) für die Sicherung des gesamten Seeraumes der Adria verantwortlich.

Zu diesem Zweck werden sämtliche in der Adria verfügbaren Seestreitkräfte der Marinegruppe Süd zugewiesen, mit Ausnahme von 10 Siebelfähren, einem Drittel der in der Adria vorhandenen MFP bis zur Höchstzahl 10, und der erforderlichen Hafenschutz-Flottillen.

Die Lage in der Adria ist gekennzeichnet durch das Nichtvorhandensein von Geleit- und Sicherungsfahrzeugen. Für den Admiral Adria wurde am 8. 10. 1943 in Triest die 11. Sicherungs-Flottille mit zunächst fünf T-Booten und sechs kleinen Dampfern in Dienst gestellt.

Der Minenleger *Laurana* hat sich als unbrauchbar erwiesen. Das T-Boot *Guiseppe Missori (TA 22)* nahm noch mit italienischer Besatzung an einer Heeresoperation im Raum Fiume teil. Der Hafen Ortona wurde am 15. 10. von Heerespionieren gesprengt.

Der Seeverkehr nach Fiume, der vorübergehend freigegeben worden war, wurde am 14. 10. wieder gesperrt. Nördlich Triest schreitet die Säuberung von Banden fort. Die Säuberung der dalmatinischen Inseln geht hingegen nur langsam voran. Der eigene Dampferverkehr auf den Inselkursen wurde von Partisanenbatterien auf den Inseln bedroht. Südlich Sebenico wurde ein Dampfer in Brand geschossen. Er mußte brennend auf Strand gesetzt werden.

Im Raume Valona wurden mehrere italienische Küstenbatterien übernommen, die zunächst vom Heer besetzt wurden. Marineartillerie besetzte in Pola zwei mittlere, in Triest und Fiume je eine leichte Batterie.

In Split wurden die dortigen Werft- und Dockanlagen zerstört; drei im Hafen versenkte Schiffe können in Kürze fahrbereit gemacht werden.

Durch R-Boote wurden zwei italienische U-Boote und drei S-Boote sichergestellt. Im übrigen waren die einsatzbereiten Boote teils im Geleit-, teils im Minensuchdienst eingesetzt.

In der Ägäis:

Die Feindlage:

In der Ägäis verstärkte feindliche U-Boottätigkeit. Durch U-Boote wurde ein Dampfer versenkt, ein weiterer Dampfer torpediert. Infolge der erhöhten U-Boot-Gefahr war die ungeschützte Kleinschifffahrt im Bereich Saloniki vorübergehend gesperrt. Das griechische U-Boot *Katsonis* wurde nördlich Trikkeri durch einen deutschen U-Jäger versenkt; Gefangene wurden dabei eingebracht.

Die feindliche Lufttätigkeit war normal. Nach Bombentreffer sank südlich Kreta ein Küstensicherungsboot. Vor der westgriechischen Küste geriet ein Dampfer in Brand. Einige Feindflugzeuge waren wieder laufend zur Bandenversorgung eingesetzt.

238

Die eigene Lage:

Durch die Kapitulation Italiens wurde die deutsche Seekriegsführung im griechischen Raum vor schwierige Aufgaben gestellt. Mit den wenigen vorhandenen kampfkräftigen Seestreitkräften gelang es trotzdem, einen großen Teil der von den Italienern besetzten Inseln zu besetzen. Rhodos kapitulierte erst nach Kampf. Weitere wichtige Inseln, darunter Korfu, Cephalonia und Leros befinden sich noch in italienischem Besitz. Ein Versuch, Korfu im Handstreich zu besetzen, scheiterte. Bei dem Versuch, auf Cephalonia zu landen, wurde durch italienische Küstenartillerie ein MFP versenkt, ein weiterer schwer beschädigt.

Die Lage auf dem griechischen Festland und auf Euböa ist dadurch gespannt, weil die italienischen Truppen zum Teil ihre Waffen an die Aufständischen verkauft haben, oder aber selber mit den Aufständischen gemeinsame Sache machen. Euböa befindet sich aus diesem Grund, mit Ausnahme von Chalkis, in der Hand der Aufständischen.

Um gegen Feindüberraschungen gesichert zu sein, wurden Vorbereitungen zur Verminung des Korinth-Kanals und Sperrung der Hafenausfahrt Piräus getroffen.

Gemäß Weisung »Achse« wurden von den Italienern zwei Zerstörer, vier Torpedoboote, ein Minenschiff, vier Minensuchboote, ein MAS-Boot und 30 kleinere Kriegsfahrzeuge, sowie bisher 20 Frachter und Tanker mit rund 56000 Tonnen durch unsere Truppen sichergestellt. Ein T-Boot und das Minenschiff stellen inzwischen mit deutscher Besatzung in Dienst. Das Lazarettschiff *Gradisca* wurde von der Luftwaffe gezwungen, einen griechischen Hafen anzulaufen.

Drache und *Bulgaria* führten je eine Minenaufgabe im Gebiet der thrazischen bzw. westgriechischen Küste planmäßig durch.

Die Transportfahrten waren zeitweise durch Schlechtwetter behindert. Infolge Kompromittierung der MFP in Rundfunk und Presse haben die Türken die Durchfahrt von MFP durch die Dardanellen mit der Begründung, es handele sich um militärische Fahrzeuge, abgelehnt und die Durchfahrt gesperrt. Damit ist jede Möglichkeit unterbunden, der Ägäis aus dem Schwarzen Meer dringend benötigte MFP zuzuführen.

Allgemeines:

Die in der Adria und in der Ägäis durch Verrat Italiens geschaffene Lage gibt zur größten Besorgnis Anlaß für die Entwicklung der gesamtstrategischen Lage im Südostraum. Der Übergang des wesentlichen Teiles der italienischen Flotte zum Feind, der von der Verräterregierung organisierte bewaffnete Widerstand großer Teile der italienischen Wehrmacht gegen uns, der plötzliche Ausfall aller bisher zur U-Jagd und zu Geleitzwecken in Adria und Ägäis zur Verfügung stehenden italienischen leichten Seestreitkräfte und Handelsschiffe, der Mangel an deutschem Personal und die Transportschwierigkeiten machen es unmöglich, auch nur die wesentlichen bisher von italienischen Truppen besetzt gehaltenen Verteidigungsanlagen und Häfen an der Ostadria und der westgriechischen Küste, sowie auf den Inseln der Ägäis, einschließlich Dodekanes, ohne Unterbrechung ihrer Kriegsbereitschaft deutsch zu besetzen. Es ist davon auszugehen, daß dem Gegner diese Schwäche bekannt ist und daß er diese günstige Gelegenheit energisch ausnutzt, baldigst die Otrantostraße sperrt, über den Dodekanes mit Überwasserstreitkräften in die Ägäis eindringt und dort den vermehrt notwendigen Schiffsverkehr unterbindet.

Die Lage der ägäischen Inseln einschließlich Kreta, wird dadurch unhaltbar.

Anlage 2

Marinegruppen-Kommando Süd
Rückblick für Dezember 1943
(Zusammenfassung aus dem KTB)

In der Adria:

Feindlage:

1. An der adriatischen Westküste ist Bari weiterhin wichtigster Auffanghafen für den Feindnachschub zur ostwärtigen italienischen Front.
Sowohl an der dalmatinisch-albanischen, als auch an der italienischen Adria-Westküste fanden mehrfach Beschießungen durch feindliche Zerstörer und S-Boote statt. Durch das Auftreten dieser Feindstreitkräfte wurde der eigene Küstenverkehr erheblich beeinträchtigt und zeitweise lahmgelegt. Eine SF wurde im Laufe der Berichtszeit in Brand geschossen, eine weitere und ein I-Boot versenkt.
Zwischen den süddalmatinischen Inseln vor Split entwickelten die Banden einen lebhaften Versorgungsschiffsverkehr. Es gelang ihnen, in diesem Seegebiet einen kroatischen Motorsegler aufzubringen.
2. Die feindliche U-Boot-Tätigkeit war im gesamten Seeraum gering. Es lagen lediglich zwei Sichtmeldungen vor und zwar für den Kanal von Zara, sowie für das Inselgebiet von Sibenik. Beide Meldungen lassen auf ein und dasselbe Boot schließen, das vermutlich zum Absetzen von Kurieren oder zur Bandenversorgung eingesetzt wurde. Die Versenkung des Flakkreuzers *Niobe* sowie eines Schleppers südlich Silba könnte durch dasselbe Boot erfolgt sein.
3. Die Luftgefahr aus dem süditalienischen Raum hat sich gegen den Vormonat weiter erhöht. Häfen, Flugplätze, Versorgungs- und Nachschubeinrichtungen im Küstenabschnitt waren den Angriffen der Feindluftwaffe besonders ausgesetzt, ohne daß ihr eine wirksame Abwehr entgegengesetzt werden konnte. Die Feindluftwaffe führte rege Aufklärungs- und Zerstörerstreiftätigkeit im albanischen Raum (mit Schwerpunkt Tirana) und im dalmatinischen Küstengebiet mit durchschnittlich zehn Maschinen am Tage durch. Zahlreiche Bombenangriffe, zumeist im Tiefflug auf Adria-Häfen, besondere Ziele waren Zara und Sibenik, fanden statt, bei denen eine Reihe von Fahrzeugen versenkt und die Hafenanlagen schwer beschädigt wurden.
Feindliche Jäger machten Straßenjagd im albanischen Küstengebiet mit bis zu 60 Maschinen täglich. Minenabwürfe wurden an der ostadriatischen Küste nicht beobachtet.
Die Verluste eigener Jäger im kroatischen Raum durch Kampf gegen eine starke feindliche Übermacht, veranlaßten das Luftwaffenkommando Südost zu dem grundsätzlichen Befehl, daß nie weniger als acht eigene Jäger starten dürfen. Bei dem ohnehin herrschenden Jägermangel mußte die an sich berechtigte Maßnahme den Einsatz von Jägern für überraschende, kleinere Unternehmungen, mit wenigen Kräften verhindern.

Eigene Kräfte:

Die Bereinigung der Inseln vor Zara war am 1. 12. abgeschlossen. Unmittelbar darauf setzten die Vorbereitungen zur Bereinigung der süddalmatischen Inseln ein. Angesichts der wiederholt festgestellten Feindbesetzungen dieser Inseln, die den Küstenverkehr zum Erliegen brachten, war die Aufgabe nicht nur vordringlich, sondern, soweit nach den vorhandenen Nachrichten zu beurteilen, auch schwieriger durchzuführen, als die Bereinigung der norddalmatinischen Inseln, da mit kräftigem Feindwiderstand gerechnet werden mußte.

Die erste Absicht, die Inseln – in der Reihenfolge von Norden nach Süden – beginnend mit Solta zu besetzen, wurde nach einigen Verschiebungen, die sich aus den Schwierigkeiten des Zusammenziehens des Landesschiffsraumes ergaben, am 8. 12. von Seiten des Heeres aufgenommen und eine neue Planung aufgestellt, nach der die Bereinigung in der Reihenfolge Korcula, Hvar, Brac, Solta durchgeführt werden sollte. Ursprünglicher Termin für das Anlaufen war der 16. 12. 1943.

Das Lazarettschiff *Gradisca* wurde am 8. 12. 1943 auf der Fahrt von Suda nach Triest NW Brindisi von zwei englischen Zerstörern angehalten und zum Einlaufen nach Brindisi gezwungen. Nach der Ausschiffung von 129 britischen und 824 italienischen Verwundeten konnte das Schiff die Fahrt zum Zielhafen fortsetzen.

Brindisi ist weiterhin Nachschubhafen für die 8. britische Armee. Der Hafen war stets stark mit Handelsschiffen belegt. Bemerkenswert ist, daß einzelne Häfen der Ostküste und auch der Westküste Italiens wiederholt nachts hell erleuchtet waren.

Feindliche Lufttätigkeit:

In der Otrantostraße dauernde starke feindliche Luftüberwachung zur Sicherung des dort laufenden lebhaften feindlichen Nachschubverkehrs.

Auch im dalmatinisch-albanischen Raum überlegene feindl. Fliegertätigkeit. Durch Luftangriffe auf Häfen entstanden neben zum Teil erheblichen Sachschäden auch größere Fahrzeugverluste. Insgesamt gingen durch Bombenangriffe ein kleiner Dampfer, ein S-Boot, zwei Fähren, und drei Motorsegler verloren. Drei weitere Motorsegler und ein Schlepper wurden beschädigt.

Eigene Lage:

Der Seekommandant Dalmatien verlegte von Split vorübergehend nach Zara und von dort weiter nach Mostar.

Die Küstenschutz-Flottille Nordadria wurde am 2. 12. 1943 aufgelöst und gleichzeitig die 11. Sicherungs-Flottille gebildet; Unterstellung unter Admiral Adria. Am 15. 12. sollten erstmals alle drei T-Boote der Flottille einsatzbereit sein.

Die drei in der Adria befindlichen deutschen Schnellboote führten einen Vorstoß von Split gegen den feindlichen Inselverkehr durch; kein Ergebnis. Auf dem Rückmarsch nach Pola brachte ein S-Boot einen Partisanen-Segler auf und versenkte ihn. Der Schiffsverkehr ist jetzt im Schutze der Inseln von Norden bis Split möglich. Seetransporte südlich Split können noch nicht anlaufen, da Inseln in diesem Gebiet noch nicht feindfrei. Südlich Dubrovnik geringe Schiffsbewegungen bei Nacht durch Kümos und Motorsegler in kleinen Nachtmärschen.

Die Schiffahrt durch den Pasman-Kanal war vorübergehend wegen der Bedrohung durch eine Partisanenbatterie gesperrt. Im Snednje-Kanal wurde ein Schiff durch Minentreffer beschädigt; der Kanal vorläufig gesperrt.

Anlage 3

Auszüge aus dem KTB der 1./Skl – Teil C
vom 1. Januar 1944 bis zum 30. Juni 1944

Das erste Halbjahr 1944 war im Kampffeld Mittelmeer gekennzeichnet von vielen Einzeleinsätzen und Geleitfahrten, von Inseloperationen und Nachschubtransportfahrten. Hinzu kamen Sondereinsätze der »Brandenburger« ebenso wie der Landungspioniere und der 71. ID. Die deutschen Lazarettschiffe standen im pausenlosen Einsatz und ebenso waren die wenigen deutschen U-Boote, T-Boote, R-Boote und S-Boote in einem kräftezehrenden, verlustreichen Dienst eingespannt. Hier zunächst die Übersicht von Einsätzen aller Flottillen des Mittelmeeres, wie sie die 1. Abteilung der Seekriegsleitung in ihrem Kriegstagebuch vermerkte.

Wie *TA 22, TA 20, TA 21, TA 36, TA 37* und *TA 38* der 11. Sicherungs-Division im Adriaeinsatz, so waren einige wenige TA-Boote der 9. Torpedoboot-Flottille in der Ägäis seit den ersten Januartagen in vollem Einsatz.

Der starke alliierte Luftangriff auf Pola am 9. 1. hinterließ schwere Schäden. *U 81*, das vor Pola lag, ging durch Bombentreffer verloren. Der U-Boot-Stützpunkt Pola wurde schwer beschädigt. Dabei wurde auch das italienische U-Boot *Nautilus,* das deutscherseits in Dienst gestellt werden sollte, schwer beschädigt.

TA 21 (der 11. Sicherungs-Flottille) und der Dampfer *Diana* wurden im Dock schwer getroffen. Der provisorische U-Boot-Stützpunkt Pola, der nur für maximal vier Boote vorgesehen war, konnte in den nächsten Wochen nicht angelaufen werden. Der Fla-Schutz, dies stellte sich bei diesem Luftangriff erneut heraus, war völlig unzureichend. Es wurde erreicht, daß die Zuführung von vier Flak-Batterien des Kalibers 8,8 cm zugesagt wurde.

Das Minenschiff *Drache* führte am 13. 1. in der Ägäis mit *TA 17* und zwei R-Booten eine Truppenüberführung zwischen Piräus und Milos durch. *TA 22* wurde als wiederhergestellt gemeldet und mit *TA 36* (ex *Stella Polare*), ein modernes italienisches T-Boot, an diesem Tage in Triest in Dienst gestellt. Auch an diesem Tage forderte der Admiral Adria wieder laufende Zuführung schwerer Flak und von Jagdschutz, um seinen Aufgaben gerecht werden zu können. Die Inselbesetzungsfahrten wurden fortgesetzt. Zu diesem Zweck liefen eine Reihe Seetransporte an.

Da neben dem schwergetroffenen Hafen Pola auch Zara bereits angeschlagen war, ließ der Admiral Adria ein Fernschreiben an die Skl absetzen, des Inhaltes:

»Zerstörung wertvoller Neubau- und Reparaturwerften im Nordadria-Raum, sowie Lahmlegung der dalmatinischen Umschlaghäfen muß die Lähmung der Kriegsführung im Gesamtbereich der Adria nach sich führen.«

Bei der Beschießung von Split am 12. 1. um 21.30 Uhr durch Feindzerstörer wurde, wie am 14. 1. bekannt wurde, ein MS-Boot versenkt.

An diesem 14. 1. stellte der U-Jäger *205* in Dienst. Die Inseln Solta und Brac wurden gegen starken Widerstand des Gegners genommen.

In Pola befand sich an diesem 14. 1. 1944 das U-Boot *U 453*, das zum Einsatz in das östliche Mittelmeer auslief, *U 616, U 230* wurden aus Toulon erwartet.

Am nächsten Tage wurde Konteradmiral Sparzani zum Oberbefehlshaber der mussolinitreuen italienischen Marinetruppen ernannt. Für den Inselnachschub in der Ägäis standen an diesem Tage 414 Motorsegler mit insgesamt rund 27 000 BRT zur Verfügung.

TA 17 lief um 13.00 Uhr am 15. 1. 1944 mit dem Minenschiff *Drache* nach erfolgreicher Operation in den Hafen Piräus ein.

Im Führerlage-Gespräch vom 15. 1. 1944 nahmen die Maßnahmen der Seekriegsleitung zur Verstärkung der Abwehrbereitschaft im Südostraum einen breiten Raum ein.
Unter anderem bat das OKW/WFSt. op. (M.) die Frage zu prüfen, wie alle Maßnahmen zu verstärken seien, die der Verteidigung dienen könnten, und dann die Überlegungen der Skl und die möglichen Maßnahmen der Kriegsmarine hierzu dem OKW zu übermitteln. Als Ergebnis dieser Prüfung übermittelte 1./Skl an das OKW WFSt. op. (M.) folgende Stellungnahme:
»Die Seekriegsleitung sieht im Südostraum, vor allem in der Adria und in der Ägäis, ausgesprochen schwache Gebiete unseres Verteidigungssystems. Besondere Erschwerung bedeuten in diesem Raum die wenig leistungsfähigen und oft unterbrochenen Transportverhältnisse, die nur verbessert werden können durch die Wiederaufnahme des Seeverkehrs längs der dalmatinischen Küste, sowie aus der Adria nach der Ägäis.
Die Seekriegsleitung hat sich demzufolge nach dem italienischen Zusammenbruch im September 1943 zu eindeutiger Schwerpunktbildung im östlichen Mittelmeer entschlossen und diese befohlen. (Siehe 1./Skl I op 30089/43 Gkados vom 28. 10., abschriftlich an Okw/WFSt. op. M.).
Im Einzelnen:
1. Es befinden sich zur Zeit auf der Überführung vom westlichen Mittelmeer nach der Adria bzw. sind für die Überführung vorgesehen:
zwei Schnellboot-Flottillen (11 Boote),
zwei Räumboot-Flottillen (13 Boote) und zunächst
zehn MFP.
Die Überführung eines Teiles dieser Streitkräfte in die Ägäis je nach Lage durch Führungsmaßnahmen wird angestrebt.
Die Möglichkeit zur Überführung weiterer Streitkräfte besteht nicht, da der Seetransport an der westitalienischen Küste weiterhin aufrechterhalten bleibt und gesichert werden muß.
Aus dem angefallenen italienischen Material ist in der Adria die Aufstellung folgender Streitkräfte im Gange:
eine Torpedoboot-Flottille (sechs neue Boote) = 1. Geleit-Flottille,
eine Geleit-Flottille (sechs ältere Boote) = 2. Geleit-Flottille,
eine U-Jagd-Flottille (acht Boote) und
zahlreiche Hafenschutz-Fahrzeuge.
2. Die Sicherung der Westküste des Balkans durch Minen ist von der Bereinigung der Inseln abhängig. Zur Zeit ist Mineneinsatz im Golf von Arta bis Split von der Nordadria her nicht möglich. Die Durchführung dieser Aufgabe aus der Ägäis, unter Durchbruch durch die Otrantostraße, wird geprüft. Das Minenmaterial dazu ist vorhanden.
3. Eine Verbesserung der Küstenverteidigung durch Abzug von Kräften aus dem Bereich des Marinekommandos Italien ist nicht mehr durchführbar. Alle in diesem Raum irgendwie frei zu machenden Batteriebesatzungen (unbesetzte Batterien befinden sich in der Adria) sind bereits abgezogen. Mit einer derartigen Abgabe kann auch bei Eintritt des Falles ›Gertrud‹ nicht mehr gerechnet werden, da die Seekriegsaufgaben im Ligurischen Meer auch dann bestehen bleiben.
Auf den mit 1./Skl 42406/43 Gkados vom 19. 12. vorgelegten Antrag auf Besetzung der Dalmatinischen Inseln durch das Heer wird hingewiesen.«

Anlage 4

Marinegruppen-Kommando Süd – KTB –
Rückblick Juli 1944

1. Seestreitkräfte

Die Sicherung der Nachschubgeleite nahm wiederum alle Sicherungsfahrzeuge in der Ägäis voll in Anspruch. Nur ausnahmsweise konnten R-Boote für Räumaufgaben, U-Jäger für die stationäre U-Jagd abgezweigt werden. Bei letzterer wurde ein Feind-U-Boot wahrscheinlich versenkt. Auf Grund der Ausfälle im Vormonat war nur ein TA-Boot einsatzklar. Die LS-Boote mußten zur Motorüberholung nach Piräus zurückgezogen werden. Ein Minenschiff beschoß mit Erfolg ein erkanntes Bandenlager auf der Pelion-Halbinsel. In der Adria wurden die TA-Boote, deren Zahl durch Neuindienststellungen erhöht werden konnte, vorwiegend zu Minenaufgaben im nördlichen Sektor eingesetzt. R-Boote führten, ebenfalls in der Nordadria, Minenkontrollen und Sicherungsaufgaben durch. Ende des Monats wurden sie zur Unterstützung von Heeresunternehmungen nach Mitteldalmatien verlegt. Sie sollen anschließend in Süddalmatien zum Einsatz kommen, wohin auch die zwei fertiggestellten MAL verlegt wurden.

2. Einsatz

Die Boote der 3. und 7. Schnellboot-Flottille wurden im Abschnitt Süddalmatien laufend zur Voraussicherung bzw. Abschirmung wichtiger Nachschubgeleite eingesetzt und hatten hierbei zum Teil schwere Kämpfe mit artilleristisch überlegenen S-Booten zu bestehen, von denen eines versenkt und eines beschädigt wurde. Die neu in Dienst gestellte 24. Schnellboot-Flottille hatte nach Beendigung ihrer Ausbildung in der Nordadria noch keine Feindberührung.
Die Zahl der durch Kleinfahrzeuge durchgeführten Sicherungseinsätze in der Adria stieg weiter an.

Anlage 5

Tagesbefehl des Oberbefehlshabers
Marinegruppen-Kommando Süd, Admiral Kurt Fricke
27. November 1944

Der Verrat Italiens hat uns vor mehr als einem Jahr gezwungen, die Verteidigung der Adriaküste selbst zu übernehmen.

Die Durchführung dieser Aufgabe zur See und an der Küste wurde dem Admiral Adria übertragen. Mit bescheidenen Mitteln, aber im kühnen Zugriff und zäher Verfolgung des gesteckten Zieles wurde die erste Aufgabe gelöst und dann an den Aufbau der Seestreitkräfte und der Küstenverteidigung gegangen.

Der Aufbau dieses als letzten zur Aufstellung gekommenen Befehlsbereiches der Kriegsmarine in außerheimischen Gewässern begegnete naturgemäß großen personellen und materiellen Schwierigkeiten. Dazu kam, daß an der über 400 Seemeilen langen Küste ein sich ständig nach Norden vorschiebender Feind auf der italienischen Halbinsel auf geringe Entfernung mit weit überlegenen Kampfmitteln zur See und in der Luft gegenüberstand.

Unter Führung Eures Kommandierenden Admirals und seiner Unterführer habt Ihr, Soldaten des Adria-Bereiches, trotz der ständigen, niemals aufhörenden Einwirkung der feindlichen Luftwaffe, trotz des ununterbrochenen Einsatzes feindlicher Seestreitkräfte, die bis in den inneren Inselbereich eindrangen, trotz immer wiederholter Anlandungen von Feindkräften auf Inseln und dem Festland, habt Ihr in zähestem und aufopferungsvollem Einsatz an der langen weglosen Küste und zu den zahlreichen Inseln die Versorgung Eurer Kameraden von Marine und Heer über See und den kriegswichtigen Wirtschaftsverkehr gesichert.

Ihr habt den Feind in kühnen Offensivstößen in seinen Gewässern aufgesucht, zum Kampf gestellt und Minen bis vor die feindlichen Häfen getragen. Ihr habt schließlich bei der durch höhere Rücksichten notwendig gewordenen Räumung des Küstengebietes unter vollem Einsatz über See zurückgeführt, was auf diesem Wege zurückgeführt werden konnte und kämpft Euch nun zu Lande, Schulter an Schulter mit den Heerestruppen, in gleich tapferem und zähem Ringen nach der Heimat durch.

Die in dem Zeitabschnitt von mehr als einem Jahr gemachten Anstrengungen und die gebrachten Opfer sind nicht umsonst gewesen. Sie haben dem Feind so lange den Zugang in den Westteil der Balkan-Halbinsel verwehrt, als dies der Höchsten Führung für notwendig erschien und damit zur Gestaltung des Bildes unserer Kriegsführung im Süden entscheidend beigetragen.

Ich spreche Euch allen als Euer Oberbefehlshaber nochmals meinen besonderen Dank und meine volle Anerkennung für Eure hervorragende soldatische und seemännische Haltung und die allzeit bewiesene Einsatzfreudigkeit aus und erwarte, daß die nun unter das Marinekommando Italien tretenden Einheiten und Verbände auch unter dieser neuen Führung ihre Pflicht mit derselben rückhaltlosen Selbstverständlichkeit tun werden wie bisher.

Anlage 6

Jahresrückblick Deutsches Marinekommando Italien 1944

Das vergangene Jahr hat das Deutsche Marinekommando Italien vor schwierige Aufgaben gestellt. In erster Linie war es Aufgabe der Marine, Heer und Luftwaffe in ihrem schweren Kampf an der Südfront über See zu versorgen und durch die wenigen vorhandenen Offensivstreitkräfte den kämpfenden Truppen in den Küstenabschnitten Entlastung zu bringen. Die an die Marine von der Wehrmachtführung gestellten Aufgaben konnten dank der Einsatzfreudigkeit und Hingabe aller Marineeinheiten soweit gelöst werden, daß einmal an der Landfront aus Versorgungsschwierigkeiten keine Katastrophe entstand, zum anderen, daß der Gegner es nicht wagte, durch überholende Landungen oder Großunternehmen die eigene Front von hinten her anzupacken und zu erschüttern. Wo die eigenen Einheiten zu Land an den Küstenabschnitten oder zur See in die Kampfhandlung einbezogen wurden, haben sie unter vollem Einsatz ihren Mann gestanden und wiederholt hohes Lob geerntet. Schmerzliche Verluste blieben dabei nicht aus. Der Kampf um Elba, um Ancona unter Mithilfe der dort eingesetzten MAA'n ist ein stolzes Blatt der Marinegeschichte des Südraumes. Die unermüdliche Tätigkeit der Nachschubverbände trotz stärkster feindlicher Gegenwehr, die Minenunternehmungen bis vor die feindlichen Häfen, die Beschießung feindlicher Stützpunkte und besonders empfindlicher Küstenstellen hinter der feindlichen Front, verdienen besondere Hervorhebung. Die durch die Feindlandung in Südfrankreich neu entstandene Front nach dem Westen konnte unter wesentlicher Mithilfe und Einsatz von Marineeinheiten zur See und zu Lande stabilisiert werden. Besonders ist dabei der Einsatz der Sonderkampfmittel der K.d.K.-Verbände zu erwähnen. Als im Spätsommer aufgrund der Gesamtkriegslage und den ersatzmäßig nicht zu deckenden Verlusten der Heeresverbände an eine Aufgabe der ligurischen Küste und womöglich ganz Oberitaliens gedacht werden mußte, wurden von der Kriegsmarine bereitwillig alle verfügbaren Soldaten vom Ob.-Südwest zum Landeinsatz zur Verfügung gestellt. Maßnahmen wurden getroffen, um auch die noch im Rahmen der Kriegsmarine eingesetzten Soldaten für einen zu erwartenden Landeinsatz auszubilden und das an der Küste eingesetzte Material für die Landverteidigung der Südfront nutzbar zu erhalten.

Im Laufe des Herbstes stabilisierte sich die Gesamtlage aufgrund des nachhaltigen Widerstandes der deutschen Truppen an der europäischen Westfront auch im italienischen Raum. So wurde mit allen zur Verfügung stehenden Mitteln der weitere Ausbau bzw. der Wiederaufbau sowohl der Küstenverteidigung an Land als auch der schwimmenden Verbände in Angriff genommen. Durch die Übernahme des Restbereichs des Adm. Adria kamen neue Aufgaben hinzu. Der Plan der Vereinheitlichung der Kriegführung zur See im verbliebenen Mittelmeer-Raum wurde damit verwirklicht. Die Jahreswende sieht das neu gebildete MOK Süd als die an der Kampfführung im Mittelmeer beteiligte Kommandostelle der Kriegsmarine vor der Aufgabe, den noch in ihrem Machtbereich befindlichen Restteil der Mittelmeerfront nach See zu vor Feindangriffen zu schützen und den Transport über See und auf den Binnenwasserstraßen zur Entlastung der Landverkehrswege durchzuführen. Die Schwerpunkte der Kämpfe, die im vergangenen Jahr besonders an der westitalienischen Küste lagen, sind inzwischen in die Adria verlegt. Der Gegner hat durch Erreichen der Po-Ebene an der Adria-Küste den Schwerpunkt seiner Landkämpfe an den Ostteil der Südfront gelegt. Gleichzeitig hat die Entwicklung an der europäischen Ostfront dem Gegner die Möglichkeit gegeben, im norddalmatinischen Raum auch von der Adria aus entscheidende Schläge gegen die eigenen Fronten in Verbindung mit dem Vordringen der sowjetischen Truppen sowie der Tito-Verbände zu führen. Sollte es hier dem Gegner gelingen, eine Verbindung von Oberitalien in den ungarischen Raum herzustellen, so würde aufgrund der kroatischen Verhältnisse und der Lage der neutralen Schweiz, der verbliebene Teil Italiens praktisch vom Heimatkriegsgebiet abgeschnitten sein. Dadurch wäre die Absicht und der Befehl der obersten Führung, Oberitalien mit seiner hohen Industriekapazität und seinen wirtschaftlichen Erzeugnissen der eigenen Kriegführung zu erhalten, aufs äußerste erschwert.

Von diesem strategischen Blickpunkt aus gesehen gewinnt die nachhaltige Verteidigung jener der Westküste Istriens vorgelagerten Inselgruppe und ihrer Gewässer als neuer Schwerpunkt voraussichtlich kommender Kampfaufgaben der Seekriegsführung entscheidende Bedeutung. In der Beurteilung dieser Lage stimmten die Heeresgruppen C und E mit der eigenen Auffassung überein. Ich beabsichtige alle verfügbaren Kräfte für den Aufbau dieser Verteidigung zu verwenden und auf dem Wasser die Verteidigung des Inselgebietes im höchstmöglichen Maß offensiv zu führen.

Unter Anspannung aller im Raum vorhandenen personellen und materiellen Kräfte und in der Hoffnung auf Zuführung weiterer Mittel aus dem Reich werden auch im kommenden Jahr in enger Zusammenarbeit mit den anderen Wehrmachtsteilen die der Kriegsmarine im Südraum anfallenden Aufgaben gelöst.

Loewisch, Vizeadmiral Marinekommando Italien
(Ab 1. 1. 1945 Marine-Oberkommando Süd)

In der Lagebesprechung der 1./Skl mit dem ObdM vom 29. 11. 1944 heißt es dazu:
»Deutsches Marinekommando Italien meldet die Übernahme der Führung aller schwimmenden Einheiten des Admirals Adria, Seetransportchef Adria, sowie von dem Seekommandanten Istrien mit dem 29. 11. 1944 12.00 Uhr.«

In seiner Lagebeurteilung zur Feindlage meldet das Marinekommando Italien:
»Von den am 8/11. als Bestand angenommenen vier Hilfsflugzeugträgern sind am 26/11 zwei Einheiten nach dem Atlantik ausgelaufen. Die restlichen zwei möglicherweise bereits in erster Novemberhälfte nach indischem Raum abgezogen.

Abzug von Kreuzern aus dem Mittelmeer nach indischem Raum ist nicht nachzuweisen. Es wird angenommen, daß einschließlich ital. Kreuzer nicht mehr als 25 Kreuzer zurückgeblieben sind. Zerstörer und Geleitfahrzeuge sind im Bestand erneut um etwa 12 Einheiten zurückgegangen. Mit etwa 100 Fahrzeugen dieser Kategorien wird im Mittelmeer noch zu rechnen sein.

Der Bestand an Landungsfahrzeugen ist rechnungsmäßig auf 142 LST und 293 LOT / LCJ abgesunken. Unter Einrechnung des Verschleißes wird mit Bestand von 130 LST und 260 LCT / LCJ gerechnet. Hiervon sind laut glaubhafter V-Mann-Meldung wahrscheinlich 200 bis 250 Einheiten nach dem indischen Raum abgeflossen. Die verbliebenen ca. 140 Landungsfahrzeuge dürften für die bestehenden Transportaufgaben voll ausgelastet sein. Hierin dürfte Grund für Ausbleiben von überholenden Landungen in Italien und auf dem Balkan liegen.

Schiffsraumbewegungen zeigen erhöhte Zufuhren aus USA, offenbar teilweise auf Kosten englischen Anteils. Zusätzliche Schiffsraumzuführungen, die im Oktober festgestellt wurden, dürften durch erhöhtes Nachschubbedürfnis der Italienfront und der südlichen Westfront bedingt sein.

3./Skl schließt aus dem Anfang September begonnenen und in letzter Zeit verstärkten Abbau feindlicher Seestreitkräfte im Mittelmeer, daß Gegner größere Landungsunternehmen über See in diesem Raum nicht plant.«

Anlage 7

Marineoberkommando Süd
Allgemeine Lagebeurteilung für den Südraum
vom 22. Februar 1945

Aufgrund der heftigen Angriffe feindlicher Luftstreitkräfte in den letzten Tagen auf die Seestreitkräfte und Hafenanlagen in Triest, Pola und Fiume meldet MOK Süd folgende Lagebeurteilung:

1. Aktivität eigener Seestreitkräfte mit offensivem Mineneinsatz, S-Boot-Vorstöße und weitreichende Unternehmungen 6. K-Division haben dem Gegner die Gefährdung durch die anwachsende Kampfkraft der eigenen Seekampfmittel für geplante Unternehmungen in der Nordadria gezeigt. Da die Flakabwehr in den Häfen verstärkt wurde, war das Ausschalten der Seekampfmittel durch Jabos nicht gelungen.
2. Der Gegner scheint das Dock und die Werften der genannten Orte nicht zur Benutzung während seiner eigenen Frühjahrsoffensive in Rechnung zu stellen.
3. Im Bereich der Möglichkeiten liegt, daß die Dreierbesprechung in Jalta den istrischen Raum mit seinen Häfen den Sowjetrussen zugesprochen hat, wie auch aus Tito-Flugblättern hervorgeht, die im Raume Udine abgeworfen wurden. Die Angloamerikaner haben deshalb kein Interesse mehr an diesen Häfen.
Inbesitznahme Istriens durch Tito-Truppen bzw. -Banden, die laufend aus der Luft versorgt werden. Durch planmäßige Zerstörung der Werftanlagen und Häfen sind diese dann aber für die Sowjetrussen und Tito nicht sofort benutzbar; dadurch entweder Ausschaltung des sowjetischen Einflusses in der Adria, durch Angloamerikaner beabsichtigt, oder durch Sowjetrußland die Interessenlosigkeit an der Adria zum Ausdruck gebracht.
4. Die Verstärkung der feindlichen Lufttätigkeit durch den Einsatz operativer Verbände in Ostoberitalien und Istrien, im Gegensatz zur Vernachlässigung des Westraumes, scheint auf eine Hauptstoßrichtung der feindlichen Angriffsabsichten in der Adria hinzudeuten. Die kampflose Preisgabe der westlichen Po-Ebene und die Möglichkeit der Wiederbenutzung durch den Gegner wird anscheinend durch einen kräftigen Stoß gegen den Raum Venedig—Grado und einen gleichzeitigen Großangriff im Osten der Südfront erwartet.
5. Ein unmittelbares Bevorstehen feindlicher Angriffe im Adriabereich an Land – vielleicht erst in Verbindung mit einem russischen Angriff in Südwestungarn, nach Umgruppierung freigewordener Kräfte bei Budapest – und Einschließung über See ist aufgrund dieser Lufttätigkeit noch nicht zu erwarten. Auch für die Belegung italienischer Adriahäfen bestehen keine Anhaltspunkte.
Erst wenn die Feindangriffe sich – den Erfahrungen an der französischen West- und Südküste entsprechend – gegen Batteriestellungen, Küstenartillerie, Fumo-Organisation richten, verbunden mit reger Minenräumtätigkeit im weiteren Seegebiet Adria zur Schaffung eines minenfreien Anmarschweges, wird der Zeitpunkt der Feindlandungen erkennbar sein.
6. Im Rahmen der feindlichen Frühjahrsoffensive, die bei der Gesamtlage im hiesigen Raum, unter Einschluß der Wetterverhältnisse, Mitte März zu erwarten sein wird, erscheint nach Vorstehendem eine Feindlandung insbesondere an der Küste zwischen Cortolazzo und Grado möglich. Diese Landung soll mit einem anschließenden Vorstoß der Landungstruppen und nachgeschobener Verbände bis zu den Alpen, den Ost- und Westraum trennen und womöglich die Bahnstrecke Udine—Tarvis und gegebenenfalls auch Valcugena—Brennerstrecke unterbrechen.

Größere Feindanlandungen in anderen Räumen, z. B. bei Chioggia, an der istrischen Westküste, oder auch im Ligurischen Meer mit operativem Ziel, werden aufgrund der erkundeten vorhandenen Feindreserven nicht für wahrscheinlich gehalten.

KB-Zustand der eigenen Seestreitkräfte im Mittelmeer vom 28. 2. 1945
(Anlage zum KTB des MOK Süd vom 16. bis 28. 2. 1945)

10. Torpedoboot-Flottille (Westküste)		
T-Boote	KB 2	aKB 1
MAS-Boote	KB 3	aKB 2
13. Sicherungs-Flottille		
Minenschiffe	KB 3	aKB –
Minen-MFP	KB 5	aKB –
M-Boote	KB 12	aKB 1
Vp-Boote	KB 8	aKB 2
Grufü-Boote	KB 4	aKB –
22. U-Jagd-Flottille		
U-Jäger	KB 5	aKB –
RA-Boote	KB 5	aKB –
R-Boote	KB 8	aKB 1
Kampfgruppen		
Kampffähren	KB 10	aKB –
1. Geleit-Flottille (Adria)		
TA-Boote	KB 2	aKB 2
2. Geleit-Flottille		
Geleit-Boote	KB –	aKB 2
Minenschiffe	KB 1	aKB –
3. Geleit-Flottille		
1. Gruppe (Vp.-Boote)	KB 1	aKB 1
2. Gruppe (Minenleg.)	KB 4	aKB –
3. Gruppe (SchnMinLeg)	KB 3	aKB –
6. Räumboot-Flottille	KB 5	aKB 2
3. Schnellboot-Flottille	KB 7	aKB 8

Quellen- und Literaturverzeichnis

Quellen aus dem Bundesarchiv/Militärarchiv, Freiburg

KTB 1./Skl, Teil D – Tagesmeldungen Mittelmeer Ägäis und Adria
KTB des Admirals zbV bei der Seekriegsleitung
KTB des Kommandierenden Admirals Ägäis
KTB des Kommandierenden Admirals Adria
KTB des Deutschen Marinekommandos Italien
KTB des Marinegruppenkommandos Süd
KTB des Marineoberbefehlshabers Süd
KTB des Führers der Zerstörer
KTB der 9. Torpedoboot-Flottille
KTB der 10. Torpedoboot-Flottille
KTB der 1. und 2. Geleit-Flottille
KTB der 11. Sicherungs-Division
KTB der 1. Schnellboot-Division
KTB der 22. U-Jagd-Flottille
KTB der 6., 11. und 12. Räumboot-Flottille

Literatur und persönliche Unterlagen

Alman, Karl: Ritter der sieben Meere, Rastatt 1963
ders.: Angriff, ran, versenken, Rastatt 1965
ders.: Graue Wölfe in blauer See, Rastatt 1967
Assmann, Kurt: Die deutsche Seekriegführung, in: Bilanz des Zweiten Weltkrieges, 1952
Bekker, Cajus: Kampf und Untergang der Kriegsmarine, Hannover 1953, und: Verdammte See, 1970
Brandi, Albrecht: Mein Mittelmeer-Einsatz (i. Ms.)
Cocchia, Aldo: Sommergibili all' attacco, Milano 1955
Creswell, John: Sea warfare 1939–1945, London 1950
Cunningham, Admiral: A saylors Odyssee, London 1950
Dönitz, Karl: Zehn Jahre und zwanzig Tage, Bonn 1958
Dominik, Hans: Persönliches KTB der 9. Torpedoboots-Flottille (i. Ms.)
Engelhardt, Conrad: Personal- und Stellenbesetzungslisten (i. Ms.)
Fonfè, Rudi: Die 11. Räumboot-Flottille im Mittelmeer (i. Ms.)
v. Gartzen, Wirich: Die Flottille, Herford 1981
Gröner, Erich: Die deutschen Schiffe der Kriegsmarine und Luftwaffe 1939–1945, München 1954
Hartmann, Werner: Persönliche Aufzeichnungen als FdU Mittelmeer (i. Ms.)
Kemnade, Friedrich: KTB der 3. Schnellboot-Flottille (i. Ms.)
ders.: Die Afrika-Flottille, Stuttgart 1978
Kraus, Werner: U-Boots-Einsatz im Mittelmeer (i. Ms.)
Kreisch, Leo: Vom Einsatz deutscher U-Boote im Mittelmeer (i. Ms.)
ders.: Führungsorganisation, Einsatzgebiete, Erfolge im Mittelmeer (i. Ms.)
Kugler, Randolf: Chronik der Landungspioniere 1939–1945, hektograph., Zentralarchiv der Pioniere
Lange, Werner: Persönliches KTB des TA-Bootes *TA 39* (i. Ms.)

Liebenstein, Gustav v.: Deutscher Übersetzverkehr in der Messinastraße
ders.: Schlußbetrachtung des KTB des Seetransportführers Messinastraße
ders.: Die Räumung von Korsika (alle i. Ms.)
Liebhold, Oblt.z.S.: Kurzbericht *S 157)* (i. Ms.)
Linnekogel, Dietrich: Das Schicksal von *TA 18* (i. Ms.)
MacIntyre, Donald: The Battle for the Mediterranean, London 1964
Morison, Samuel E.: United States Naval Operations in World War II, Boston 1950–1957
Müller, Albert: KTB der 1. Schnellboot-Division (i. Ms.)
Reischauer, Peter: Einsatzbericht der 6. Räumboot-Flottille
Roscoe, Theodore: United States Destroyer Operations in World War II, Annapolis 1960, 3. Aufl.
Roskill, S.W.: The War at Sea, London 1954–1956
Ruge, Friedrich: Der Seekrieg 1939–1945, Stuttgart 1954
Turner, John F.: Periscope Patrol, London 1957
Vorsteher, Carlheinz: »In Aegirs Diensten« (i. Ms.)
ders.: Der Untergang von *TA 15* (i. Ms.)
Wachsmuth, Günther: Persönliches Tagebuch Mittelmeer (i. Ms.)
Willis, Sir Algernon U.: Operationen der Marine in der Ägäis vom 7. 9. 1943 bis 28. 11. 1943 (i. Ms.)
Westmeier, Rudolf: An Bord von MS *Kiebitz* (i. Ms.)

Als Grundlagenliteratur dienten:

Hillgruber/Hümmelchen: Chronik des Zweiten Weltkrieges, Frankfurt/M. 1966
Rohwer/Hümmelchen: Chronik des Seekrieges 1939–1945, Oldenburg/Hamburg 1968
Hubatsch, Walther: Hitlers Weisungen für die Kriegführung 1939–1945, Frankfurt/M. 1962
Wagner, Gerhard: Lagevorträge des Oberbefehlshabers der Kriegsmarine vor Hitler 1939–1945,
    München 1972
Lohmann/Hildebrand: Die Deutsche Kriegsmarine 1939–1945, Bad Nauheim 1956–1964
Fechter/Hümmelchen: Seekriegsatlas Mittelmeer/Schwarzes Meer, München 1972
Potter/Nimiz/Rohwer: Seemacht. München 1974 (darin die Mittelmeerkapitel)
Gröner, Erich: Die deutschen Kriegsschiffe 1815–1945, München 1962 (mit allen Detailangaben der
    oben genannten Kriegs- und Hilfskriegsschiffe)